대치동학원 사용설명서

대치동학원 사용설명서

• 정혜옥 외 지음 •

굿인포메이션

대치동학원 사용설명서 미리보기

● 전단지
학원 전단지들을 다 모아보았습니다. 편집진에서 전단지를 모아본 것은, 어떤 변화를 살펴보기 위함이었습니다. 내려진 결론은, 학원들마다 선호하는 전단지 방식이 다르다는 것. 보는 재미, 읽는 재미, 비교해 보는 재미를 느끼시기 바라며 주요 강좌, 눈에 띄는 선생님이름엔 동그라미~.

● 본문구성
학원 배열에 일정한 순서는 없습니다. 설문지 답신이 들어오는 순, 위치 순… 제안이 많았습니다만 편집여건상 임의로 배열했습니다. 내용은, 학원들에서 보내오신 글을 바탕으로 첨삭가필 있었습니다. 지나친 선전문구는 배제했답니다.

● STREETS TIPS
대치동 거주 3년 이상된 맘들에게 설문조사를 하였어요. 유명 밥집, 찻집, 쉴곳 등 최소한 2표 이상 겹치는 곳들을 소개했답니다. 시간때우기 막막하실 때 이용하세요!

● 자녀교육팁
이곳엔 자녀를 키우며 도움될 팁들이 주로 구성돼 있습니다. 물론 2면에 걸친 깊이있는 칼럼들에도 있지만, 같은 박스 칼럼들끼리도 약간씩 성격이 다른 게 있으니, 목차에 나온대로 묶어서 읽어 보세요~.

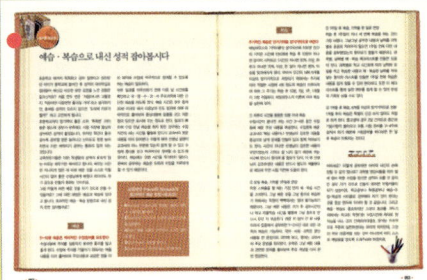

● **알토란 같은 명강사들의 학습팁**

칼럼이나 기고문보다는 길이가 짧은 글들로서 인터뷰나 설명회 내용을 정리한 것이랍니다. 효과적인 과목별 학습법, 톡톡 튀는 학습팁, 미처 몰랐던 학습 정보가 소복히 담겨 있으니, 목차를 참조하시어 읽으시면 도움되지 않을까 싶습니다.

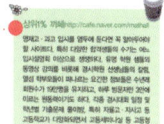

● **"열 학원 부럽지 않다" 요긴한 인터넷사이트**

봉사·비교과 관련 정보가 있는 사이트, 어린이 영어 학습사이트 등 학원들 외에 인터넷상에서 유명한 교육정보, 학습사이트를 자투리 지면에 소개했습니다.

● **대치동 명강사들의 교육칼럼**

대치동 지역에서 활동하시는 유명 강사, 학원 원장님들께서 직접 쓰신 칼럼 및 설명회 때 강조하셨던 내용들을 정리한 것입니다. 강남인강 대표 언어(논술) 영역 강사이시자, 현직 세종고등학교(강남구 일원동 소재) 김유동 선생님 인터뷰 글도 있습니다. 이 분들의 글만 따로 모아 읽으셔도 훌륭한 한 권의 학습지침서가 될 수 있습니다.(목차에 목록 있습니다.) 더 많은 강사선생님들, 더 풍부한 내용은 추후 발간될 〈대치동 명강사 열전〉에서 만나보실 수 있답니다. 기대하시라~.

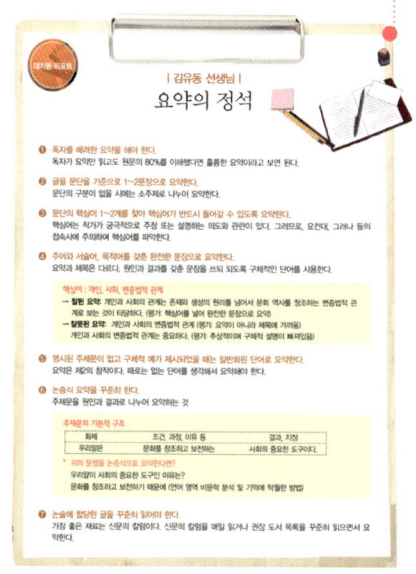

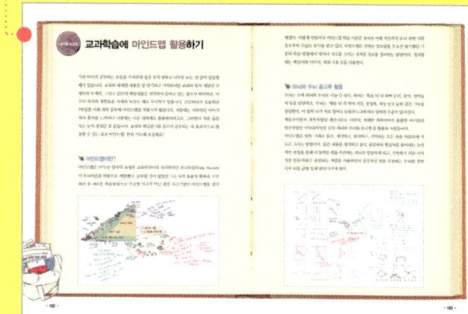

대치동학원 사용설명서
차례

은마사거리

개념상상수학 • 118 | 거인사탐 • 266 | 국어세상 • 256 | 그루샘수학 • 203 | 김태호과학 • 091 | 김호섭수학 • 204 | 깊은생각 • 062 | 깊은생각ERS어학원 • 139 | 논증과추론(수리과학) • 113 | 닥터K김영어 • 266 | 대진학원(논술) • 250 | 대찬학원(단과종합) • 140 | 대치개념원리수학교실 • 055 | 대치스카이(단과종합) • 313 | 대치우리학원(단과종합) • 261 | 대현학원(과학) • 079 | 레나쌤과학 • 239 | 로고스논술구술 • 154 | 매쓰피아드(수학 외) • 088 | 명석수학학원 • 095 | 명인학원(단과종합) • 270 | 문예원(독서 및 글쓰기) • 022 | 미래전략(수학) • 320 | 미래탐구(고등입시관) • 321 | 미래탐구(초·중등특목관) • 324 | 미래한국인학원(수학·언어) • 214 | 박현언어 • 242 | 벼리논술 • 059 | 비전21&VN학원(단과종합) • 161 | 새본아카데미(경시·수학·과학) • 273 | 새샘언어 • 212 | 성찬학원(표현국어)(언어·수학 외) • 023 | 세계로(독서토론) • 276 | 세정학원(단과종합) • 327 | 수력학원(수학) • 073 | 수신학원(수학) • 202 | 수플러스수학학원 • 188 | 수학에미친사람들 • 050 | 수학을꿰뚫는MRI • 162 | 수학의길 • 246 | 스키마영어학원 • 118 | 스터디코드(학습법·동기부여) • 281 | 시그마엘리트(수학) • 252 | 신성학원(단과종합) • 234 | 신양재학원(단과종합) • 282 | 쎄듀어학원 • 029 | 아이비학원(내신·종합) • 130 | 아카데미아(수학) • 091 | 양경숙영어학원 • 141 | 여상진수리논술연구소 • 130 | 언어를여는창 • 086 | 언어유희 • 084 | 에이엔비외국어학원 • 035 | 에쓰앤유과학 • 164 | 엑설런스영어 • 167 | 엠솔학원(경시·수학) • 283 | 역경패도수학전문 • 082 | 열과학 • 207 | 영진학원(단과종합) • 073 | 예섬유레카(단과종합) • 288 | 올댓매쓰학원(수학·수리논술) • 285 | 이

것이수학이다 • 076 | 푸른하늘학원(언어) • 259 | 이한학원(한문·중국어) • 176 | 인투영어전문학원 • 031 | 스키마정지일영어학원 • 101 | 지식인수학 • 329 | 진명어학원 • 334 | 창의융합과학원 • 291 | 체이스아카데미(영어) • 294 | 최용훈국어논술전문학원 • 180 | 카이스트수학학원 • 180 | 코아잉글리쉬아카데미 • 296 | 토모수학 • 205 | 푸감수학경시학원 • 182 | 프린스턴수학 • 193 | 프린키피아(수학·과학 외) • 224 | 하이텐수학 • 219 | 하이퍼논술 • 190 | 한우리독서토론논술강남직영지부 • 056 | 한티학원(수학) • 047 | e-해법수학 • 108 | 해빛나인어학원 • 331 | 행복한11월(수학) • 182 | 홍운서예한문 • 197 | 황금가지국어전문학원 • 056 | 효성수학 • 259 | 힘수학 • 043 | C&A논술 • 124 | ENS브레인맵 • 314 | E-Specialist영어학원 • 078 | ILE어학원 • 054 | JN영어학원 • 198 | KNS어학원 • 144 | MATHCLUB(매쓰클럽) • 200 | M·I어학원 • 145 | MNM수학 • 042 | NAAV(나브)학원(영어) • 211 | PEA|어학원 • 331 | S&P학습능력개발원 • 106 |

- 한석만 원장의 수학 학습전략 • 236
- 정지일선생님–단어암기를 죽도록 싫어하는 이과성향 학생 어휘학습 방법 • 263
- 민준호선생님–자연계 통합논술의 대비법 • 264
- 김은실선생님–대입 수학능력시험의 기본기는 초·중등 시기에 다져야 한다! • 316
- 유웨이 중앙교육 이만기 평가이사 Advice1, 2 • 241 • 248
- 김수민선생님–이공계 영재의 상위 1%가 되기 위한 가이드 • 332
- 동초선생님–수능고득점을 위해서? • 093
- 정한솔선생님–텝스 고득점 공략하기 • 216
- 성낙진 원장과 함께한 올바른 독서법 Q&A • 128
- 박주영선생님–"뻔한 이야기, 그러나 실천은 쉽지 않다" • 337
- 김용재 원장이 조언하는 수학노트정리 노하우 • 142
- 이성곤선생님 '공부 잘하기' • 323
- 박정인선생님–수능 외국어, 문장 독해를 넘어 문단 독해까지…"어려워진 지문에 적응하라" • 227
- 한석만 원장의 수학 Mistake & Solution • 146
- 김유동선생님– '언어의 신이 되어보자' 외 • 080 • 170 • 178 • 181 • 258
- 민성원칼럼–목표란 무엇인가? • 286
- 한민우 원장의 영어 학습전략 • 275
- 김기훈선생님–영어 3, 4, 5등급 받는 고등학생들에게! • 315

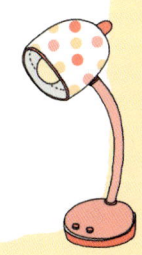

- 문중식선생님 – 경제경시와 AP 준비로 상경계열 진학의 꿈을 현실로! • 290
- 김영준선생님 – 주제를 찾아내는 능력이 핵심이다 • 232
- 김태희선생님 – 말하기와 쓰기가 부담스럽다면 텝스를! • 244
- 김강용선생님 – 과도한 선행은 안하느니만 못하다 • 256

대치사거리

강남아이비영어학원 • 044 | 개념의힘(단과종합) • 310 | 계관웅어학원(영어) • 110 | 김과학과학전문학원 • 186 | 김재인논술 • 257 | 김지웅사회탐구 • 119 | 남언우의수학전문MIL학원(수학) • 027 | 대오교육(컨설팅) • 312 | 대치페르마(수학·한국사) • 152 | 디아카데미어학원 • 196 | 맥스템학원(수학) • 213 | 명품논술 • 096 | 바른길교육연구소(컨설팅) • 030 | 블루스카이(수학) • 272 | 새밝학원(경시 외) • 058 | 선호학원(수학·영어 외) • 097 | 시리어스영어교육 • 163 | 신사고 에듀(내신·종합) • 113 | 아고라@사회학원 • 164 | 엠원수학 • 165 | 올림피아드영재센터(수학·과학) • 289 | 이안어학원 • 330 | 정현호국어교실 • 086 | 젠파워학원(영어·수학) • 175 | 진수학 • 140 | 케이에듀교육컨설팅 • 306 | 코기토(수학) • 022 | 큐브어학원 • 334 | 하늘교육대치센터(수학) • 118 | 하이퍼리뷰학원(단과종합) • 196 | 해냄학원(수학 외) • 228 | CMS(경시) • 239 |

- 장기적인 대입 레이스의 시작, 중학교 1학년 • 220
- 수업 내용 오래 기억하는 2가지 비법 • 326
- 교과학습에 마인드맵 활용하기 • 102
- 예습·복습으로 내신 성적 잡아봅시다 • 052
- "몇 번 뗐어요, 몇 번 돌았어요"의 함정 • 152
- 중·하위권 중학생 맞춤학습은 어떻게? • 037
- 상위권 학생들의 학업 스트레스 • 066
- 과외 효과 높이려면 신중하게 선택하세요 • 304
- '수학적인 머리'는 타고나는 것일까? • 156
- 인문계열논술 유형 외 • 199 • 213
- 자연계열논술 유형 외 • 121 • 132

- 한국사능력검정시험에 대해 알아볼까요? • 111
- 경제관련시험, 어떤 것들이 있을까요? • 269
- 잘고른 과외선생 열 학원 안 부럽다 • 303
- 좋은 논술학원을 고르는 법 • 270
- 논술 답안 작성시 유의할 점 • 106
- 여름방학 계획을 세우지 말라! • 116
- 교육정보 얻기에도 노하우가 필요하다 • 017

대치우성아파트사거리

가람학원(수학) • 136 | 강남비타에듀(재수·종합) • 225 | 고차원수학 • 040 | 김영과학학원 • 028 | 김은실7멘토(컨설팅) • 310 | 나무와숲(국어) • 036 | 대학나무학원(단과종합) • 055 | 대치이룸학원(단과종합) • 092 | 더봄수학 • 217 | 덕수어학원 • 074 | 듀얼스페이스(수학) • 314 | 랭귀지윌(영어·SAT) • 319 | 렉스김어학원 • 250 | 모아학원(수학) • 271 | 문인동아카데미(논술) • 048 | 미래영재(수학·과학) • 033 | 미토학원(창의사고·지능검사) • 325 | 보람과학수학 • 120 | 생각의좌표(독서·독해 외) • 218 | 생각하는수학 • 242 | 성원학원(영어) • 032 | 세진사탐 • 249 | 수학사랑 • 122 | 유토마(단과종합) • 174 | 이유(E.You)학원(영어) • 176 | 지존수학 • 057 | 진심영어 • 209 | 천개의고원(독서·토론 외) • 192 | 컬럼비아&패러다임(영어) • 295 | 토탈어학원 • 133 | 펜토수학전문학원 • 251 | 포스학원(수학 외) • 298 | 한울학원(언어·수학 외) • 077 | 현덕학원(단과종합) • 138 | PMJ학원(단과종합) • 136 |

- 적성과 진로에 적합한 고교 유형 찾기 • 114
- 입시용어 이해 • 151
- 대학수학능력시험, 입학전형 관련 용어 • 034
- 입학사정관제 길잡이 • 254
- 대학 입학사정관들이 말하는 면접에 실패하는 수험생 유형 • 300
- 입학사정관전형 면접 신경 써야 할 5계명 • 301
- 전세계 대학 입시에서 선호하는 IBDP(국제학위과정) • 063

- 자기소개서 작성법 • 292
- 자소서 양식에 맞는 세부서술 원칙 • 297
- 논술 출제 및 채점 기준에 대한 대학별 발표자료 • 087
- 조기유학, 신중하게 선택하세요 • 340
- 고등학생 비교과 관리를 위한 각종 경시대회 • 154

한티역사거리

4세대컴퓨터(4세대아카데미) • 123 | 강남EH114영어전문 • 078 | 길벗국어전문학원 • 268 | 김영준국어논술 • 046 | 대한논리정속독학회 • 094 | Dr.E-동초영어 • 203 | Dr.EM동현수학 • 263 | 레몬트리 국어논술 • 187 | 류지혜국어논술 • 318 | 민교수수학 • 155 | 박재원사탐 • 160 | 비상아이비츠학원(국어·영어 외) • 043 | 생각하는황소(수학) • 274 | 수파학원(수학·논술 외) • 127 | 수학의눈 • 276 | 대치시매쓰(사고력수학) • 206 | 엠피쿨수학학원 • 284 | 연세수능매니아(영어) • 166 | 영탑어학원 • 168 | 원인학원(단과종합) • 338 | 위대한물리·수학 • 169 | 윤진성국어논술 • 328 | 이강학원(단과종합) • 071 | 이숙희국어전문 • 077 | 지앤사수학전문 • 050 | 홍성민영어 • 112 | A1과학학원 • 085 | GES어학원 • 115 | KM영재수학 • 322 | SYSTEM 영어클리닉 • 147 | Top Edu(단과종합) • 148 | TS이태상수학 • 083 | CNA아카데미(영어) • 299 |

- 창의적체험활동 종합지원시스템 • 278
- 봉사체험활동사이트 • 215
- 청소년활동지원센터 • 251
- 입소문난 교육정보 및 인터넷사이트들 • 243
- 전국학부모지원센터 • 293
- 진로탐색 가이드 • 312
- 국제청소년성취포상제 • 197
- 잠수네 커가는 아이들 • 138
- 상위 1% 카페 • 240
- 국자인 • 186
- 전남중등음악사랑연구회 • 122
- 리틀팍스 • 174

대치역사거리

가람국어 • 260 | 가우스학원(수학) • 149 | 강남메가스터디(단과종합) • 226 | 강정속성한문 • 139 | 고구려와허박사(언어) • 262 | 그리핀수학 • 150 | 김남일큰수학 • 090 | 김응만상위권수학 • 245 | 김현정수학 • 230 | 남혁수학학원 • 107 | 네이쳐사이언스 • 311 | 뉴욕엘리트아카데미 • 233 | 닥터정이클래스(영어) • 087 | 대치왕수학보습학원 • 048 | 동아학원(수학) • 247 | 라이머영어 • 318 | 레카스플러스아카데미 • 319 | 리딩타운 • 070 | 마선일영어학원 • 261 | 문경희영어학원 • 070 | 삼보상상 • 231 | 삼보MAPLE어학원 • 233 | 선경어학원 • 126 | 성산학원(단과종합) • 100 | 손창연논리영어 • 041 | 솔밭언어논술 • 217 | 수림학원(수학) • 081 | 수언학원(수학) • 201 | 수학의문 • 123 | 스터디메이트(단과종합) • 189 | 신어지(국어 · 사회 외) • 133 | 신우성논술학원(단과종합 · 논술 외) • 051 | 아토수학 • 097 | 에듀플렉스(단과종합) • 108 | 위종욱위너스(단과종합) • 045 | 유수하수학 • 190 | 유원학원(국어) • 131 | 이상교육(기억법 · 속도법 외) • 135 | 인덱스학원(과학 · 수학) • 293 | 정인학원(단과종합) • 328 | 조동기국어논술 • 177 | 케이투수학 • 064 | 파라투스수학 • 244 | 파워수학 • 085 | 파인만(민사 · 영재고 · 수학 외) • 335 | 폴스터디학원(수학 · 언어 외) • 300 | 하버드영재수학 • 047 | 함영원영어 • 228 | 형진영어 • 179 | 홍익학원(수학) • 125 | Alpha English Academy • 116 | DYB최선어학원 • 178 | EMS어학원 • 299 | GMS(단과종합) • 238 | PG영어 • 110 | Proud7(영어) • 302 | S&C과학 • 107 | S수리논술연구소 • 302 | Su과학 • 085 | WHY수학전문학원 • 145 |

- '꿈'이 있는 아이는 공부를 즐길 수 있다! • 060
- 아이에게 가장 좋은 멘토는 부모 • 210
- 엄마의 변화가 아이의 변화로 이어진다 • 024
- 공부 잘하는 아이네 집은 뭐가 다를까? • 117
- 아줌마들이 저녁에 여기 왜 나와계신거지? • 209
- 우리 아이도 신문 좀 읽으면 좋을 텐데 • 194
- 작고 현명한 자녀교육 실천 • 072
- 상담실장이 평가하는 좋은엄마 vs 나쁜엄마 • 075
- 자녀와 소통하기 힘드시죠? • 183
- 학원선생님 · 엄마, 좋은 결과를 끌어내기 위한 소통의 방법 • 134

기타지역

iREAD • 300 | 드림어학원 • 153 | 디비니티에듀아카데미(단과종합) • 065 | 렉스아카데미(미술유학) • 336 | 민성원연구소 • 325 | 바로속성학원 • 271 | 이산사회탐구전문교실 • 290 | 코리아토인비어학원 • 137 | 큰나무전문학원(단과종합) • 049 |

음식점 및 카페

- 브런치커피
- 하겐커피
- 영동올뱅이집
- 칸트의 시간
- 자연산 약초건강원
- 최가네칼국수
- 중국요리전문점 태가원
- 은마북문쪽 던킨도너츠
- 홍콩반점
- 우리네코다리
- 커피집 '생각하는 향기'
- 커피가든
- 까페라리
- 시에나
- Avenue D
- Kring
- 까페 베데스다
- 퓨전일식 토로노
- 송향
- 와인라인
- 달

- G to B
- 신명제과
- 남원 추어탕
- 가배 두림
- 광양불고기
- 나폴레옹제과점
- 보리밥과 청국장
- 다낭
- 오므토 토마토
- 삼원가든
- 델리
- 물범중탕액 힘스
- 일본 정통 스시전문 스시유
- 선리치
- 제일모직 아울렛
- EMO리폼하우스
- F/X매장
- 브레인푸드

머리말

1. 왜 대치동인가?

우리나라에서 한 동네의 이름으로 사람들의 입에 가장 많이 오르내리고, 뉴스에 자주 언급되고, 화제의 중심에 드는 곳이 대치동이지 않을까 싶다. 이유는 다들 알다시피 사교육의 대명사인 학원의 밀집지역이기 때문이다. 언제부터, 왜일까를 알 필요도 물을 겨를도 없이 대치동은 대한민국에서, 심지어 해외에서도 가장 유명한 학원들, 가장 이름 날리는 선생님들, 가장 교육열이 높은 동네의 대명사로 손꼽히고 있다. 학원의 수만도 무려 700~1,000여 곳에 이르고, 최고의 학벌, 최고의 실력을 갖춘 학원종사자들이 학원수 곱하기 알파의 수치처럼 이곳에 밀집돼 있다. 그에 부응할 만큼 이곳이 대한민국 최고의 학생들이 즐비할까 하는 질문은 또한 이 책의 기획의도와는 다른 줄에 서 있다. 다만, 편리함, 질 등 많은 면에서 인프라가 좋아 우수한 학생, 열의있는 부모들이 맹모삼천하듯 이삿짐을 싣고 경향각지에서 몰려오나, 되려 상대적 피해 속에 허덕이고 있는 것이 웃지도 울지도 못할 대치동 학생들의 고충이고 현실인 정도만 살짝 언급하고 넘어가자. 이는 차치하고 다시 핵심으로 넘어가보자면, 동대문이 옷시장으로 유명하고 양재동의 꽃시장이 유명하듯 대치동이 학원들로 유명하다는 것은 분명한 팩트이다. 지방의 의류상이 밤새 차를 타고 동대문을 향해 모여들고 새벽이면 다시 회향을 하듯, 양재동 꽃이 전국 곳곳으로 실낱처럼 흩어지듯, 대치동이 인접지역에서 해외에서 지방에서 학습을 목표로 강력한 자석처럼 피교육자들을 빨아들이고 있는 최대의 시장인 것만큼은 분명하다.

2. 이책의 독자

그런 점에서 이 책의 첫번째 독자는 대치동 엄마들이 아니다. 대치동 분들은 굳이 이 책을 읽을 필요가 없다. 그 분들은 더 잘 알고 있고(혹은 편한 옷처럼 너무 익숙해 되려 모르고 있을 수도 있다) 자연스런 부분이라 독자 대상이 아니시다. 학원 소개글을 쓰면서 뒤통수가 따끔거렸던 것은 다름아닌 대치동 일명 '선수' 맘들의 시선이었다. 하지만 또 위로가 되었던 것은, 일부 대치동 맘들 중에서도 "너무 많은 학원들 사이에서 갈피를 못 잡는 우리에게도 필요한 책"이라며 기꺼이 도움을 주신 분들도 많다. 감사할 따름이다. 이 책의 독자는 앞서도 말했지만, 선도높고 훌륭한 상품들이 즐비한 시장을 찾아 인접지역에서, 멀리 해외(특례입학 등의 준비)에서, 지방에서, 필요와 높은 교육열로 원거리도 불사하고 몇 시간에 걸쳐 찾아오시는 분들을 위한 책이다. 아무래도 그분들은 대치동 내부 분들보다는 세세한 정보(심지어 안심하고 주차할 수 있는 주차공간까지!)에 목마를 것이고, 정보의 대부분을 아는 분들의 소개나, 인터넷 등을 통해 취득하시는 경우가 많다 보니(부록의 설문조사지 참조) 좀더 깊고 다양한 정보에 대한 갈급증이 다른 분들보다 강렬하였다. 이 책은 이것도 궁금하고 저것도 궁금하고, 이 학원 저 학원 비교도 해보고 싶고, 상담도 받아보고 싶은 맘들에게 전화번호부 같고 사전 같은 기초정보를 최대한 챙겨주는 '알뜰한 아내' 같은 존재로 읽혀졌으면 한다. 이를 바탕으로 더 이용하고 더 활용하고 더 나아가는 것은 독자들의 몫이다. 오랫동안 기획을 진행해 오며 책이 줄 수 있는 한계는 자명하였다. 정답까지 들춰보여줄 수는 없었다. 정답을 모르기 때문이다. a에게 맞는 것이 b에게 동일하게 적용될 수 없는 게 교육의 세계이기 때문이다.

3 기획의도

이 책의 기획에는 개인적 경험도 적잖이 작용하였다. 대치동으로 이사를 오자 가끔씩 후배들이 아쉬운 것들을 물어왔다. 주말이면 아이를 데리고 1시간 거리를 운전하여 대치동엘 오는데, 아이를 학원에 넣고 나면 딱히 시간을 보낼 마땅한 곳이 없다는 것이었다. 처음엔 사우나탕을 묻더니, 나중엔 만화가게를 물었다. 커피숍에서 책을 보고 있기도 한계상황에 도달하였던 듯하였다. 우리집에 와서 커피라도 마시며 수다를 떨자고 했더니, 매월 계모임에서도 보는데 새삼스레 떨 수다도 없다는 듯 '보다 생산적인 무언가'를 찾는 듯 하였다. 당시는 나도 초짜라 2~3시간 '시간을 죽일' 정확한 무언가를 잘 알지 못했다. 지금 같으면야 서당개 3년이면 풍월을 읊는다고, 1시간반짜리 어디, 2시간짜리는 어디, 3시간까지 허락된다면 어디어디라고 주워듣고 경험한 걸로 쫘르르~ 읊을 수 있겠지만, 당시 내 경험은 너무나 일천하였다. 문제는 그런 후배나 친구맘들이 한둘이 아니라는 것.
이러한 다양한 니즈와 대치동 입성 초기 정보의 바다에 빠져 허우적댔던 나의 좌충우돌 실패담이 버무려져 기획의 바탕이 되었다. 또한 학원정보를 사이에 둔 엄마들의 치열한 방어와 돌려 말하기, 물타기, 엉뚱 정보 흘리기, 심지어 본의와 다른 오해에 확대 해석까지 등은 남편들이 생각하는 것, 남들이 생각하는 실상 이상인 것 같다. 한두번 그런 일 안 겪은 엄마들이 없을 정도로 교육정보를 사이에 둔 맘들의 경쟁은 치열하다. 이 말 또한 오해를 사지 않으려면 사족을 붙여야 안심이 되겠다. 모든 맘들이 다 그런 건 아니라고! 속내를 터고 똘똘뭉쳐 무덤까지 함께 하자는 절친 팀원들도 많은 게 대치동이다. 좋은 말로 열정 그 자체이고, 세계 최고의 교육열이라 할 만하다. 그때 깨달은 것이 용광로 같은 남자들의 사회생활보다 더 무서운 것이 자식키우는 엄마들의 세계라는 것. 이런 이야기들 역시 이 책 기획에 큰 몫을 한 것 같다.

4. 엄마의 역할

뻔한 얘기 같지만, 이미 아이들 공부를 끝낸 엄마들의 한결 같은 이야기는 공부는 아이가 하기 나름이라는 것. 이 학원 저 학원, 이 선생 저 선생을 알아봐 줘도 종국엔 아이의 그릇만큼, 의지만큼 받아먹는다는 것이다. 말을 물가로 데려갈 수는 있어도 물에 억지로 머리를 박아가며 물을 떠멕일 수는 없는 마부의 원리가 자식교육에도 그대로 적용되고 있다고 말한다. 다만, 몰라서 못하는 것과 알고 못하는 것의 차이가 있듯, 부모란 제대로된 정보를 알고 제시해주는 역할, 그 선택이 맞는지 잘하는지 지켜봐주는 역할이지 않을까 싶다. 이 책의 설 자리가 바로 그 지점이 아닐까 싶다.

세월이 흐를수록 뭔가를 한번 듣고 명철하게 기억하기가 점점 어려워진다. 전화상 들은 학원선생님의 이름을 기억 못하는 것은 당연하고, 적어놓은 쪽지가 어디 있는지조차 모른다. 고이 접어 끼워놓거나 깊이 간직한 전단지는 정작 필요한 때는 온 책장을 다 뒤져도 나타나질 않아 사람 속을 터지게 만든다. 이 책은 절대 거창한 정보를 가지고 있지 않다. 다시 말하지만, 선수맘들의 수첩과 머릿속의 질에 비하자면 떨어질 수도 있다. 그럼에도 불구하고 이런 책이 필요한 것은 바로 나같이 잘 잊어먹고, 수도 없이 설명회를 다니면서 적고 또 적으나, 다음날이면 그 쪽지를 찾기가 어렵고, α(알파) 상담실장, β(베타) 선생, Ω(오메가) 학원전화번호의 기억조차 흐려지는 이들이 옆에 두고 수첩처럼 업데이트해 가며 이용할 최소한의 기초적인 도구 역할은 해주지 않을까 싶어서이다.

또 그런 계절이 다가오고 있다. 대치동 학원가 최대 시장인 겨울방학. 특히 중3에서 고1로 올라가는 예비고1 시기는 11월부터 이듬해 2월에 이르는 무려 4개월여로, 이 긴 시기는 학원도 학부모도 정신이 없다. 특히 대상이 큰애인 경우는 둘째를 둔 맘들의 느긋함에 비해 갈피를 못잡는다. 행여나 놓칠까봐 '묻지마' 등록한 강좌는 다른 더 적합한 강좌 앞에서 '막무가내' 환불로 이어진다. 시간표를 짜는데도 빈익빈 부익부 현상은 그대로 적용된다. 원하는 강좌는 누가 시키지 않아도 똑같은 시간대에 겹쳐 있고, 비는 날은 말 그대로 텅텅 비어 애를 먹인다. 또한 타지역 학생들이 물밀듯 몰려드는 평상시 토·일 주말 강좌도 이 학원 저 학원 다양하게 깔린 정보를 모르면 엎친 데 덮친 격이 되고 만다. 단과학원의 결정판인 대치동의 특성이 고스란히 드러나는 대목이다. 이 책이 그럴 때 메모장으로 활용되길 바란다. 내게 맞는 강좌, 콕 집는 선생은 이 책의 역할이 아니다.

5. 학원들의 뷔페식당

애초의 의도는 우리가 알고, 듣고, 경험한 것을 취재해 솔직하게 써보자고 생각했다. 누구는 별표를 매기자고 제안했다. 근데 시작한 지 얼마 지나지 않아 그게 상당한 무리수였음을 알았다. 같은 학원도 누구에게는 별로였지만, 다른 누구에게는 너무 좋았다는 평 때문에 함부로 이 학원(선생님)은 어떻고 저 학원(선생님)은 어떻다는 말을 할 수가 없었다. 그래서 다시 원점으로 돌아가 대치동 학원들의 홍보의 장으로 하자고 의견이 모아졌다. 가급적이면 전단지나 설명회의 일회적 휘발성을 지면에 가두는 역할을 하자고 의기투합했다. 즉 대치동 학원들을 한자리에 올려놓은 뷔페식단이었다. 뷔페식당은 특수한 요리, 숨어있는 지역 특산물까지 다 소개하지는 못하는 특성이 있다. 이처럼, 이 책 역시나 보편타당한 정보만을 담았다. 선택과 고르는 일은 독자인 학생들과 맘들의 몫일 뿐이다. 우리는 그저 숨어있는 독자들의 요구에 맞게 상을 차려드리는 역할 그 이상도 이하도 아니다. 이 책이 특급호텔 뷔페급일지, 웨딩홀 뷔페급일지는 우리 입으로는 감히 말하지 못하겠다. B급이라고 질타하신다면, 다음은 A급을 지향할 것이라고 감히 약속드릴 것이며, 그래도 A급에 턱걸이했다고 칭찬해 주신다면 다음엔 더나은 A급의 횡보를 넓혀나갈 것이다. 일일이 설문에 응해주신 많은 이 지역 타 지역 어머니들, 발빠른 행보로 성실하게 답변주신 학원관계자분들, 좋은 원고 함께 엮어주신 장은진, 이선이, 연유나님께 깊이 감사드린다.

2011년 10월초

교육정보 얻기에도 노하우가 필요하다?

요즘처럼 교육제도의 변화가 빠르고 그 내용 또한 복잡해지는 상황에서는 제아무리 잘난 엄마들이라도 자녀교육에 관한 한 주변의 도움이 절실할 수밖에 없다. 내로라하는 최고의 사교육 기관들이 밀집해 있는 교육 1번지 강남에서도 내 아이에게 가장 알맞은 학원 정보를 찾아 알찬 교육을 시키고 싶은 엄마들의 바람은 마찬가지이다.

하지만 엄마들이 자녀교육 정보를 얻을 때에도 분명히 지켜야 할 기본과 노하우가 있다. 널리 알려진 것처럼 아무에게나 눈치없이 학원과 과외교사에 대한 정보를 물었다가는 엄마들 사이에서 왕따를 당하기 십상이다. 그렇다면 어떤 식으로 실속있는 교육정보를 얻어야 할까?

마당발, 정보통 엄마와 친해져라

자녀교육에 열성적인 엄마들이 워낙 많다 보니 웬만한 학원의 원장들보다 더 풍부한 교육 정보를 보유한 엄마들이 지역마다 있게 마련이다. 게다가 나름대로의 노하우를 담아 자녀교육에 대한 책까지 쓴 엄마들까지 주변에 종종 있다.

이들은 국내 학교의 정규 교육과정을 훤히 꿰고 있는 것은 물론 직접 발로 뛰어서 얻어낸 학원가 정보도 많아 적시에 꼭 필요한 학원을 선택하는 데 도움을 받을 수 있다. 교육 정보통에다 아는 사람도 많은 마당발이기까지 하다면 금상첨화.

만약 아이의 친구 엄마들 중에서 이렇게 자녀교육에 열성적이고 정보통인 엄마가 있다면 어떤 경로를 거쳐서라도 일단 친해지고 볼 일이다. 학원을 한 번씩 옮길 때마다 조언을 구할 수 있으니까. 상담해 주는 것을 좋아하는 엄마라면 각 학원의 장단점에 대한 설명은 물론 아이에게 어떤 학원이 더 적합할 것 같다는 구체적인 조언까지 해줄 테니 선택에 도움이 될 수밖에.

하지만 주의해야 할 점도 있다. 도움이 되기는커녕 잘난 척만 하는 헛똑똑이 엄마도 있고, '무조건 내 말만 따르면 된다' 는 식으로 자기주장이 너무 강한 엄마들도 있으니까.

주요과목 학원강사나 중·고등학교 교사였던 엄마들, 과외교사로 계속 활동하고 있는 엄마들 역시 교육정보를 얻기에 그만인 이웃들이다. 영어강사 출신이거나 영어에 관심이 많은 엄마가 주변에 있다면 영어교육에 관한 정보만큼은 그 엄마를 통해서 얻을 수 있다. 뿐만 아니라 새로운 영어학원을 선택할 때에도 도움을 청하면 교재나 커리큘럼 등을 자세히 확인해 보고 내 아이에게 맞는 학원인지 아닌지를 판단하는 데 솔직한 조언을 해줄 것이다. 영어든 수학이든 나보다 더 전문가가 있다면 도움을 청하되 평소 좋은 인간관계를 형성해 두는 것은 기본이다.

친구의 친구 인맥까지 최대한 활용하라

해외 캠프 또는 단기연수를 보낸 경험이 있거나 자녀와 함께 유학생활을 하고 온 경우, 현재 조기유학생 부모인 경우, 자녀를 외고나 과학고 등 특목고에 합격시킨 경우 등 필요할 때마다 실질적인 교육정보를 얻을 수 있는 엄마들을 활용하는 것도 필수다.

주변에 그런 엄마들이 없다고 해서 낙심한다면 대한민국 엄마가 아니다. 평소 친구들이나 친한 엄마들을 만나 수다를 떨다 보면 그 주변 사람들의 이야기까지 나올 때가 있다. 바로 그럴 때 아이들 교육에 관련된 것이라면 모두 귀담아듣고 기억해 보라. 언젠가 내 친구에게서 도움을 받을 수 없는 경우가 생기면 그 친구의 친구나 친한 엄마들을 통하면 분명히 내가 원하는 정보를 얻을 수 있을 테니까.

한 가지 명심할 것은 나 역시 누군가에게 기꺼이 정보를 나눌 수 있어야 함은 물론 나의 인맥까지 동원해서 도움을 줄 자세가 돼 있어야 한다는 것이다. 그렇지 않고 얌체처럼 '내 정보는 나만의 것, 너희들 정보도 모두 나의 것'이라는 식으로 일관하다가는 엄마들 사이에서 '미운오리'로 낙인찍히고 만다. 엄마들끼리 어느 정도 믿음이 가는 사이라면 그들이 도움을 필요로 할 때 성심껏 알아봐 주어야 한다. 그러다보면 나도 언젠가는 그들로부터 진심어린 조언을 듣게 된다.

아무리 요즘 엄마들은 자신이 가진 교육정보를 쉽게 나누지 않는다지만 아이들이 어릴 때부터 오랜 기간 동안 정을 쌓아온 사이라면 교육이든 생활이든 모든 면에서 서로 도움을 주고받게 된다. 내가 가진 정보를 나누는 만큼 나도 언제든 그들로부터 필요한 정보를 얻을 수 있다는 믿음, 자녀교육에 한창인 엄마들에게는 그게 바로 가장 든든한 재산이다.

학원설명회마다 가슴에 와닿는 한 마디는 있다

학교 시험기간 전후나 방학 전에는 아침마다 신문과 함께 온갖 종류의 학원 광고전단지가

배달된다. 엄마들은 자녀의 학습상황이나 취약점에 맞는 학원광고에 관심을 갖게 마련이고 앞으로 언젠가 필요할지도 모르는 전단지들은 종류별로 모아두기도 한다. 이렇게 학원 광고전단지는 불필요한 사람들에게는 귀찮은 쓰레기에 불과하지만 대부분의 엄마들에게는 교육정보원 역할을 톡톡히 하고 있는 셈이다.

전단지를 통해 교육정보를 얻을 수 있을 뿐만 아니라 수시로 열리는 학원설명회에 참석해서도 교육 트렌드를 읽을 수 있다. 물론 학원설명회는 결국 그 학원 홍보성 내용 위주이긴 하지만 최신 교육정보를 얻을 수 있다는 장점이 있다. 교육제도의 변화에 가장 발 빠르게 대처하는 곳이 바로 학원이니까.

설명회에서 나오는 백 마디 말 중에 내 아이에게 꼭 맞는, 가슴에 와닿는 정보가 하나씩은 반드시 있게 마련이니 그것만 챙겨도 귀한 시간 투자한 보람이 있지 않을까. 하지만 설명회에 참석할 때에도 챙겨야 할 기본은 있다. 먼저 누구에게나 기준이 될 만한 공신력 있는 사교육기관의 설명회부터 참석해 관련 자료와 필요한 정보를 충분히 얻는 것이 중요하다. 그런 후에 내 아이의 단점을 보완할 수 있는 학원설명회를 추가로 더 듣는다면 선택의 길이 어느 정도 보일 것이다.

특히 현재 아이가 다니고 있는 학원의 설명회나 간담회는 적어도 한 학기에 한 번 정도는 반드시 참석하는 것이 좋다. 정보도 얻고 담당교사와의 상담을 통해 엄마가 적극적으로 교육에 관심을 보여야 학원측에서도 아이에게 더 신경을 쓰게 되니까.

내 아이를 위한 최적의 판단은 결국 엄마의 몫

인기있는 과외교사를 소개해 달라고 졸라서 겨우 연결시켜 주었더니 곧 시작할 것처럼 상담만 실컷 하고 끝내는 바람에 입장을 아주 난처하게 만드는 엄마, 뭔가 필요할 때에만 연락해서 온갖 것을 다 물어보기만 하는 엄마, 경쟁상대일 수도 있는 또래아이 엄마에게 눈치없이 이것저것 캐묻는 엄마 등은 가장 상대하기 싫은 엄마들 사례로 손꼽힌다. 아이들만 왕따를 당하는 게 아니다. 엄마들도 사회성이 떨어지거나 위의 사례들처럼 행동하다가는 영락없이 왕따가 되고 만다. 교육정보를 얻기 위해서만이 아니라 주변 엄마들과 원만한 관계를 유지하기 위해서라도 그야말로 처신을 잘해야 하니 요즘 엄마 노릇 정말 쉽지 않다.

온갖 방법을 총 동원해서 아무리 좋은 교육정보를 얻어도 모든 아이에게 다 맞는다는 보장은 없는 법. 내 아이의 성향에 맞는 최적의 학원이나 학습법 선택은 결국 엄마의 몫이다. 모든 정보를 모아 도움은 얻되 최종적인 판단은 내 아이를 가장 정확하게 파악하고 있는 엄마가 하는 것이 정답이다.

(장은진 리포터)

문예원

연락처	전화 02-567-1038 / 팩스 02-568-6604
홈페이지	www.moonyewon.co.kr
위 치	서울시 강남구 대치동 은마사거리에서 삼원가든방향 오므토토마토 옆건물
대 상	유아, 초·중등부

강좌소개

▶디딤·돋움·논술과정 ▶독서포커스 ▶파워·시사토론 ▶리더십명문 ▶역사문화탐구 ▶프라임독서 ▶통합논술 ▶글쓰기 독서클리닉 ▶방학특강 ▶글로아이 등, 각 과정은 6개월, 매년 1월과 7월에 개강.

학원소개

1988년 대치동에 개원한 이래 20년이 넘도록 경륜을 쌓았다. 학원의 부침이 심한 대치동의 특성에 비춰보면 매우 이례적인 사례로 통한다. 그만큼 실력과 탄탄한 커리큘럼으로 승부를 보았다는 얘기다. 이제는 어린이와 청소년을 위한 독서 및 글쓰기 교육의 전당으로 자리매김을 했다. 20여년을 돌아보며 어린이들의 독서지식과 문장력을 크게 신장시키는 데 독보적인 성과를 거두고 있다고 자신한다. 원하는 강좌를 들으려면 오랜 기간 대기하는 것도 감수해야 한다. 초등고학년에서 상당히 유명세를 치렀고 그를 바탕으로 교육과정이 글로아이(유아), 글로팜(초등), 글로맥스(중등), 글로비스(미디어를 통한 독서·논술)로 확장되어 나갔다. 교육프로그램은 한국어 문학과 외국 문학뿐만 아니라 역사, 사회, 과학, 철학 등 모든 주요 분야를 섭렵함으로써 깊고 넓은 읽기, 조리 있는 토론, 그리고 통합 지향의 글쓰기가 이루어지도록 짜여져 있다. 또한 정보화·세계화의 시대적 추세에 맞추어 각종 시청각 자료와 정보 매체를 학습 방법에 채택하여 가르치고 있다. 이와 같은 책읽기와 토론 그리고 글쓰기의 교육은 창조적 능력 계발이 요청되는 21세기 글로벌 시대를 능동적으로 대처해 가는 데에 기여하게 될 것이다.

코기토

연락처	전화 02-567-9901
위 치	서울시 강남구 대치동 은마사거리에서 대치사거리방향 사까나야 건너편 골목 5층
대 상	중·고등부
과 목	수학

강좌소개

▶수리논술 ▶고등선행 ▶경시대회준비 ▶영재고 대비 수업 ▶문이과수리 논구술 ▶최상위권 심화수업 ▶과학고 내신수업 ▶KMO대비 영역별수업 서울대 미적분학 등

학원소개

최상위 1%를 위한 소수정예 학원을 지향한다. 2008년부터 2011년 4년간 서울대 231명 합격, 연고대 412명 합격, 서울대의대 23명 합격의 신화를 안고 지금도 꿈을 키우고 있는 학원이다. 한때 고등학교 이과계열 의·치·한을 준비하는 학생들의 인기를 크게 얻었다. 일찌감치 이

과를 준비하는 중등 엄마들은 미리 문을 두드려 보는 곳이다. 수리논술로 유명하고 〈과학동아〉 별책부록에서 수리논술을 연재하고 있는 윤종선 선생이 원장이다. 수업시스템은 실력반, 심화반, 문제풀이반, 서울대 의대 대비반으로 나뉜다. ❶ 실력반은 실력정석을 교재로 하여 처음 듣는 학생이나 다른 학원에서 기본을 끝낸 학생을 대상으로 개념설명부터 연습문제풀이까지 진행되는 반이다. Ⅰ→Ⅱ→Ⅲ 단계로 올라가면서 개념설명시간이 줄어들고 예제, 유제의 비중이 줄어들며 연습문제의 비중이 늘어나게 된다. ❷ 심화반은 실력정석 연습문제보다 난이도가 높은 문제들을 모아서 공부하는 반. 일반 문제집에서는 보기 힘든 고난이도 문제 위주로 사고력을 키우고 문제해결기법을 배우는 수업이다. ❸ 문제풀이반은 특작, 일품, 쎈, EBS교재, 내신 기출문제들에서 좋은 문제들을 뽑아서 문제풀이 위주로 진행되는 반. 개념설명은 많지 않으며 정석수업과는 다르게 문제를 빠르고 정확하게 풀 수 있도록 연습하는 반이다. ❹ 서울대 의대 대비반은 수학 상하부터 적분통계, 기하벡터까지 심화수업만을 진행하는 코기토의 최상위반이다. 고1부터 고2 1학기까지 주1회 수업으로 전 과정 심화수업을 마무리하게 된다.

 STREETS TIPS ｜ 커피 가든 ｜

아이들이 점점 크면서 부담스러워지는 것은 교육비만이 아니다. 천정을 모르고 높아만 가는 물가는 커피 한 잔 값에도 예외가 아니다. 우성2차 상가에 위치한 커피 가든(coffee gardern)은 가격, 서비스면에서도 이 동네에서 가장 맘편하게 드나들 수 있는 테라스가 있는 찻집이다. 후덕한 주인장의 인심은 한여름 즐겨먹는 팥(컵)빙수 한 그릇에도 배어 있다. 말만 잘하면 단돈 500원에 타 메뉴의 리필이 가능하다. 즉, 빙수 다음의 커피, 이런 식으로! 생각하는수학, 타임에듀, 세린학원, 공간과 감각, 이룸학원 등 순복음교회 인근 학원에 보내고 시간이 좀 남는다면 들러볼 만하다. 02-6414-0700

성찬학원(표현국어)

연락처	전화 02-558-0070, 02-558-0570
위 치	서울시 강남구 대치동 은마사거리에서 롯데방향 던킨도넛츠 골목 금강빌딩 2층
대 상	고등부
과 목	언어, 수학, 통합논술

강좌소개

표현국어수업은 ▶고1(우수반, 최상위반) ▶고2(최상위반) ▶고3(최상위반) ▶특강 ▶홍현창 선생님의 논리와 창의의 통합논술교실 ▶김태홍선생님의 고등부수학교실

학원소개

언어학원 하면 떠오르는 대표적인 학원이다.

엄마의 변화가 아이의 변화로 이어진다

아이들 공부 문제로 씨름하느라 늘 머리가 무거운 엄마들은 "왜 내 아이는 공부에 대한 의지도 없고 자신감도 부족할까, 왜 똑 같이 교육시켰는데 내 아이만 성적이 오르지 않는 걸까" 싶어 답답하기만 하지요.

하지만 무조건 아이만 탓하지 말고 한 번쯤은 그동안 부모의 양육태도에 문제점은 없었는지 뒤돌아볼 필요가 있습니다. 엄마의 정보력과 능력으로 공부 잘 하는 아이를 만들 수 있다지만 지나친 욕심과 조급함으로 아이가 가진 능력을 오히려 저하시키는 것도 엄마일 수 있기 때문입니다.

"엄마부터 달라져야 아이를 변화시킬 수 있다", 어디서 많이 들어본 얘기지요. 제가 몇 해 전에 썼던 기사의 제목이기도 합니다. 아무튼 아이를 변화시키는 데 왜 엄마의 변화가 중요한지 알아볼까요.

 자존감이 낮은 아이는 학습효과도 낮아

엄마들은 "초등학교 때까지는 말도 잘 듣고 공부도 곧잘 하던 아이가 사춘기가 되더니 갑자기 변하더라"는 말을 많이 한다. 하지만 사춘기 때문에 갑자기 공부를 소홀히 하게 됐다고 볼 수만은 없는 경우가 대부분이다.

평소 아이가 공부에 대해 어떤 느낌을 갖고 있었는지가 문제인 것이다. 공부를 하는 것이 유익하고 즐거움도 있다는 것을 경험한 적이 있는지, 아니면 엄마의 강압에 못 이겨 하기 싫은데도 시키는 대로 하느라 한 번도 즐거운 적이 없었는지에 따라 다를 수 있다는 얘기다.

"우리 애는 엄마 말도 잘 듣고 착한 편이야"라고 여기는 엄마들도 많다. 하지만 엄마의 말을 잘 따르는 아이는 그저 착해서일까. 한창 반대 의견을 많이 낼 시기인 사춘기에 무조건 고분고분한 아이는 부모가 듣기 좋은 말만 해서 편하게 가자는 생각일 수도 있다. 이런 상황이 결국 부모 자녀 간 대화단절의 원인이 되기도 한다.

평소 아이가 'No'라고 했을 때 부모가 그 마음을 살펴보려고 하지 않고 끝까지 훈계하고 설득해서 결국 아이 스스로 판단하고 선택할 기회를 꺾어놓지는 않았는지 돌아봐야 한다. 학습적인 면에서도 말로는 '자기주도학습'을 바란다면서 엄마가 하나에서 열까지 모든 계획을 다 짜주는 식으로 아이가 주도적으로 될 기회조차 주지 않는 경우가 많다.

공부 때문에 아이와 자주 다투다 보면 부모가 은연중에 '공부 못하는 아이'로 낙인찍어 버리고 만다. "왜 너는 공부를 하는데도 성적이 오르지 않니? 이렇게 공부해서 어디 제대로 들어갈 대학이 있겠니?" 하는 식이다. 안 그래도 아이 스스로 자신이 다른 아이들에 비해 공부를 못한다는 걸 깨닫고 있는 중인데 부모가 이렇게 단정 짓게 되면 아이는 자존감이 낮아질 수밖에 없다. 그리고 나면 제아무리 유명한 강사가 최고의 맞춤학습법을 알려줘도, 아무리 최적의 계획표를 세워서 공부를 해도 효과를 볼 수 없게 된다. 아이 스스로 자존감이 낮고 매사 부정적이면 안정적인 학습이 될 리가 없지 않은가.

부모가 아이의 자존감만큼은 살려줘야 언제든 다시 뭔가에 도전할 힘을 얻게 되는 것이다.

엄마가 행복한 환경에 있어야 아이도 행복할 수 있어

엄마도 어쩔 수 없는 사람이다 보니 아이들을 키우다 보면 그날그날의 감정에 따라 대하는 방식이 달라질 수밖에 없다. 엄마가 우울하면 그냥 넘겨도 될 일까지 아이에게 짜증을 내게 된다. 엄마가 잘 웃지도 않고 입만 열면 "숙제 다 했니? 왜 아직도 못했니?" 하는 식으로 평가만 하게 되면 아이는 정서적으로 메마르게 되고 사회성도 떨어진다.

게다가 엄마 스스로도 "공부 잘하는 아이 둔 엄마가 제일 부럽다. 애가 공부만 잘해준다면 더 바랄 게 없을 텐데…"라는 생각만 하게 되면 행복을 느낄 틈이 없다. 그러다가 결국 엄마의 자존감까지 낮아지고 그것이 그대로 아이에게 전해지고 만다. 이런 상황이 계속되면 갈수록 엄마와 아이의 갈등이 깊어지고 어떻게 해결할 수 없는 지경에까지 이르게 된다.

자기중심적일 수밖에 없는 청소년기 아이와 엄마 중에서 누가 달라지기 쉬울지 한 번 생각해 본다면 당연히 엄마라는 결론이 나온다. "아이가 공부만 잘하면 행복할 텐데"라는 생각은 버리고 엄마가 마음의 여유를 유지하면서 심리적으로 일정 부분을 아이와 분리시켜야 한다. 그런 후에 비록 쉽지는 않겠지만 아이와 좋은 경험을 많이 할 수 있는 기회를 만들어야 한다. 어려서부터 부모와 좋은 경험을 많이 한 아이들일수록 커서도 높은 자존감을 가질 수 있기 때문이다.

아이로 인해서가 아니라 엄마 자신이 행복할 수 있는 것을 찾아야 한다. 엄마의 감정이 아이에게 그대로 영향을 미칠 수 있는 만큼 엄마 스스로 행복하고 좋은 환경에 놓일 수 있도록 하는 것이 우선이다. 엄마가 바로 그런 모습을 보여준다면 앞으로 아이가 모든 면에서 성공할 확률도 훨씬 더 높을 수밖에 없다.

 ## 아이의 말부터 들어줘야 대화가 시작돼

"도대체 대화를 한 번 해보려고 자리를 마련해도 애가 말을 안하니 속만 더 터진다"며 아이 탓만 하는 엄마들을 만나면 대화에도 기술이 필요하다는 것부터 알려준다. 원래 상대방을 설득하고 싶다면 일단 그 사람의 말부터 들어줘야 하는 게 기본인데 과연 자녀와의 대화에서는 몇 퍼센트를 말하고 들어주었는지 생각해볼 필요가 있다.

평소 대부분의 부모들은 아이의 말을 충분히 들어주고 공감해 주기보다 일방적인 훈계를 하게 된다. "다 너 잘되라고 하는 말이다"라면서. 그런 유형의 대화가 계속 이어지다 보니 결국 아이들은 부모의 말을 듣기만 할 뿐 입을 열지 않게 되는 것이다. "애가 왜 저러는지 모르겠다"고 한탄만 하지 말고 아이가 왜 그러는지 진지하게 들어주고 이해해 주려고 노력하는 과정이 필요하다.

누구라도 고민이 생겼을 때에는 자신의 말을 잘 들어주고 공감해 주는 사람을 찾아가서 털어놓고 싶어지게 마련이다. 부모가 내 아이에게 과연 그런 사람으로 인식되고 있는지 한 번 짚어볼 일이다. 평소 아이에게 내 감정에 따라 얼마나 많이 화를 내고 잔소리를 했는지, 그에 반해 칭찬과 격려는 얼마나 했는지 따져보고 엄마의 성향과 양육태도를 점검해 봐야 한다.

아이를 잘 키워야 한다는 욕심에 늘 엄마만 앞서가고 아이는 그 뒤에서 힘겹게 딸려가는 경우를 종종 봅니다. 그렇게 엄마만 너무 높은 곳에 먼저 올라가서 아래에 뒤처진 아이를 내려다보려니 답답하고 짜증이 날 수밖에요. 성적이 중하위권인 자녀를 둔 경우 다소 시간이 걸리더라도 아이의 성향이나 현 상황에 맞게 천천히 가자는 식으로 엄마의 마음부터 변화시켜 보시기 바랍니다. 그러면 아이도 한 번 해볼만 하다는 생각을 갖게 되고 엄마도 욕심을 내려놓은 만큼 작은 성취에도 칭찬을 해주게 되지요. 그런 경험이 조금씩 쌓이면 아이는 결국 자신감을 되찾게 됩니다. 엄마의 작은 변화가 아이의 변화를 불러올 수 있는 것이지요.

아이에게 "너는 공부만 해, 나머지는 엄마가 다 해줄게"라고 말하는 것보다 엄마도 아이에게 어떤 노력을 해보겠다는 점을 밝히면 아이도 더 잘 받아들이게 되겠죠. 아이에게 어떤 약속을 하고 동등하게 노력하는 모습을 보일지 살짝 고민해 보시기 바랍니다.

기만 하다면 좋은 성과를 거둘 수 있다. 최상위반 학생은 반드시 테스트 후 등록이 가능하고 외고생, 내신 상위 4% 이내 학생은 성적표 제출 시 무시험 가능하다. 고1은 수능영역별 기본과정Ⅲ(고전시가, 시조+한시), 고2는 수능심화Ⅲ(고전문학, 시가+산문), 고3은 수능만점을 위한 집중코스(약점체크, EBS총정리)로 진행된다.

수리전문가 남언우의 수학전문 MIL 학원

연락처	전화 02-555-4501 / 팩스 02-3288-1139
이 메 일	2173131@naver.com
위 치	서울시 강남구 대치동 974-1 신해청상가 3층
대 상	중·고등부
과 목	수학

강좌소개

▶〈Final 총정리〉 강좌→고3문·이과학생 대상. 요일은 수·토·일(고3문과) 월·금(고3문·이과)이다. 다루는 내용은 파이널인 만큼 전체단원 중 취약한 부분을 집중완성한다. 난이도 높은 문제 극복, 개념 총정리. ▶〈미적분〉 강좌→고2문과생 대상. 수·토 또는 화·목 개설. 미적분과 통계기본 중 미적분 내용을 개념기초부터 심화까지 완성한다. ▶〈확률 통계〉 특강→고2·3문·이과생 대상. 요일은 월·금 2~5시(고2문·이과) 일 7~10시(고3). 수업내용은 학생들이 어려워하는 단원인 확률 통계의 완전정복. 특히 고2는 여름방학 중 〈확률 통계〉 특강을 반드시 수강해야 함. ▶〈수학하 및 수학1〉 특강→고1 대상. 수업구성은 2학기 학

"내신, 수능, 논술, 각종 경시, 온갖 비교과 그러나 모든 걸 다 할 수는 없다. 내 아이에게 딱 맞는 현실성 있는 것을 선택할 수 있는 학부모의 전략이 필요하다"고 하는 표현선생. 고1이 되어 다른 느낌의 국어를 접하게 되는 친구들에게 공부는 어떻게 해야 하는지를 꼼꼼히 가르쳐준다. 수려한 외모와 뛰어난 언변의 표현선생 설명회는 중3에서 고1로 올라가는 겨울방학에 더 집중적으로 실시되는데, 항상 만원이다. 반에 따라서는 숙제가 상당히 많은 편이다. 고등부 언어학원들 상당수가 그렇지만, 대표원장의 수업은 40~60명 이상이 앉아 수업을 듣는다. 대형강의와 상당한 숙제량, 어느 학원이든 동일하겠으나 견디고 따라주기만 한다면, 또 아이와 맞

습내용인 수학하를 수강하면서, 상위권 학생은 수학1 선행특강을 같이 수강하는 게 좋음. 이상은 2011년 여름방학을 기준으로 한 시간표다. 일반고 기준, 요맘때 요런 범위까지는 반드시 이수해야 한다면, 가을학기 및 겨울방학 때는 어떤 세트로 수학 진도를 짜야 할지 대략 답이 나올 것이다.

학원소개 및 특징
MIL은 수학에 대한 개념을 확실히 정립시켜 자신감과 실력을 동시에 향상시키는 학원이다. 재학생들의 두드러진 실력향상과 뛰어난 진학실적이 이 학원의 우수성을 증명해 준다. 확실하게 교육시켜 결과로 정면승부하겠다는 장인정신을 가진 학원이다. ▶같은 개념, 다른 깊이로 중상난이도 문제를 빠르게 푸는 방법, ▶다양한 접근방법과 문제해결력으로 고난도 문제를 쉽게 푸는 방법, 남언우의 Know-how, MIL의 시스템이 그 방법을 알려주겠다고 한다.

김영과학학원

연락처	전화 02-565-7646
위 치	서울시 강남구 대치2동 990 삼성상가 3층 308호 (은마아파트 북문앞)
대 상	중·고등부
과 목	과학 전과목

강좌소개
▶중등부 : 내신 및 융합과학, 물리·화학·생물·지학 선행 ▶고등부 : 융합과학, 물리Ⅰ·Ⅱ, 화학Ⅰ·Ⅱ, 생물Ⅰ·Ⅱ, 지학Ⅰ·Ⅱ

학원소개 및 특징
크게 4영역으로 수업이 구분돼 있다. ❶영역별 수업 ❷연계 및 통합 수업 ❸과학 논·구술 수업 ❹서술형 백지시험 및 첨삭 논·구술 수업이 있다. ▶영역별 수업에는 물리Ⅰ·Ⅱ 심화 영역별 수업, 화학Ⅰ·Ⅱ 심화 영역별 수업, 생물Ⅰ·Ⅱ 심화 영역별 수업이 있다.

 STREETS TIPS

| 까페 라리 |

이름도 예쁘고, 그 안은 더 예쁘다. 그 옛날 토속음식점 〈두부고을〉 자리가 한순간 신데렐라로 변신한 모습이다. 대로변이나 뒷골목의 작은 가게가 새옷을 갈아입는다 싶으면 어김없이 생기는 것이 커피숍이다. 그래서 대치동에 늘어나는 건 커피숍이요, 수시로 바뀌어 달리는 간판은 학원이라고 했던가. 커피 값이 상당하다 싶지만, 마셔보고 나면 그 맛과 향에 반한다. 최상의 원두 0.3%만 사용한 융드립(?)의 깊고 풍부한 맛이라 했던가? 가물가물… 그런데 계산대에 서고 보니 조각케익 쇼케이스가 보인다. 크렙 케익, 월넛 치즈 케익…. 커피보다 훨씬 더 유명하다. 02-558-9923~4

▶연계 및 통합 수업은 중·고등 과학 교과과정의 연계성 확보, 통합 교과 수업으로 진행.
▶과학 논·구술 수업은 물리·화학·생물 영역에서 주1회 논·구술 대비 수업을 하며 ▶서술형 백지시험 및 첨삭수업은 내신대비 서술형과 수능대비 응용력 강화에 초점.

쎄듀어학원

연락처	전화 02-567-7436 / 팩스 02-566-1404
홈페이지	www.ceduin.com
위 치	서울시 강남구 대치동 987-17 대치프라자II 3층(대치 순복음 교회 왼편)
대 상	중·고등부
과 목	영어

강좌소개

▶중등부 : CEDU SMAT(Study with Motivation And Target) 프로그램이 있다. 중학생들이 다양해진 고교입시와 더 나아가 대학입시에서 경쟁 우위에 설 수 있도록 만든 종합적이고 체계적으로 구성된 프로그램이다. 탄탄한 독해, 청해, 구문 실력을 바탕으로 유창하고 논리적인 영어를 구사할 수 있도록 단계별로 세분화되어 있으며, 쎄듀 영어교육연구센터에서 개발된 컨텐츠로 수업을 진행한다.

▶고등부 : 온·오프라인을 넘나들며 대한민국 대표 영어강사로 이름을 날리고 있는 김기훈 원장의 교수법이 그대로 녹아 있는 고등프로그램으로 수업한다. 수능 외국어 영역 만점의 실력을 가장 확실하고 빠르게 성취할 수

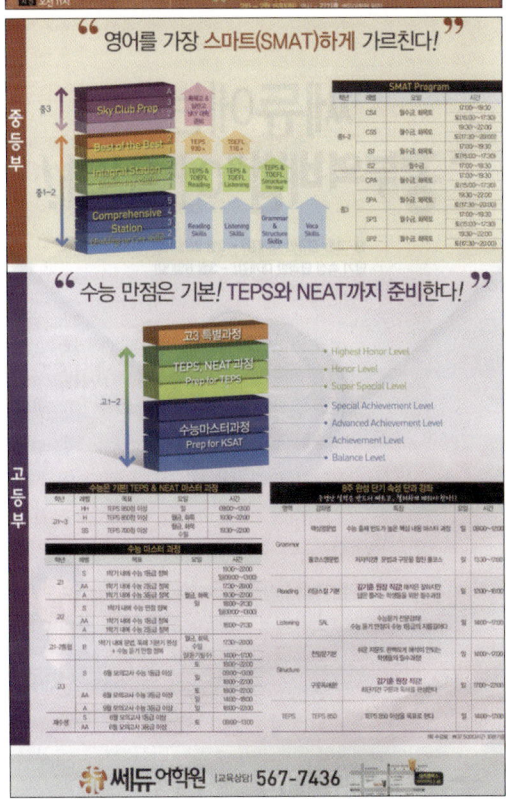

있도록 개발되었다고 한다. 2012년부터 본격 시행되는 국가영어능력시험(NEAT) 및 TEPS 시험에서 고득점을 받을 수 있도록 수능 이상의 영어실력을 확보할 수 있는 프로그램을 제공하고 있다.

학원소개 및 특징

메가스터디 대표 영어강사이자 〈천일문〉의 저자 김기훈 원장이 1995년 설립했다. 대한민국 110만명 이상의 중·고등학생들에게 이미 검증받은, 그리고 한 해 100만부 이상의 〈천일문〉 등의 교재를 판매하고 있는 명실상부한 대한민국 대표 영어학원이다. 김원장의 설명회는 발디딜 틈이 없어 연예인 못지않는 인기를 실감케 한다. 특강 역시 마찬가지. 김원장 직강은 일찌감치 마감된다. 〈천일문〉 〈리딩스킬〉 〈어휘끝〉 〈어법끝〉 등 각 영역별 최고의 컨텐츠를 자랑한다. 정기적인 Standardized Test(표준화된 시험)를 통해 학생들의 실력을 지속적으로 관리한다.

바른길 교육 연구소

연락처	전화 070-4239-4129
이메일	kjw9310@nate.com
카페	http://cafe.naver.com/rightwayone
위치	서울시 강남구 대치1동 961-15 JH빌딩 6층 (대치사거리에서 은마사거리 방향 패밀리마트 뒤편)
대상 및 과정	국제중 준비하는 초등학생, 특목고 준비하는 중학생, 대입 수험생, 학원 및 학교를 대상으로 B2B진행, 자기주도학습 전형(입사관) 대비 컨텐츠 제작, 자기주도학습 전형(입학사정관 전형) 대비 진로·진학 컨설팅 및 서류·면접 대비

강좌소개

▶국제중 및 외고·국제고·자사고 대비 컨설팅(초6, 중3)→진로·적성 진단, 자기주도학습 전형의 이해, 학습계획서 작성, 학습계획서를 바탕으로 한 면접문항 발췌, 모의 면접, 진학컨설팅(지원 고교 및 학과 결정), 역량 평가서를 바탕으로 한 대면 컨설팅 등의 과정을 4~12주 단위로 진행, 사고력 첨삭에 주안점을 둔다. ▶대입 수시 진학 컨설팅(고3)→모의고사성적 및 내신성적 분석, 수시전형의 이해, 자기소개서 및 포트폴리오 구성, 서류를 바탕으로 한 면

STREETS TIPS | 시에나

추억의 밥집이라고 하기엔 이름도 외관도 매우 이국스럽다. 밖에서만 보면 와인을 곁들인 레스토랑 같아 보이지만, 헉! 점심에 내놓는 건강밥상은 이름의 쉬크함과는 달리 토속적이고 인간적이다. 토박이 주인장이 동네분들을 위해서 몇해 전부터 염가에 소박한 점심을 선보였다고 한다. 직접 기르고 선별한 재료는 손맛에 정성을 더한다. 최근에는 하교 후 햄버거 하나로 저녁을 때우고 곧바로 학원으로 향하는 학생들이 안쓰러워 수험생 밥상까지 내놓았다. 그 마음이 고맙다. 02-568-0948

접문항 발췌, 모의 면접, 진학컨설팅(지원대학 및 전형 결정), 역량 평가서를 바탕으로 한 대면 컨설팅 등의 과정을 1회~6주 단위로 진행한다 ▶대입 수시·정시 진학컨설팅(고3, N수생)→학생부·내신성적·모의고사성적 분석, 진로적성 진단, 진로에 맞는 학과·학교 탐색, 진학컨설팅(지원 대학 및 전형 결정) 등의 과정을 1회 진행 ▶진로·진학 종합컨설팅(중1·2, 고1·2)→내부 역량 분석(기질 및 자기주도학습능력, 문·이과 성향, 다중지능 진단 등), 외부환경 분석(직업흥미도 진단, 직업별 요구 역량 진단, 롤모델 선정, 미래 인재의 자질), 합리적 진로·진학 선택(고교 유형별 장단점 분석, 학과 정보 분석, 학습 방법론, 진로 결정 및 동기 부여 프로그램), 맞춤형 이력 관리(봉사, 체험, 독서 활동 및 에듀팟 작성 관리) 등의 과정을 4주~16주 단위로 진행.

인투영어전문학원

연 락 처	전화 02-558-7597
위 치	은마사거리 대치사거리 방향 약 70미터, 현대아파트 맞은편 청국장과 보리밥 식당 5층
대 상	중·고등부
과 목	기본과정 : 문법, 어휘, 읽기, 듣기 말하기 쓰기/시험대비 : 국가영어능력평가시험, 고등부 수능, 토플, 텝스 등

강좌소개

인투의 모토는 "읽고 들으면 반드시 쓰고 말한다"이다. 곧 실시될 국가영어능력평가시험에서 좋은 성과를 거두기 위해서는 중학생 때 부터 읽는 대로 말하고 써보고, 듣는 대로 써보고 따라 말하는 습관이 들어야 한다. 모든 강좌가 문법과 어휘는 물론 언어의 4가지 영역을 골고루 습득할 수 있게 한다.

학원소개 및 특징

영어의 기본기를 제대로 훈련하는 데 집중한다. 기초 실력을 탄탄하게 다져야 어떤 시험이든 쉽게 적응하고 짧은 기간에 고득점을 받을 수 있기 때문이다. 글을 정독하면서 분석하고, 복습과 반복학습 중심의 수업방식이기 때문에 Speaking과 Writing 능력을 바로 향상시킬 수 있다. 영어학습에 있어 자기주도적인 공부습관과 학습태도의 변화를 이끌어내는 최선의 방법을 적용시킨다. 수업의 특징을 살펴보면, 인투의 모든 수업은 부분적으로 클리닉 방식을 도입하고 있다. 강사가 일방적으로 이끌어가는 수업이 아니라 학생 개개인의 부족한 부분을 짚어주고 학생 스스로 집중하게 한다. 당연히 꼼꼼한 학사관리가 바탕이 된다.

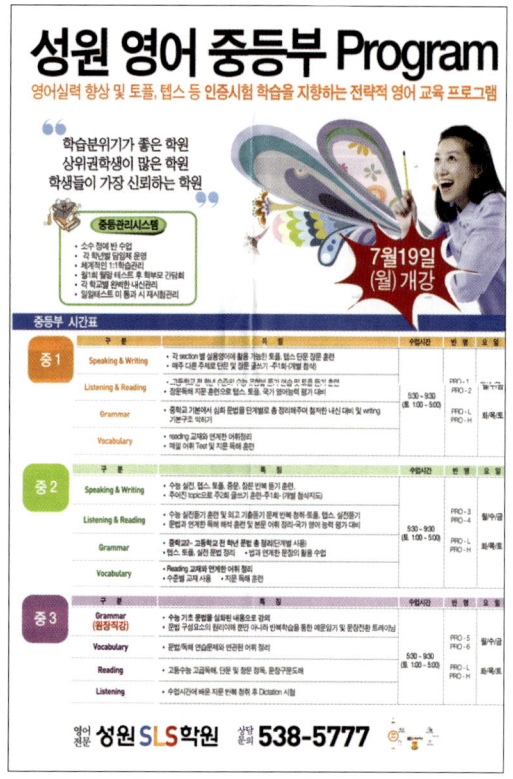

성원학원

연락처	전화 02-538-5777
위 치	서울시 강남구 대치동 은마사거리 송파방향 한소반 건물
대 상	고등부
과 목	영어

강좌소개

▶ 서성원 원장(영자신문사설반, 초단기문법 집중특강) ▶ 탁샘(내신1등급 선점하기, 구문독해 특강)

학원소개

'영자신문사설' 반을 명품강좌로 내세우고 있다. NYT, KOREA HERALD, KOREA TIMES에 게재된 정치, 경제, 사회, 문화, 과학, 정보, 인물 등 주옥같은 명문사설 해설강의 문제풀이 위주의 수능, 토플 및 텝스 수업의 문제점을 보완·병행할 수 있는 획기적인 강좌라고 한다. 강좌내용은 어휘, 문법, 독해, 청취로 고1 상위권만 대상이 된다. 탁샘의 Multi-Cube영어는 수능과 내신성적 향상에 최적화된 프로그램이다. 1단계는 교과서, 2단계는 학교별 부교재와 프린트에 대한 심화집중수업으로 이어지고, 3단계는 학교별 최종 기출문제와 예상문제로 직전대비 해준다. 독해와 문법수업의 일원화로 체계적으로 계측된 수준별 강의는 외국어 영역에서의 수험생들의 자신감과 성취감을 배가시켜 줄 것이다.

미래영재학원

- **연락처** 전화 02-561-9966 / 팩스 02-561-9372
- **이메일** melite@empas.com
- **홈페이지** www.mirae-elite.com
- **위 치** 서울시 강남구 대치동 983-1 해암빌딩 1층 (휘문고 사거리에서 학여울역 방향 대로변 광양불고기 건물 1층)
- **대 상** 초고학년, 중·고등부
- **과 목** 수학, 과학(물리·화학·생물·지구과학)

강좌소개

▶ 서울대 수시 특기자전형 및 연고대 수시 논술 및 면접 ▶ 영재학교 과학고 입시 및 중·고등 올림피아드 ▶ 각종 수학과학 경시 대비

학원소개

과학경시, 심화과학 하면 떠오르는 대표적인 학원이다. 멀리 분당, 수원, 성북, 중계… 심지어 대전 등지에서도 온다. 주말이면 관광버스에 수도권은 물론 지방 과고, 영재고 학생들을 실은 관광버스도 줄을 선다. 최근엔 영역을 넓혀 수학까지 확대하고 있다. 2010년도 국제 올림피아드 국가대표로 뽑힌 학생들을 보면 물리분야 5명 중 5명이, 화학분야 4명 중 3명이 이 학원 출신이다. 2011학년도 서울대 진학 및 영재학교와 과학고 진학에서도 화려한 실적을 자랑한다. 일산, 목동, 중계 지역에서 캠퍼스를 운영하고 있다.

특징

특목고 입학을 위한 단계별 프로그램을 통해 초등학교 6학년부터 특목고에 입학하기까지 내신과 선행, 시·도 경시대회와 올림피아드 대회, 영재학교와 과학고 입시까지 단계적으로 준비할 수 있다. 초등 6학년 입학부터 시험을 통해 선발하는 것은 아니지만 과정마다 체계적인 평가를 통해 다음단계로 이어지게 된다.
선행학습과 반복훈련으로 단기적인 성적향상에 몰두하기보다는 개념을 이해하고 그것을 확장하고 적용시켜 학년이 올라갈수록 효과가 발휘되는 전통적인 학습방법을 추구한다. 그러기 위해서 스타강사에 의존하기보다는 팀워크 체제와 각종 연수를 통해 강사들의 역량을 극대화하고 있다. 수업시간마다 쪽지시험결과를 모은 성적표를 전달한다. 성적표에는 학생의 학습 내용과 상대적인 성적, 그리고 담당 선생님의 학생에 대한 의견 등이 기록되어 있다. 이러한 성적표를 바탕으로 학부모와 주기적인 상담이 이뤄지고, 시험이 끝난 후 또는 주요 시기마다 학부모 간담회 또는 일대일 면담도 수시로 마련된다. 속성을 멀리하고 깊고 제대로를 추구한다.

대학수학능력시험/입학전형 관련 용어

● **원점수**
원점수는 정답 한 문항에 부여된 배점을 단순히 합산한 점수를 의미한다.

● **등급(9등급제)**
9등급제란 백분위 점수를 가지고, 전체 수험생을 9등급으로 나누어 개별 수험생이 속해 있는 해당 등급을 표시한 점수체제이다.
 ▶ 1등급 : 4% / 2등급 : 11% / 3등급 : 23% / 4등급 : 40% / 5등급 : 60% / 6등급 : 77% / 7등급 : 89% / 8등급 : 96% / 9등급 : 100% (누적비율 기준) 단, 각 등급간 경계점에 속한 동점자는 상위 등급으로 기재함

● **수능 백분위**
백분위 점수는 계열별 전체 응시자 중 한 수험생이 얻은 점수(원점수, 변환 표준점수)보다 더 낮은 점수를 얻은 수험생들이 전체 학생 중 몇 %가 있는지를 나타내 주는 표시방법이다. 백분위를 통해 집단의 크기나 시험의 종류가 다르더라도 상대적인 위치를 서로 비교해 볼 수 있어, 학생 자신의 영역별 강·약점을 대략적으로 알아보는 데 이용할 수 있다.
 ▶ [예] : 원점수가 95.6점이고 백분위 점수가 88.30이라 함은 95.6점보다 낮은 점수를 받은 수험생들의 비율이 전체 응시자의 88.30%임을 의미

● **표준편차(표준점수)**
표준점수는 각 개인의 원점수가 평균으로부터 떨어진 거리를 표준편차의 단위로 나타낸 점수이다. 현재 대학수학능력시험에서 사용하는 표준점수는 평균이 50이고 표준편차가 10인 T점수 척도를 활용하고 있다. 표준점수는 각 영역별 시험의 난이도에 따른 점수분포를 고려하여 산출되므로, 영역별 시험점수를 의미 있게 비교하거나 총점으로 합산하여 비교할 때 개인의 상대적인 위치를 알 수 있다.
 ▶ [예] : 수리영역에서 70점, 언어영역에서 75점을 받았을 경우, 원점수로만 비교한다면 언어영역에서 더 높은 점수를 얻었다고 할 수 있으나, 수리는 어려웠고(평균=50) 언어는 쉬웠다면(평균=70), 이 수험생이 수리보다 언어에서 더 높은 점수를 얻었다고 할 수 없다.

● **수능 가중치**
모집 단위별 특성을 고려하여 수학능력시험의 5개 영역(언어, 수리, 외국어, 사회/과학탐구, 제2외국어) 중 특정영역 성적에 가중치를 두어 전형총점에 계산하는 것을 말한다. 만약 어느 대학의 모집단위에 수리 영역과 외국어 영역에 가중치를 부여한다고 가정한다면, 수능 총점이 같은 학생이라고 하더라도 수리 영역과 외국어 영역이 우수한 학생이 유리하다.

● **가·나·다 군**
'가·나·다 군'은 4년제 대학의 정시모집에서 전형실시 기간에 따른 구분이다.

● **분할모집**
'분할모집'은 한 대학에서 학과를 2개 이상의 군으로 분할해서 모집하는 경우이다. 즉 경영학과와 의예과는 정시 '가' 군에서 모집하고, 나머지 학과들은 정시 '다' 군에서 모집하거나, 경영학과 학생의 50%는 '가' 군에서 모집하고, 나머지 50%는 '나' 군에서 모집하는 경우 등을 말한다.

● **복수지원제**
'복수지원제'는 정시모집 대학(교육대학 포함)에 있어서 교육부가 구분한 시험기간 군(가, 나, 다군)이 다른 대학간 또는 동일대학 내 시험기간군이 다른 모집단위(대학이 분할 모집하는 경우)간에는 여러 번 지원이 가능한 것을 말한다. 단, 특별법에 의해 설치된 대학(육사, 해사, 공사, 경찰대학, KAIST, 한국예술종합대학, 한국전통문화학교)·전문대학·각종학교와 대학(교육대학 포함)간에는 아무 제한 없이 복수지원이 가능하다.

● **전형요소 및 반영비율**
합격자 사정 시 전형 총점에 반영되는 고등학교 학교생활기록부, 대학수학능력시험, 논술고사, 면접고사, 실기고사, 적·인성검사 등 성적의 배점 비율을 의미한다.

출처 : 한국대학교육협의회 대학입학상담센터 입시용어 자료(편집)

에이엔비외국어학원

연락처	전화 02-508-6537~9
이메일	abacademy@naver.com
홈페이지	www.anbacademy.co.kr
위 치	서울시 강남구 대치동 1019-1 성보대치빌딩 3층(은마사거리 농협건물 3층)
대 상	초3~6, 중·고등부
과 목	영어

강좌소개

▶초등부 : 월 2권의 독서를 기반으로 하는 Reading Program과 현지 미국교과 과정의 동영상을 통한 on-off line의 Listening 및 Speaking 학습으로 영어의 전 영역을 생생하게 체득, 실력을 향상시키는 통합 Program이다. ▶중등부 : 다양한 영작을 통해 문장의 구조를 확립하는 문법 Program, 미국 교과서를 기반으로 하는 Reading Program, 상황별 회화, IELTS Speaking, 미국교과 과정의 동영상을 통한 Listening·Speaking Program, 철저한 내신대비 과정 등 영어의 전 영역을 체계적으로 향상시키고, 내신과 NEAT, IBT 등 입시와 인증시험에도 최적의 대비 Program이다. ▶고등부 : 수능과 내신 1등급, TEPS 고득점을 목표로 기본부터 진행한다.

 STREETS TIPS

| Avenue D |

양재천이나, 도곡동, 청담동까지 나가야 즐길 수 있던 브런치 까페가 대치동에도 문을 열었다. 비싸지 않은 가격에 이른 아침부터(9시 30분 오픈) 브런치를 즐길 수 있다는 장점 때문에 짧은 기간에 맘들 사이에 인기를 얻은 곳이다. 멋진 곳에서 예상보단 싼 가격으로 맛난 브런치를 먹을 수 있으나, 대가는 톡톡히 치러야 한다. 물도 셀프, 음식도 셀프 주문에서 치우는 일까지 다 셀프다. 대화를 나눠야 하는데 자꾸 오가야 하니 맥이 끊긴다. 또하나의 대가는 카운트 직원들이 상당히 빳빳하다는 점. 인테리어도, 종업원도 웃는 법 없이 너무 모던하다. 02-557-3538

특징

초·중·고교생을 대상으로 Grammar, Reading, Listening, Speaking 전 영역 통합 수업을 매일 진행하며, 1:1식 철저한 확인학습 관리, 수능·내신·NEAT에 완벽 대비할 수 있게 한다.

나무와 숲

연 락 처	전화 02-567-7705(대) / 팩스 070-8119-7709
이 메 일	okhome1@naver.com
위 치	서울시 강남구 대치동 991 남성빌딩 2층(은마아파트 사거리에서 삼원가든 방향 우측 200m)
대 상	중3(예비고1), 고등부
과 목	국어(언어)를 중심으로 수학, 영어, 과학 (수능 및 내신)

강좌소개

▶수능 및 내신대비 국어·언어(원장 직강) ▶수학, 영어, 과학(물·화·생) ▶고3언어 파이널/클리닉반 ▶고2언어 정규반/학교별반 ▶고1 수능 국어반·내신대비반 ▶고3수학 수능 파이널반 ▶고2수학 수능·내신대비반 ▶고1수학 수능·내신대비반 ▶고2·3 수리논술반(수시·정시 대비) ▶고3영어 수능 파이널반 ▶고3과탐 파이널반(물·화·생) ▶고2과탐 개념완성반(물·화·생). 대표 강사진으로는 ▶국어 김현식 원장(서울대, 전 종로학원), 허공범(서울대, 강남대성학원) ▶수학 이창무(서울대, 강남대성학원), 이희종(서울대, 강남대성학원), 김정일(고려대), 황인화(서울대) ▶수리논술 명백훈(서울대, 종로학원) ▶영어 송인수(서울대, 종로학원) 백기선(서울대, 종로학원), 정현철(연세대) ▶물리 조장우(서울대) ▶화학 우반석(강남청솔학원) ▶생물 박홍주(강남청솔학원), 정수민(서울대, 강남대성학원)

학원소개 및 특징

국어(언어영역) 전문으로 시작하여 수능 전문학원으로 자리잡았다. 특징은 ❶학업 성취를 극대화하는 학생 수준별·목표별 맞춤식 지도 ❷학생과 강사, 학부모 간의 정보 소통과 교감을 중시 ❸전·현 종로학원(본원), 강남대성학원, EBS강사들로 이루어진 검증된 강사진

 ## 중하위권 중학생 맞춤학습은 어떻게?

엄마들 모임에 나가서 얘기를 듣다 보면 "누구네 애는 전교권이란다", "누구 엄마는 애를 둘 다 SKY대 보냈다더라" 등등 온통 주변에 공부 잘하는 애들은 왜 그렇게도 많은지요. 그럴 때마다 매번 내 아이와 비교가 되면서 부러운 마음에 스트레스만 팍팍 받게 됩니다. 그러니 중하위권 중학생을 둔 부모들은 답답한 마음이 앞설 수밖에 없지요. 남들이 좋다고 하는 학원은 다 보내고 그래도 부족하다 싶으면 과외까지 시켜도 성적이 오르기가 쉽지 않죠. 하지만 이렇게 중학생 시기에 성적을 만회할 기회를 갖지 못한 채 고등학생이 되면 갈수록 공부에 흥미를 잃게 되고 그러다가 결국 공부를 아예 포기하는 지경에까지 이르고 말지요. 중하위권 중학생 학습의 문제점과 그 해결책은 무엇일까요.

 중위권

상위권으로 도약하기 위해 나름대로 열심히 공부하는 경우가 대부분이다. 하지만 상위권 학생들 역시 최상위권으로 올라서기 위해 더 많은 노력을 기울이기 때문에 중위권에서 벗어나기가 결코 쉽지 않다. 그러다보니 항상 상위권 학생들이 몰리는 학원만 쫓아다니느라 정작 자신의 부족한 부분을 보완할 기회를 놓치고 만다.

효율적인 학습법부터 익혀야

중위권 자녀를 둔 부모들은 조금만 더 하면 될 것 같은 생각에 학원 '뺑뺑이'를 돌리게 된다. 이렇게 학원을 많이 다니다 보니 습득한 정보도 많고 목표를 세워서 공부를 한번 해보자는 의지도 있지만 효율성이 떨어지는 것이 문제다. 전체적인 계획을 세우기는 하지만 어떻게 공부해야 할지도 모른 채 시간만 보내기 일쑤다.

이런 학생들은 무조건 학원수업을 많이 듣는다고 해서 실력이 향상되는 게 아니기 때문에 반드시 스스로 공부할 시간을 갖는 것이 필요하다. 게다가 암기과목인지 이해과목인지도 모른 채 무조건 비효율적으로 공부를 하는 경향이 있으므로 각 과목별로 자신에게 맞는 구체적인 학습계획을 세우고 시작하는 것이 중요하다.

중위권은 선행학습에도 신중해야 한다. 배운 것을 완전하게 이해하지도 못한 상태인데 상위권 학생들이 하는 것처럼 선행학습까지 하게 되면 시간만 낭비하는 셈이다. 배우긴 했어도 자기 것으로 만들 수가 없기 때문에 중위권 성적에 계속 머무는 악순환이 반복될 수밖에 없다. 이런 학생들은 선행학습보다 오히려 부족한 과목을 기초부터 다져나가는 게 중요하다. 성적 향상에 대한 조급한 마음을 버리고 중학생 시기에 취약점을 보완하는 학습을 통해 내실 있는 학습을 해야 하는 것이다.

조급한 마음은 금물

시험에서 실수를 줄이는 것도 중위권 학생들이 놓치지 말아야 할 부분이다. 아는 문제만이라도 실수 없이 완벽하게 풀어서 성적을 끌어올리기 위해서는 먼저 시험지 분석을 통해 자신이 어떤 실수를 반복하고 있는지부터 체크해봐야 한다. 중간, 기말고사 시험지에서 틀린 문제를 짚어가면서 분석하고 풀이노트에 정답을 적어보는 식으로 정리를 해나가다 보면 스스로 취약한 부분을 보완할 수 있어 다음 학기 성적 향상에 도움이 된다. 적절한 선행학습이 필요하지만 과도한 목표로 부담을 주는 것은 금물이다. 중위권 학생들일수록 공부에 대한 부담을 줄여주면서 장기적인 목표를 세워야 도중에 포기하지 않고 서서히 상위권으로 진입할 실력과 힘을 키우게 된다.

목표 뚜렷하면 주도적 학습은 저절로

나름대로 공부를 해서 중위권을 유지하는 경우도 있고 특별히 노력하지 않아도 기본적인 머리 덕분에 그 정도 성적이 나오는 경우도 있다. 이런 학생들은 부모의 욕심을 앞세우기보다 학습의 질을 먼저 생각해야 한다. 학습의 질은 공부하는 시간에 비례하는 것이 아니라 자기주도적으로 공부를 했을 때 높일 수 있다. 아이의 마음이 공부를 해야겠다는 식으로 움직였을 때 바로 자기주도적인 학습이 가능하기 때문에 모든 학습계획은 아이 스스로 선택하도록 유도해야 한다.

중위권 학생들은 상위권 학생들에 비해 자신감도 부족하고 뚜렷한 목표가 없는 경우가 대부분이다. 따라서 어떤 분야에 관심이 있는지, 어떤 과목을 좋아하는지 한번 생각해볼 기회부터 가지는 것이 좋다. 그래야 그에 맞는 단기적인 목표를 세워 조금씩 성취해 나갈 수 있고, 그 과정 속에서 자신의 진로를 찾게 되면서 학습동기도 부여될 수 있는 것이다.

부모가 너무 상위권만 바라보면 오히려 아이가 자신감을 잃게 된다. 따라서 당장 성적향상 효과를 기대하기보다 아이가 관심을 보이는 영역을 부모가 인정해 주고 격려해 주는 것이 필요하다. 학습동기를 유발할 수 있는 결정적인 계기는 대부분 우연히 찾아오는 경우가 많다.

 하위권

공부를 잘해서 인정받고 싶은 마음은 마찬가지이다. 하지만 그 방법을 모르다 보니 매번 기대한 것만큼 성적은 오르지 않고 그러다가 결국 공부를 포기하게 된다. 하위권 학생들일수록 학원은 많이 다녔어도 제대로 공부를 해본 적이 없다고 말하는 경우가 많다. 공부에 별로 관심도 없고 과목별 학습법도 모르고 스스로 공부하려는 시도조차 해본 적이 없는 하위권 학생들에게 공부하는 재미를 맛본다는 것은 너무 먼 얘기이다.

자존감부터 회복해야 공부 의지도 생겨

하위권 학생들은 공부로 칭찬을 받은 적이 한 번도 없으니 모든 면에서 자신감이 부족한 상태다. 공부를 못한다는 것 때문에 부모나 주변 친구들로부터 상처를 받다 보니 결국 자신은 공부뿐만 아니라 다른 것까지 다 못한다고 여기게 된다. 이렇게 공부로 인해서 자존감이 낮아진다는 것이 하위권 학생들의 가장 큰 문제점이다.

따라서 아이가 하위권에서 탈출하기를 바라는 부모라면 자녀의 강점부터 살려주는 것이 우선이다. 비록 사소한 것이라도 부모가 아이의 강점을 발견해서 칭찬해 주거나 아이 스스로 자신이 잘하는 것이 무엇인지를 찾게 해 부모가 그것을 인정하고 격려해 주면 서서히 자신감을 되찾게 된다. 그런 과정을 통해 아이가 자존감을 회복하게 되면 자연스럽게 공부로 이어지면서 자기주도적인 학습이 시작될 수 있다. 또한 자기관리능력이 부족한 하위권 학생들은 공부를 하는 데 있어서 계획이나 시간관리가 얼마나 중요한지 깨닫게 해주는 것도 중요하다. 이때에는 아이 스스로 계획을 짜고 시행착오를 거치면서 변화시켜 나갈 수 있도록 부모가 기다려주는 것이 필요하다.

하위권 탈출의 기본은 인내심

전체 성적을 올리려고 하기보다 흥미를 보이는 과목을 한두 개 정도 정한 후 80~90점 이상 맞는 것을 목표로 공부해 보는 것도 좋은 방법이다. 초등학생 때부터 늘 하위권 점수에 머물러 있었던 아이가 처음으로 자신이 목표로 했던 점수를 받게 되면 '공부를 이렇게 하면 성적이 나오는구나'를 깨닫게 돼 확실하게 동기부여 효과를 볼 수 있다. 그 다음에는 더 많은 과목에 도전해 볼 힘을 얻게 되는 것은 물론이다.

성적을 올리기 위해 무조건 열심히 공부하라는 말은 효과적이지 못하다. 교과서의 개념 이해조차 어려워 아무리 교과서나 참고서를 봐도 이해가 되지 않고 무엇을 말하는지 핵심 파악이 안 되기 때문이다. 따라서 교과서를 기본으로 수업 이해도를 높이기 위한 예습 위주의 학습을 하면서 기본적인 공부과정부터 하나씩 짚어나가는 것이 도움이 된다.

수업을 따라가기 위한 선행과 기초를 다지기 위한 후행학습을 병행해야 하지만 그런 학원을 찾는 것이 쉽지 않은 만큼 과외를 선택하거나 부모라도 나서는 수밖에 없다. 모든 면에서 이해도가 떨어져 단기간에 성과를 올릴 수 없기 때문에 부모나 아이 모두 포기하지 않는 인내심이 바로 하위권 탈출의 기본이다.

작은 성취에도 부모의 인정과 격려가 중요

하위권 자녀를 둔 부모들의 마음도 답답하지만 아이는 그 이상으로 상대적인 좌절감을 느끼게 된다. 그런 아이의 마음을 이해하지 못하는 부모들은 속상한 마음에 혼을 내게 되고 심지어 '아무것도 못하는 애'라고 비난하기도 한다. 아이의 자존감이 살아나야 공부에 대한 의지도 생기고 학습태도도 바뀔 수 있기 때문에 부모가 항상 아이 앞에서 긍정적인 표현을 쓰고 소중하게 여겨주는 자세가 필요하다. 부모들 세대와는 달리 요즘 아이들이 하는 공부는 무조건 외워서 되는 것이 아닌 만큼 목표를 세워서 노력을 하더라도 바로 성적을 올리기가 쉽지 않다는 점도 알아야 한다. 하위권 학생들의 경우 전교 석차를 50~60등 정도만 올려도 많이 노력한 것이지만 부모들이 보기에는 여전히 부족한 것 같아 아이의 성취를 인정해 주지 않는 것이 문제다. 특히 아이들이 가장 인정받고 싶어 하는 아버지로부터 "성적이 올랐다는 게 아직도 하위권"이라는 평가를 받게 되면 더 이상 공부하고 싶은 마음이 생기지 않게 된다. 무조건 상위권에 비교하지 말고 내 아이의 성적 출발선이 어디인지 정확하게 알고 그에 맞는 목표를 세워야 한다. 그런 후에 부모가 무리한 욕심을 버리고 아이를 격려하면서 단계별로 조금씩 성적을 올릴 수 있도록 격려해 주는 게 중요하다. 하위권 학생들은 포기하지 않고 끝까지 하기만 해도 부모가 칭찬해 주어야 성적 향상 효과를 볼 수 있다.

중하위권 학생들에게 가장 중요한 것은 작은 성취감을 맛볼 수 있도록 해주는 것입니다. 부모가 마음이 급해서 너무 많은 욕심을 부리면 아이들이 부담을 가질 수밖에 없지요. 그러다보면 "나는 아무리 공부를 해도 안 되는구나" 하고 포기를 하게 됩니다.

중위권은 공부를 하는데도 상위권이 너무 멀게만 느껴져서 좌절하기 쉽고 하위권은 자신이 공부를 못하는 아이라는 것 때문에 자존감이 낮아질 대로 낮아진 상태인 경우가 많습니다. 이런 아이들에게 아무리 화가 나더라도 부모마저 '공부 못하는 골치 아픈 애'라는 꼬리표를 달아주거나 상처를 주는 말을 해서는 안 됩니다. 그야말로 마음을 비우고 내 아이의 자존감만은 부모인 내가 지켜준다는 마음으로 아이를 감싸주시기 바랍니다. 공부는 그런 다음에 시작해야 아이의 마음도 움직일 수 있습니다.

고차원수학

연락처	전화 02-561-2932 / 팩스 02-568-7489
이메일	hjs0508@lycos.co.kr
위 치	서울시 강남구 대치동 992-1 현대상가 1~2층 (대치역2번, 삼성역3번, 학여울1번출구 도보 8분거리)
대 상	초·중·고등부

강좌소개

▶학기중 : 월수금/화목토(내신+선행심화) ▶
방학중 : 월화수목금(선행) ▶다양한 강좌가 개설되어 있고, 선행은 1년 선행부터 3년 선행까지 진행하고 있다(자세한 강좌내용은 학원문의).

학원소개 및 특징

지방에서 대형 강의실을 꽉채우던 인기강사에서 시작해 대치동에 입성한 지 10년이 된다. 관록의 원장선생님과 꼼꼼한 한선생님 및 여러 선생님들의 조화는 중·고등 내신에서 명성이 높다. 인근 학교들의 경향을 잘 파악하고, 강의교재 연구와 강의기법 연구에 심혈을 기울여서 학생들의 실력을 향상시킬 수 있는 시스템을 갖추고 있다. 알차고 빡센 학원으로, 관리가 좋은 학원으로 알려져 엄마들이 선호한다. 원장선생님이 말하는 수학 및 공부의 원칙은 다음과 같다.

▶원칙1 : 선행과 심화 두 마리 토끼를 잡아라. 개념 정리는 꼭 손으로 직접 노트에 정리해라. 문제 풀이는 논리정연하게 정리해라. 풀이 과정

및 숙제를 꼼꼼히 첨삭하여 부족한 부분이 보완돼야 한다. 반복학습을 통해 효율성을 극대화하라. ▶원칙2 : 최고의 강사진을 잡아라. 24시간 학생을 위해 고민하는 선생님을 찾아라. 철저한 수업준비 및 자료준비, 학생의 미래를 위해 학부모와 소통할 줄 아는 선생을 찾아라. ▶원칙3 : 입시 트렌드를 잡아라. 매년 정신없이 변화하는 교육정책에 맞추어 입시전략을 짜라.

손창연 논리영어

연락처	전화 02-573-3581
이메일	scy7469@naver.com
홈페이지	www.seeenglish.com
위 치	서울시 강남구 대치동 3호선 대치역 8번출구 부근
대 상	초·중·고등부

강좌소개

▶〈뼈에 사무치는 영어문법〉 저자특강 ▶각 학교별 중고생 내신 특강 ▶수능특강 ▶TEPS특강 ▶초등 5·6학년 문법 및 Reading, Writing, Vocabulary강좌 ▶해외유학생의 토플과 SAT를 위한 Grammar & Structure 특강

학원소개 및 특징

'제대로 배운 〈뼈에 사무치는 영어문법〉 10년 유학 부럽지 않다'를 모토로 내걸었다. 3호선 대치역 8번 출구 부근에 위치한 소수그룹학원이다. '문법을 위한 문법'이 아닌 영어의 핵심 원리로 접근, 학교에서 문법 문제와 서술형 문제는 기본이고 Reading, Writing 등으로 연결, 완전한 영어를 지향한다. 신문방송학을 전공하고, 20년간 대학과 시사영어사 YBM어학원, 입시학원 등에서 문법, 수능, 토플, 텝스,

토익, 대학편입영어 등 영어의 전 범위를 강의해 온 베테랑 강사 겸 원장이 직접 가르치는 학원이다. 〈뼈에 사무치는 영어문법〉 워크북격인 〈뼈에 사무치는 영어문법 문제 시리즈〉가 조만간 출판될 예정이다.

MNM수학

연락처	전화 02-576-1555, 02-558-2566
홈페이지	www.MNMmath.com
위　치	서울시 강남구 대치동 은마아파트 후문 사거리 아이플러스빌딩 4층
대　상	중·고등부
과　목	수학

강좌소개
▶중등부 : 기본·실력 정석으로 수학의 완벽한 개념 확립을 목표로 중3 겨울방학까지 고등 전과정을 1회독 이상 학습(1회 강의-1과 진도) ▶고등부 : 개념위주의 선행 학습을 기초로 반복적인 심화학습(개념수업 재정리+내신대비+수능형 문제+확장한 문제연습)

학원소개 및 특징
❶상위권 학생들을 위한 선행학습 ❷방학 때는 선행, 학기중에는 내신 ❸레벨별 세분화 수업 ❹최신 출제경향을 반영한 수능 및 수리논술대비를 위한 심화수업 ❺수업진행방식 ❻자기주도형수업(고3내지 최상위권 선호수업) 타 학원과 구별되는 특징이라면, 자기주도형 수업방식이다. 이는 원장이 직접 설명하는 문제풀이+질문답변 시간으로, 강의 없이 본인의 약한 부분 위주로 질문하고 clinic 받는 수업방식. 1시간 반 정도 각자의 진도와 수준에 맞는 모의고사 문제를 푼 후, 원장선생님의 질문 답변시간이 이어진다. 학원 모의고사 이외의 다른 수업과 관련된 질문, 심지어 다른 학원교재 질문까지도 받아준다. 처음에 일정한 계획을 선생님과 같이 세운 후에 자기주도적으로 세운 숙제 및 과제들을 검토받는다.

주로 사용하는 교재 및 자료는, 수학의 정석 실력 및 기본, 수능대비 자체교재, 무한프린트이고, 내신 때에는 일품, 쎈, 특작, 한수위 등을 풀리며, 수능준비는 EBS, 메가N제, 자이스토리, 기출문제 자료집 등을 푼다.

 STREETS TIPS
| 선리치(Sun Rich) |

치즈의 모든 것, 백화점에 굳이 가지 않더라도 치즈에 관한 많은 것을 맛볼 수 있는 곳이다. 베이글에 발라먹을 수 있는 각종의 스프레드식 치즈크림, 치즈케익, 모짜렐라 치즈, 유기농 버터, 유기농 식빵…. 까페식 테이블도 있어서 다양한 샌드위치, 커피 등도 맛볼 수 있다. 02-508-7224

비상 아이비츠 학원

연 락 처	전화 02-578-4411, 02-575-4366
홈페이지	www.ivytz.com
위　　치	서울시 강남구 도곡동 렉슬상가 4층 409호 (분당선 한티역 5번 출구 100m 이내)
대　　상	중·고등부
과　　목	국영수 전문(과학·사회과목은 시험대비반과 선행반만 구성)

강좌소개

▶중등부 : ❶국어-학교별·출판사별 내신 완벽대비(숙명여중, 역삼중, 단대부중, 진선여중, 대청중 반구성) ❷영어-TEPS수업 진행, Voca, Grammar, R/C, L/C 영역별 수업, Daily Test 실시 ❸수학-수준별, 단계별 기본/심화 학습(개인별 오답노트 적극 활용) ▶과학·사회-시험대비반(5회 완성), 선행반(방학에만 실시) 구성 ▶고등부 : ❶국어-1학년은 수능국어의 기초+내신문법 완벽 다지기(내신 기간에는 학교별 수업), 2학년은 문학의 갈래별 수업(2개월마다 파트별로 나감), 3학년은 수능연계 EBS 집중공략 ❷영어-영역별 수능 완벽대비 수업(1·2학년은 시험대비 기간 학교별 수업 진행) ❸수학-소수정예(5명 정원) 수업 ▶3 Step System실시 ❶30분 Daily Test ❷90분 수업 ❸90분 문제풀이 및 확인학습을 통하여 학생 스스로가 해답을 찾을 수 있도록 지도한다.

학원소개 및 특징

강남 및 대치동에서 10년 이상 경력의 베테랑 강사진으로 구성되어 있으며, 전 대성학원의 명성이 그대로라고 자랑한다. 소수 정예 수업, 그룹지도 가능.

힘수학 대치본원

연 락 처	전화 02-565-0252 / 팩스 02-565-3252
홈페이지	www.himmath.co.kr
위　　치	서울시 강남구 대치동 940-7 유성빌딩
대　　상	초3~6, 중등부
과　　목	수학

강좌소개

▶초등부 : 4-1부터 6-2 과정까지 과정별·레벨별 수업. MASTERS(상위 1%이내 극상위권), TOP(상위 4%이내 최상위권), GENIUS(상위 10% 이내 상위권), VICTORY(상위 20% 이내 중상위권) 로 과정이 나눠져 있다. 주요특징으로는 ❶주2회 수업 : 1일 150분 수업(월금/화목), 토요일 보강 및 첨삭 ❷기본과정 2개월(자체교재 4권)+심화과정 2개월(자체교재 4권) ❸과정별 교재 : 개념편+유형편+실전편+서술형+창의사고력(레벨별 자체 교재 수업 진행) ❹주1회 창의사고력 토론 및 서술형 수업(자체 창의사고력, 서술형 교재 활용)

▶중등부 : 중1상부터 수1 과정까지 과정별·레벨별 수업. 초등부와 마찬가지로, MASTERS반은 자율고·특목고 진학을 희망하거나, 서울대, 의·치대 진학이 최종목표인 상위 1% 이내 극상위권 학생들이 대상이다. TOP반은 서울대, 고대, 연대 진학을 희망하는 상위 4% 이

내 최상위권 학생들이 대상이다. GENIUS반은 서울 상위권 대학 진학이 목표인 상위 10% 이내 상위권 학생들로 구성되며, VICTORY반은 서울, 수도권 대학 진학이 목표인 상위 20% 이내 중상위권 학생들이 대상이다. 교재는 반명을 따서 M-Series, T-Series, G-Series, V-Series로 수업한다.

주요특징으로는 ❶주3회 수업 : 1일 150분 수업(월수금/화목토) ❷전 단원 주관식 단답형·서술형 테스트 및 첨삭 지도 채점 ❸담임 강사제로 학생 관리 및 상담 실시 ❹자체 내신 교재를 통한 전문적이고 체계적인 내신관리 시스템을 갖추고 있다.

강남아이비 영어학원

연 락 처	전화 02-565-5259
이 메 일	howdy009@hotmail.com
위 치	서울시 강남구 대치동 912-12(대치4동 성당 후문)
대 상	중등부(자사고, 특목고 입학대비 내신관리), 고등부(영어특기자), 미국유학반(ibt 토플, SAT, AP, 입학수속)
과 목	ibt 토플, 토익, 텝스, SAT, AP

강좌소개

▶토플, 토익, 텝스 : 평일 오전반(10~12시), 오후반(1~3시, 3~5시, 6~8시), 주말특강반(9~1시, 1~5시, 5~9시) ▶SAT · AP · 미국 교

| EMO리폼하우스 |

바짓단 하나, 블라우스의 소매 폭 하나도 제대로 줄이려면 쉽지 않다. 똑같은 돈을 줘도 세탁소도 수선집도, 제대로 된 곳을 찾으려면 쉽지 않다. 그게 그것이 아닌 까닭이다. 간판이 비슷하다고 다 똑같은 학원이 아니듯 맛집도, 옷집도, 학원도 다 실력에서나, 금액, 노하우, 심지어 진정성에 있어 다~ 살짝살짝 차이가 있다. 수선의 달인이라 고치는 값이 만만치 않다. 그래도 맞춤인듯 딱 떨어지는 수선을 원한다면 실패하지 않는다.
010-8747-5541

과 선행반 : 과목별 소수인원 진행(4명 미만)
▶ 미국 명문대학 입학대비반 : 세밀한 인적성 검사를 통한 전공 및 학교 선정, 입학에세이, 겨울방학 아이비리그 투어

학원소개 및 특징

조용한 분위기 속에서 소규모반만을 운영하는 소수정예 영어학원이다. 명문대 합격만을 추구하기보다는 학생 개개인에게 적합한 진로를 찾아주고자 한다. ❶미국 아이비리그 또는 SKY 영어특기자 출신의 최고 강사진 ❷원어민 강사의 별도수업(Debate, 듣기평가, 개인별 발음교정, 영어인터뷰) ❸집중력 향상을 위하여 소규모반 운영(최대 4명) ❹방과후 자습실 운영(1:1 클리닉 수업가능한 강사진) ❺집중력, 자신감 향상과 자기주도적 학습을 위하여 심리전문가 상담클리닉 운영 ❻인적성, 다양한 전공, 대학 졸업 후 진로상담이 가능한 상담실 매일 운영 (원장 별도관리)

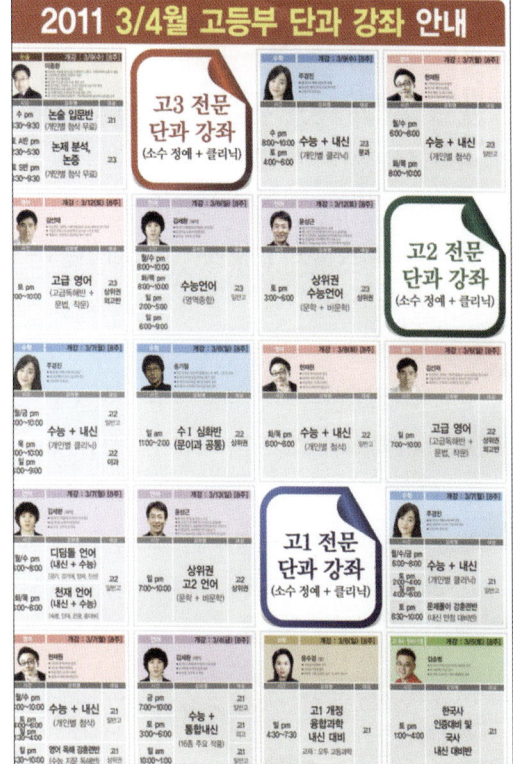

위종욱위너스학원

연 락 처	전화 02-557-0942
위　　치	서울시 강남구 대치동 622-1 한일상가 301호
대　　상	중3 선행부터~고등부
과　　목	언어, 수학, 외국어, 사탐, 논술

학원소개 및 특징

비상에듀 사회탐구 영역 1타 강사 위종욱 선생이 직영하는 학원이다. 사탐뿐 아니라 수능, 내신, 논술과 관계되는 모든 과목이 개설되어 있다. 학원이 자칭하는 특징은 ❶소수정예수업→대형강의와는 다른 학생 중심의 맞춤형 수업과 무한 관리로 진행한다는 것 ❷합리적 수강료→대치동 수강료의 거품을 뺐다는 것 ❸자주 바뀌는 혼란스러운 입시를 철저히 분석, 대입을 향한 성공적인 전략을 짜겠다는 것 ❹모든 강사들이 협력하여 내신 등급을 반드시 올리겠다는 것 ❺왜 공부해야 하는지 학생 스스로가 깨달아 공부의 의지와 습관을 갖도록 하겠다는 것이다.

김영준국어논술전문학원

연락처	전화 02-501-0575
홈페이지	www.sanedu.com
위　치	서울시 강남구 대치동 938-22 타워엠프레스 2층, 7층
대　상	중·고등부
과　목	언어, 논술

강좌소개

▶고3(수능언어재도전반, 정규반, 1등급반) ▶고2(정규반, 특강반) ▶고1(정규반, SKY수능반, 특강반) ▶중등부(정규반, 특강반) ▶논술(수리논술반, 이대논술반, 연세대논술반, 명문대논술반)

학원소개

지킬 수 있는 약속만 하고, 약속한 것은 꼭 지킨다는 김영준국어논술전문학원. 현재 비상에듀언어영역 대표강사뿐 아니라 언어 때문에 발목잡힌 친구들을 위해 십수년간 가르쳐온 노하우를 전수하며 입지를 굳히고 있다. 전임강사 20명을 포함하여 총 44명이 모여 '국어' 한 과목만 가르치고 있는 학원이다. 고1은 느리더라도 단단할 수 있게, 고2는 힘들어도 고3처럼 참아내며, 고3은 정교한 전략과 독한 훈련으로 약속한 것을 지켜나가고 있다. 언어만이 아니다. 학생들이 산논술을 찾는 데는 이유가 있다. ❶대입 논술의 정확한 해제를 제시한다. ❷담임이 직접 수업하고 첨삭하고, 개인별로 보충한다. ❸속 시원하게 어떻게 답안을 써야 하는가를 가르친다. ❹담임이 수시원서, 학

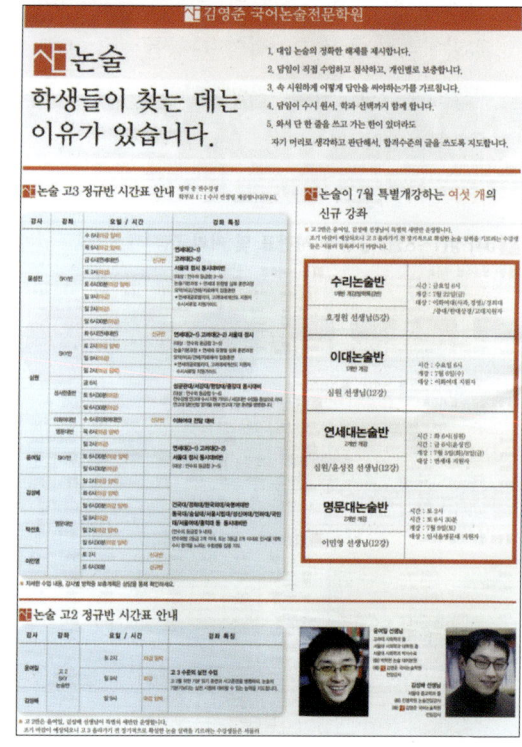

과 선택까지 함께 한다. ❺와서 단 한 줄을 쓰고 가는 한이 있더라도 자기 머리로 생각하고 판단해서, 합격수준의 글을 쓰도록 지도한다.

❸학년과 무관하게 수준별 학습과 진도 ❹특목고 및 영재고 대비반 심화과정 ❺유학반 선행 및 심화과정 ❻학생이 이해할 때까지 성실히 지도 ❼미국과학고 진학반 상시운영 ❽IB · AP Math 대비반 상시운영

하버드영재수학

연락처	전화 02-558-5055, 010-3213-8731
이메일	tazchoi@hotmail.co.kr
위 치	서울시 강남구 대치동 청실상가 201-가
대 상	중·고등부, 대학생
과 목	수능, 특목고, 미국과학고, IB · AP · SAT수학

강좌소개

▶ 국내반 ❶중학대수 : 중1·2·3과정의 대수부분 ❷중학기하 : 중1·2·3과정의 기하부분 ❸수Ⅰ·수Ⅱ : 고1·2·3과정의 대수부분 ❹미분과적분 : 고등학교 미분적분과정 ❺다변수미분적분 : 과학고 ▶ 영재고용 고등심화미분적분과정 ▶ 유학반 ❶Geometry, Algebra1, Algebra2, Precalculus, Calculus ❷Multivariable-Calculus, Linear-Algebra ❸AP-Calculus, IB-Math, SAT-Math ❹AMC, AIME대비반 ❺AP-Physics C대비반

학원소개 및 특징

단순 암기나 선행학습을 하는 것이 아니라 수학의 여러 개념과 원리들이 어떻게 상호연결되고 응용되는가를 파악해서 종합적이고 논리적인 해결능력을 배양하여 수학공부가 즐거운 시간이 되도록 도와준다. ❶소수정예의 개별맞춤수업 ❷학생 개인별 약점과 부족한 부분치료

한티학원(수학전문)

연락처	전화 02-565-2216, 011-317-1435
이메일	powerssem@naver.com
위 치	서울시 강남구 대치동 939-28 윤성빌딩 3층 (한티역 2번출구 은마아파트 방향 200m 베스티안 병원 옆)
대 상	중·고등부 (단과 및 맞춤수업반)
과 목	수학

학원소개

맞춤수업으로 알려진 학원이다. 정원은 4명이나 1:1 개인별 수업으로 이뤄진다. 대상은 ❶공부욕심이 있는 학생 ❷자신의 능력에 따라 단기간에 진도를 빨리 나가고 싶은 학생 ❸선행을 빨리 하고 싶은 학생 ❹공부 방법이 잘못되어 열심히 해도 성적이 안 오르는 학생 ❺공부를 하고는 싶지만 방법을 몰라서 막막한 학생들이다.

특징

❶과외수업과 학원수업의 장점을 모아놓은 강좌이며 ❷요일 및 시간을 학생에 맞게 정할 수 있고(주 2~3회) ❸학생이 배우고자 하는 과정과 교재로 각자 능력에 맞게 1:1 맞춤식 수업을 한다. ❹선생님과 함께 학습능력을 진단하

고 올바른 학습습관을 갖도록 하면서 학생에게 학습동기를 부여하고, 스스로 학습목표를 설정하면서 목표에 다다를 수 있도록 지도한다.

대치왕수학보습학원

연 락 처	전화 02-555-5457 / 팩스 02-566-5457
이 메 일	sanha5457@naver.com
위 치	서울시 강남구 대치동 605-2 까치빌딩 2층 (3호선 대치역 1번출구 첫번째 건물)
대 상	초·중등부

강좌소개

▶ 단계별 수준별 수학 : (초등)2-1학기에서 6-2학기, (중등)중1상에서 중3하 ▶ 영역별 수학 : (초등)문장 초·중·고급반, 도형 초·중·고급반, 창의력연산, (중등)중등 대수반, 기하반

학원소개

초등학생 자녀를 둔 부모들이 한때 정말 선호하였던 학원이다. 초등 수학교재로 유명한 '왕수학'의 프랜차이즈로 자사 교재를 이용, 단계별로 매우 꼼꼼하게 지도한다. 대치현대아파트 앞에 있다가 지금은 대치역사거리로 옮겼다.

문인동아카데미

연 락 처	전화 02-501-5089
홈페이지	www.moonindong.com
위 치	서울시 강남구 대치2동 성당 앞 원일빌딩 3층
대 상	초4~6, 중·고등부
과 목	언어독해, 논술기초/심화, 독서논술, 수리논술,

강좌소개

▶ 초등부(독서논술, 신명진 독서기초강의시스템) ▶ 중등부(신나는 교양반 시스템, 재미난 고전반 시스템, 고등논술을 위한 기본반 시스템) ▶ 고등부(언어독해클리닉, 논술심화반 시스템, 논술완성반 시스템, 고3수시FINAL특강 시스템-기본, 심화, 실전)

학원소개

논술, 읽기와 쓰기=문인동. 최근 17년간 문인동만의 까다로운 가르침과 열정이 만들어낸 공식

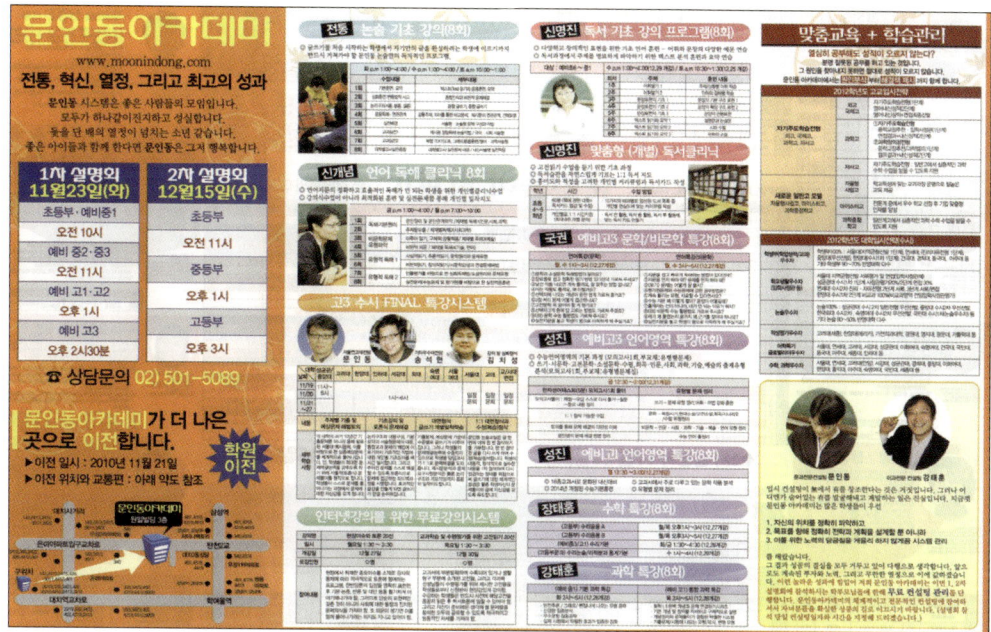

이다. "논술을 알려줄 수 없다. 그리 할 수도 없지만 그리 해서도 안 된다. 오로지 '논술하는 법'만 가르칠 뿐이다"라고 말하는 문인동 원장. 논술프로그램이 다르면 생각하는 능력도 달라진다고 한다. 문인동논술의 특징은 ▶읽기(정확성, 논리성, 객관성)를 위한 피드백 훈련/모든 유형(요약형, 서술형, 통합형)의 글쓰기에 대비한 기초강의 ▶대학별 기출문제 철저 분석 및 대응/교과서 통합 내용과 실전 문제의 유기적인 연계 학습 ▶입장보다는 논거의 논리성, 객관성을 단계적으로 심화 훈련/각 문제에 대한 개별적인 해석과 해법이 나오도록 마인드 맵 훈련을 한다. 신명진 선생의 독서논술 프로그램도 알차다. 자신과의 대화는 물론 타인과의 대화를 통해 세상과 소통하고 지혜로운 문제 해결방법을 찾을 수 있는 가장 확실한 방법은 독서라고 한다. 독서 후 활동으로 토론과 글쓰기의 과정을 지속적으로 실천하고 점검하면서 독서 과정에서 일어나는 다양한 사고 활동을 체계적이고 분명하게 글로 표현하는 능력을 기른다.

큰나무전문학원

연 락 처	전화 02-574-2966, 02-574-2928, 02-574-1352
위 치	서울시 강남구 도곡동 타워펠리스 옆 현대비전 4층 (김영모과자점건물)
대 상	중·고등부, 재수생
과 목	언어, 수학, 외국어, 사탐, 융합과학

강좌소개

▶중등(언어 수능기초반, 어휘 어법반, 융합과학 특강반) ▶고1·2(언어 수능특강반) ▶고3(언어EBS완성반, 수리, 외국어 모의고사 풀이반,

사탐(한지, 사문, 근현) 완성반) ▶전과목관리반

학원소개
도심속의 기숙형 학원. 큰나무전문학원에서는 전과목 관리반을 운영한다. 직장맘의 고충을 덜어주고 자식처럼 관리해 준다고 한다. 대입의 성패는 수학이 좌우한다. 갈수록 어려워지는 수학. 제대로 준비하지 않으면 따라갈 수 없다. 진도만 나가는 수학수업은 이제 그만! 무조건 외우는 수학수업도 이제 그만! 확실한 개념이해와 풀이과정, 1:1 사후관리와 담당 선생님이 끼고앉아 될 때까지 시키는 수학선행 완성반. 명문대로 가는 마지막 비상구이다. 또하나, 끝이 없는 영어공부. 소수정예로 확실한 성적을 약속한다. 듣고, 말하기는 잘하는데 수능형 공부에는 유독 약한 모습을 보이는 요즘 학생들. 독해·문법을 집중적으로 공부하지 않으면 1등급 만들기는 어렵다. 새로운 유형과 부쩍 어려워진 난이도를 보이는 수능+문법. 매일 확인학습을 통해 실력을 쌓아나간다.

지앤사 수학전문 학원

연락처	전화 02-567-2927
위 치	서울시 강남구 도곡동 렉슬상가 4층 409호 (분당선 한티역 5번출구 3분)
대 상	초등부
과 목	수학

강좌소개
▶정규반 : 현 학년 심화와 다음 학기 선행을 동시 진행(주 2회 2시간 수업) ▶선행반 : 각 학년 가·나 단계의 기초원리를 중심으로 학습(주 2회 2시간 수업) ▶문장제 및 도형 특강 : 문장제 문제를 분석하고, 유형별 접근 방법 학습, 그림·식 등을 이용한 풀이 및 서술 능력 배양, 도형의 원리와 성질을 이용하여 도형문제를 논리적으로 해결하는 경험 쌓기, 무학년제 운영, 단계별 문장제 7회, 도형 7회 학습하는 패키지형 학습(주 1회 2시간 수업) ▶경시반 : 각 학년 심화 응용문제와 경시 기초 수준 문제, 경시 심화 문제 학습(주 2회 2시간 수업)

학원소개 및 특징
서울 교대 출신의 실력있는 강사진으로 구성되어 있으며, 수준별·단계별 수업을 한다. 매월 월말평가를 실시하는 게 특징이다.

수학에 미친사람들

연락처	전화 02-2202-4567, 02-553-0043
홈페이지	www.sumisaedu.com
위 치	(대치본관)서울시 강남구 대치동 은마사거리 SM타워빌딩 5층 (도곡관)서울시 강남구 도곡동 900-2 세븐일레븐 3층
대 상	초·중·고등부
과 목	수학

강좌소개
▶초5·6학년 강좌 ▶중·고등부 전 강좌

학원소개
피할 수 없으면 즐기라는 수학에 美親사람들.

검사 및 질의응답 ▶시험기간 한달 전부터 학원자체 제작 교재로 완벽한 시험체제 돌입!

신우성논술학원

연 락 처	전화 02-3452-2210
홈페이지	www.shinwoosung.com
위 치	서울시 강남구 대치1동 651 여천시티빌딩 4~5층
대 상	초·중·고등부

📖 강좌소개

▶수능·내신 : 수능언어 ▶수리·외국어 영역, 초·중·고, 국·영·수·사·과 내신 ▶논술 ▶면접 : 고3 인문계 ▶자연계 논술 ▶입학사정관 : 고입 ▶대입 입학사정관제, 상담, 비교과 강좌 등

📖 학원소개

개원 4년 만에 대치동 수학전문학원으로 자리매김하고 있다. 수미사 성적향상의 혁명은 쓰리노트시스템. 쓰리노트시스템의 장점은 성적향상은 물론이고 공부방법 및 습관에 대변혁을 이룬다. ▶세가지 노트의 상호보완작용을 통한 내신만점 ▶서술형 문제를 대비하기 위한 최적의 시스템 ▶풀이과정상의 실수와 잘못을 정확히 찾아내서 해법제시 ▶적용대상 : 맞춤식 문제풀이반을 제외한 모든 반에 적용 ▶적용기간 : 고등부는 방학동안 맞춤식 문제풀이반을 제외하고 모두 적용되고 그 이외의 기간에는 담당 선생님의 재량으로 함. 학원의 특징은 철저한 수업진행및 학생관리 ▶후반 30분간 숙제

조선일보, 국민일보, 스포츠조선 등 전직 유명 신문사 기자들이 주축이 되어 만든 학원으로 알려져 있다. 몇 년 전만 해도 국어·논술을 비롯한 사회·국사까지 아우르는 내신학원으로 알려졌으나, 지금은 논술학원으로 상당히 자리매김하고 있다. 논술을 죽이네 살리네 하고 정책이 요동칠 때에도 부화뇌동치 않고 '궁극적으로는 논술이다' 라며 교재연구 및 강사교육을 계속하였던 것이 지금에 와서 부각되고 있는 이유가 된다.

예습·복습으로 내신 성적 잡아봅시다

초등학교 때까지 똑똑하고 공부 잘한다고 칭찬받던 아이가 중학교에 들어간 후 성적이 내리막길로 접어들어 배신감 비슷한 묘한 감정을 느낀 경험은 없으신지요? 처음 한두 번은 '처음이니까 그렇겠지. 적응하면 다음번엔 좋아질 거야'라고 생각하지만, 좀처럼 성적이 오르지 않으면 '도대체 이유가 뭘까?' 하고 고민하게 됩니다.

초등학교까지 암기력이 좋은 소위 '똑똑한' 아이들은 평소에 공부가 부족해도 시험 직전에 열심히 공부하면 성적이 좋았습니다. 하지만 학년이 올라갈수록 공부할 양은 늘어나고 난이도도 점점 높아지면서 이런 벼락치기 공부는 통하지 않게 되는 것입니다.

교육전문가들은 이런 학생들의 성적이 오르지 않는 이유는 배우기만 해서라고 합니다. 배우는 시간은 지나치게 많은 데 비해 배운 것을 스스로 익힐 시간이 없어 좋은 선생님에게 배웠다 하더라도 자기 것으로 만들지 못하는 것이지요.

그럼 어떻게 하면 배운 것을 자기 것으로 만들 수 있을까요? 그에 대한 해법은 예습과 복습에 있다고 봅니다. 효과적인 예습·복습 방법으로 내신 성적 한번 잡아볼까요?

예습

5~10분 예습은 적극적인 수업참여를 유도한다

수업내용에 주의를 집중하지 못하면 흥미를 잃고 졸게 된다. 수업에 주의를 기울이기 위해서는 배울 내용을 미리 훑어보며 주요내용과 궁금한 점을 미리 파악해 수업에 적극적으로 참여할 수 있도록 하는 예습이 필요하다.

하루 일과를 마무리하기 전에 다음 날 시간표를 확인하고 국·영·수·과·사 주요과목에 대한 간단한 예습을 하도록 한다. 예습 시간은 모두 합쳐 30분 이내로 해서 다음날의 진도 범위에 대해 대략적으로 훑어보며 중심내용에 밑줄을 긋고 의문점이 있으면 표시해 두는 정도로 한다. 일과가 빠듯해 수업 전날 예습을 하지 못한 경우에는 수업 직전의 쉬는 시간을 활용해 반드시 교과서의 본문 내용을 미리 읽어본다. 이렇게 해야 선생님 설명이 교과서의 어느 부분에 있는지 쉽게 알 수 있고 수업에 흥미를 갖고 적극적으로 참여할 수 있기 때문이다. 예습에는 오랜 시간을 투자하지 않는다. 완벽히 공부하는 예습은 오히려 수업을 지루하게 할 수 있기 때문이다.

**교육학자 Friend와 Bursuck의
효과적인 예습 방법-READS**

- **R**(Review) | 수업시간에 학습할 내용의 제목과 소제목을 훑어본다.
- **E**(Examine) | 교과서의 진하게 강조된 단어들을 살펴본다.
- **A**(Ask) | 배울 내용이 무엇인지 스스로 질문해 본다.
- **D**(Do it Read) | 본문을 읽는다.
- **S**(Summarize) | 자신의 말로 요약해 본다.

복습

주기적인 복습은 단기기억을 장기기억으로 바꾼다

에빙하우스의 기억이론인 망각곡선에 따르면 인간의 기억은 시간에 반비례해 학습 후 10분이 지나면 망각이 시작되고 1시간이 지나면 50% 이상, 하루가 지나면 70% 이상, 한 달이 지나면 80% 이상을 잊어버리게 된다. 따라서 인간의 뇌에 6개월 이상의 장기기억으로 저장되기 위해서는 주기에 따라 적절한 시점에 4회 정도의 복습이 이루어져야 하며 그 주기는 학습 후 10분, 1일, 1주, 1개월이 가장 적절하다. 에빙하우스의 이론에 따라 복습을 실천해 보자.

① 자투리 시간을 활용한 10분 이내 복습

수업시간이 끝나면 쉬는 시간 3~4분 동안 수업 중에 배운 주요 내용을 복습한다. 수업중에 배운 교과서의 핵심 내용이나 선생님이 강조한 내용을 중심으로 날개 문제를 만들어 답과 함께 적어보기도 한다. 시간이 지나면 선생님이 강조한 내용이 무엇이었는지 기억이 잘 나지 않기 때문에 쉬는 시간에 반드시 정리해 둘 필요가 있다. 이 때 선생님이 강조하셨던 내용은 반드시 별도의 색볼펜으로 메모해 두면 시험 직전에 도움이 된다.

② 당일 복습, 기억을 1주일로 연장

학원 스케줄을 짤 때는 가장 먼저 예·복습 시간을 고려한다. 그날 배운 것을 그날 중으로 복습하기 위해서는 학원이 빡빡해서는 절대 불가능하기 때문이다. 그날 배운 내용은 귀가 후 공부시간이나 학교 자율학습 시간을 활용해 그날 중으로 반드시 한번 더 복습한다. 배운 지 얼마 안 된 내용이라서 집중해서 공부하면 1~2시간 내로 모든 과목의 복습이 가능하다. 국어·사회·과학은 문단 내용을 한 문장으로 요약해 보고, 영어는 교과서의 주요 문법을 정리한다. 수학은 그날 배운 내용과 관련된 문제를 풀어보며 주요 개념을 다시 한 번 점검한다.

③ 1주일 후 복습, 기억을 한 달로 연장

학습 후 1주일이 지나 세 번째 복습을 하는 것이 가장 어렵다. 그날그날 공부한 내용과 날짜를 과목별로 꼼꼼히 적어두지 않으면 1주일 전에 어떤 내용을 공부했는지 찾아보기 힘들기 때문이다. 과목별, 날짜별 예·복습 체크리스트를 만들면 도움이 된다. 과목별로 학교 시간표에 따라 날짜와 요일을 적고 학습한 내용과 예·복습한 날짜를 적어 넣는 형식의 리스트를 만들면 1주일 전에 학습한 내용을 쉽게 찾을 수 있어 편리하다. 또한 이 체크리스트를 통해 실천 여부를 쉽게 알 수 있어 반성의 기회로 삼을 수도 있다.

④ 1개월 후 복습, 6개월 이상의 장기기억으로 전환

1개월 후의 복습은 특별히 신경 쓰지 않아도 저절로 하게 된다. 중고생의 경우 2달 간격으로 중간과 기말시험이 돌아오고 보통 시험 준비를 3~4주에 걸쳐서 하기 때문에 시험공부를 하다보면 한 달 후 복습이 이뤄지는 것이다.

어떠세요? 이렇게 공부하면 아이의 내신이 손에 잡힐 것 같지 않나요? 과목별 명강사들을 따라 쉴 새 없이 학원 수업을 받으면 성적이 오를 것 같지만 결국 자기 것으로 만들지 못하면 무용지물이 되기 십상이죠. 학교공부나 학원공부나 예습-수업-복습의 사이클로 공부해야 자기 것이 된다는 것을 항상 염두에 두어야 할 것 같습니다. 그리고 예습·복습도 중요하지만 그것이 효과를 거두기 위해서는 학교든 학원이든 수업시간에 제대로 된 학습을 하는 것이 전제되어야겠죠. 문제는 지속적으로 꾸준히 실천하겠다는 아이의 의지인데, 그것이 부모 마음처럼 되는 것이 아니라서 아이 스스로 깨달음을 얻도록 도와주어야 하겠지요.

ILE어학원

연 락 처	전화 02-552-6003 / 팩스 02-552-6630
홈페이지	www.ileschool.com
위 치	(대치1관)서울시 강남구 대치동 989 태원리치타운 5~6층 (대치2관)서울시 강남구 대치2동 988-14 에스엠대치타워 4층
대 상	초·중·고등부
과 목	영어

강좌소개

▶초등부 정규프로그램 : 미국교과서+창의적 능력개발/심도 학습 프로그램 ▶중1·2 정규프로그램 : 미국교과서+시사+영어내신 완벽대비 문법수업 ▶중3 정규프로그램 : 미국교과서(AP)+문법+시사+영어내신 ▶고등부 정규프로그램 : EBS(수능)+TEPS+시사+문법+영어내신 ▶TEPS 프로그램 : 종합반, 실전반 ▶Special 프로그램 : Pre-Course, Debate, 주말문법반, 독서, 토론, 시사, 구술, Presentation & Discussion 및 특강

학원소개

대치동의 대표적 어학원으로 좀 한다는 학생·학부모들의 로망이다. 영어학습환경이 많이 바뀌면서 예전의 도도한 명성만 하지는 못하지만 탄탄한 커리큘럼, 숨가쁜 시스템은 능력있는 리터니들의 실력유지에 커다란 도움이 된다. 2005년에 개원하여 글로벌 인재교육과 창의적 인성교육을 목표로 하고 있다. 학원명은 I

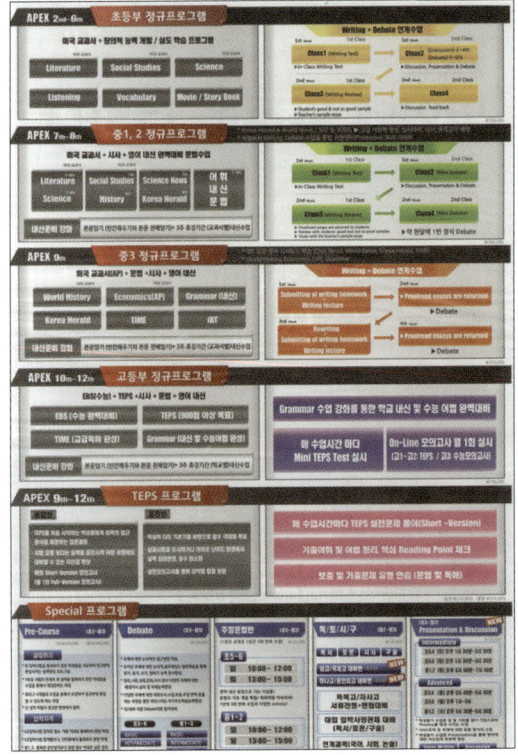

LOVE ENGLISH의 첫자를 땄다. 다양한 교재 및 매체를 이용한 밀도있고 재미있는 수업을 통해 영어 실력을 배가시키고 있다.

1, 2점 차이로 떨어져 발을 동동 구르는 학생들을 구제하기 위해 -5점 이내에서 통과하지 못한 학생들을 지도하여 정규반에 편성시키는 Pre-Coruse까지 생겨났다. 그래도 목표가 있어 즐겁게 공부한다. 최대 2~3개월의 하드트레이닝 수업을 통하여 정규반에 편입할 수 있도록 하는 과정이다. 여타 학원에서는 보기드문 ILE의 특이한 프로그램으로 SS Class가 있다. 학교에서는 전교등수가 1% 내에 드는 극상위이지만 영어성적이 상대적으로 떨어지는 학생들을 위한 반이다. 성적표만 가져오면 까다로운 입학 Test 없이 곧바로 등원이 가능하다.

대학나무학원

연 락 처	전화 02-555-4711
이 메 일	qkr0210@yahoo.co.kr
위 치	서울시 강남구 대치동 991-2 태호빌딩 2층
대 상	중·고등부
과 목	언어, 외국어, 수학, 탐구, 논술, 텝스

강좌소개

▶고3 언어→이석규, 조경아, 신웅기, 한상연 선생 ▶고3 외국어→김세현, 이동민 선생 ▶고3 수학→박선홍, 이상익 선생 ▶고2 언어→권오성, 신웅기, 조경아 선생 ▶고3 외국어→윤혁 선생 ▶고2 수학→류재원, 이상길, 이홍철, 최기동, 이홍철 선생 ▶고2 과학탐구→배진철, 서철원 선생 ▶텝스+수능→김철용 선생 ▶논술→김은정, 이화, 김정연, 김수연 선생

학원소개

대형 강의부터 소수 클리닉까지 다양한 프로그램이 마련돼 있다. 상담시 원장이 전반적인 컨설팅도 직접 해준다. 고등 맘들이 은근 선호하며 상담을 위해서도 자주 드나드는 곳이다.

대치개념원리수학교실

연 락 처	전화 02-552-3910 / 팩스 02-508-3912
이 메 일	cih367@hanmail.net
대 상	초·중등부
과 목	수학 (내신, 선행, 수리논술)

학원소개 및 특징

단순암기식이 아니라 이해와 반복학습, 노트에 문제풀이 과정을 연습하여 서술형 대비에 만전을 기한다. 수학 개념서로 유명한 '개념원리' 프랜차이즈 학원이다. 개념원리 본사의 프로그램을 기본바탕으로 깔고 있다고 해도 수업이 어디나 다 똑같을 수는 없다. 여기는 대치동이기 때문. 2010년 국제수학어문평가원에서 실시한 IMC(국제수학급수자격) 금상 수상자를 배출했으며, 소수정예로 운영되며 꼼꼼함과 정성으로 학생들을 관리한다.

황금가지 국어전문학원

연락처	전화 02-566-7939
이메일	gosok2@hanmail.net
위 치	서울시 강남구 대치동 1019-15 아주빌딩 4층 (대치역 2번출구 은마사거리 방향 5분거리)
대 상	중·고등부
과 목	[중등부]내신국어+사고력향상 프로그램(독서토론논술) [고등부]내신국어+수능 언어영역

학원소개

2005년에 고등부 국어전문학원으로 개원. 체계적인 학습프로그램과 개인별 학생관리를 바탕으로 소수의 학생들을 지도해 왔다. 연우심리연구소의 학습상담전문가과정을 수료한 원장이 학습유형검사와 진로탐색검사를 실시하여 어디에서도 속시원히 말할 수 없는 학생과 학부형의 고민을 도와준다. 2008년에는 학부형들의 요청으로 중등부 강좌를 개설, 진행하고 있다.

강좌소개

아래표 참조.

한우리독서토론논술 강남직영지부

연락처	전화 02-562-1939 / 팩스 02-562-1931
이메일	nowtast2@hanmail.net
홈페이지	한우리 독서토론논술
위 치	서울시 강남구 삼성로 601 태원리치타운빌딩 3층
대 상	유아, 초·중·고등부
과 목	독서·토론·논술

강좌소개

▶유아·초·중·고교생들의 독서·토론·논술 정규 과정 ▶한국사 독서논술 프로그램 ▶세계사 독서논술 프로그램 ▶소통과 교감→중학 교과 문학 미리보기 ▶교과 문학 맥잡기→고등 교과 문학 미리보기 ▶귀국학생들을 위한 특별반

학원소개

은마아파트 사거리 로고스논술, ILE어학원 등과 같은 건물에 위치해 있다. 우리나라 독서논술의 선두주자라 할 만큼 연륜도 커리큘럼도

▶ 고등부 국어·언어영역 강좌 시간표

	고1				고2				고3		
정규 강좌	장르별 독해력 강좌				유형별 문제 해결력 강좌				입시 맞춤 강좌		
	독해 기초 이론	현대 문학 독해강좌	비문학 독해 강좌	고전 문학 독해강좌	듣기/쓰기 문제유형 강좌	시 문제유형 강좌	소설 문제유형 강좌	비문학 문제유형 강좌	영역별 총정리	모의 고사 실전	EBS 분석 정리
방학 특강	겨울방학		여름방학		겨울방학		여름방학		겨울방학		여름방학
	현대문학특강		고전문학특강		문학18종특강		비문학특강		파이널문학 총정리특강		EBS특강

▶ 중등부 국어

중1/2/3	내신국어+사고력 향상 프로그램(독서토론논술)

믿을 만하다. 특히 강남 본원의 경우 쾌적하고 넓은 실내와 도서실을 구비한 좋은 환경을 갖췄다. 독서토론논술지도 자격을 갖춘 교사들이 학생들의 독서 수준에 맞춰 체계적이고 다양한 수업을 진행한다는 자부심이 있다. 수업의 특징은 듣고, 말하고, 읽고, 쓰는, 모든 활동이 '생각하기'라는 과정을 통해 진행되어 학생들의 자기주도학습이 가능하게 되고, 입학사정관제 대비, 논술 대비, 서술형 평가 대비도 되는 수업이다.

지존(知-zone)수학학원

연락처	전화 02-557-8212, 010-6300-1389
위 치	서울시 강남구 대치동 990-2 삼현빌딩 4층 (은마순복음교회 건너편, 차이원건물 4층)
대 상	중·고등부
과 목	수학

강좌소개

▶중등선행 : 기초부터 교재에 없는 심화개념까지 빈틈없는 개념정립 ▶중등심화 : 심화서 5권+경시기출(반별난이도 조정) ▶경시기초 : 올림피아드수학의 지름길, 평면기하 아이디어, 미국 연례수학기출 등 ▶경시실전 : 한국수학올림피아드 기출, 시도경시 기출, 민수경 기출 등 ▶고등선행 : 정석(기본, 실력) 예외없고 빈틈없는 자기 개념노트 완성 ▶고등심화 : 본고사 문제 수준까지 ▶수리영역 : 종합적 사고력 배양, 수능개념 정립

새밝학원

연 락 처	전화 02-514-3536
홈페이지	www.sbac.kr
위　치	서울시 강남구 대치동 912-10(대치사거리 이마트방향 왼쪽 약 100보)
대　상	중·고등부
과　목	과학

강좌소개

▶영재고·과고 입시대비 통합과학 강좌 ▶수학단과강좌 ▶ KPHO·KMChC 대비 단과

학원소개

트렌디한 이름, 유니크한 프로그램이 넘쳐나는 대치동 한가운데에서 간판의 서체만으로도 남다르다. 홈페이지에 소개된 원장선생님의 사진과 인삿말은 몇해 전 방영하였던 '공부의 신'에서 검은 두루마기를 입고 열강을 펼치던 차기봉 선생을 꼭 닮았다.

경시대회, 올림피아드 및 영재고·과학고 입시를 실질적이고 효율적으로 준비할 수 있는 학원이다. 고등 정신 능력 함양 및 교과 내신, 수능, 대학별 고사의 대부분의 과정이 자연스럽게 이수되어 자연계 최상위권에 선착할 수 있다고 학원측은 말한다. 배우려는 목적의식, 성취동기, 지능지수 등에 따라서 강의가 다를 수 있으며 주1회 수업을 기준으로 물리Ⅰ·Ⅱ 및 화학Ⅱ 전 과정은 약 1년 정도, 영재고 대비 통합과학 전 영역은 약 1년6개월~2년 정도의 준비 기간이 필요하다.

학원소개 및 특징

2010년 11월 문을 열었다. 속도 위주의 선행학습 풍토에 도전, 깊이있게 수학의 정도를 깨우쳐 어떤 시험에도 강한, 수학을 잘하는 학생 배출을 모토로 창립하였다. 목동H 학원, 압구정J 학원 등에서 높은 입시실적을 이뤄낸 베테랑 강사들로 구성. 학원이 내세우는 남다른 특징으로는 ❶강력한 개념설명 ❷정의와 정리의 증명 중시(HOW보단 WHY) ❸전범위 평가를 통한 완전학습 중시(현진도~선행 전 과정 수시 점검) ❹개념노트 작성

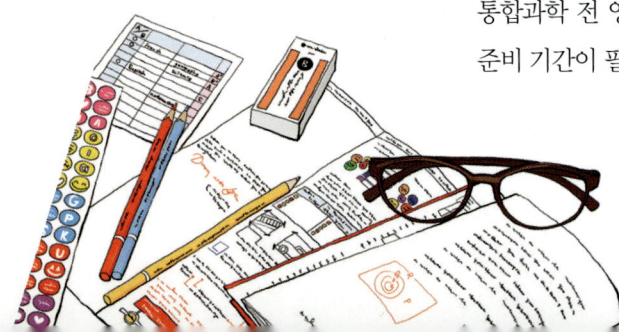

벼리논술

연 락 처	전화 02-569-6544
홈페이지	www.bracademy.co.kr
위 치	서울시 강남구 대치동 묘동교회 옆 명인학원 옆건물
대 상	중·고등부
과 목	언어, 정시수시논술반, 주요대 면접반

강좌소개

▶중3 실전강좌(민사고/용인외고/외고/국제고 서류 및 면접대비반) ▶벼리중등논술 ▶수시대비강좌 ▶수시대비비교과 강좌

학원소개

벼리논술은 체계적이고 논리적 글쓰기 훈련을 거친 정보 취득과 경향 분석에 뛰어난 신문사 기자 출신들이 직접 강의를 하고 있다. 첨삭교사가 아닌 담당강사가 직접 첨삭을 하고 철저한 대면 첨삭을 통한 논리적 분석력과 창의적 글쓰기를 지도한다. 소수를 위한 전략으로 지원 대학별 입시관리와 고득점 답안 비법까지 집중 지도하고 있다. 도곡동에서 작게 시작해 대치동으로 들어와 민사고뿐 아니라 자사고, 외고의 입시에서 또한번의 신화를 이루겠다는 벼리논술은 ❶학생들 실력에 기대서 실적을 내지 않는다. ❷강의와 첨삭을 다른 강사가 진행하지 않는다. ❸만들어진 명망이 아니라 학생들의 실력향상을 통해 새로운 명성을 만들어 나가겠다고 한다.

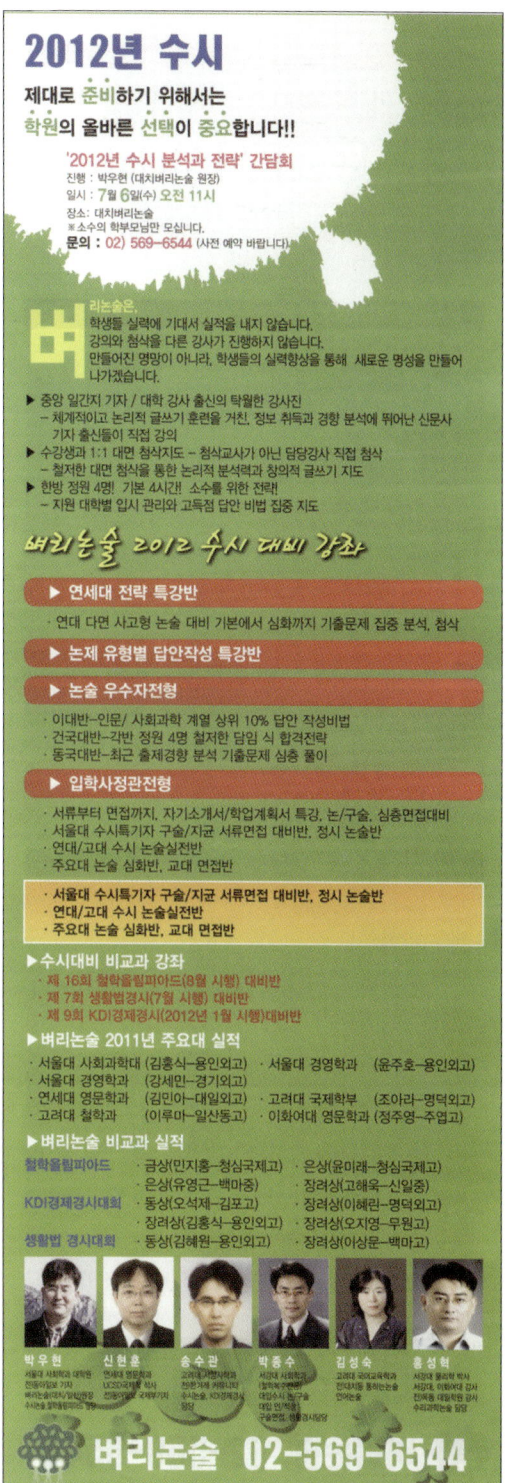

 대치동 리포트

'꿈'이 있는 아이는 공부를 즐길 수 있다!

공부를 즐기면서 한다? 모든 부모들의 공통적인 바람이겠죠. 어차피 해야 하는 공부인데 이왕 하는 김에 스트레스 받지 말고 열심히 잘하면 오죽 좋을까. 하지만 그건 부모들 생각일 뿐이고 정말 그렇게 공부하는 것을 즐기는 '괴물'이 어디 흔한가요.
그런데 아무리 공부를 즐기기가 힘들다지만 꿈(목표)이 있는 아이라면 얘기가 달라집니다. 어떤 동기에서든 자신만의 뚜렷한 꿈을 갖게 된 아이는 그야말로 이 시대 학부모들의 로망 중의 로망인 '자기주도학습'이 저절로 되지요. 그렇다면 아이들이 '꿈'을 가질 수 있도록 부모는 어떤 역할을 해주어야 할까요?

왜 '꿈'이 있어야 하나
미래에 자신이 하고 싶은 일이나 꿈이 있는 아이들은 더 이상 공부가 짜증스럽지 않다. 공부는 단지 자신의 꿈을 향한 준비과정이라고 여기게 되기 때문이다. 하지만 요즘음 아이들은 막연히 공부를 잘해야 한다는 생각뿐, 자신이 정말 원하는 꿈을 갖고 있지 않은 경우가 대부분이다. 그러다보니 공부가 힘들고 원하는 만큼의 성적이 나오지도 않아 꿈을 찾을 여유조차 없어지게 된다.
한 청소년커리어코치와의 인터뷰에서 "아이들에게 있어서 꿈은 방향을 설정하는 나침반과 같은 역할을 한다"는 조언을 들은 적이 있다. 나침반이 있으면 목표를 향해 가장 효과적인 길을 찾아갈 수 있는 것처럼 꿈이 있는 아이는 자신이 성취하고 싶은 목표를 이루기 위해 자기주도적인 학습을 하게 된다는 것이다. 힘들게 공부해서 특목고에 진학한 학생들조차 특별히 하고 싶은 일이 없다고 말하는 경우가 많고 명문대에 진학한 학생들 대부분이 뭘 해야 좋을지, 어떤 직업을 가질지 뚜렷한 목표나 계획도 없이 시간을 보내기도 한다. 사정이 이렇다 보니 대학에 진학해서도 적성과 진로를 고민하다가 휴학이나 자퇴, 전과를 하는 실정이다. 이 얼마나 어이없는 낭비인가.
꿈과 목표를 설정한 상태에서 진학한 학생들의 경우 대학생활에서 앞으로 자신에게 필요한 활동이나 교육의 기회를 제대로 찾을 수 있다. 이렇게 대학 재학 중 자기계발을 열심히 한 학생들이 결국 성공적인 취업도 가능한 것이다.

아이가 말하는 '꿈'을 묵살하지 마라
대부분의 엄마들이 "우리아이는 특별히 하고 싶은 것도 없는데다가 학습의욕도 없는데 도대체 뭐가 문제인지 몰라서 답답하다"고 하소연한다. 엄마가 보기에는 조금만 더 열심히 하면 성적이 오를 것도 같은데 정작 아이는 특목고 진학에 대한 의지도, 상위권으로 도약할 의욕도 없다는 얘기다.
이럴 경우 혹시 공부와 관련된 꿈만이 부모로부터 인정받을 수 있다는 것을 잘 알고 있는 아이가 자신의 속마음을 내비치지 못하고 있는 건 아닌지 살펴볼 일이다.
자신의 꿈이나 관심사에 대해서 말을 꺼냈을 때 부모에게 인정받지 못하고 묵살 당했을 경우, 부모 앞에서 표현은 안 하지만 쉽게 포기하지도 않는 것이 요즘 아이들이다. 부모가 무턱대고 하지 말라고만

하면 해보지 않은 것에 대한 미련 때문에 더 집착하게 되는 부작용이 발생할 수 있는 것이다.

아이들이 자신의 적성에 맞는 꿈을 밝혔을 때 일단 한 번 접해볼 수 있는 기회를 주는 것이 좋다. 부모 입장에서는 아까운 시간만 놓치게 되는 것은 아닌지, 너무 깊게 빠져서 공부에 손을 놓게 되지는 않을지 걱정부터 앞서기 쉽다. 하지만 부모가 무조건 반대한다고 포기할 아이들도 아니고 그 시간만큼 공부에 몰두하는 것도 아니지 않는가.

부모 세대와는 다르다는 것을 인정하라

'자기주도적학습'이나 '학습 동기부여'가 요즈음 부모들의 가장 큰 관심사이지만 오히려 부모가 학습동기를 저하시키고 있는 것은 아닌지 뒤돌아볼 필요가 있다.

입학사정관제가 특목고 입시까지 확대되면서 다양한 특별활동에 대한 부모들의 관심이 높다. 하지만 아직도 여전히 아이 스스로 몰입해서 할 수 있는 것을 찾게 해주려고 노력하기보다, 남들이 좋다고 하는 것을 쫓아 아이를 끼워 맞추려고 하는 부모들이 많다. 이제 부모들도 특정 분야에 관심을 갖는 자녀들을 경쟁력 있게 이끌어주는 데 관심을 가져야 할 때이다.

아이들이 뭔가를 한번 해보고 싶다는 에너지가 생기기 위해서는 일단 자율성이 확보돼야 한다. 목표를 세우는 것이든 진로 선택이든 부모의 개입 없이 아이 스스로 마음이 끌리는 대로 직접 해봐야, 포기하거나 또 다른 선택을 하는 등의 자기 기준이 생길 수 있다.

"공부를 못하면 다른 거라도 뭔가 하고 싶은 게 있어야지"라고 불평하는 엄마들은 아이에게 공부와 관련된 것 이외의 것을 체험해볼 기회를 충분히 주지 못한 경우가 대부분이다. 그러니 어떻게 공부 외에 하고 싶은 것이 생길 수 있으며, 설령 생긴다고 하더라도 부모에게 인정받지 못할 것이 뻔하기 때문에 아예 표현을 안할 수밖에.

부모들 세대에서는 비록 자신이 만족스러워 하는 일이 아닐지라도 남들이 보기에 성공적인 직업이라면 큰 불만 없이 살았다. 하지만 요즘 아이들은 아무리 남들이 좋다고 해도 자신이 만족하지 못한다면 행복할 수 없고, 경쟁력을 가질 수도 없다. '행복'과 '성공', 두 가지를 동시에 누릴 수 있어야 하는 것이다.

아이들과 직접 상담을 하다 보면 부모가 억지로 시켜서 하는 아이와 자신이 원해서 하는 아이의 차이를 단번에 느낄 수 있습니다. 목표를 정하고 하루하루 발전해 나가고 있는 아이일수록 입시와 관련 된 궁금한 점이 많아 한 마디 조언을 해주면 바로 질문이 이어집니다. 스펙 관리는 어떻게 해야 하는지, 교내 동아리 활동을 통해서 무엇을 얻어야 하는지 등 진심으로 알고 싶어하는 자세를 엿볼 수 있지요.

바로 이런 것입니다. '꿈'이 있는 아이는 공부를 즐길 수 있고, 즐기면서 하는 공부는 반드시 성적향상으로 이어집니다. 가장 바람직한 경우는 상위권 성적을 유지하면서도 자신이 좋아하는 일, 꿈이 있어서 공부가 힘들지만은 않다고 여기는 아이들이겠죠. 게다가 그 꿈이 부모가 보기에도 아이의 적성에 맞는 것 같아 공부와 병행해서 조금씩 필요한 준비를 시켜주려고 하는 상황이라면 더 바랄 게 없겠죠. 되도록이면 아이가 어릴 때부터 무엇에 관심을 보이고 잘 하는지 유심히 지켜본 후 자신만의 '꿈'을 가질 수 있도록 기회를 주시기 바랍니다. 적성에 맞는 꿈을 찾는 것이 공부만큼 중요하니까요.

깊은생각

연 락 처	전화 02-565-0526 / 팩스 02-565-5930
홈페이지	www.dailystudy.com
위 치	서울시 강남구 대치동 은마아파트 사거리
대 상	중·고등부
과 목	수학, 언어, 영어

학원소개

명실공히 대치동의 대표적인 고등부 학원이다. 겨울방학, 여름방학, 신학기 수능 직후 열리는 입학설명회 및 대입설명회는 대치동은 물론 인근지역 학부모들에게도 엄청난 인기를 모은다. 특히 수능 직후 열리는 고3 학부모 대상 수능분석 설명회는 인산인해를 이룬다. 한석원·학석만 두 형제 수학강사는 고3 전문이자 티치미 재종반과 깊은생각 고등부의 수장이다. 고등부 한석만 원장 강의는 대치동에서는 보기힘든 한반에 80명 전후의 대형강의이지만 마니아계층이 두텁다. 수학의 명성뿐 아니라 영어·언어 강의도 유명하다.

특징

❶고1 6레벨, 고2 5레벨, 고3 4레벨의 수준별 수업을 진행하며, ❷blue-red-green의 고품질 자체 교재를 개발 사용한다. ❸수학연구소를 운영, 새로운 입시경향을 분석하고 방대한 데이터베이스를 구축 매년 높은 입시율을 자랑한다. 특히, 고3 이과 최상위 학생을 대상으로 '한석원 수학학원'은 깊은생각의 수학에 대한 철학을 반영하는 또다른 브랜치 학원이다. 수능 개념의 심화와 정립에 이은 주제별 심화와 파이널학습을 통해 수능만점에 도달하는 탄탄한 실력을 기르는 게 목적이다. 연세대를 비롯 서울대, 고려대 등 주요대학의 수리논술 특강도 마련돼 있다. 중등관은 대치사거리 방향에 분리되어 있다. 고등관의 기세등등한 명성에 눌려 다소 가려져 있는 듯하지만, 탄탄한 커리큘럼은 고등수학을 염두에 둔 기초체력 다지기에 포커스가 맞춰져 있다.

전 세계 대학 입시에서 선호하는 IBDP(국제 학위과정)

서울외국인학교와 수원외국인학교, 대전외국인학교 등에 개설돼 있던 IBDP프로그램이 경기외고에도 도입되었을 뿐만 아니라 제주 영어교육도시에 개교하는 '노스 런던 컬리지잇 스쿨 제주(NLCS제주)'를 비롯해 국내에 들어오는 대부분의 국제학교에서 운영하게 됩니다. 따라서 IB에 대한 국내 학생과 학부모들의 관심도 점점 높아지고 있습니다.

IBDP가 미국대학 진학을 위한 SAT나 AP와는 달리 유럽과 북미 등 전 세계에서 국제 표준 프로그램으로 인정받고 있는 이유는 무엇일까요.

세계 표준 고교 교육과정

IBDP(International Baccalaureate Diploma Program)는 국제학위기구인 IBO가 고등학생들에게 국제적으로 통용될 수 있는 교과과정을 제공하기 위해서 만든 국제교육 프로그램이다. 미국의 아이비리그를 비롯해 영국의 옥스퍼드대 등 130여 개국 3,000여개 이상의 대학에서 IB 디플로마를 신입생선발전형에 적극 반영하고 있으며 갈수록 증가하고 있는 추세다.

세계적으로 통일된 커리큘럼을 운영함으로써 학생들이 어디서나 동일한 교육을 받는 것이 IB 프로그램의 특징이다. 따라서 세계 각국의 대학들이 신입생을 선발할 때 어느 나라에서 온 학생이든 동일한 기준으로 평가하는 것이 가능하다.

IB 디플로마 프로그램은 11학년부터 12학년까지, 2년간의 고교과정이다. IB 과정은 모국어, 제2언어, 과학, 수학 등 6개의 주과목과 3개의 부과목으로 구성되며 주과목은 6개의 영역에서 각각 하나의 과목을 선택하게 된다. 이중 3개의 과목은 HL(High Level)을, 나머지 3개의 과목은 SL(Standard Level)로 이수한다. 6과목의 총 점수는 42점이며 연구논문(Extended Essay)과 철학에서 3점을 추가할 수 있기 때문에 최고 점수는 45점까지 받을 수 있다. 각 과목에서 4점 이상, 합계 24점 이상을 얻어야 졸업장을 받을 수 있다. 38점 이상이 되면 아이비리그에 합격할 수 있을 정도의 수준이며 40점 이상이면 영국 명문 의대 지원이 가능하다.

프로젝트 위주의 수업방식

세계적인 명문대들이 IB 과정을 이수한 학생들을 선호하는 이유는 바로 IB만의 독특한 커리큘럼 때문이다. AP는 대학 수준의 커리큘럼을 미리 공부한 후 매년 5월에 있는 시험에서 5점 만점 중 일정한 점수를 받으면 대학에서 학점으로 인정을 받을 수 있다. 하지만 IB는 과목(Subject)이 아닌 학생주도적인 프로젝트(Project) 위주의 수업방식으로 클럽활동이나 교실 안팎의 다양한 체험을 포함한다. 따라서 이성적이고 합리적이면서도 인간적인 글로벌 인재를 양성할 수 있는 실용적 교육으로 전 세계에서 각광받고 있는 것이다.

IB 프로그램은 난이도 높은 대학 수준의 교과과정이다. 학생들은 2년간의 교육과정을 이수해야 하며 2년 과정 중 마지막 학기에 IB 디플로마 취득을 위한 시험을 치러야 한다. 포괄적인 교육과 더불어 IBO의 엄격한 평가제도가 전 세계 대학으로부터 인정을 받고 있는 만큼 학위 취득과정이 결코 만만치 않다. 2년간의 과정에 대한 세세한 평가와 각 과목에 대한 시험성적을 토대로 IB 디플로마 취득 여부를 결정하기 때문이다. 이렇게 IB 프로그램을 이수하는 것 자체가 어렵지만 2년간의 힘든 과정을 통해 학생들이 많은 성장을 하게 된다는 장점이 있다. 스스로 주제를 정해 조사하고 연구하는 과정을 거친 후 이를 바탕으로 에세이를 작성하는 수업방식은 학생들이 유학 후 대학생활에 대한 적응력을 높이는 데 도움이 된다. 연구 및 조사 능력을 키울 수 있는 것은 물론 작문능력까지 향상시킬 수 있기 때문이다.

IB 프로그램은 단순한 주입식 교육방식이 아니라 학생 스스로 연구하고 조사 및 분석하는 프로젝트 방식입니다. 그러다 보니 정해진 답도 없고 교사들도 직접적인 도움을 줄 수 없기 때문에 아이들이 힘들어 하는 과정입니다. 하지만 전공 분야와 관련된 과목으로 연구논문(Extended Essay)을 준비하면서 이루어낸 결과가 대입에서 높은 평가를 받을 수 있고 그런 과정 중에 겪은 일들을 에세이에 녹여낼 수 있다는 장점도 있습니다.

케이투 수학 학원

연 락 처	전화 02-538-4347
홈페이지	www.k2math.com
위 치	서울시 강남구 대치동 은마상가 B블럭 301-7호
대 상	초·중·고 과정 수업/수능 대비/수리논술/창의수학/KMO 대비/AMC/AP
과 목	수학

강좌소개

▶초등부 : 과정수업과 창의사고력 수업으로 대수·기하를 완성하는 프로그램 ▶중등부 : 중등과정부터 고등과정 기본으로 완성하는 Prime Class프로그램, 중등과정부터 고등 실력정석으로 완성하는 Special Class프로그램 ▶고등부 : Special Class, 대입시 프로그램(이과·문과), 수리논술 프로그램, AP Calculus BC.

학원소개

흔들림 없이 수학을 공부할 수 있는 최적의 방법을 제시하여 한때는 특목고를 가려면 꼭 거쳐야 하는 학원이기도 했다. 입시시장의 변화 탓인지 조금 주춤하다 싶었는데 다시 은마상가로 이전, 재기를 꿈꾸고 있는 곳이기도 하다. 특징을 살펴보자면, 각 과정별로 기본·심화의 단계를 밟게 하며, 학기중에는 내신 위주의 수

업이, 방학 동안에는 선행 위주의 수업이 진행된다. 선행·심화 과정이 타 학원에 비해 빠르게 진행되기 때문에 사이사이에 기하 특강, AMC, KMO, AP 등 특성화 강좌들이 포함되어 교과과정을 탄탄히 다질 수 있는 것이 케이투의 장점이라 할 수 있다. '수학의 음유시인'이란 별명에서 보듯 원장의 박식함이 인문학에까지 걸쳐 있어, 어머니와 학생들 사이에 마니아층이 있다.

디비니티 에듀 아카데미

연 락 처	전화 02-3461-4453~4
위 치	서울시 강남구 도곡동 우성캐릭터 199 상가 1층
대 상	중·고등부
과 목	국어, 영어, 수학, 과학, 사회

강좌소개

▶ 영어·수학 수능·2등급 보장반 ▶ 민사고, 자율형사립고 및 특목고대비반 ▶ Returnee 및 일시귀국학생 특별반 ▶ 학기 내신점수 보장반 ▶ 영어수학 단기완성반 ▶ 학습부진학생 특별반

학원소개

누구나 최고를 만들겠다고 하고 최선을 다하겠다고는 말하지만 그게 아닐 때 패널티를 물겠다고 약속하는 학원은 많지 않다. 디비니티 에듀 아카데미는 이 학원만의 특성화 교육프로그램을 개발, 운영하고 있다. ❶학생지향형 맞춤식 수업이 있다. 학생들 개개인의 특성과 상황을 충분히 파악하고 꾸준한 멘토링을 통해 올바른 학습동기를 부여하며 학생들 개개인에 맞는 수업방식 및 내용들을 연구, 적용하여 단기간에도 눈에 띄는 성과들을 만들어낸다. ❷영어·수학 수능등급 보장반 및 내신점수 보장반이 있다. 4개월에서 6개월 동안의 집중 수업을 받고도 약속한 수능 등급 및 내신 점수에 도달하지 못한 학생에 대해 학원이 책임지고 약속한 수능등급 및 내신점수에 도달할 때까지 이후의 강의를 무료로 수강할 수 있도록 하는 특별한 Class다. 학원이 부모들과 똑같은 절박함으로 정직하게 가르치고 성적향상으로 보답하겠다고 한다.

 STREETS TIPS

| 우리네 코다리 |

대치역과 도곡역 중간쯤 삼보상상, 함소아소아과, 리틀팍스 가는 길에 있다. '사월의 보리밥'과 같은 건물 지하 1층이다. 자리잡고 앉으면 인원수대로 한상 가득 차려져 나온다. 뜨끈한, 집에서 먹는 밥상을 기대한다면 서슴지 말고 가볼만 하다. 6명 이상이면 예약해서 먹는 것이 좋고, 그냥 가면 줄서서 기다려야 하지만, 금방금방 자리가 생긴다. 각종 반찬과 된장찌개, 계란찜, 거기에 주메뉴인 빨간 옷을 입은 매콤한 코다리와의 조화~ 좌식 밥상이 있는 전형적인 식당이다. 주차가능. 02-561-9098

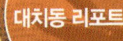 대치동 리포트

상위권 학생들의 학업 스트레스

공부를 못하는 아이들은 성적이 안 올라서 스트레스를 받고 잘하는 아이들은 더 잘해야 한다는 부담 때문에 스트레스를 받으니 요즘 아이들은 상위권이든 중하위권이든 힘들기는 마찬가지입니다. 그 중에서도 특목고나 국내외 명문대 진학을 목표로 어려서부터 공부에만 매달려온 아이들은 성적에 대한 중압감이 커 스트레스에 시달리기 쉽습니다. 특히 지나치게 경쟁적인 분위기 속에서 공부해야 하는 지역일수록 상위권 학생들이 과도한 스트레스를 받는 경우가 많지요. 주변의 칭찬과 부러움을 한몸에 받는 상위권 학생들의 학업 스트레스는 어느 정도인지 그 정도와 증상을 알아보고 아울러 부모가 어떻게 대처해야 하는지도 알아볼까요.

❀ 경쟁의식, 성취욕구 강한 만큼 스트레스도 높아

공부를 잘하는 학생들은 부모는 물론 친구들에게조차 자신이 공부 때문에 스트레스를 받는다는 사실을 말하지 못하는 경우가 많다. 대부분 "쟤는 원래 공부를 잘하니까 공부하느라 크게 스트레스를 받지는 않겠지"라고 여긴다는 것을 잘 알기 때문이다. 하지만 상위권 학생들은 자신을 따라잡기 위해 뒤에서 쫓아오는 친구들이 많다는 생각에 늘 긴장하게 되고 그로 인해 엄청난 스트레스를 받기 쉽다. 시험을 볼 때마다 실수없이 완벽한 점수를 받아야 그 자리를 유지할 수 있으니 매번 긴장감이 높을 수밖에 없다. 상위권 학생들일수록 부모의 강요에 의해 공부를 하는 경우보다는 스스로 성취욕구가 강하고 공부욕심이 많은 편이다. 성취에 대한 욕구가 이렇게 강하니 원하는 만큼의 성적이

나오지 않으면 그것을 견디지 못해 스트레스가 심해진다. 굳이 부모가 떨어진 성적에 대해 혼을 내지 않더라도 스스로 만족하지 못해 괴로워한다. 그동안 '공부 잘하는 아이' 라는 주변의 인정을 의식하면서 항상 공부하는 과정의 중요성보다 결과에만 지나치게 집착하는 것이 스트레스의 요인인 것이다. 특목고에 다니는 학생들의 경우 우수한 학생들이 모인 만큼 경쟁적인 분위기가 더 심하고 그 속에서 마음에 맞는 친구를 사귀기가 어렵다는 것이 스트레스로 작용하기도 한다. 이런 학생들일수록 그동안 공부만 열심히 하느라 스트레스를 푸는 방법을 배우지 못한 경우가 많다. 그러다보니 의외로 속에 쌓여있는 스트레스가 많아 별거 아닌 문제로 폭발하는 경향을 보이기도 한다.

❀ 공부 이외의 비전을 가져본 적이 없어

이렇게 공부에 대한 스트레스가 심하다 보니 강박증, 불안증을 앓는 아이들도 종종 있다. 비교적 부담이 적은 학원시험에서는 좋은 성적을 올리다가도 막상 중간고사나 기말고사, 모의고사 등 실전 시험에서는 불안증 때문에 시험을 망치기도 한다. 이런 일이 반복되면 점점 자신감이 떨어지게 된다. 게다가 다시 또 그럴지도 모른다는 불안감에 시달리느라 계속 실패가 이어져 결국 우울증과 무기력증에 빠지게 된다. 요즈음 아이들에게는 오직 명문대 진학과 경제적인 풍요가 최대의 관심사이다. 이렇게 어릴 때부터 명문대 진학 이외의 비전을 가져 본 적이 없는 상위권 아이들은 입시에서 실패를 할 경우 그 현실을 받아들이기가 힘들다. 입시 실패가 바로 모든 것의 끝인 것처럼 여겨져 혼란스러운 것은 물론 불안감마저 느껴지기 때문이다. 부모들은 아이가 힘들다고 짜

증을 부리면 걱정부터 앞선다. 하지만 그렇게라도 아이가 스트레스를 표출하면 오히려 다행인 편이다. 상위권 학생들의 경우 자신의 감정을 억제하고 쉽게 드러내놓지 않는 경향이 많아 부모가 주의깊게 살펴보지 않으면 힘든 상황인지 눈치채지 못할 수도 있다. 불안을 느낀다는 것은 공부를 더 열심히 하게 만드는 긍정적인 효과를 주기보다 공부를 회피하도록 만들기 쉽다. 자신의 불안감을 공부를 포기하는 식으로 표출하거나 누군가에게 분노를 폭발시키기도 한다.

부모가 아이의 감정 이해하고 공감해야

공부 때문에 스트레스에 시달리는 아이들은 극단적인 방식으로 잘못된 선택을 하는 친구를 보면서 "나만 이런 마음고생을 하는 것이 아니구나"라며 공감하고 "그런 방법이 하나의 해결책이 될 수도 있겠구나" 하고 받아들인다는 점이 가장 큰 문제다. 그러지 않기 위해서는 평소 부모가 아이에게 스트레스에서 벗어날 수 있는 방법을 알려주는 것이 필요하다. 또한 공부도 중요하지만 아이의 정신적인 건강과 안정이 더 중요하다는 것을 인식해야 한다. 부모의 입장에서 타이르거나 훈계만 하기보다 아이의 입장에서 감정을 이해하고 공감하는 태도만 보여도 아이들은 큰 힘을 얻는다. "너는 잘할 수 있어"라는 식의 막연한 위로는 오히려 아이에게 부담으로 작용할 수 있다. 만약 부모의 힘만으로 아이의 스트레스가 해소될 기미가 보이지 않을 때에는 전문가의 도움을 받는 것이 좋다. 하지만 그렇다고 해서 부모가 시간을 두고 지켜보면 해결될 문제를 비화시켜 아이의 동의도 구하지 않고 상담을 받게 하면 오히려 상황을 악화시킬 수 있다. 비록 아이의 스트레스가 심한 줄은 알지만 부모에게 그 화를 폭발시킬 때에는 부모 역시 참지 못하고 감정이 격해질 수 있다. 하지

만 부모는 일단 그런 감정을 누른 후 아이의 잘못된 행동에 대해 지적을 하는 것이 현명한 대처법이다. 아이들이 힘든 부분이 있을 때마다 부모에게 털어놓고 이야기할 수 있도록 대화상대가 돼주는 것이 중요하다. 아이들이 자신의 고민에 대해 부모에게 말하면 언제든 나를 이해해주고 부모가 내 편이 돼준다는 믿음만 있다면 자연스럽게 스트레스를 해소할 수 있기 때문이다.

아이들이 좌절할 때마다 부모가 건강한 대안을 알려주고 스트레스를 밖으로 표현해서 해소할 수 있게 해주어야 합니다. 안 그래도 늘 쫓기는 심정으로 예민한 상태에서 공부에 매달리고 있는 상위권 아이들에게 부모마저 부담을 준다면 아이들은 늘 벼랑 끝에 서 있는 기분일 것입니다. 사람은 누구나 실수를 할 수 있고 내가 한 번 1등을 하면 그 다음에는 다른 친구가 1등을 할 수도 있다는 사실을 부모가 알려주어야 합니다. 그렇지 않고 "너는 어떻게 해서라도 최상위권을 유지해야 한다"라고 말한다면 아이들에게 너무 가혹한 부모입니다. 신이 아닌 이상 어떻게 매번 완벽할 수가 있을까요. "엄마는 너를 믿어. 우리 딸(아들)은 잘할 수 있을 거야"라든지, "너는 아무 걱정 말고 공부만 하면 돼. 엄마가 최대한 밀어줄게"라는 말도 아이들에게는 큰 부담으로 다가올 수 있습니다. 결국 공부를 잘해야 한다는 말이니까요. 요즘 대부분의 학교에서는 비록 실수로 한 문제만 틀려도 전교 등수에 크게 영향을 미치지만 아이나 부모 모두 어쩔 수 없는 실수는 받아들이고 넘겨야 합니다. 특히 상위권 학생일수록 엄마보다 아이 자신이 더 실수를 용납하지 못하는 경향을 보이는데 이럴 때마다 아이의 스트레스를 풀어줄 수 있어야 하지요. '완벽한 성적'에 대한 족쇄에서 빠져나올 수 있도록 말입니다.

리딩타운

연 락 처	전화 02-555-7171
홈페이지	www.gangnam.readingtown.co.kr
위　　치	서울시 강남구 대치동 은마아파트 18동 건너편 서울교회 앞
대　　상	미취학, 초등부
과　　목	영어

강좌소개

▶ 정규반 ▶ Literature Circle(독서토론반) ▶ HONOR'S CLUB(주니어 영어영재반) ▶ 토요일 북클럽

학원소개

스토리북을 통하여 영어를 쉽게 받아들일 수 있게 만들어주는 학원이다. 미국에서 영어교육학 박사로 명성을 날린 송순호 원장이 인터넷리딩타운의 성공을 바탕삼아 오픈한 오프라인체인학원이다. 한때 리터니들의 필수코스로 여겨질 만큼 인터넷리딩타운의 인기는 높았고 질적으로 상당한 효과와 방대한 자료를 확보하고 있는 것으로 알려져 있다. 꼼꼼한 레벨테스트 후 해당레벨에 맞는 미국현지에서 읽고 배우는 교재가 공급된다. 책에 따른 워크북과 북 리포트를 통해 첨삭관리까지 해주는 시스템을 갖추고 있어 아이가 얼마나 따라주느냐에 따라 확실한 효과를 볼 수 있다. 영어에 대한 스트레스보다 즐겁고 재미있는 영어 책을 통해 자연스럽게 영작 실력을 늘릴 수 있다는 것도 큰 장점. 잘만 하면 눈에 띄게 향상된 우리 아이의 영어실력을 경험하게 될 것이다. 아직 어린이들이라서 부모의 꼼꼼한 관리가 성공의 관건!

문경희영어학원

연 락 처	전화 02-2051-7082 / 팩스 02-2051-7082
이 메 일	moon822@hanmail.net
카　　페	http://cafe.daum.net/moon822
위　　치	서울시 강남구 대치동 3호선 대치역 3번출구 앞 미도종합상가 3층(대곡초등학교 바로 옆)
대　　상	초·중·고등부, 재수생
과　　목	영어

강좌소개

▶ 초등부 : 초등학생에게 어려울 수 있는 TOEFL 이전 단계로서 TOSEL(국제공인영어

능력시험)을 미국교과서 등과 함께 교재로 사용한다. ▶중등부 : 〈TOEFL+PS(plus structure)〉 Curriculum으로 TOEFL에는 빠져 있고 내신, TEPS에서 중시되는 영어문장 구조에 대한 이해를 위해 Grammar의 기반확립 및 Reading, Writing, Speaking 등 타 영역으로의 확장 수업을 내신대비와 함께 한다. ▶고등부 : 〈수능+내신+문법〉을 기본으로 하되, 특례나 국제학부 등 영어를 활용해 진학하는 특수학생들은 별도의 반을 운영중이다. 이러한 정규과정 외에 방학을 포함, 1년 내내 〈문법특강〉을 오픈하여 수행평가를 비롯한 내신대비뿐만 아니라 영어 전반의 체계를 잡아주고 정확하고 세련된 고급영어의 사용을 위해 중요한 Base를 만들어준다. 또한 Grammar 자체가 하나의 영역이기도 하지만 〈Grammar+Reading〉, 〈Grammar+Writing〉 식의 확장 수업을 통해 Grammar 활용능력을 길러준다.

학원소개

12년째 대치동에서 소그룹 수업 방식으로 성과를 올리고 있는 문경희영어학원은 지난 4월 '2011 대한민국 혁신리더'(스포츠 서울, 영어교육부문)로, 5월에는 '베스트 이노베이션 기업 & 브랜드'(시사경제매거진)로 선정되었다. 이러한 평가는 직접 지도해온 학생들의 학부모 추천에 의해 이루어져 더욱 의미가 크다. Perpect bilingual을 지향하는 이곳은 흥미와 성과를 추구하고 어학과 입시를 동시에 마스터하게 하며 국제환경에서의 영어를 한국어와 함께 정확하게 쓸 수 있게 한다. 따라서 우리나라 입시뿐만 아니라 효율적인 영어학습의 실현을 통해 자신의 영어실력을 객관적으로 측정할 수 있게 한다.

이강학원

연락처	전화 02-554-2005, (이강사관수학)02-539-1352 / 팩스 02-554-2069
블로그	http://blog.naver.com/0192780430
위치	서울시 강남구 대치동 923-26 2층 (한티역 2번출구 롯데백화점 뒤)
대상	고등부
과목	언어, 영어, 수학, 사탐, 과탐, 논술, 컨설팅

강좌소개

고1~고3강좌 모두 있다. ▶언어 : 이만기선생,

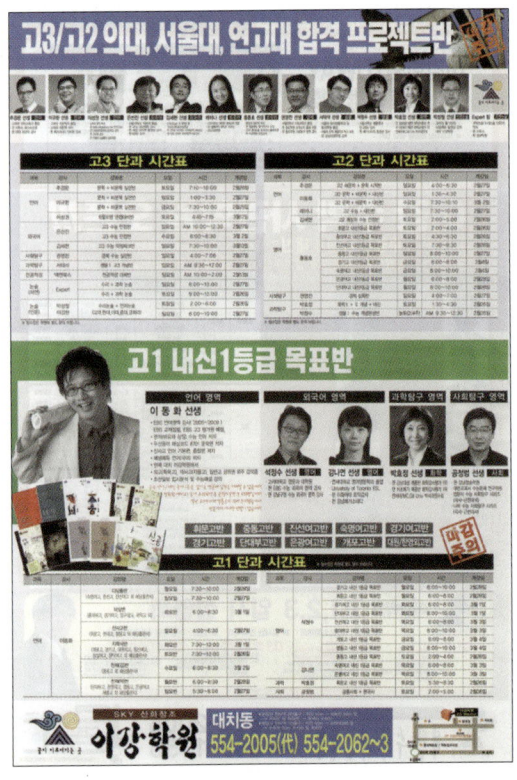

강논술팀장 ▶수리논술 : 곽규덕선생, 안성환선생 ▶컨설팅 : 이강현원장, 이민하소장

학원소개

이강학원은 단과학원이다. 전과목 대치동의 유명선생님들의 강좌가 거의 개설되어 있다. 하지만 일반 단과학원과는 다른 점이 바로 컨설팅이다. 재원생에 대한 성적관리 및 입시지도를 해준다. 컨설팅만 진행할 수도 있다. 모든 프로그램은 입시제도에 맞추어서 진행된다. 따라서 해마다 수백명의 의치대·서울대·연세대·고려대 등의 명문대 합격생을 배출하고 있다. 공교육 선생님들을 대상으로 입시의 흐름을 제공하고, 대치동 어머니들에게도 입시에 꼭 필요한 것만 준비하라는 설득력있는 설명회이어서인지 늘 장사진을 이룬다. 참신한 단과 수업과 더불어 컨설팅을 통한 효율적이고 합리적인 진학지도가 있기에 입시 때문에 배가되는 걱정을 조금은 덜 수 있지 않을까 한다. 수학만 분리되어 있는 이강사관학원 역시 좋은 강사진으로 북적인다.

추경문선생, 이규환선생, 이동화선생, 김성인선생 ▶수학 : 이현칠원장, 차기옥원장, 배성진선생, 전은관선생, 곽규덕선생, 심우호선생, 전형상선생, 고경열선생, 안성환선생, 홍창원선생, 권병철선생 ▶영어 : 은선진선생, 김세현선생, 윤혁선생, 서상혁선생, 홍동호선생, 류명한선생, 공도형선생 ▶사탐 : 강민성선생 ▶국사 : 이지영선생 ▶사회문화 : 김선옥선생 ▶한국지리 : 권영찬선생 ▶경제 : 박창선선생 ▶사회문화·윤리 : 박종범선생 ▶일반사회, 한국사·사회문화, 과탐 : 서태석선생, 박창수선생 ▶생물 : 박효정선생, 양진석선생 ▶화학 : 정원재선생 ▶물리 : 현용수선생 ▶물리·화학 : 한필규선생 ▶지구과학, 논술 : 박성철선생, 이

작고 현명한 자녀교육 실천

1. 많이 들어주기
2. 작은 약속 잘 지키기
3. 함께 읽기
4. 매일 한번씩 따뜻한 표현하기
5. 자주 웃는 부모 되기
6. 아이와 공통 주제를 나누기
7. 식탁에서 소통의 문화 만들기
8. 아이의 친구를 위해 좋은 일 하기

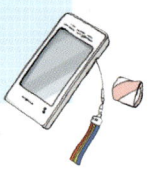

영진학원

연락처	전화 02-565-5255 / 팩스 02-564-0524
이메일	kho5255@naver.com
홈페이지	www.yjacademy.co.kr
위 치	서울시 강남구 대치동 932-2 양지빌딩 4~5층
대 상	명문대 지망 상위권 고등학생
과 목	고교내신과 수능관련 국어(언어), 영어(외국어), 수학(수리), 사회(사탐), 과학(과탐), 그리고 논술, AP, TEPS, TOEFL, HSK, JLPT, DELF 등의 어학공인인증시험, 한국사인증시험 등의 각종 인증시험, 경제경시 등의 각종 경시와 입시컨설팅(학습전략컨설팅, 지원전략컨설팅)

강좌소개

수능과 내신 교과를 위한 강좌뿐만 아니라 논술과 비교과 SPEC 관련 단과 강좌를 상시 개설하고 있다. 특히 서울대 · 연고대 · 의치한대를 지망하는 상위권 수험생들을 위한 수시 · 정시 대비 맞춤식 강좌가 주를 이룬다.

학원소개

대치영진학원은 20여년 동안 수많은 수험생들을 서울대를 비롯한 명문대학에 진학할 수 있게 가교역할을 톡톡히 하고 있다. 대치동 본원뿐 아니라 총 5개 직영학원(대치영진, 목동영진, 분당영진, 중계영진, 평촌영진)을 추가 설립하였다. 각각의 영진학원은 해당 지역의 상위권 수험생들이 선호하는 학원으로서 수시와 정시 관문을 통해 서울대, 연 · 고대에 매년 300명 이상의 합격생을 배출한다. 영진학원은 고교 상위권 수험생들의 특별한 니즈를 파악하여 맞춤식 단과강의를 구성한다. 상위권 수험생에게 꼭 필요한 학습과 지원전략컨설팅을 제공하는 영진입시컨설팅은 영진학원의 기획 강좌가 학생들을 변화시킨 결과라고 자부한다.

수력학원

연락처	전화 02-562-8209
이메일	andycard@naver.com
위 치	서울시 강남구 대치동 933-29 2층(은마사거리에서 강남롯데백화점 진행시 오른편 태성카센터 골목 내)
대 상	중 · 고등부
과 목	수학

강좌소개

▶학교내신 만점반은 학기중에 운영되며, 개념

심화 및 기출유제연습과 개인별 폴더를 통하여 약점을 완벽하게 보완한다. ▶선행반은 기본개념 및 심화문제풀이의 고교수학학습을 통하여 수학적 사고력을 배양한다. ▶방학특강반은 단기에 약점을 보완하여 자신의 실력을 높일 수 있는 집중 몰입수업을 한다.

 학원소개

수력학원은 대형학원의 프리미엄 강의와 학생 개별특성의 맞춤식 지도법의 장점을 결합한 소수정예를 지향하는 학원이다. 최우수 강사진이 꼼꼼하게 학생들을 관리하며 3P법칙(Passsion 열정, Practice부단한 연습, Persistence끈기)을 실천하여 레버리지효과(지렛대효과)로 공부에 대한 자신감을 갖도록 한다. 아울러 개별 클리닉을 통하여 궁금한 질문해결 및 배운 내용을 완벽하게 소화할 수 있도록 담임·부담임제를 시행. 학부모님들이 안심하고 학생들을 보낼 수 있도록 학생관리에 애씀으로써 학습효율을 극대화하기 위해 최선을 다하고 있다.

DUX-덕스어학원

연 락 처	전화 02-563-3349(대) / 팩스 02-563-3538
홈페이지	www.dux.ac
위 치	서울시 강남구 대치동 991-1 남평빌딩 (대치동 순복음교회 맞은편 건물)
대 상	초·중·고등부
과 목	영어

강좌소개

▶초등영어 : 영어논술 중심의 커리큘럼으로 구성되어 있다. 즉, Novel를 읽고 그 독후처리는 Essay Writing, 주제토론, 발표(프리젠테이션)로 이뤄진다. 따라서 모든 수업의 내용은 읽고, 쓰고, 말하고, 발표하는 영·미식 논술방식이다. 리스닝과 어휘는 학원 자체교재를 사용하면서 3개월 단위로 한 단계 높은 단계로 높아져 가는데, 그 내용이 체계적이고 구성면에 있어서도 기존 출판사에서 출간된 것들보다 뛰어나다.
▶중·고등부 : 영어논술, 내신, NEAT 시험대비 등으로 구성. 최상위권 학생들은 영어논술 classes 중심학제가 편성되어 있고, 중상위권 학생들과 고등학생들은 NEAT 시험대비에 필

STREETS TIPS | 커피집 '생각하는 향기'

대치역 1번 출구로 나와 대로를 따라 20미터쯤 걸어가면 있는 한일상가. 그곳 1층에 자리잡은 아담한 커피집이다. 부드러운 커피 맛으로 이미 엄마들 사이에는 소문이 나 있는 곳. 맛과 향이 다른 한 잔 한 잔마다 커피에 대한 각별한 사랑, 자부심까지 담겨 있는 듯하다. 오래 앉아 수다를 떨기엔 다소 좁은 공간이지만, 착한 가격에 제대로 된 커피 한 잔이 생각난다면 띠리릭~ 다녀와도 좋을 듯. 주차 가능. 팁! 테이크아웃하면 커피 가격이 좀더 내~려 간다. 도장 쾅쾅 찍어주는 쿠폰도 잊지 마시길.^^
02-554-2859

상담실장들이 평가하는 좋은엄마 vs 나쁜엄마

제목이 너무 도발적인가? 나쁜 엄마가 있을까? A학원 모실장님은 나쁜 엄마는 단연코 없다고 말한다.

엄마가 어떻게 나쁠 수 있는가? 다만 곁에서 지켜보건대, 욕심이 너무 많은 엄마는 분명 있다. 엄마 자신은 잘 모른다. 자신이 욕심이 많은지 적당한지. 그런데 아이와 엄마를 두루 만나보는 상담실장의 눈에는 그것이 보인다. '의외로 많은' 엄마들이 자신의 아이를 모르는 것 같다. 아이가 뭘 원하는지, 뭘 필요로 하는지… 아이와 대화를 나눠보고, 유심히 살펴보지 않은 채 그저 학제가 요구하는 커리큘럼에 맞추어, 남들이 한다길래 무작정 팀에 끼고, 모든 걸 따라하는 건 어리석다. 뭐든 받아먹을 수 있는 능력있는 아이를 널널하게 두는 것은 방치이지만, 학업에 뜻이 없는 아이를 이 학원 저 학원 끌고 다니는 것은 분명 과욕이다. 학원에 와서도 공부를 하지 않는다. 핸폰을 가지고 놀거나 멍때리고 있다. 학원에 간다고 다 공부를 하고 새로운 것을 배워오는 것은 아니다. 생각없는 아이를 '나만 따르라' 며 끌고가는 엄마, 즉 욕심많은 엄마다.

B학원 모실장님은 나쁜 엄마가 있다고 한다. 애에게 나쁜엄마는 자기 중심없는 팔랑귀 엄마다. 아까운 애만 버린다. 학원이 봤을 때 나쁜엄마는 이것저것 너무 과도한 요구를 하는 엄마다. 물론 적당한 요구는 괜찮다. 어디까지일지는 개개인의 판단에 따라 살짝 다르겠지만, 요구에도 선이 있다는 것. 또, 학원을 성적을 올리는 도구로만 생각하는 엄마다. 그리고 학원선생님을 상당히 무시하는 엄마도 많다. 같은 부류라고 본다. 고르고 골라 선택한 학원과 선생님, 학교만큼은 아니겠지만 믿어주고 신뢰를 보여준다면 그 득은 아이에게 고스란히 돌아가지 않겠느냐고 상담실장님들은 입을 모은다.

위의 모든 경우에서 우리가 열외라고 말할 수는 없을 것 같다. 웬걸~~. 살짝살짝 찔리는 부분도 있다. 때에 따라 본의는 그것이 아니었음을 서로가 이해하고 보듬는다면 아이의 장래를 위해 좋자고 선택한 일, 좀더 나은 결과가 있지 않을까 싶다.

요한 Writing(에세이), Listening, Speaking 그리고 Reading을 중심으로 학기중에 이뤄진다.

학원소개

영어 독서를 통한 유창한 '이중언어자'를 양성하는 것이 목표인 덕스어학원은 대치동 4대 영어전문학원 중의 한 곳으로 근래들어 유명세를 치르는 곳이다. 메인 수업 자체가 읽고, 쓰고, 토론하고, 프리젠테이션 등으로 이루어져 영어를 성실하게 준비해 왔거나, 리터니 학생들은 가볼 만한 곳이다. 덕스의 가장 큰 특징은 책(Novel)을 통한 영어논술 수업이다. 물론 100% 영어수업으로 독후처리는 에세이→쓰기→주제토론(스피킹)→발표(프리젠테이션)로 이뤄진 리터러쳐 수업이다. NEAT 역시 학원 자체교재를 통해서 에세이는 철저한 Leveling을 기초로 구성되어 있으며, 스피킹과 듣기 또한 시험에 효과적으로 대처할 수 있도록 되어 있다. 기존 대치동 영어학원들과 차이점이 있다면 Social Study, U.S History, Biology 등과 같은 타과목 미국교과서는 사용하지 않는다는 것. 영어원서를 통해서 학생들의 사고력, 이해력, 창의력, 추론력을 향상시킨다는 교육적 원칙을 고수하고 있다.

이것이 수학이다

연락처	전화 (중등관)02-501-9312 (고등관)02-501-3747 / 팩스 02-501-3766
홈페이지	www.thismath.co.kr
위치	(중등관)서울시 강남구 대치동 송도빌딩 941-16 2층 (고등관)서울시 강남구 대치동 제동빌딩 932-42 2층
대상	중 · 고등부
과목	수학

강좌소개

모든 강좌는 내신+선행으로 이루어져 있으며 각 학년마다 2%반, 심화반, 기본반, 집중반 4레벨로 학생의 수준에 맞춘 강의가 진행되고 있다. 또한 단일 학년에만 적용되는 커리가 아닌 중학교 입학부터 대입까지 연계성 있는 커리큘럼으로 체계화되어 있다.

학원소개

중 · 고등부 수학 전문학원으로 2009년 창원 이래 학생과 학부모, 선생이 하나가 되어 "듣는 수업에서 생각하는 수업으로! 생각하는 수업에서 참여하는 수업으로!"라는 이념 아래 대한민국 No.1 수학학원을 목표로 하고 있다. 완벽한 내신대비 System, 철저한 수업 후 확인학습, 구체적인 성취도 평가로 많은 선생님들의 오랜 경험과 축적된 노하우로 최고의 수업을 지향하는 곳이다.

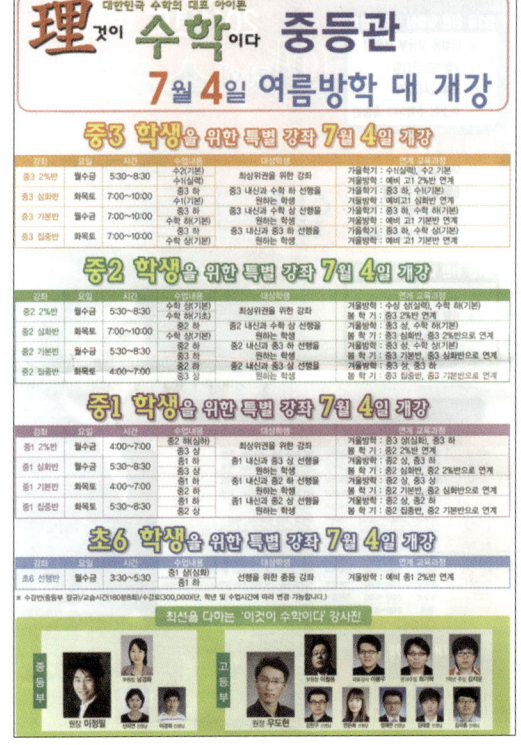

이숙희국어전문학원

연 락 처	전화 02-501-4376
이 메 일	lshui@nate.com
위 치	서울시 강남구 대치4동 935-22 리치빌 2층 (베스티안병원 뒷골목)
대 상	고등부
과 목	국어, 논술

강좌소개

▶고1 과정 수능정규반 프로그램에서는 智·力·革·命의 3step으로 내신과 수능의 완벽한 조화를 이루어 통합언어의 진수를 보여준다. 16종 교과서 수록 작품에 대한 철저한 분석과 수능 전 영역 기본개념을 완성하게 된다. ▶고2 과정은 언어의 원리를 깨우치고 수행과제를 통해 자기주도학습의 길잡이가 되는 수업으로 자신의 취약점을 진단하고 대책을 모색할 수 있는 수업이다. 이 외에도 다년간의 대치지역 경험을 바탕으로 학교별 출제경향을 완벽 분석하는 고1, 고2 내신대비특강 프로그램도 있다.

학원소개

대치지역 학생들이 인정하고 선택하는 이숙희 선생이 새롭게 문을 연 국어전문학원이다. K학원을 통해 설명회에서 본 지 얼마되지 않아 새롭게 학원을 오픈하게 되어 무슨 일이 있는가 잠시 궁금했지만 이런 현상은 대치동에서는 흔히 볼 수 있는 일. 학원에 있어 제일 중요한 것은 열정적 수업으로 학생을 감동시키는 일이다. 방학기간은 클리닉 타임을 신설하여 개인별 약점에 따라 그룹을 만들어 수업이 병행된다. 원리와 핵심의 명쾌한 강의와 빈틈없는 학습관리로 성적의 변혁을 만들어 나갈 것이라 다짐한다.

한울학원

연 락 처	전화 02-552-7772
위 치	서울시 강남구 대치동 삼원가든 옆
대 상	고등부
과 목	언어, 수학, 과학

학원소개

고등부 팀수업으로 유명한 학원이다. 언어의 박경선 선생님 수업은 6개월 전에 예약해야 할 정도. 인근지역 고등학교 및 외고생들이 대상이다. 팀이라고 명명은 하나 규모가 20여명에 이른다. 소규모 팀과 팀을 묶어 큰팀 하나로 묶는 식이다. 추진력 있게 밀어붙이고 묶어주는 상담실장의 파워가 만만치 않다. 고등학교에서 공부할 수 있는 기간은 짧다. 수시는 고1 때 이미 학생부의 밑그림이 그려져 있어야 한다고 한다. 입시는 너무나 변하고 계속 달라지고 있기 때문에 어머니들이 무지 연구하지만 흐름을 놓치기 쉽다. 이럴 때 학원설명회나 똑똑한 상담실장들의 이야기에 귀기울이며 예봉을 가다듬어야 한다고. 대한민국 입시는 정말 어렵다.

E-Specialist 영어학원

연락처	전화 02-508-6306 / 팩스 02-508-6353
위 치	서울시 강남구 대치동 987-17 대치프라자II 빌딩 502호 (대치 순복음 교회 바로 옆 건물)
대 상	초·중등부
과 목	영어

강좌소개
▶초등 미국 교과서 StoryTown반 ▶Reading & Writing 전문반 ▶Writing 전문반 ▶중등 미국 교과서 Holt반 ▶중등 Grammar반

학원소개
E-Specialist의 박원장은 미국교과서 프로그램 Reading, Writing을 연구해온 영어교육 전문가다. 미국영어교사학회 NCTE(National Council of Teachers of English)의 회원으로 영어교육의 전문성이 보장되는 강사진이 미국의 교육과정을 국내 교육환경에 맞추어 진행한다. 이 학원의 커리큘럼은 미국 Literacy Coach의 가이드라인에 따라 설계되어, Reading과 Writing을 함께 가르치는 교육과정이다. 여러 장르의 글을 읽고 이해, 분석, 사고, 토론의 단계를 거쳐 동일한 글의 형식을 Writer의 입장에서 써보는 시간이 주어지고, 자신의 글을 좋은 글의 모델과 비교, 분석하며 수정하는 과정을 통해 Narrative, Expository, Persuasive Writing 등의 글을 고루 써보도록 한다. Writing 전문반은 대학가기 전의 학생들이 반드시 써보아야 할 7000Topics이 준비되어 있어 대학에서의 영어 리포트 과제를 수행할 수 있는 영어 글쓰기 실력을 키울 수 있다. 영어교육의 명품을 고집하는 E-specialist. 서울시 교육청 영어 전담교사 연수와 쑥쑥 및 기탄교육 등의 꾸준한 강연으로 대치동에서 입지를 굳히고 있는 곳이다.

강남 EH114 영어전문

연락처	전화 02-595-2078
이메일	kjy7070@naver.com
홈페이지	www.eh114.com
위 치	서울시 강남구 도곡동 527-3 도곡렉슬상가 2층 219호 (한티역 5번 출구 도곡렉슬상가 2층 씨티은행앞)
대 상	중·고등부, 대학생, 일반인
과 목	SAT, AP, TEPS, TOEIC, TOEFL, NEAT, TOSEL, 수능영어, 문법, 독해, 영어논술, 내신대비

강좌소개
▶영어공인시험 단기완성(8회, 16회, 24회) ▶수능영어 단기완성(8회, 16회, 24회) ▶문법 16회완성 ▶독해 16회완성 ▶영어논술 16회완성 ▶고1·2·3 정규반 ▶중1·2·3 정규반

학원소개
20년 경력의 김진영 원장이 직접 강의. 다양한 공인시험 대비로 영어학습의 올바른 길을 제시한다. 학원식 강의와 개인클리닉의 혼합형태로 수업이 진행되며 학생 개인의 특성을 고려한 맞춤식 학습을 실천하고 있어 많은 성과를 얻고 있다. 기초부터 완성단계까지 책임지고 지도한다고 한다.

대현학원

연 락 처	전화 02-567-1575
위 치	서울시 강남구 대치4동 941-18 하늘도시상가 5층(은마아파트 앞 사거리 포스코 방향 코너에 있음)
대 상	중1~고2
과 목	과학(내신과 수능)

강좌소개

▶중등부 : 중1과학, 중2과학(심화반, 정규내신반), 중3과학(심화반, 정규내신반), 중3을 대상으로 하는 고등부과정 물리Ⅰ, 화학Ⅰ, 생명과학Ⅰ 선행반 ▶고등부 : 고1 융합과학 학교별 정규반과 고1 물리Ⅰ, 화학Ⅰ, 생명과학Ⅰ ▶학교별 정규반과 선행반, 고2 물리Ⅰ, 화학Ⅰ, 생물Ⅰ 정규반과 고2 화학Ⅱ, 생물Ⅱ 정규반이 개설되어 있다.

학원소개

대현학원은 올림피아드 준비 및 영재고 준비가 아닌 오로지 중1에서 고2 학생들의 학교 내신과 선행, 수능을 준비할 수 있는 과학전문학원이다. 과학은 외우는 학문이 아니라 생각하고, 이해하며, 설명해야 하는 과목이며, 스스로 깨달아가는 학문이라는 교육이념으로 대치동에서만 10년 이상 수업을 해왔다. 김정욱 원장을 비롯한 각 과목 전문강사들이 있다. 깊이있는 개념 설명과 꼼꼼한 문제풀이 수업 진행은 여느 학원들이 대체로 그렇듯 어느 학생들은 호평을, 어느 학생들은 별로라고도 말한다. 중3에서 고1로 넘어가는 겨울방학 특강수업은 대

| 김유동 선생님 |
요약의 정석

❶ **독자를 배려한 요약을 해야 한다.**
독자가 요약만 읽고도 원문의 80%를 이해했다면 훌륭한 요약이라고 보면 된다.

❷ **글을 문단을 기준으로 1~2문장으로 요약한다.**
문단의 구분이 없을 시에는 소주제로 나누어 요약한다.

❸ **문단의 핵심어 1~2개를 찾아 핵심어가 반드시 들어갈 수 있도록 요약한다.**
핵심어는 작가가 궁극적으로 주장 또는 설명하는 의도와 관련이 있다. 그러므로, 요컨대, 그러나 등의 접속사에 주의하여 핵심어를 파악한다.

❹ **주어와 서술어, 목적어를 갖춘 완전한 문장으로 요약한다.**
요약과 제목은 다르다. 원인과 결과를 갖춘 문장을 쓰되 되도록 구체적인 단어를 사용한다.

> 핵심어 : 개인, 사회, 변증법적 관계
> → **잘된 요약**: 개인과 사회의 관계는 존재와 생성의 원리를 넘어서 문화 역사를 창조하는 변증법적 관계로 보는 것이 타당하다. (평가: 핵심어를 넣어 완전한 문장으로 요약)
> → **잘못된 요약**: 개인과 사회의 변증법적 관계 (평가: 요약이 아니라 제목에 가까움)
> 개인과 사회의 변증법적 관계는 중요하다. (평가: 추상적이며 구체적 설명이 빠져있음)

❺ **명시된 주제문이 없고 구체적 예가 제시되었을 때는 일반화된 단어로 요약한다.**
요약은 제2의 창작이다. 때로는 없는 단어를 생각해서 요약해야 한다.

❻ **논증식 요약을 꾸준히 한다.**
주제문을 원인과 결과로 나누어 요약하는 것

> **주제문의 기본적 구조**
>
> | 화제 | 조건, 과정, 이유 등 | 결과, 지정 |
> |---|---|---|
> | 우리말은 | 문화를 창조하고 보전하는 | 사회의 중요한 도구이다. |
>
> * 위의 문장을 논증식으로 요약한다면?
> 우리말이 사회의 중요한 도구인 이유는?
> 문화를 창조하고 보전하기 때문에 (언어 영역 비문학 분석 및 기억에 탁월한 방법)

❼ **논술에 합당한 글을 꾸준히 읽어야 한다.**
가장 좋은 재료는 신문의 칼럼이다. 신문의 칼럼을 매일 읽거나 권장 도서 목록을 꾸준히 읽으면서 요약한다.

기표를 받아야만 수업을 할 수 있을 정도로 인기지만, 대현 역시나 학생 학부모의 호오가 극명하게 갈린다.

수업특징은 집을 지을 때 주춧돌을 제대로 세우는 것처럼, 과학도 기초공사가 중요함을 역설. 따라서 제 학년의 내용을 다 배우지 않은 상황에서 선행 수업은 무의미하다고 보는 곳이다.

중1 학생은 중1 내용부터 차례차례 배워 대충 훑어보는 선행이 아니라, 차곡차곡 실력을 쌓아가는 수업을 지향한다. 대현학원의 수업은 통합적이다. 앞에서 배운 진도라도 연계성이 있는 개념은 다시 상기시켜 주면서, 새로운 내용을 배우게 한다. 문제풀이 또한 답만 불러주고 질문만 받는 게 아니라, 하나하나씩 함께 풀어가면서 유형을 공부할 수 있게 한다. 시중 문제집을 사용하지 않고, 자체교재를 사용한다.

수림학원

연 락 처 전화 02-555-5383
위 치 서울시 강남구 대치동 316 은마상가 B블럭 301-20호
대 상 중·고등부, 재수생
과 목 수학

강좌소개

▶고등부 1·2학년은 내신과 수능비율 5:5로, 3학년과 재수생은 수능 수업을, 이과는 수리논술을 병행하여 수업한다. 모든 수업은 매 강좌마다 모의고사를 별도로 진행한다. ▶중등부 1·2·3학년 모두 내신+선행으로 병행 수업한다.

학원소개

수림(秀林)수학학원은 3년 전 대치동에서 고3과 재수생을 가르치는 것으로 시작, 점차적으로 수업 영역을 확장하여 지금은 고등부 전 과정과 중등부 전 과정의 강좌를 운영한다.

"수학은 흐르는 강물처럼"이란 모토 아래 모든 고등부 선생님과 중등부 선생님이 단순한 수치의 조합으로서의 수학이 아닌 유기적인 생명체로서 살아숨쉬는 수학으로 학생들의 머리가 아닌 가슴을 채우는 수업을 하고자 한다.

재종반(재수종합반)에서의 질문공세를 거쳐 실력으로 입증된 김원장의 쌓인 노하우로 자리하게 된 수림수학. 고등부와 재수생반은 난순한 증명이나 공식의 적용이 아닌 교육 전 과정의 모든 개념과 원리가 서로 연결되고 흐름을 따라가는 강의를 한다. 죽은 수학이란 없다. 살아숨쉬는 수학을 공부하게 한다. 고3이 되어서는 원리를 이용한 빠른 실전풀이를 하며 편법을 이용한 풀이는 배제한다.

중등부는 학부모와 강사와 학생의 3자간의 소통의 활성화로 잘못된 습관이 수능까지 가지 않도록 정확한 학생의 위치와 대처법을 제시하여 삐뚤어진 가지는 미리 쳐내 나무가 반듯하게 자라게 한다. 학생들의 마음을 파고드는 강사의 관리만이 중등부에선 최고의 교육이라 믿는 곳이다.

역경패도 수학전문

연 락 처	전화 02-566-7854, 010-6899-7854
위 치	서울시 강남구 대치동 941-17 신성빌딩 2층
대 상	중·고등부
과 목	수학

📖 강좌소개
1:1 개별수업 방식으로 상담후 학생에게 맞는 과정, 요일을 정할 수 있다.

📋 학원소개
'역경패도'는 역으로 생각하기, 경우나누기, 패턴찾기, 도식화시키기를 뜻하며, 수능대비 방법으로 중학생부터 하나씩 하나씩 만들어가는 학원이다. 대치동에서 학원을 선택하는 데 있어 제일 중요한 것은 학생과 선생님의 궁합(호흡)이다. 그래서 상담후 반드시 시험수업을 한 후 입학여부가 결정된다. 수업은 일대일 개별수업이다. 이것을 장점으로 한 명 한 명에게 수학에 대한 관점을 변화시켜 수학을 쉽고, 즐겁고, 편하고 특히 암기하지 않고 문제를 풀 수 있게 교육시킨다.

우리아이 일등 만드는 부모코칭법
1. 자녀의 이야기를 많이 들어주기
2. 잔소리 줄이기
3. 자율성을 키워주기
4. 자녀의 적성을 파악하기
5. 칭찬해주기

-TR학습진로멘토센터

 STREETS TIPS | 중국요리 전문점 태가원 |

어느날 아이가 놀란 얼굴로 뛰어오더니 소리쳤다. 올림픽공원으로 학교 '사생대회'를 갔는데 드넓은 공원의 잔디밭에서 코딱지 만하고 낡은 중국집 명함 하나를 주었다고 했다.
장난기 발동한 한 친구가 "한번 시켜보자, 진짜 오는지"하고 점심으로 짜장면 10그릇을 시켰더란다. 몇분뒤 짜자잔 ~ 하고 나타난 짱깨집 철가방 속엔 정확히 10그릇의 자장면이 들어 있었다고 한다.
신기하고 희열에 찬 아이들의 얼굴을 상상해보라~ 대치동 어느 구석에서든 시키면 곧 오는 두 개의 중국집을 들라면 단연 'ㅎ'과 'ㅇ'이다. 까페테리스건, 유수지 벤치건 상관없다. 맛도 좋다. 빠르다는 건 철가방의 생명이다.
그러나 '패스트'한 철가방 말고 가끔씩 대접받는 느낌으로 중국음식을 먹고 싶을 때가 있다면 우성아파트사거리와 휘문고 사거리 사이에 있는 태가원엘 가 볼 만하다. '철가방' 빠름을 대신해 거의 같은 가격에 지대로 된 단품의 중국음식을 먹을 수 있는 곳이다. 겉이 으리으리하다고 주눅들 필요가 절대 없다. 고급 중국요리집에 온 듯하나, 비싼 요리는 안 시키면 그만이다. 그렇다고 잘 차려입은 처녀총각들이 눈치주는 법도 없다. 철가방 수준의 착한 가격에 상당한 분위기의 호사를 누릴 수 있다.
02-555-3003

TS이태상수학학원

연락처	전화 (대치캠퍼스)02-568-0801(代) / 팩스 02-568-0885 전화 (삼성캠퍼스)02-548-0300(代) / 팩스 02-548-0685
이메일	mklovekd@naver.com
홈페이지	www.tsmath.com (준비중)
위치	(대치캠퍼스)서울시 강남구 대치동 1023 민곡빌딩 4층 (분당선 한티역 3번 출구) (삼성캠퍼스)서울시 강남구 삼성동 7-3 3층 (7호선 강남구청역 1번 출구)
대상	대치캠퍼스(고등관/예비고1~고3), 삼성캠퍼스(초·중등관/초2~중3)

강좌소개

학기별 진도는 제 학기와 선행수업이 병행되고 방학기간에는 계열별 선행 및 심화특강으로 이루어진다. 정규수업은 4시간씩 주 3회, 방학특강은 4시간씩 주 2회로 진행되며 교재는 실력정석(기본서)과 기본서의 심층적인 이해를 돕기 위한 자체 교재 및 프린트가 주어진다.

학원소개

청담동 강남구청역 부근에서 초중고 수학전문으로 개원한 이래 2010년 교육1번지 대치동으로 이전, 수능만점자 배출 및 많은 SKY 합격 신화를 만들었다. 각 학년별 전임 선생님의 탄탄한 구성으로 내신 및 수능성적 95% 이상 향상이라는 성과로 알음알음 소개되고 있는 신뢰높은 학원이라고 한다. 학생 개인의 실력을

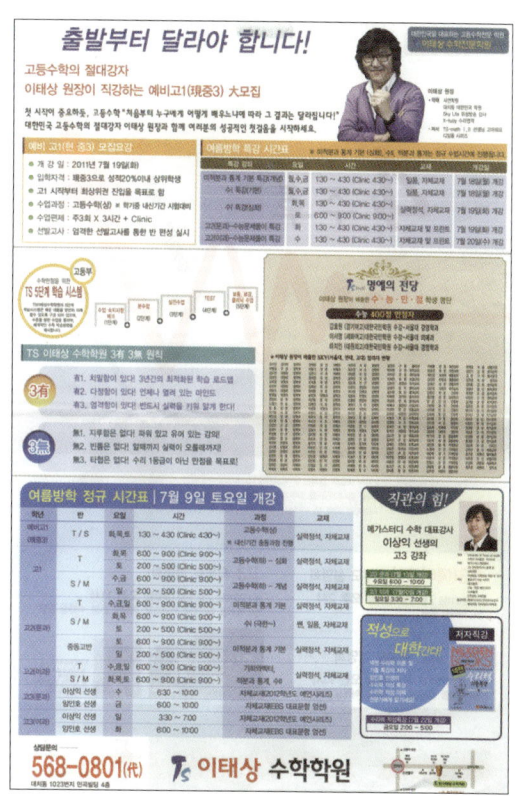

고려한 수준별 반편성으로 취약단원의 약점을 보완하고 담임제를 통한 엄격한 학생관리로 담당 선생님들이 직접 진행하는 클리닉은 이 학원의 자랑이라 할 수 있다. 동네 엄마들 사이에서 소문도 꽤 좋은 편.

언어유희

연락처	전화 02-556-1696
이메일	ludens1103@naver.com
카페	http://cafe.naver.com/ludenslanguage
위치	서울시 강남구 대치동 932-42 제동빌딩 3층
대상	고등부
과목	언어·논술(인문 사회계열)

강좌소개

▶학기 중에는 학교별 내신(주1회 3시간), 팀별 수업, 고3(개념정리와 문제풀이 병행) ▶방학 중에는 주2회 수업으로 수능특강 및 어휘력 집중강화함.

학원소개

학원 이름이 '언어유희'인 만큼 배원장의 언어에 대한 감각은 남다르다. 학부에서 철학을, 대학원에서 국문학을 전공한 원장직강이라서인지 알 만한 이들은 꾸준하게 찾는 곳이다. 언어수업에 대한 자긍심이 대단한 만큼 수업 준비도 철저하다.

학원의 특징은 ❶50문항을 80분 동안 해결할 수 있는 현장감이 살아있는 수업 ❷문학과 비문학을 동시에 아우를 수 있는 폭넓고 깊이 있는 양질의 수업을 지향 ❸모든 반은 10명 내외로 집중력과 효율성의 제고를 통해 최상의 성적 도출 ❹둘째 및 넷째 주 실시간 모의고사 실시로 정확한 자가진단을 할 수 있는 것은 언어유희의 빼놓을 수 없는 장점이라 할 수 있다. 단, 내신을 위한 수업을 원한다면 학교마다 출판사가 다르고 진도방향에 따라 수업이 제한되어 있으니 수업이 개설되어 있는지는 먼저 확인해 보아야 한다.

새학기 학부모설명회
고등 언어·논술 전문(원장직강)
2011년 2월 16일 수요일 오후 2시

《 학기 중 시간표 》

요일	월	화	수	목	토	일
학교	숙명1	진선1	영동1	경기1	휘문1	중동1(오전10:00~)
시간	5:30~	5:30~	5:30~	5:30~	2:00~ 영동/중대/은광2 5:00~	중동2(오후 2:00~) 휘문2 5:00~
학교	중대1	단대1	은광1	경기여1	숙명/단대2	고3 수능
시간	8:30~	8:30~	8:30~	8:30~		

★유의사항
1. 시간표는 본원의 사정으로 변경될 수 있습니다.
2. 한 반의 구성원은 10명 내외로 제한합니다.
3. 둘째주, 넷째주 토요일은 모의고사를 실시합니다.
4. 고2/3학년 팀수업 또는 개인수업은 최소 한 달 전 예약 바랍니다.

언어유희 교육상담 556-1696

개강 2011년 2월 28일 (월)

su과학

연 락 처	전화 010-9081-5812
위　　치	서울시 강남구 대치동 506 선경상가 202호
대　　상	중·고등부
과　　목	물리·화학

강좌소개

▶중등 : 내신관리, 고등과정 선행 ▶고등 : 내신관리, 수능대비

학원소개 및 특징

1등급을 위해 1~4명의 소수인원으로 물리, 화학, 생물 단과수업이 진행된다. 소수로 운영되어 수업효율이 높다.

A1과학전문학원

연 락 처	전화 02-565-0110
위　　치	서울시 강남구 대치4동 922-17 3층
대　　상	중·고등부
과　　목	과학

강좌소개

▶중등부 : ❶경시기초→경시기초-초6, 중1 ❷경시반→물리 올림피아드, 화학 올림피아드 ❸선행반→고등 물리Ⅰ, 화학Ⅰ ▶고등부 : ❶고1→이과 선행반 ❷내신반→고2 물, 화, 생Ⅰ 내신반, 물, 화, 생Ⅰ 수능반 ❸고3→수능 만점반, 수능 기본반, 논술반

학원소개 및 특징

누구나 상위권을 꿈꾸지만 모두가 상위권이 될 수는 없다. 과학은 단순히 많은 시간을 투자하는 것만으로는 정복할 수 없다. 개정된 교육과정으로 한층 더 어려워지는 과학. 미리 대비한 학생만이 앞서 나갈 수 있다. 진도 위주의 선행학습이 아닌 아이들이 스스로 학습하고 깨우치는 자발적인 교육방식을 지향한다.

파워수학

연 락 처	전화 02-568-9600
위　　치	서울시 강남구 대치동 미도상가 3층
대　　상	초등부
과　　목	수학

강좌소개

▶초등수학 전 강좌

학원소개

천재를 이기는 공부습관과 자기주도 수학학습으로 시간을 효율적으로 보낼 수 있는 방법부터 가르치겠다고 선언하는 파워수학은 초등 2학년부터 6학년 학생들 수업만을 하고 있다. ❶확실한 개념 정리 ❷심화와 선행의 연계학습을 통한 자신감 상승 ❸테스트와 오답정리를 통한 철저한 개별관리 ❹선생님 관리하의 학원 자습실에서 숙제 완벽 해결 ❺주 1회 내가 선생님이 되는 시간을 갖는다.

정현호국어논술교육원

연락처	전화 02-5666-552
위치	서울시 강남구 대치동 은마사거리에서 대치사거리방향 좌측 사까나야 다음 건물
대상	고등부
과목	언어

강좌소개
▶고1·2 언어영역 특설반(8명) ▶고3은 1:1개인과외

학원소개
출제유형은 달라도 문제를 푸는 본질은 25년간 변함이 없다는 정현호선생. 고1·2 언어영역 수업은 8명을 정원으로 특설반을 개설해 수업한다. 어떠한 유형이 출제되더라도 12주가 끝나면 고3 언어영역 점수가 안정 된다고 한다. 고3수업은 예상출제 유형분석(문학+비문학+쓰기+어휘)+EBS모의고사 풀이로 진행된다.

언어를 여는 창

연락처	전화 02-558-5222
위치	서울시 강남구 대치동 대치역에서 은마사거리 방향 좌측 농협골목 묘동교회 앞
대상	초6~중·고등부
과목	언어

강좌소개
▶언어원리 독해력 수업

학원소개
10년 전통으로 "모든 공부는 독해가 답이다!"라고 강조한다. 예비중(초6)에서부터 고등부에 이르기까지 언어독해력을 강화하는 수업을 하고 있다. 초등은 신교과서로 개편한 중1 중등교과 지문을 적용+언어원론+어휘력+독서 23종을 포괄하는 언어를 배우면 모든 교과서를 대비할 수 있다고 한다. 중등부까지는 기초반, 실력반, 응용반으로 나뉘어 수능원리적용 수업을 받게 된다. 수능은 더이상 상대평가가 아닌 무결점 자신과의 절대평가다. 문제가 쉬울수록 실수없는 완벽한 언어능력이 절대적으로 필요한 법이다. 한 문제만 틀려도 학교가 바뀌는 시대! 언어원론의 힘! 그럴수록 기본은 독해력이다.

닥터정이클래스

연 락 처	전화 02-568-7070 / 팩스 02-568-7176
홈페이지	www.drjungeclass.com
위 치	서울 강남구 대치동 651 여천빌딩 402, 403호
대 상	초·중등부
과 목	영어

강좌소개

일반 학원과는 다른 랩스쿨 형태를 취하고 있다. 영어독서와 관련한 일련의 과정을 학습하는 과정과 원장 직강으로 운영하는 '영어 리더십' 프로그램, '영어 클래식' 프로그램으로 구성돼 있다.

▶영어독서 과정 : 기존 학원 개념이 아닌 학생의 수준에 맞춘 영어원서 전문도서관으로 수준에 따른 다독 및 정독프로그램의 다양한 학습이 가능하다. ❶단계별로 자신에게 맞는 도서를 선정하여 맞춤식으로 스스로 원서를 읽음 ❷독후 활동으로 Book Report 작성 후 선생님의 1:1 첨삭지도를 통해 책의 내용을 완벽히 이해하게 함 ❸컴퓨터 프로그램을 통해 다시 한번

논술 출제 및 채점 기준에 대한 대학별 발표자료

- 사전지식이 없어도 주어진 제시문에 근거해서 답할 수 있도록 출제　　-연세대학교 2009학년도 정시 채점평

- 단편적인 주제나 전형적인 시사문제의 출제를 지양하고, 암기를 통한 정형적인 답안 작성이 원천적으로 불가능한 문제를 출제하여 고등학교 교육과정의 정상화에 기여하고자 한다.　-성균관대학교 2010학년도 모의논술 발표자료

- 지식기반사회에서 가치를 만들어내는 중심은 얼마나 많은 지식을 암기하고 있느냐가 아니라, 이미 습득한 지식을 통합하여 주어진 문제 상황을 합리적으로 해결하는 능력에 있다고 할 수 있다.
　　　　　　　　　　　　　　　　　　　　　　　　　　　　　　　　　　　-서울대학교 2009학년도 정시 채점평

- 수험생이 대학에서 수학하려는 전공분야의 적성을 측정하기보다는 고등학교에서 수학한 교육과정을 반영하는 문제를 출제　　　　　　　　　　　　　　　　　　　　　　　-연세대학교 2009학년도 예시문제 발표

- 다수의 학생이 자신의 견해와 다르면 성급하게 주어진 관점과 기준 자체를 비판, 부정, 무시하고 자기주장만을 일방적으로 전개하였다.　　-서울대학교 2009학년도 정시 채점평 / 배경지식을 잘못 사용하여 발생한 사례?

- 무엇보다 제시문에 대한 정확한 독해 능력과 이해한 바에 대한 압축적 표현 능력이 요구된다. 물론 제시문에서는 다양한 내용이 포함되어 있고 그 분량도 자못 긴 편이어서, 요구된 과제를 성공적으로 수행하기란 쉬운 일이 아니다. 그러나 섬세한 읽기를 통해 핵심적 주제와 이 핵심 주제를 주변에서 지지하고 있는 부수적인 내용들이 드러날 것이다. 따라서 답안 작성자는 핵심 주제를 요약문의 중심에 놓고 부수적인 내용을 그 중심과의 논리적 관계에 따라 적절히 배치하는 체계적인 글을 써야 한다.　-고려대학교 2010학년도 예시문제 발표자료

- 각 제시문의 핵심어들을 잡아 이를 자기 언어로 논리적으로 서술하는 것이 좋은 답안이다.
　　　　　　　　　　　　　　　　　　　　　　　　　　　　　　　　　　　-연세대학교 2009학년도 논술자료집

책의 내용에 대한 Comprehension 문제풀이를 통해 해당 도서에 대한 완벽한 피드백을 가능하게 함

▶리더십 프로그램 : 다양한 강의록과 시청각 교재를 활용하여 공교육에서도 가르치고 있지 않는 인간의 기본 품성과 자질의 개발, 나아가 궁극적으로 삶을 행복하게 살 수 있는 다양한 요소들을 체계적으로 공부해 나가는 과정이다. ❶훌륭한 사람이 되기 위한 10가지 품성(honesty, responsibility 등)에 관한 영어 스토리 및 케이스 ❷Lincoln, Edison 등 20명의 위인에 관한 영어 스토리 공부 ❸공부를 효율적으로 할 수 있는 방법 및 그 실천 ❹20명의 위대한 작곡가 및 그 음악, 20명의 미술가 및 그 작품에 대한 공부 ❺Writing을 위한 영어 공부 ❻학생 각자에 대한 자기 보고서 및 장래희망 작성 및 발표 ❼학생들에게 꿈과 희망, 용기를 줄 수 있는 30분 분량의 영어 비디오 20편 ❽영감과 용기와 희망과 지혜를 주는 경구

▶클래식 프로그램 : 영어 클래식 도서를 깊이 있게 공부하며, 클래식 도서가 주는 감동과 메시지를 정확하게 이해하며, 읽을수록 재미있고 가치있는 클래식 도서에 푹 빠질 수 있는 프로그램이다. 고전이 어렵고, 지루하지 않다는 것을 경험할 수 있게 한다.

학원소개

서울대 의대 출신의 정형화 박사가 만든 학원이다. 학원이라 하기엔 좀 무색한데, 아이들이 스스로 책을 읽고 철저하게 확인학습을 받을 수 있게 관리를 해주는 '영어의 자기주도학습' 학원쯤에 해당된다. 한때, 혹은 지금까지도 열혈맘들의 '엄마표' '집표' 영어학습의 대명사인 〈잠수네 크는 아이들〉의 학원 버전이라고나 할까? 그러나 개발돼 있는 교재가 절대 만만치 않다. 교재 하나하나에 땀과 정성, 시간이 듬뿍 배어난다. 잠수네의 완전 선수맘들 여럿이 모여 만든 교재 같다. 정원장이 일일이 '한 자(땀) 한 자(땀)' 수년에 걸쳐 찾고 연구하고 개발한 교재들이다. 2011년 현재 전국에 34개의 센터를 운영중이다. 주로 초·중등이 대상이지만, 대학생과 직장인까지도 제대로 된 영어공부와 자기계발에 관한 공부를 함께 할 수 있다.

매쓰피아드 대치캠퍼스

연락처 전화 02-564-2620 / 팩스 02-564-2621
홈페이지 www.mathpiadedu.com
위 치 서울시 강남구 대치동 990-1 무진빌딩 3층
대 상 초·중·고등부

강좌소개

▶수학, 학습관리

학원소개

학생 개개인 맞춤형 프로그램으로, 최상위권으로 끌어올리는 것을 목표로 하는 자기주도형 관리 중심의 학원이다. 다른 건 여타 학원들과 비슷하지만, 입시전문상담실을 활성화시킨 것은 특징이라 할 만하다. 교육 정책에 대한 총괄적인 개론에서부터 아이들이 꿈을 가

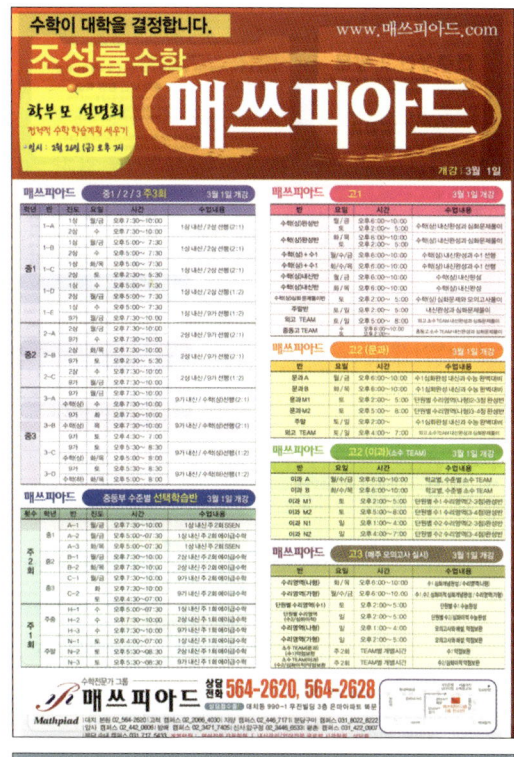

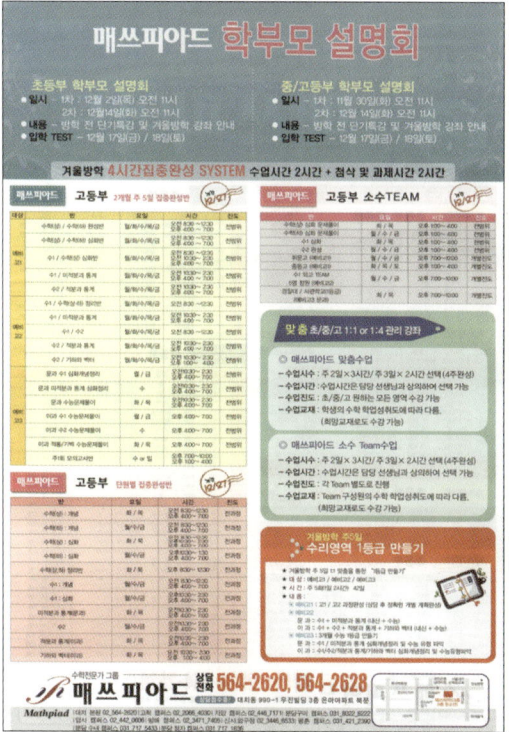

져야 하는 이유, 진로선택의 방법, 선행학습 방법뿐만 아니라 각 과목(언어, 영어, 수학, 과학, 사회 등)별 학습방법을 제시하고, 이외에도 효과적인 특목고 대비방법, 올바른 입학사정관제 전형의 이해, 내신관리, 시간관리방법, 노트필기방법, 질문하는 방법, 교재 선택하는 방법, 교과서 학습방법 등 효과적인 학습을 위한 핵심노하우를 교육하고 관리한다. 영어 전문 성원학원과, 교육전문 컨설팅기관인 케이에듀와 연계, 연합 단과형 전문학원과 전문 학습컨설팅을 일원화하고 있다. 급변하는 입시 현장에서 부모의 마음으로 학생들의 실력 향상에 노력을 다하고자 한다.

특징

기초부터 심화까지 학생들의 학습욕구와 흥미를 자극하는 멘토 역할로서의 학원을 지향한다. 강남과 노량진 일대의 학원가에서 당시 최다 수강생을 기록한 조성률 원장을 중심으로 열정 가득한 젊은 강사들이 주축이다. 학생이 되도록 많은 생각을 하도록 말을 아끼고 스스로 문제를 해결하도록 유도하는 '1:1 맞춤 수업의 고수' 원장 직강수업과, 멘토로서의 역할을 중요시 여기는 스타강사의 강좌가 섞여있다. 학교 예상문제를 잘 적중시키는 학원, 이해가 부족한 학생을 위해 개별적인 보강에 인색하지 않은 학원, 강의로, 연구로, 관리로 24시간 깨여있는 학원이 목표다.

김남일 큰수학

연락처	전화 02-562-6733, 02-556-6733
위 치	서울시 강남구 대치동 대치역 8번출구 기업은행 2층
대 상	중·고등부
과 목	수학

강좌소개
▶ 중·고등부 수학 전 강좌

학원소개
누구나 최고의 자리에 오르려 하지만 아무나 최고가 되는 것은 아니다. 자신의 미래를 향한 끊임없는 도전을 하는 자만이 1등의 자리에 오를 수 있다. 1등에 도전하라. 미래를 준비할 수 있는 마인드만 가지고 오라고 말한다. 선생님들께서 정성들여 만든 교재로 수업을 진행한다. 수학학원들의 교재 사용은 크게 두 가지로 나뉜다. 자체교재를 만들어 사용하는 곳과 시중교재를 사용하는 경우다. 자체교재 역시 족보닷컴 및 시중문제집을 짜깁기 하는 경우와 선생님들이 고심하여 만든 문제도 드문드문 들어있는 정성 듬뿍든 자체교재로 나뉜다. 무엇이 좋을지는 불문가지. 학원과 부모님에 따라선 시중교재를 여러 권 풀리는 것을 선호하기도 한다. 검증필 만큼 검정된 문제집이 풀이 및 해설(해답지)을 볼 수 없는 자체교제보다 낫다고 말한다. 무엇을 선택하느냐? 그것

은 학원과 부모 개인들의 몫이다. 이 학원의 5가지 약속을 들어본다. ❶반드시 성적을 올린다. ❷입학 시 목표한 점수에 안되면 될 때까지 지도한다. ❸성적이 오르지 않을 시 같이 밤을 새워서라도 지도한다. ❹성적부진의 원인을 체계적으로 분석하여 학습습관부터 바로잡아 지도한다. ❺성적 향상을 위한 조언이라면 무조건 받아들여 지도한다.

최상위권을 목표로 하여 개념원리에서 심화문제까지 깊이있는 강의 진행 ❸학기중 자기학년 심화과정 수업, 방학중 학생별 개별 선행 커리큘럼으로 내신과 선행의 개인별 맞춤 시스템을 구현.

김태호과학학원

연락처	전화 02-563-3123
위 치	서울시 강남구 대치동 한티역 2번출구에서 은마사거리방향 던킨도넛츠골목 미니스탑6층
대 상	고등부
과 목	과탐, 이과수학, 논술

아카데미아

연락처	전화 02-508-6971
이메일	sidue@nate.com
위 치	서울시 강남구 대치동 미즈메디병원 뒤편 대치동성당과 묘동교회 사이에 위치한 썬빌딩 3층
대 상	중등부
과 목	수학

📖 강좌소개

▶중등 정규반 : 중 1·2학년 대상으로 정규반 구성 ▶고등 선행반 : 무학년으로 구성

📋 학원소개 및 특징

▶중등부는 ❶중등 수학의 원리를 고등수학으로 확장하여 이해도를 극대화 함 ❷정석 단원간 연계를 설명, 수학 전체를 보는 안목을 배양함 ❸학기 중 내신대비 3주 전부터 학년별, 수준별로 반을 재구성하여 내신관리 진행.
▶고등부는 ❶테스트를 통한 수준별 클래스 구성으로 효율적인 학습분위기 고양 ❷내신

강좌소개

▶고1(학교별 내신선행반, 수학최상위반) ▶고2(정규반의 물리Ⅰ, 화학Ⅰ, 생물Ⅰ, 내신대비반의 생물Ⅰ, 지학Ⅰ) ▶고3(정규반의 이과수학, 물리Ⅰ·Ⅱ, 화학Ⅰ·Ⅱ, 생물Ⅰ·Ⅱ, 지학Ⅰ)

학원소개

대치동에선 누구나 알 만한 과탐학원이다. 중3에서 고1로 옮겨가는 겨울방학 학부모들의 입에 빠짐없이 거론되는 과탐학원 중 하나다. 학교별로 팀을 짜오면 꼼꼼하게 내신을 봐준다. 과목별 원하는 수업이 개설되어 있어 마감만 주의하여 서두른다면 언제든지 OK. 과목별 강사로는 ▶수리 : 권순조선생, 남휘종선생, 박민수선생 ▶물리 : 김덕근선생, 김태호선생, 박용재선생 ▶화학 : 김용재선생, 남궁원선생, 박효정선생 ▶생물 : 서태석선생, 조경헌선생 ▶지학 : 김영범선생 ▶과학 : 김지훈선생 ▶입시컨설팅 : 이환규선생

대치이룸학원

연락처	전화 02-2051-2727
위치	서울시 강남구 대치동 977-14 희망빌딩 4층
대상	중3~고등부
과목	논술, 수학, 언어, 윤리, 사회문화, 한국지리, 근현대사

강좌소개

▶고등부 문·이과 수학 전강좌 ▶고2·3 언어(3·4등급을 위한 신설반) ▶주요대학 수시대비논술 ▶수리논술기본반 ▶과학논술기본반 ▶윤리 ▶사회문화 ▶한국지리 ▶근현대사

학원소개

검증되지 않고 작위적으로 만든 학원 예상 문제로는 절대로 논술이 준비될 수 없다고 김원장은 말한다. 논술은 첨삭이 생명이다. 정확하게 가르치면 확실하게 결과가 나온다고 자신하며 몇 개월 논술을 해도 감이 안잡히는 학생들을 위한 전문 클리닉반도 운영하고 있다. 논술은 120분 안에 답을 찾고 쓰기까지 마쳐야 하는 실전논술을 해야 한다는 것이다. 1~2개 특정 대학 논술을 빠른 시간에 정리하고 싶은 학생을 위한 1:1 대면 첨삭도 있다. 다음은 수

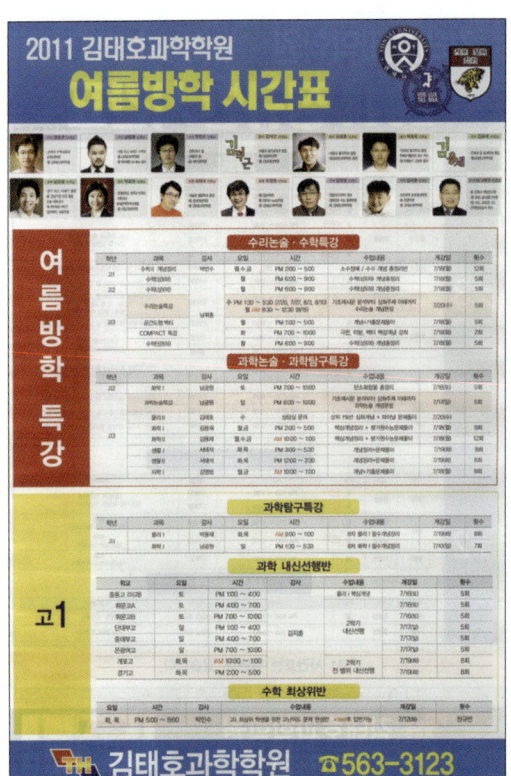

|동초 선생님| 수능고득점을 위해서?

■ **수능고득점을 위해서?**

강남고교생의 수능 영어점수를 보면 강북이나 지방도시와 비교해 보아도 별반 차이가 나지 않는다. 그런데도 기대 수준은 높은 상황이니 재수생 비율이 높을 수밖에. 타 지역학생들이 입시경향에 맞춰 착실히 실력을 다지고 있을 때 강남에서는 무엇을 준비하고 있을까? 대부분 학생 수준에 맞지 않는 교육과정과 교재로 무리한 학습을 시키고 있다. 마치 중고등과정이 모두 끝난 것처럼 말이다. 수능영어는 점점 어려워지고 있다. 학교내신은 80점도 받지 못하는 기초가 부족한 학생이 입시에 별 도움주지 못하는 토플, 텝스, 토익을 배우고 있으니 영어를 가르치는 선생으로 걱정이 앞선다. 이러한 국적없는 무리한 학습 선행이 진학률 저하로까지 이어지고 있다. 뭐니뭐니해도 학생에게 제일 중요한 것은 학교성적이다. 무리한 공인성적이 아니라 자기주도적이며 효율적인 학습의 형태를 찾아주어야만 내신이면 내신, 수능이면 수능의 페이스를 찾을 수 있을 거라 생각한다.

■ **지혜있게 영어학원을 선택하는 방법**

먼저 자녀의 객관적인 평가를 꼭 하시길 권한다. 모든 영역을 잘 하는 친구인지, 교과내용을 얼마나 이해하고 있는지, 공인점수는 있지만 내신성적에서 실수로 틀린다고 주장하고 있는지, 연수를 다녀왔는데도 영어에 자신감이 없는지의 여부를 잘 파악하여 어학원을 보내야 할지 성과중심(result oriented)인 학원을 보내야 할지 고민해 보아야 한다. 성적은 인생의 전부이다. 일단 성적을 올려줄 수 있는 학원을 찾아야 한다. 공부를 못하는 아이를 잘 하는 아이로 만드는 것이 선생님의 본분이다. 부모들은 객관적으로 바라보고 자존심과 체면 따위는 버려야 한다. 모든 영역을 잘하는 친구라면 어학원이 맞겠지만 조금이라도 흔들리는 영역이 있다면 지향점을 올바르게 잡아 학원을 선택해야 한다.

■ **초등학교부터 영어에 대한 관심이 많은데요**

초등학교 때는 시험영어가 아닌 오픈되어진 환경을 만들어주는 것이 중요하다. 많은 시간을 생각할 수 있도록 해주고, 정도에 지나친 학원 순례는 아이가 갖고 있는 재능을 고갈시킬 뿐이다. 영어에 있어 가장 중요한 것은 자신감이다. 초등 때는 틀리는 것에 대한 컴플렉스를 없게 하며 생각해 보고 흥미를 갖게 하는 것이 먼저일 것이다. 일반적인 아이를 천재적인 교육으로 자녀의 미래를 담보잡는 일은 없었으면 한다.

■ **어머님들께 한 말씀 드린다면**

학원을 보내도 터닝포인트를 만들어줄 수 있는 멘토를 만날 수 있도록 힘써야 한다. 아이들은 얼마든지 몇 번은 바뀔 수 있다. 중요한 시기를 놓쳐 안타까워하는 이들을 많이 보게 된다. 좋은 부모는 좋은 인자를 물려주는 부모가 아니라 자녀의 문제점을 알고 도움을 주는 부모이다. 근본적인 문제를 미리 알고 오는 부모의 자녀는 대체적으로 좋은 결과를 얻는다. 부모님과 선생님이 학습의 독재자가 아닌 조력자로 남을 때 우리가 기대하는 자녀로 성장할 수 있다는 것을 알아야 한다. 교과서적인 이야기지만 기본에 충실하여 학생 본인이 학습원리를 이해하고 목표에 도달하여 성취감을 맞보게 하는 것은 아주 중요한 일이다. 아무리 급해도 검증없이 서두르지 말고 영어뿐만 아니라 타 과목의 학습시간을 안배하는 방법, 선행학습의 정도, 학습의욕 고취방법 등 여러 학습에 필요한 부분들을 새 학년 새 학기를 맞이하여 다시한번 고민하시기 바란다.

학과목. 제대로 기초부터 차근차근 다시 시작하고 싶다? 들러리가 아닌 성공 학습 스타일을 추구한다? 3~4등급 학생들은 선생님과 눈을 마주보는 법부터 배우고 그들만의 프로그램으로 접근해야만 성적이 향상될 수 있다고 한다.

대한논리정속독학회

연 락 처	전화 02-558-8214, 02-557-8201
홈페이지	www.sogodok.com
위 치	서울시 강남구 대치동 922 3층 (한티역에서 선릉역방향 아딸건물 3층)
대 상	초·중·고등부, 대학생
과 목	논리 정속독

📖 강좌소개

▶역사논술반 ▶논리정속독

📋 학원소개

모든 학습은 책읽기로부터 시작된다. 책 읽는 순간부터 어휘력, 비판능력, 분석력, 문제해결력 등을 키우게 된다. 자기주도학습은 이런 능력에서 비롯된다. 한번에 세 마리 토끼를 잡을 수 있다고 말하는 곳이 대한논리정속독학회다. 정독훈련을 거쳐 정독과 속독을 함께 할 수 있게 하고 요약훈련을 통해 논술과 수능까지 연계될 수 있는 수업이다.

성적? 읽기능력이 없으면 소 귀에 경 읽기다. 공부가 정확하고 빨라지는 논리 정속독을 배우면 ❶정신집중훈련(책상에 10분을 못 앉아

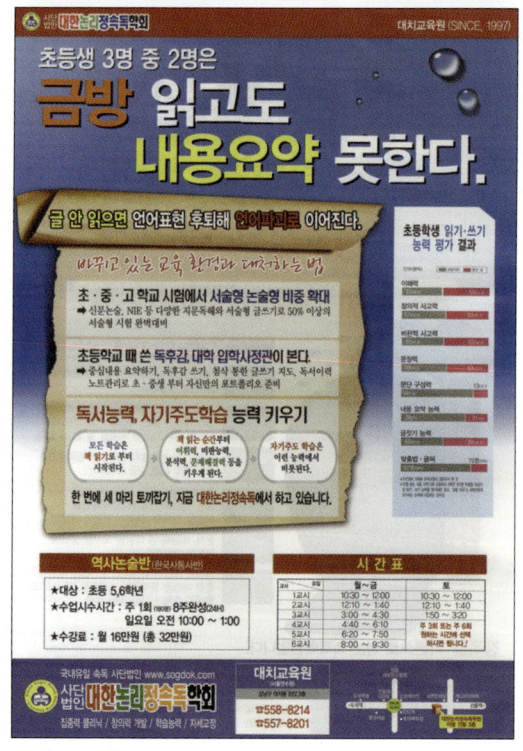

있던 아이가 2시간도 집중한다) ❷정독훈련(정확하게 읽고 중요 핵심내용을 파악한다. 정독훈련은 모든 학습의 기초과정이며 정독이 되지 않으면 공부를 잘 할 수 없다) ❸속독훈련(적어도 2~3배 빨리 읽으므로 필독서 및 많은 양의 책을 읽을 수 있다) ❹글쓰기 훈련(혼자하기엔 어렵고 쉽게 향상되지 않는 것으로써 체계적인 훈련으로 서술형, 논술형, 글짓기 걱정이 사라진다) ❺독해력 훈련(문학, 비문학 등 다양한 독서를 통하여 공부에 자신감을 갖는다) ❻자기주도학습 훈련(스스로 목표를 설정하고 도전하는 꾸준한 훈련과정을 통해 학업성취도를 향상시키고, 학생이 주체가 되는 학습 훈련)을 받게 된다.

명석수학학원

연 락 처	전화 02-566-0533, 02-568-1004
위 치	서울시 강남구 대치동 대치역에서 은마사거리 방향 농협가기 전 2층
대 상	초5~중·고등부
과 목	수학

📖 강좌소개

▶초등심화 및 선행반 ▶중등심화 및 선행반 ▶고등부수학 전 강좌(기본반, 심화반, 기본·심화반, 유형반, 총정리반)

📋 학원소개

내신 상위를 향한 체계적인 관리시스템으로 한 명 한 명 꼼꼼하게 가르쳐준다. 특징은 ❶풍부

 STREETS TIPS

| 홍콩반점 |

은마북문에 2011년 초 생긴 짬뽕집이다. 배달도 없고, 메뉴도 거의 짬뽕 하나라 보면 된다. 밥 종류도 없고 다른 일품요리라는 것도 없다. 하긴 짬뽕 잘하는 집이랬지 중국집이란 말은 한 자도 쓰지 않았는데 짬뽕이란 용어에서 사람들은 이미 중국집을 오버랩시켜버려, 볶음밥은 왜 없어요? 다른 요리는 왜 없어요? 자꾸 실없이 묻게 된다. 짬뽕 하나로 승부를 거는 곳이다. 아~ 만두랑 탕수육은 있다. 홍합이 듬뿍 든 짬뽕은 진짜 색다르다.
02-568-1238

한 경험과 실력을 갖춘 최고의 강사진 ❷철저한 수준별 수업을 통한 학습 Level Upgrade ❸교과서 및 각종 참고서를 망라한 차별화된 학원교재 채택 ❹수능·내신 대비 장기적 학습 Master Plan 진행 ❺상시 학부모 상담을 통한 학습피드백 제도가 있다.

명품논술

연 락 처	전화 02-2051-0155
홈페이지	www.LuxuryEdu.com
위 치	서울시 강남구 대치동 휘문고앞 대치본원 1~6층
대 상	중·고등부
과 목	명품논술

📖 강좌소개

▶고3문·이과 : 논술진료, 논술캠프, 자소서 교정 3주 특별멘토링 파트 ▶고1·2 : 인문과학 읽기+쓰기 5주 특강 ▶중등 : 민음사고전읽기+쓰기5주 특강 ▶중3 : 특목고 자소서 멘토링 파트 3주

📄 학원소개

명품논술은 한국최대 문이과 논술만 연구하는 6층짜리 전 빌딩이 논술병원인 곳이다. 수 십여명의 연구진이 9년간 문·이과 상시논술을 연구할 수 있다는 자체가 자랑거리다. 1:1 60분 개인클리닉 중심수업으로 높은 합격률을 자랑하고 있다. 학원의 특징은 ❶2등급 2개 수능최저학생 99% 연고서성이한중 500명 합격

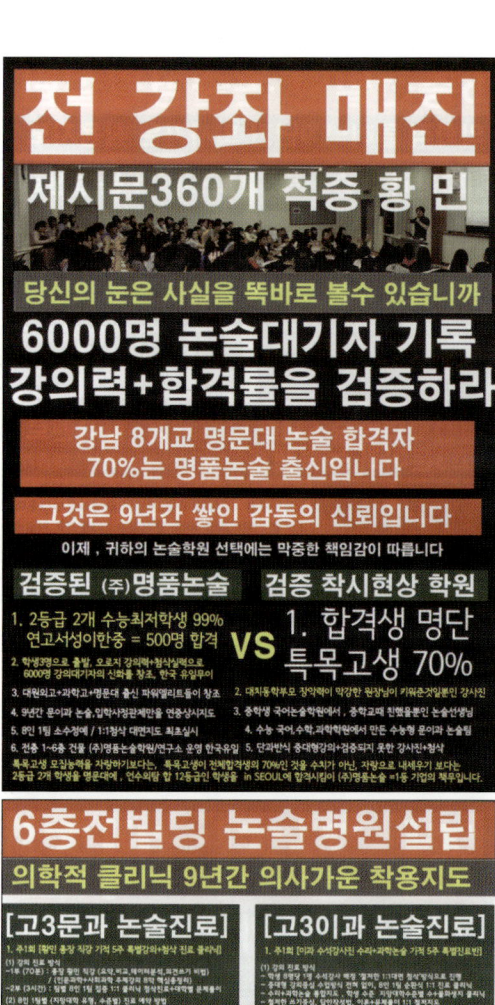

❷학생 3명으로 출발. 한국 유일무이 오로지 강의력과 첨삭실력으로 6,000명 강의대기자의 신화를 창조 ❸대원외고+과학고+명문대 출신 파워엘리트들이 주축 ❹9년간 문이과 논술·입학사정관제만을 연중 상시지도 ❺8인 1팀 소수정예, 1:1첨삭 대면지도 최초실시 ❻전층 1~6층 건물 (주)명품논술학원 및 연구소를 운영하고 있다.

단원별 Clinic수업 ❹격주 토요일(놀토) 모의고사반을 운영한다. 현선생의 실전외국어 영역은 풀이만을 위한 요령의 틀에서 벗어나 논리적으로 내용을 전개하여 단순 명료하게 해결할 수 있게 하고 공식에만 의존하던 어법의 풀이과정을 논리적으로 접근하여 새로운 유형으로 내성을 키워준다.

선호학원

연락처	전화 02-556-7909, 070-4409-7909
위 치	서울시 강남구 대치동 962 첨산빌딩 4층
대 상	중3(고등과정)~고등부
과 목	사탐, 수학, 영어

📖 강좌소개
▶사탐(사회문화, 한국지리, 국사심화, 한국근현대사, 윤리, 경제, 경제경시+수능경제) ▶고등부 수학 전강좌 ▶고2·3실전 외국어영역

🏢 학원소개
수학, 사탐, 영어 고등 전문학원이다. 대형 강의식 강의를 탈피하고 학생들과 함께 호흡하는 강의가 자랑거리다. 전문사탐 강사들이 모여 있다. 또한 명확한 개념과 실전에 강한 선호수학의 장점은 ❶유형별, 단원별, 개인별 클리닉을 바탕으로 문제해결 능력의 향상 ❷수업 후 유형별 확인문제(기본·심화문제) 통과 후 귀가 ❸학교별, Level별 내신대비반 운영, 특정

아토수학전문

연락처	전화 (중·고등부)02-564-5074 (초·중등부)02-564-5071
위 치	서울시 강남구 대치동 대치역에서 도곡방향 청실상가 2층
대 상	초·중·고등부
과 목	수학전문

📖 강좌소개
▶초등부(맞춤식 수업) ▶중등부(맞춤식 수업, 소수관리반) ▶고등부(소수관리반, 고2·3이과반)

🏢 학원소개
맞춤식 수업으로 개별반 집중관리 프로그램이 있고 소수 관리로 자신의 선행 정도에 따라 수업을 받을 수 있는 반이 있다. 쉬운 문제를 잘 틀리는 친구, 계산 실수가 많은 친구, 어려운 문제는 별표부터 치는 친구, 머리로 풀어서 해결하려 하는 친구, 서술형 문제풀이가 약한 친구라면 고민을 해결받을 수 있다고 한다.

대치사거리

A
- A math학원
- 하늘교육대치센터
- 앤디프랩어학원
- BIS
- 랑그프랑세즈어학원
- 케이에듀교육컨설팅
- 올림피아드영재
- ECC
- 새밝학원
- MIT학원
- 맥스템
- 포도밭
- 해냄학원
- 엠원수학

B
- 정현호국어교실
- 큐브어학원
- 디아카데미어학원
- 젠파워학원
- 아고라@사회
- 테라에듀
- 쏨니움영어
- 남재조텝스
- 진수학
- 시리우스
- 최낙준논술
- 아이영어
- 몰입영어
- 최대학원

C
- 대치페르마
- 한결수학
- 개념의힘
- 원앤원학원
- 생각비타민
- 리더에듀
- 유비쿼터스
- 이안어학원
- CMS
- 인투영어
- 일대일수학
- 지혜의숲

대치4동

성산학원

연락처	전화 02-569-5511, 02-2281-0005
위 치	서울시 강남구 대치동 은마상가 3층 B블럭 301호(대치역 3번출구)
대 상	중·고등부
과 목	국어, 영어, 수학, 논술, 과탐,

강좌소개

▶중·고등부 내신교실(국어, 영어, 수학) ▶논술교실

학원소개

성산학원은 최선과 최고를 지향하는 학원이다. 강사들을 살펴보자. 대치동에서 분야별로 이름있다 하는 선생들의 면면을 볼 수 있다. 이성권선생(언어), 임부택선생(언어), 김선영선생(언어), 정찬흠선생(언어), 박경원선생(수학), 구수해선생(수학), 이진수선생(수학), 윤혁선생(영어), 박동완선생(영어), 강하영선생(영어), 일렉스심선생(영어), 조무성선생(화학1), 정시아선생(생물2), 김태순선생(논술), 최근철선생(논술), 유선생(논술미학팀장), 홍종호선생(수리논술)

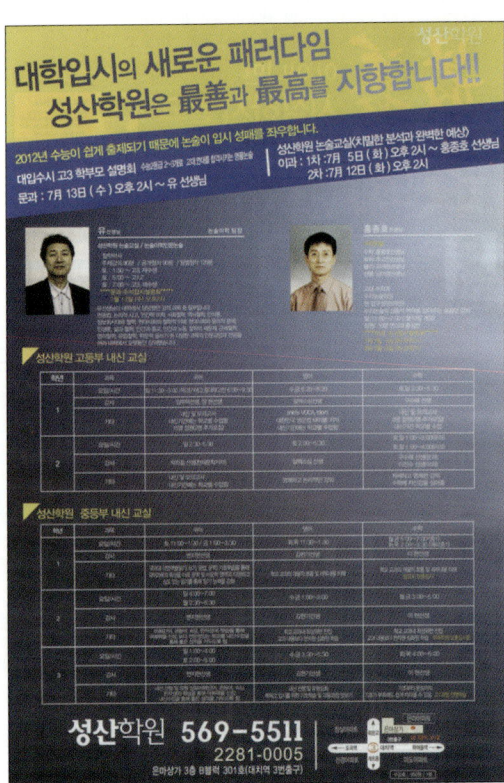

 STREETS TIPS | 은마북문쪽 던킨 도너츠 |

'참새 방앗간'은 이런 델 두고 쓰는 말이다. 10분만 앉아 있으면 통유리 창문 너머로 온동네 엄마들이 지나가는 것을 목격할 수가 있다. 아는이는 부르면 들어오고, 핸폰에서 아이의 번호가 뜨면 지체없이 뛰쳐나가는 곳이다. 은마아파트 북문쪽 유동인구가 워낙 많기도 하지만, 학원이 집중적으로 밀집돼 있는 것도 무시 못한다. 불과 이태전, 누구나 그렇듯 자식교육 때문에 지방에서 올라온 한 엄마는 매일 아침 두 아이가 썰물처럼 빠져나가고 난 후(등교) 이곳에서 모닝세트를 먹으며, 신문을 보며, 거리를 내다보며 시린 마음을 달랬다고 한다. 창너머로 보이는 숱한 학원 간판, 처음 출사표를 던질 때의 생각처럼 결코 만만치 않은 현실… 그 먹먹함이 오래도록 내 가슴 또한 먹먹하게 하였다. 우리도 똑같은 처지이므로….

스키마 정지일영어학원

연 락 처	전화 02-508-2458~9
블 로 그	http://blog.teachme.co.kr/schema
위 치	서울시 강남구 대치동 1022 삼아빌딩 2층
대 상	중·고등부
과 목	영어

강좌소개

▶스키마독해 3단계+천일문심화반 ▶스키마독해 4단계 통합반 ▶고3 수능통합반 ▶고등 2단계 통합반 ▶고등어법구분1000제+스키마어휘2000 ▶New스키마독해(심화)+스키마어휘2000 ▶천일문기본, Reading톡! 독해첫걸음 ▶중등 2·3단계 통합반

학원소개

진정한 외국어 원리, 즉 학습의 방향, 그리고 출제자 의도를 파악하여 자신감과 점수가 업 되는 결과를 가져오는 스키마 원리를 이용하여 문제마다 시간을 체크하고 읽으면서 내용을 정리하는 정독, 빠른 시간 내에 읽고 전체 이야기를 파악하는 속독, 문제유형별 지문구조 접근법 연습을 하는 발췌독의 효과를 보게 하는 학원이다. 스키마 독해반을 비롯 다양한 반이 구성되어 있다. 먼저 필요한 반을 선택하기 앞서 테스트를 보고 난 후 학생의 부족한 부분을 찾아 메워줄 수 있는 반을 추천해 준다고 한다. 테스트는 은근 어렵다. 특히 독해는 아이들이 고개를 갸웃할 정도. 여기에서 독해 점수를 잘 받으면 어느 정도 잘 한다는 축에 든다. 시간표가 다양하지 않은 단점이 있지만 레벨테스트만으로 가치를 엿볼 수 있다.

교과학습에 마인드맵 활용하기

대치동 리포트

가끔 아이가 공부하는 모습을 지켜보면 숲은 보지 못하고 나무만 보는 것 같아 답답할 때가 있습니다. 교과의 세세한 내용은 잘 암기하고 기억하지만 교과의 목차 개념인 주제목과 부제목, 그리고 문단의 핵심내용은 파악하지 못하고 있는 경우가 허다하죠. 아무리 목차와 제목들을 자세히 보라고 해도 무시하기 일쑵니다. 고민하다가 초등학교 5학년쯤 사회 과목 공부에 마인드맵을 적용시켜 봤습니다. 처음에는 거부하던 아이가 차차 흥미를 느끼더니 나중에는 다른 과목에도 활용하더라고요. 그러면서 차츰 숲을 보는 눈이 생겼던 것 같습니다. 교과의 핵심줄기를 잡으며 공부하는 데 효과적으로 활용할 수 있는 교과 마인드맵, 한번 시도해 보실래요?

❀ 마인드맵이란?

마인드맵은 1971년 영국의 유명한 교육학자이자 심리학자인 토니부잔(Tony Buzan)이 두뇌이론을 바탕으로 개발했다. 공부할 것이 많았던 그는 뇌의 효율적 활용을 고민하던 중 새로운 학습방법으로 직선형 사고가 아닌 펼친 사고기법인 마인드맵을 생각

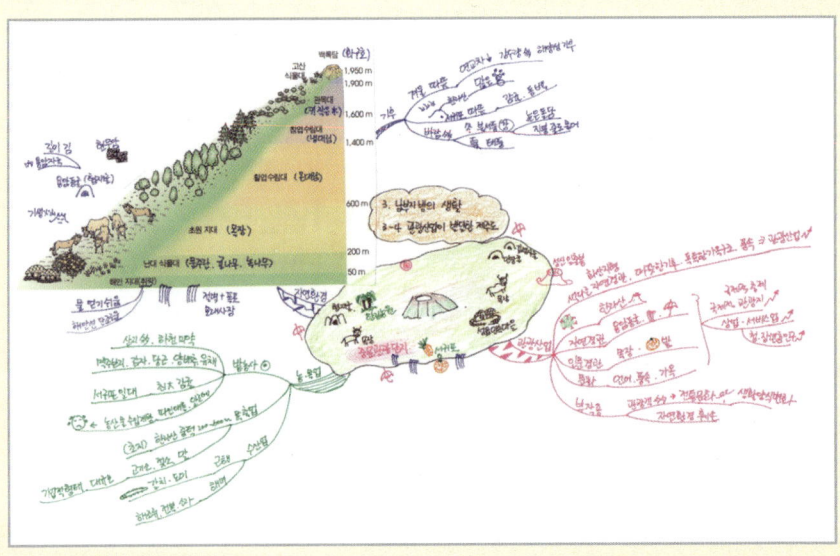

해냈다. 이렇게 만들어진 마인드맵 학습 이론은 창시된 이래 지금까지 두뇌 관련 석학들로부터 수많은 찬사를 받고 있다. 마인드맵은 엄청난 정보량을 무조건 암기했던 기존의 학습 방법에서 벗어나 지도를 그리는 것처럼 정보를 정리하는 방법이다. 정리할 때는 핵심어와 이미지, 색과 기호 등을 사용한다.

좌뇌와 우뇌 골고루 활용

두뇌는 크게 좌뇌와 우뇌로 나눌 수 있다. 좌뇌는 '학습 뇌'라 하여 논리, 숫자, 언어능력 등을 담당하고, 우뇌는 '예술 뇌'라 하여 리듬, 상상력, 색상 인식 능력 같은 기능을 담당한다. 이 양쪽 뇌가 서로 얼마나 도와주느냐에 따라 창의력 수준이 달라진다. 예술가이면서 과학자였던 레오나르도 다빈치, 위대한 과학자이자 훌륭한 바이올린 연주자였던 아인슈타인은 모두 좌뇌와 우뇌를 동시에 잘 활용한 사람들이다.

마인드맵은 말뜻 그대로 읽고, 생각하고, 분석하고, 기억하는 모든 것을 마음속에 지도로 그리는 방법이다. 읽은 내용을 생각하고 분석, 분류하여 핵심어를 찾아내는 논리적인 과정을 통해 이성적인 면을 주관하는 좌뇌가 발달하게 되고, 기억하기 쉬운 이미지를 만들어내고 연상되는 색깔을 사용하면서 감성적인 면을 주관하는 우뇌를 발달시켜 뇌를 균형 있게 발달시키게 된다.

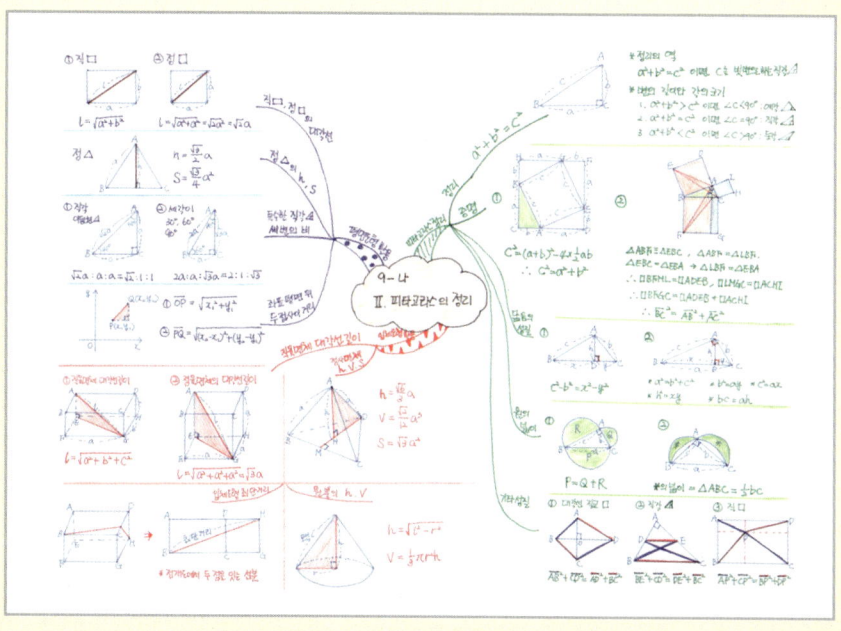

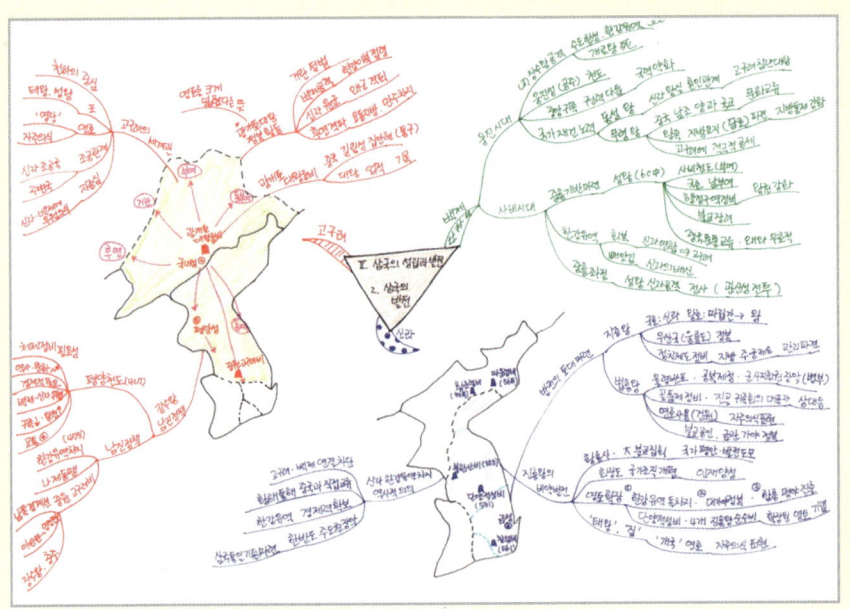

❀ 마인드맵의 구조와 기본적 활용 방법

마인드맵은 분류 개념을 기본으로 한다. 가장 핵심이 되는 개념을 중심 이미지로 가운데에 두고 중심 개념에서 나온 주요 내용을 주가지로 표현한다. 더 세부적인 개념들은 주가지에서 나온 부가지, 세부가지의 형식으로 생각을 펼쳐나가면 된다.

이처럼 상위 개념에서 하위 개념으로 생각이 펼쳐지므로 머릿속으로 숲을 먼저 그리고 세부적인 나무를 그리게 되어 세부내용만 암기하던 공부습관이 고쳐진다. 또한 내용을 분류하기 위해 깊이 있게 생각하는 습관이 생겨 논리적으로 사고하고 분석하는 능력도 향상되고 자신만의 언어를 사용해 정리하므로 기억력과 창의력도 향상된다.

마인드맵을 표현할 때는 핵심어와 이미지, 색깔 등이 사용되는데 핵심어는 간단해야 하고 내용을 잘 반영하고 있는 중심단어가 되어야 한다. 마인드맵을 여러 번 반복하다 보면 글의 핵심내용을 파악하는 연습이 되기도 한다. 이미지는 특징이 잘 드러날 수 있도록 간단하게 표현해야 한다. 이미지를 자세히 그리다 보면 시간도 낭비되고 내용도 쉽게 전달되지 않으므로 주의해야 한다. 색깔은 주가지 별로 구분하여 사용하며 내용과 연상되는 색감의 색을 사용하면 더욱 좋다. 예를 들어 우리나라 지형을 북부, 중부, 남부로 주가지를 나누었다면 북부는 차가운색, 중부는 중간색, 남부는 따뜻한 색을 사용하여 정리하면 효과적이다.

마인드맵의 작성 Tip
- 종이는 가로로 놓고 사용하는 것이 편리하다.
- 생각의 핵심이 되는 중심내용은 항상 중심이미지에서 시작한다.
- 중심이미지에서 연결된 주가지는 굵게 시작해서 가늘게 그리며, 가지별로 색을 구분한다.
- 부가지와 세부가지는 가늘게 그리고 그 위에 핵심어와 핵심이미지로 내용을 구성한다.
- 주가지, 부가지, 세부가지들은 나뭇가지처럼 서로 연결되도록 한다.

❀ 개념이 강한 교과에 보다 효과적

마인드맵을 잘 활용하면 모든 교과에 활용할 수 있겠지만 언어과목보다는 개념이 많은 수학, 사회, 과학 교과 정리에 보다 효과적이다. 복잡한 개념들을 핵심어와 이미지 중심으로 자신의 언어를 이용해 정리하다 보면 공부의 지루함도 덜고 기억도 오래간다.

- **수학** : 중학교 3학년 수학의 '피타고라스의 정리' 단원을 예로 들면 중심 개념은 '피타고라스의 정리'가 되며, 주가지는 '정리', '평면도형 활용', '입체도형 활용'이 된다. 그 밑의 부가지나 세부가지에 각각의 공식과 증명 방법 등을 정리한다. 수학의 경우 교과서뿐 아니라 참고서나 문제집에 나오는 추가 개념들도 한꺼번에 정리해 두면 모르는 문제가 있을 때마다 어떤 개념이 부족해서 풀 수 없는지 원인을 쉽게 찾아 복습할 수 있다.
- **사회** : 사회 과목은 마인드맵으로 공부하기에 가장 적합한 과목이다. 개념이 많아 요약이 복잡하고 제목과 세부내용의 연관 짓기를 놓치기 쉬운데 마인드맵으로 한 번 정리해 보면 내용이 잘 분류되고 흐름이 파악된다. 특히 지리나 역사 과목 같은 경우는 지도를 적절히 활용하면 오래 기억할 수 있다. 직접 그리는 것이 어려우면 오려서 붙여 넣거나 백지도를 활용하여 내용만 정리해 넣는 것도 좋은 방법이다.
- **과학** : 과학의 경우 글로 쓰여 있는 개념은 이해가 어려울 때가 많다. 이것을 그림으로 그려 표현해 보면 이해도 쉽고 오랫동안 기억된다.

❀ 노트필기에도 활용 가능

마인드맵은 수업내용을 노트 필기할 때도 효과적으로 활용할 수 있다. 요즘 중고등학교 수업은 선생님이 칠판에 적으면 아이들은 받아 적는 수업이 아니라 수업 중 자료 화면을 보여주고 보충 설명하는 경우가 많다. 그러다보면 아이들은 적어야 할 시점을 놓치거나 적어야 한다는 생각을 하지 못한 채 그냥 듣고만 있기도 한다. 또 선생님이 두 가지 이상의 개념을 오가며 설명할 경우 노트에 순서대로 적어 내려가다 보면 내용 분류상 맞지 않는 경우도 종종 있다. 이런 경우 마인드맵을 활용하면 추가할 내용은 언제든지 새로운 가지로 추가하여 정리할 수 있다.

S&P 학습능력개발원

연 락 처	전화 02-538-8123 / 팩스 02-539-9010
이 메 일	snpedu@naver.com
홈페이지	www.snpedu.co.kr
위 치	서울시 강남구 대치동 1019-1 신사빌딩 4층 (은마아파트 사거리 농협건물 4층)
대 상	초·중·고등부
과 목	SNP 자기주도학습, SNP수학(중3까지)

강좌소개

▶S&P자기주도학습 프로그램 : 독해력, 즉 글을 읽고 이해하는 능력은 공부의 핵심기술이라는 철학에서 만들어진 프로그램이다. 집중력으로 시작하여, 어휘력, 이해력, 핵심파악능력, 추론력, 창의력, 지구력, 문제해결능력, 통합능력 등 인재개발에 필요한 분야를 개발시켜 학생들의 학업성취 및 스스로 자신의 학습을 주도적으로 이끌고 나갈 수 있는 힘과 실력을 길러주는 체계적이고 과학적인 프로그램이다.(초, 중, 고) ▶S&P수학 : 기존의 문제풀이식 수학을 탈피하여 개념을 스스로 정리하고 발표할 수 있으며 학생의 수학적 기초를 튼튼히 하여 응용, 심화문제까지도 자신의 길러진 지력을 바탕으로 해결할 수 있도록 하는 자기주도형 코칭식 수학수업이다.(초·중)

학원소개

모든 학원들이 등록시 학생의 성적만 진단하는 레벨테스트를 실시할 때, S&P학습능력개발원은 독서능력검사, 지능검사, 적성검사 등을 통하여 학생의 학업수행능력을 먼저 진단한다. 또한 입학사정관제가 추구하는 동기부여와 독서, 그리고 공부 방법을 통하여 자기주도적 학습능력을 갖춘 학생으로 변화시켜 준다.

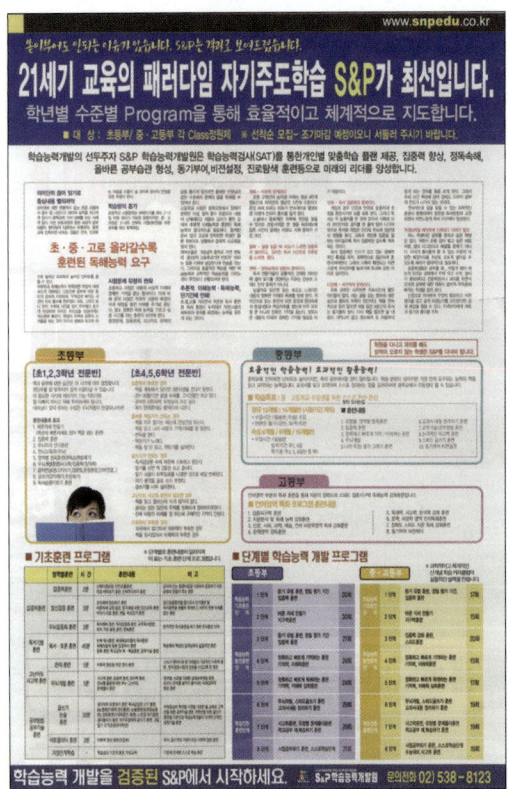

논술 답안 작성시 유의할 점

① 쓰고 싶은 대로 쓰기 전에 '쓰라는 대로' 써야 한다.
② 제시문을 잘 활용하되 의존하지는 말아야 한다.(제시문에 나온 문장을 그대로 옮겨 쓰면 안 된다.)
③ 본론 위주로 답안을 작성해야 한다.
④ 상대에 대한 반론을 포함시키면 좋다.
⑤ 균형 잡힌 관점에 서서 논의해야 한다.
⑥ 목표만 제시하지 말고 방법까지 제시하면 좋다.

— 성균관대학교 2009학년도 논술자료집

S&C 과학

연 락 처	전화 02-554-4045 (원장)010-6281-4045
위 치	서울시 강남구 대치동 626 청실상가 204호
대 상	중3~고3 (고등과정)
과 목	화학Ⅰ·Ⅱ, 물리Ⅰ, 생물Ⅰ, 과학논술, 고1융합과학

📖 강좌소개

▶고2 화학Ⅰ·Ⅱ : 수능기본수업(자체교재), 모든 반 수준별 과정, 기출문제, 내신대비철저 ▶고3 화학Ⅰ·Ⅱ : 수능심화수업(자체교재), 전국 모든 기출, 사설모의고사 완벽대비 ▶고2 물리 내신반 ▶고2 생물 내신반 ▶과학논술 : 과학논술의 3가지 패턴을 바탕으로 쓰기부터 배경지식까지 혼자서 쓸 수 있는 능력을 심어줌 ▶고1 융합과학

🏫 학원소개 및 특징

대치역 근처에 자리잡은 수능을 기본으로 하는 과탐전문 고등부 전문학원이다. 작지만 강하다는 평. 처음부터 잘하는 학생도 있었지만 대부분은 그러지 못한 상황에서 시작했다. 학부모들의 소개로 성장해가며 광고 한번 없이도 현재 화학 과목은 거의 모든 반이 마감이다. 팀별 수업 위주의 수준별 반편성으로 학부모와 직접적인 소통이 확실했던 결과라 한다. 최대 4~6명의 소규모 반편성은 끝까지 약속을 지킨다(보통 4명). 팀별 수업은 따로 문의받는다.

남혁수학학원

연 락 처	전화 02-568-0712, 02-567-8712
위 치	서울시 강남구 대치동 은마상가 B블럭 3층
대 상	중·고등부
과 목	수학

📖 강좌소개

▶중등부과정 심화반 ▶중등부고등과정 속진 및 심화반 ▶고등부 수능심화 및 내신대비

🏫 학원소개

고등심화 전문학원이다. 고1·2 내신 집중관리반의 특징은 ❶진도 위주의 과정별 무한선행 및 심화 ❷심화진도 과정 ❸숙제 재구성 후 확인학습 ❹매주 수준별, 과정별 반편성을 한다. 고등부모의고사집중반의 특징은 ❶매월 50~60회 연습 ❷교육청 평가원 및 사설모의고사 대비 ❸매주 일요일 오전 2회 모의고사 실시 ❹철저한 시간관리(시간부족 대비). Every Day반 중등고 위주의 수업 특징은 ❶숙제낸 후 Feed back Test ❷심화EBS N제 ❸매월 모의고사 50~60회로 전범위 실력확인 가능 ❹Review Test(정석 연습문제와 문제집 문제 선별 Test) ❺모든 Test 성적 학부모 문자 확인 가능

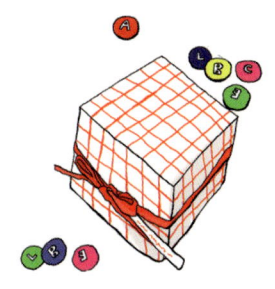

e-해법수학강남대치직영학습관

연 락 처	전화 02-508-3349 / 팩스 02-508-6657
홈페이지	www.e-hd.co.kr
위　　치	서울시 강남구 대치동 1019-1(은마사거리 농협건물 3층)
대　　상	초·중등부, 고1 과정
과　　목	수학

강좌소개

▶초등수학-창의사고력 해법수학, 원리쏙쏙 개념서, 계산력 향상 교재, 1:1 맞춤 교재, 서술형 심화문제 중심의 실력편 교재, 초등학생을 위한 내신 및 중등과정 선행 학습을 체계적인 단계별 학습으로 해나간다. ▶중등수학-개념설명서, 중등 계산력 교재, 내신대비 월교재, 1:1 맞춤 교재, 중간·기말 대비 문제, 서술형 대비 문제 등으로 중학생을 위한, 결손학습의 복습과 병행하여 내신대비 수업과 고1 과정까지 체계적인 단계별 학습으로 해나간다.

학원소개 및 특징

학원에서 짜여진 커리큘럼으로 기계적으로 공부하는 대부분의 아이는 학교 수준의 일반적인 문제는 익숙해 있지만, 창의성을 요구하는 여러 유형의 응용문제를 접해보지 못했기 때문에 기본개념은 잘 이해가 되었다 하더라도 실제 활용할 수 있는 해결 능력인 응용력이 결여되어 있다. 따라서 창의력을 중시하는, 수학을 잘 하는 아이로 키우려면 무엇보다 자기주도학습이 중요하다. e-해법수학은 1:1 자기주도학습 능력을 통해 창의적인 사고 능력, 문제해결능력을 키워주어 최고의 학습 효과를 만들어내고 있다.

에듀플렉스 대치본원

연 락 처	전화 02-555-1651~2 / 팩스 02-555-1653
이 메 일	mijin_jang@eduplex.net
홈페이지	www.eduplex.net
블 로 그	http://blog.naver.com/eduplexdch
위　　치	서울시 강남구 대치동 은마종합상가 B블럭 3층(대치역 3번 출구 국민은행 뒤 은마상가)
대　　상	초·중·고등부
과　　목	전과목(자기주도학습&과목별 개별지도 가능)

학원소개

우리나라 최초로 '학습매니지먼트', '학습매니저'를 통해 '자기주도학습'을 일찌감치 주창하고 시스템화한 곳이다. 학습매니지먼트란, 학생의 학습계획과 내용뿐이 아닌, 학생의 인생 목표와 학습 동기, 그리고 고민 상담에 이르는 전 영역에 대한 관리를 의미한다. 학생을 가르치지 않고 이끌어준다는 철학을 바탕으로 학생이 공부습관을 자연스럽게 형성할 수 있도록 정신·학습·행동적인 면에서 통합적인 매니지먼트를 제공하며, 궁극적으로는 학생이 누구의 도움 없이도 자신의 꿈을 가지고 스스로 공부할 수 있도록 하는 것이다.

학습매니저는, 학생들의 멘토이자 컨설턴트, 그리고 코치의 역할을 하여 학생들이 학습에서의 자립성과 독립성을 키울 수 있도록 1:1 학습매니지먼트를 통해 길을 제시해 주고 있다.

에듀플렉스는 현재 전국 94개의 지점이 운영되고 있으며, 각 지점으로 학생이 등원하여 서비스를 받는 형태다.

주 4회 이용을 기본으로 하며 학생에 따라 맞춤 서비스가 진행된다. 주요 프로그램으로는, '심리상담(코칭) 프로그램', '관리(트레이닝) 프로그램', '튜터링 프로그램' 등이 있다.

주 1~2회, 매니저와 1:1 정기상담한다. 정기상담 시간에는 학생의 초기 진단 결과에 의해 밝혀진 학생의 취약요소(예를 들면, 자아정체감 부족, 목표의식 부족, 실천능력 부족 등)를 에듀플렉스만의 매뉴얼화된 정신관리, 학습관리, 행동관리 프로그램을 통해 중점적으로 관리하며, 성장할 수 있도록 코칭한다. Start Check를 통해 그날 공부한 내용에 대한 스케줄링하고 학생이 스스로 세운 계획에 따라 자기주도학습을 진행하며, Daily Check를 통해 학습한 내용을 얼마나 숙지하고 있는지 학습성취도 점검을 통해 자기주도적인 학습을 실천하도록 한다. 에듀플렉스 학습실에서 공부를 하다가 모르는 것은 매니저나 튜터를 통해 해결이 가능하다. 다만, 여기서 질문은 답을 당장 알려주는 것이 아니라 답에 이르게 되는 경로와 방법을 찾도록 이끌어주어 학생 스스로 성취감과 자신감을 맛볼 수 있게 한다.

계관웅어학원(구.골든브릿지어학원)

연 락 처	전화 02-553-9897 /팩스 02-553-0843
홈페이지	www.hopkinsedu.com
위 치	서울시 강남구 대치동 은마사거리에서 대치사 거리방향 신해청상가 3층
대 상	초5~6, 중·고등부
과 목	영어

강좌소개

▶종합반(iBT) ▶TEPS실전반 ▶SAT ▶내신
▶특강 ▶교육컨설팅

학원소개

한국어와 영어의 차이를 잘 알고 있는 사람에게 배워야 효과적으로 빨리 잘 할 수 있다는 게 계관웅 원장 말이다. 서슴없이 영어로 생각할 수 있는 능력을 키워주는 것이 가장 중요하다고 한다. 이 학원에서는 3가지 목표가 있다. ❶영어로 이루어진 모든 시험의 완벽에 가까운 준비 : 내신, 수능, 외고입시, TEPS, iBT, SAT 등의 영어와 관련된 시험을 단순한 문제풀이식이나 암기식이 아닌 제대로 이해하고 점수를 극대화하는 방향으로 준비한다. ❷말하고, 듣고, 읽고, 쓰기를 위한 영어실력의 배양 : 논리적으로 사고하고 체계적으로 정리하고 창조적으로 비판하는 청소년을 키워내는 것이 두번째 목표이다. ❸미래의 전문가로서의 기초 확립이다. 영어 사용능력이 더 중요해지게 될 청소년에게 건강한 학습법을 제시하며 영미인들의 문화적 특성을 이해하여 국익을 보호하는 데 앞장설 전문가로서의 기반을 닦게 하는 데 세번째 목적이 있다.

PG영어 전문학원

연 락 처	전화 02-3452-0953
위 치	서울시 강남구 대치동 대치역 1,2번 출구 대치탑프라자 4층
대 상	중3~고등부
과 목	영어

강좌소개

▶정규반(문법, RFD, 독해, 듣기, TEST) ▶
TEPS반 ▶성문기본영어특강반

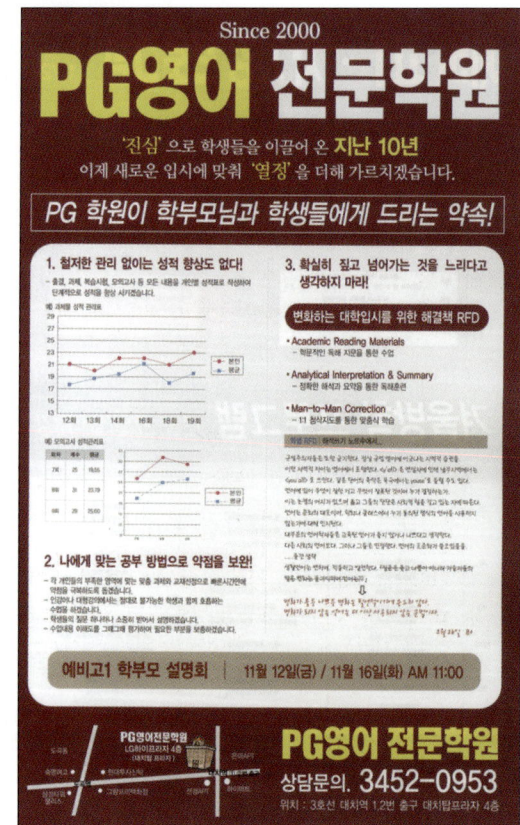

학원소개

철저한 관리 없이는 성적 향상은 없다! 나에게 맞는 공부방법으로 약점을 보완해 준다. 고등학교 이과생 엄마들의 입에 자주 오르내리며 선호하는 학원이다. PG학원의 고득점 키워드는 사고력(주제문 찾기 유형), 논리력(빈칸추론, 문단순서유형), 추론능력(빈칸 추론 유형)이라고 말한다. 관리를 잘해준다는 평이 많다. ❶기록관리-출결, 과제, 복습시험, 모의고사 등 모든 내용을 개인별 성적표로 작성하여 성적향상의 기초자료로 사용. ❷멘토링-개인별 성적표를 바탕으로 부족한 영역에 맞는 맞춤식 교재선정과 과제를 통하여 빠른 시간에 약점을 극복한다. ❸튜터링-학생과의 1:1상담, 학부모와 담당강사와의 상담을 통해 학원생활, 가정생활, 학교생활에 대한 의견을 나누고 학생과의 친밀한 인간관계 형성을 위해 노력한다.

한국사능력검정시험에 대해 알아볼까요?

급변하는 우리 사회는 폭넓은 사고력과 인문학적 소양을 갖춘 창의적인 인재를 요구합니다. 살아가면서 예기치 못한 상황에 놓이거나 풀기 어려운 문제와 만났을 때 그것을 유연하게 해결할 수 있는 능력이 필요하기 때문이겠죠. 또 우리는 살아가면서 만나는 많은 문제들에 대한 해답을 역사 속에서 찾을 수 있다고 합니다. 먼저 산 사람들도 비슷한 문제와 만났기 때문에 그 속에 답이 있다는 거겠죠.

이처럼 역사의 중요성이 커지면서 한국사가 개정교육과정에 의해 선택과목이 아닌 필수과목으로 지정됐습니다. 또 국사는 서울대가 지정하는 수능 필수과목이고, 입시에서 영향력이 커지고 있는 논술의 바탕이 되기도 합니다. 문과 엘리트 학생들에게는 피해갈 수 없는 과목인 셈이죠.

이런 이유로 한국사능력검정시험을 준비하며 내신과 수능의 바탕이 되는 역사 공부를 미리 하고 있는 중학생들도 많은 듯합니다. 한국사능력검정시험, 어떤 시험인지 알아볼까요?

한국사능력검정시험, 어떤 시험인가

한국사능력검정시험은 교육과학기술부 산하 기관인 국사편찬위원회가 주관하는 시험으로 한국사에 대한 폭넓고 올바른 지식을 공유함으로써 균형 잡힌 역사의식을 갖게 함과 동시에 학습을 통해 고차원적인 사고력과 문제해결능력을 육성하는 데 목적을 두고 있다. 시험 등급은 고급, 중급, 초급으로 구분되며, 각 시험 내에서 성적에 따라 고급은 1급과 2급, 중급은 3급과 4급, 초급은 5급과 6급으로 나뉜다. 고급은 대학교 전공 및 교양 학습 수준, 중급은 중·고교 학습 및 대학교 기초교양 수준, 초급은 초등학교 심화 및 중학교 기초학습 수준으로 평가한다. 문제는 모두 선택형(객관식)이며 단순 암기위주의 문항보다는 여러 접근 방법을 통해 풀 수 있는 참신한 문항과 탐구력을 증진할 수 있는 문항으로 출제된다. 2011년 시험일정은 5월, 8월에 치러지는데 이어 10월에도 한 차례 더 실시된다. 한국사능력검정시험은 대입 스펙으로 활용하는 것 외에 진로준비에서도 다양한 특전을 누릴 수 있다. 2012년부터 2급 이상 합격자에게 행정안전부에서 시행하는 행정·외무고등고시 응시자격이 부여되며, 국비 유학생과 해외 파견 공무원, 이공계 전문연구요원을 선발할 경우 3급 이상 합격에 한해 국사시험을 대체할 수 있다. 각 등급별 성적 우수자(초·중·고급 각 5명)에게는 국사편찬위원회 위원장 표창도 주어진다.

홍성민영어전문

연 락 처	전화 02-2052-0582
위　　치	서울시 강남구 대치동 은마사거리에서 한티역 방향 베스티안병원 맞은편 5층
대　　상	고등부
과　　목	영어

강좌소개

▶고1·2·3정규반 ▶문법특강반(Critical Reading) ▶101 Reading class

학원소개

Fluency와 Accuracy의 균형잡힌 강좌로 이름이 나있다. 이 학원의 문법교재는 맘들 사이에서 인정받는다. 비슷한 수준의 친구들이 팀을 짜서 단기에 이 교재를 완파할 경우 상당한 효과를 본다고 한다. 끝까지 가기가 쉽지 않다는 후설. 고난도수능+NEAT+TEPS+영어구술로 매년 좋은 성적을 낸다. 홍성민 영어만이 할 수 있는 특징이 있다.

❶클래스는 반드시 Replacement Test를 본 후 상담을 통해 최적의 학습 방향 제시. ❷맨투맨 학습 메니지먼트와 깐깐한 내신대비. ❸노출도를 극대화시켜 언어답게 영어를 가르치는 강좌. ❹조교들은 테스트만 담당, 모든 수업은 선생님이 직접 책임. ❺매년 다수의 합격생을 배출한 효과적인 프로그램. ❻개개인에 맞는 철저한 개별관리와 상담. ❼각반 15명을 넘지 않기 때문에 필히 예약(특강반예외).

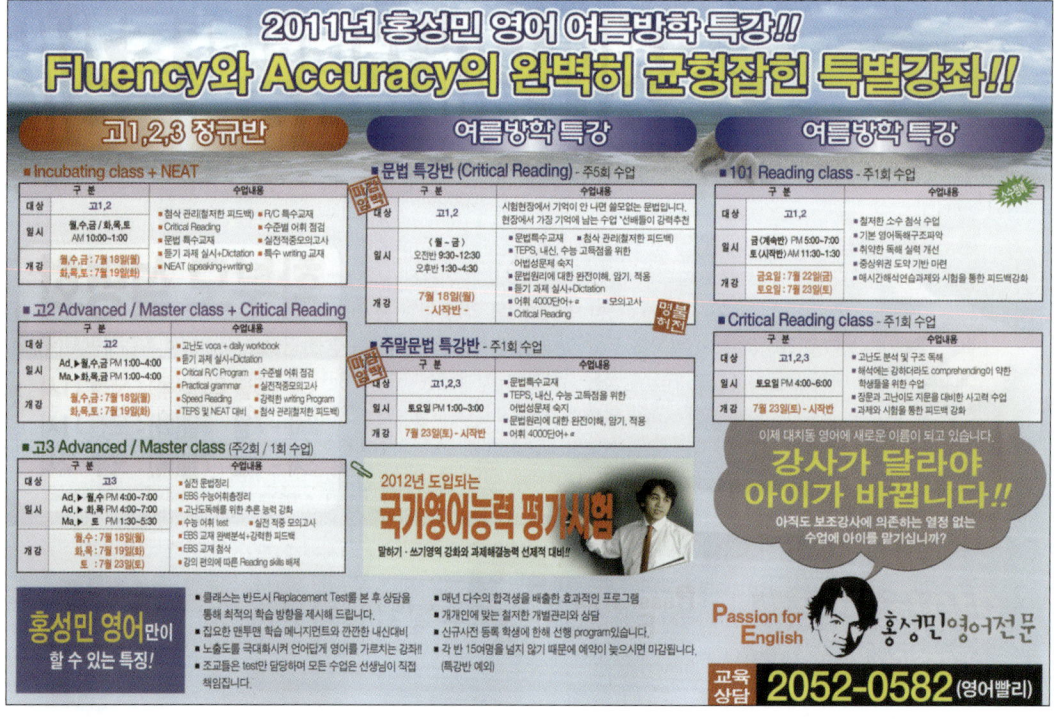

신사고 에듀

연 락 처	전화 02-554-9933
위 치	서울시 강남구 대치동 대치사거리에서 휘문고 방향 좌측골목 건물2층
대 상	중·고등부, 재수생
과 목	학습관리 및 수업, 개별학습지도

학원소개

학원을 보내고 과외를 시키고 심지어 과목당 2군데를 보내도, 늘 제자리 걸음인 성적표를 받아본 학부모라면 현재의 문제점이 무엇인지 반드시 파악해 이를 해결해 주어야 한다. 신사고 에듀는 개별적인 학습지도, 소수의 이해학습, 철저한 학습관리+전국1등 학습방법으로 학생들의 변화된 모습과 향상된 성적표를 약속하는 곳이다. 고3·재수생을 위한 스터디관도 오픈하였다.

논증과추론

연 락 처	전화 02-554-0161
위 치	서울시 강남구 대치동 한티역 2번출구 은마아파트 방향 던킨도넛츠골목
대 상	고등부
과 목	수리·과학논술

강좌소개

▶자연계열 논술반 ▶인문계열 논술반

학원소개

논증과 추론학원이 가르치는 것은 논리다. 제

시문에 대한 논리적 독해법, 엄밀한 논증과 논리 전개가 무엇인지 이해하고 이를 집중 연습하는 것이 주어진 기간에 논술 성적을 향상시킬 수 있는 가장 효과적인 학습이다. 합격의 키워드는 논리다. 원칙은 수시, 정시는 패자부활전. 논리적 답안을 쓸 수 있을 때까지 책임지는 학원이다. 인문논술의 새로운 지평을 연 논리논술의 창시자라 불리는 권대승선생의 언어논술고사 대비법을 들어보자. ❶논술은 답이 없다고 생각하지 마라. ❷자신의 생각을 쓰지 말고 문제가 요구하는 바를 써라. ❸창의적으로 쓰려고 하지 말고 논리적으로 써라. ❹획일적인 형식대로 쓰지 말고 자연스럽게 써라. ❺잘 쓰려고 하지 말고 정확하게 써라. ❻독서량을 늘리려고 하지 말고 문제를 많이 풀어라.

대치동 리포트

적성과 진로에 적합한 고교 유형 찾기

아이를 키우다 보면 늘 선택의 순간이 오죠? '오늘 저녁은 무엇을 먹을까', '이번 방학엔 어떤 학원을 보낼까', '어느 고등학교, 어느 대학에 보낼까' 등 작은 것에서부터 큰 것까지 매 순간이 선택의 연속입니다. 선택의 순간마다 큰 고민 없이 아이를 키웠다 하더라도 아이가 중학교 3학년이 되면 입장이 좀 달라집니다. 몇 년 사이에 고등학교 입시가 상당히 복잡하고 다양해졌습니다. 영재고, 과학고, 외고와 국제고, 자율고, 일반고, 특성화고 등 그 유형도 많아 어지간히 고교 입시에 관심이 있지 않고는 어떤 학교가 있는지 나열하기도 쉽지 않습니다. 거기다가 유야무야되고 있는 고교선택제까지 머리를 복잡하게 하죠. 고입에 대해 별로 신경 쓰지 않고 있었다면 아이가 막상 중학교 3학년이 되었을 때 '뭐가 이렇게 복잡하지?' 하고 당황하기 십상입니다. 고등학교를 정하는 것은 아이의 진로에 큰 영향을 미치는 만큼 신중함이 필요하겠지요. 아이의 적성과 진로에 따라 어떤 고등학교 유형이 적합한지 살펴봅니다.

- **과학영재고** : 수학이나 과학 과목에 영재성이 있는 학생들이 합격한다.
- **과학고** : 자연과학, 공학을 전공할 학생으로 수학과 과학 내신 성적이 월등히 높으며 잠재력과 창의력이 우수한 학생이 합격한다.
- **외국어고·국제고** : 영어 내신 성적이 높아야 합격할 수 있다. 2011학년도부터 영어 내신 성적만 반영한다. 입학 후 외국어 전문교과를 80단위 이상 이수해야 하기 때문에 전공 외국어(외국어고) 및 국제관련 분야(국제고)에 관심이 있어야 한다. 국제관련 진로를 선택한 학생에게 유리하다.
- **자율고** : 일반고에 비해 자유롭게 교육과정을 운영하므로 학생들의 다양한 특기와 개인별 진로에 따라 집중학습이 가능하다. 자율형사립고는 재단 전입금으로, 자율형공립고는 정부의 지원으로 학교교육의 질이 높아질 것으로 예상된다. 아직 진로를 결정하지 못했거나 다양한 진로 체험을 하고자 하는 학생들에게 적합하다.
- **일반고** : 아직 진로가 명확하게 정해지지 않은 학생들이 대학 진학을 목표로 선택한다. 전기에서 특목고나 특성화고에 합격하지 못한 학생들이 추첨으로 배정되기 때문에 한 교실에 실력 차이가 다양한 학생들이 모여 있다. 과학중점학교, 예·체능중점학교도 일반고에 속하므로 적성이나 진로에 따라 중점학교를 선택할 수 있다.
- **산업수요맞춤형고(마이스터고)** : 기술명장 육성을 목표로 하는 고등학교이다. 졸업 이후 우수기업 취업, 특기를 살린 군복무, 직장과 병행 가능한 대학교육으로 젊은 기술명장을 육성한다. 입학생은 학비면제, 기숙사 생활, 실무 외국어 교육 등의 다양한 혜택을 받는다. 지원 학교와 학과에 진로 목표가 뚜렷한 학생에게 유리하다.
- **예술·체육고** : 예술고는 음악과, 미술과, 무용과 등이 주축을 이루며 대부분의 학교가 실기 고사 배점이 60% 이상이기 때문에 실기 수준에 따라 합격·불합격이 결정된다. 체육고는 주로 개인 종목인 육상, 수영, 체조, 태권도 등이 주축을 이루며, 경기 실적과 실기 시험 중심으로 학생을 선발한다. 장래 국가 대표급 선수를 목표로 하는 학생들이 주로 진학한다.
- **특성화고** : 산업과 연관된 전문 분야에 대한 직업 교양교육과 전문교육을 실시한다. 크게 상업 계열과 공업 계열로 구분하지만 산업체 수요에 의해 다양한 학과가 개설되어 있다. 조기에 직업진로를 선택한 학생이 유리하지만, 동일계 진학 및 특성화고 정원 외 특별전형 등 대입을 목표로 전략적 선택을 하는 학생들도 많다.
- **대안학교** : 학교생활에 적응이 힘들거나, 학교나 교사의 손길이 많이 필요한 학생들은 대안학교를 탐색해 보는 것이 좋다.

출처 : 서울시 교육청 고교입시 자료(편집)

GES어학원

연락처	전화 02-508-2445, 02-562-2445
위 치	서울시 강남구 대치동 한티역 3번출구 디마크빌딩 7층(고용노동부 건물)
대 상	중·고등부, 유학생
과 목	영어

강좌소개

▶iBT TOEFL프로그램(iBT120 목표반, iBT110 목표반, iBT100 목표반, iBT90 목표반, Reading강좌, NEAT를 대비하는 토플과 연계한 Intensive반) ▶TEPS 프로그램(900 이상 목표반, 800 이상 목표반, 텝스 기본반, Reading, Grammar강좌) ▶수능프로그램

학원소개

GES는 직독직해 방식으로 정독을 시키는 학원이다. 읽기의 해결은 꾸준한 연습을 통한 직독직해. 반드시 정독하는 습관이 필요하다고 한다. 토플, 텝스, 수능이란 큰 틀의 수업이지만 모든 길은 기본이 다져 있어야 하는 것. 그 중 고3 수능영어가 1등급이 안나오는 이유를 박상석 원장에게 들어본다. ❶문법적 지식이 없어 독해가 안 된다고 생각하고, 문법 강의만 쫓아다닌다→구문분석과 한국식 번역은 시간부족으로 이어져 결국에는 고득점이 어려울 뿐 아니라 요즘 시험에 가장 맞지 않는 독해방식이다. ❷늘 시간이 모자란다는 핑계로 정독연습을 안하고 Reading Skills 강의에 의존한다

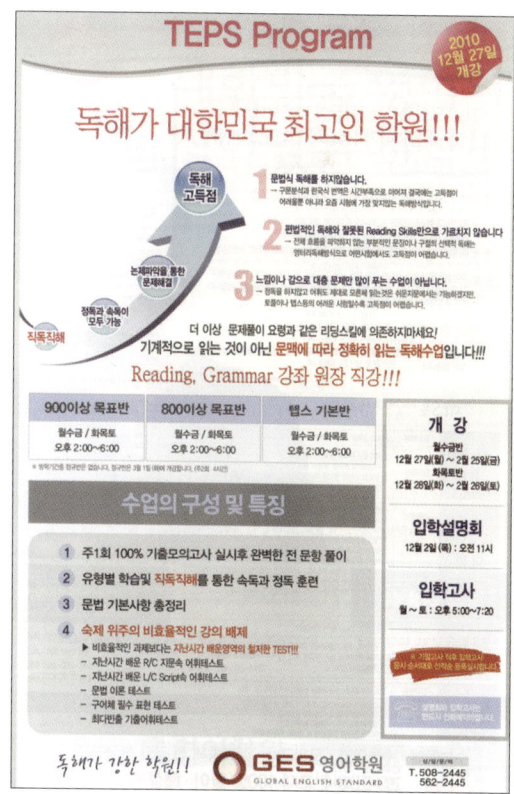

→이미 답을 알고 있는 강사가 답을 향해 지문의 구성을 몰아가는 엉터리 Skills 강의는 더 이상 듣지 마라. 인생이 걸린 수능시험에서 요령으로 고득점은 불가능하다. 반드시 정독하는 습관이 필요하다. ❸ '영어를 영어로 생각한다'고 하지만 실은 느낌으로 찍는다→느낌이나 감으로 대충 읽고 답을 선택하는 학생은 아무리 많은 문제를 풀어도 실력이 늘지 않는다. 2011년 6월 대치퍼스트빌딩에서 한티역 고용노동부 건물로 이전했다.

textbooks(미국교과서) 수업과 R/L/S/W 능력을 키울 수 있는 교재들로 구성된다. 초등부는 언어로 자연스럽게 표현하고 느낄 수 있도록 하는 게 학습목표다. 중등부에 가서도 미국교과서 수업은 계속 진행되며 규칙에 대한 이해와 연관성을 학습에 적용할 수 있는 분석력(analytical skills)을 바탕으로 iBT-R/L/S/W 수업이 함께 구성된다.

Alpha English Academy

연락처	전화 02-563-7746
위 치	서울시 강남구 대치동 606-1 대치탑프라자 3층
대 상	초·중등부
과 목	영어

강좌소개

▶Alpha 정규프로그램 ▶Special 프로그램
▶Intensive 프로그램

학원소개

ILE, 정상JLS, 청담어학원에서 아이들을 가르치며 많은 노하우로 Alpha English Academy 교육프로그램을 만들게 된 헨리 원장이 미국교과서 수업을 고집하는 이유는 교과서 수업을 통한 지식 습득과 언어의 감각이 자연스럽게 R/L/S/W로 연결될 수 있기 때문이다. 알파의 초등부 프로그램은 North American

여름방학 계획을 세우지 말라!

여름방학 5주 동안 할 수 있는 일은 많지 않다. 행정 편의상 구획된 여름방학을 기준으로 삼지 말고 기말고사 이후 추석 전까지의 10주를 내다보는 계획을 세워야 한다. 5주 계획은 너무 짧기도 하고, 방학이 끝났다고 흐트러지기 쉬우므로 연계성을 위해서라도 10주 계획이 좋다. 이는 막판 뒤집기도 가능한 긴 시간이다.

단, 계획은 기말고사 이전에 세워두어야 한다. 그래야 기말고사가 끝난 후 잠깐의 휴식을 취하고 낭비되는 시간 없이 바로 시작할 수 있다. 고1·2의 경우 10주 계획이 끝난 후에는 다시 중간고사와 기말고사 사이의 6~7주의 계획을 다시 세워야 한다. 본인이 공부를 안 해서 성적이 낮은 것인지, 문제분석을 못해서인지 원인분석을 하고 공부를 시작하는 것이 좋다.

언어영역은 스펀지와 같다. 쏟아부은 물이 스며나오지 않도록 막아주려면 스펀지에 총체적으로 나와있는 구멍을 막아주어야 하는데, 구멍을 한번에 찾아내어 막아내기란 쉽지 않다. 언어공부는 꾸준히 지속적으로 해야 한다는 것이다. 언어영역이 모국어라는 데서 오는 막연한 안이함을 떨쳐내고, 모국어의 고급사용 능력, 고급이해능력을 평가하는 시험이라는 점을 명확히 인식하도록 하자.

-이은미 선생님 설명회 중에서

공부 잘하는 아이네 집은 뭐가 다를까?

어른이 된 지금도 아는 집에 놀러가면 그 집 아이들의 공부방을 눈여겨보게 됩니다. 일본의 한 주택 컨설턴트가 주거환경과 집안분위기가 아이의 성적에 영향을 미친다는 분석을 내놓았답니다. 6년간 일본의 명문사립중학교에 입학한 아이의 집 200곳을 직접 방문한 뒤 내린 결론이라고 하니 들어봅시다.

첫째, 아이 방을 고립시키지 마라.
강화아크릴이나 유리로 문을 바꾸어 문이 닫힌 상태에서도 방안의 모습을 훤히 볼 수 있게 하랍니다. 아이가 가족과 단절되는 것을 피하고 정서적 소통을 돕기 위함이라네요.

둘째, 집 전체를 공부방으로 만들라.
아이가 부엌이나 거실, 화장실에서 공부한다고 구박하지 마세요. 엉뚱한 장소에서도 공부할 수 있는 환경을 만들어줘야 한답니다. 아이의 책과 소지품을 집안에 분산시키는 것도 좋은 방법이랍니다. 이렇게 하는 게 학습능력 향상에 도움이 된다면 실천해 보지요 뭐~~.

셋째, 6개월에 한번씩 방 분위기를 바꿔주어라.
형제끼리 서로 방을 바꾸거나 침실과 공부방을 분리하는 등 방학을 기점으로 다양한 변화를 시도해 보라고 하네요. 무척 공감 갑니다.

넷째, 종종 손님을 초대하라.
친척, 아버지의 직장동료들을 모셔보는 것도 아이들에게 색다른 기분을 갖게 합니다. 어른들간의 대화를 어깨너머로 듣는 것만으로 아이들 세계에서 볼 수 없었던 새로운 자극이 될 것입니다.

다섯째, 글로 의사소통하라.
목표, 소망, 계획, 규칙 등을 화이트 보드에 써본다거나, 이모티콘 가득한 문자나 이메일로 이야기를 주고받다 보면 세대간 소통의 장막은 눈녹듯 사라질 것이라고 조언하네요.

이상은 도서 〈머리 좋은 아이로 키우는 집〉에서 나온 말인데, 최근 CMS 어느 선생님이 쓰신 칼럼을 보니 집안을 '조용하고 차분하게 하라', '한 자리에서 집중하게 하라' 등 위의 글과 상반되는 말씀을 또 하시네요. 정답은 없는 듯합니다. 부모가 유심히 살피면서 부산떨고 왔다갔다 하며 소리내며 공부하는 스타일이라면 그에 맞게, 작은 소음에도 예민한 아이라면 집과 공부방을 조용하고 깔끔하게 해주는 것도 방법일 것입니다.

하늘교육 대치센터

연 락 처	전화 02-556-5880
홈페이지	www.edusky.co.kr
위 치	서울시 강남구 대치동 대치사거리에서 이마트 방향으로 왼쪽 우일빌딩 4층
대 상	초3~고1
과 목	수학

📖 강좌 및 학원소개

초3학년 과정부터 고등수학, 수Ⅰ 기본 과정까지를 다루는 특목고 영재교육원 전문 입시기관. 하늘교육은 특목고 입시정책 변화, 자기주도 학습, 입학사정관제 등 여의도에 본사를 두고 있는 전국적인 체인망으로 유명하다. 축적된 노하우를 바탕으로 항상 변화의 선두에 있으려 노력한다고. 특별하고 체계적인 시스템이 있다.

스키마영어학원

연 락 처	전화 02-501-8035
위 치	서울시 강남구 대치동 은마사거리 할매제첩국 건물 2층
대 상	중·고등부
과 목	영어, 고등부(언/수/사탐/과탐)

📖 강좌소개

▶문법·구문특강 ▶듣기특강 ▶NEAT 2급, 3급 강좌 ▶중등정규반 ▶고등정규반 ▶고3수능반

📖 학원소개

NEAT(국가영어능력인증시험)을 위한 김성훈

(폴)원장의 10년 준비 노하우로 강좌를 준비했다고 한다. ❶현 고2부터 NEAT시험 성적을 선택적으로 수시에 반영. ❷현 고1~중3은 NEAT와 듣기가 50% 출제되는 수능을 둘 다 준비. ❸현 중2부터 NEAT 시험만으로 입시 준비 여부 내년 확정!! 고등부 언/수/외/사탐/과탐. 유명 강사진의 강좌가 개설 되어 있다.

개념상상수학학원

연 락 처	전화 02-558-7909, 02-2051-4088 / 팩스 02-3452-4808
홈페이지	www.gnss.co.kr
위 치	서울시 강남구 대치4동 941-21 목빌딩 3층
대 상	중3, 고등부
과 목	수학

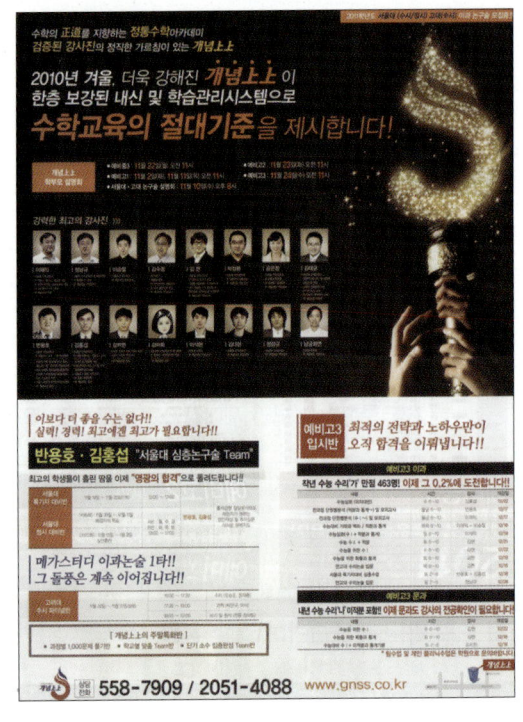

학원소개

개념상상은 고등 수학전문 학원이다. 사고력 성장이 가장 왕성한 고등학생은 깊이있고 체계적인 교육으로 연마를 하는 것이 무엇보다 중요하다. 고등학교 내신성적과 대학진학에 있어 수학비중이 커진 것은 사실이지만 수학실력은 하루아침에 이루어지지 않는다고 이원장은 단호하게 말한다. 쌓여가는 실력을 다지기 위해 질 높은 문제와 끊임없는 관심으로 학생들의 지적능력을 자극하고 있다. 이런 과정 속에서 학생들을 부지런히 연마할 때 비로소 수학실력은 정상에 다가설 수 있다는 것. 순간의 시류에 흔들리지 않고 학생 한 명, 한 명을 소중하게 여기며 학생의 성장과 발달을 위하여 정성을 다한다는 게 학원측의 자랑이다. 한때는 대치동 이과 수학의 메카로 불리며 명성을 날렸다. 대치동 학원 및 선생님들 간의 이합집산, 합종연횡의 한 단면을 여기서도 엿볼 수 있으나, 이재익 원장의 뛰어난 실력은 지금도 개념상상의 명성을 흔들림없이 유지시키고 있다.

특징

❶ 철저한 개념이해 중심의 수업 ❷ 선행학습과 내신수업 병행 ❸ 시험 한달 전 자체교재로 내신대비 수업 ❹ 자주 틀리는 문제 이해할 때까지 유형문제풀이 반복 ❺ 성적이 오르지 않는 학생은 개인 클리닉을 통해 맞춤형 수업으로 차별화하여 수학에 대한 두려움이 생기지 않도록 한다.

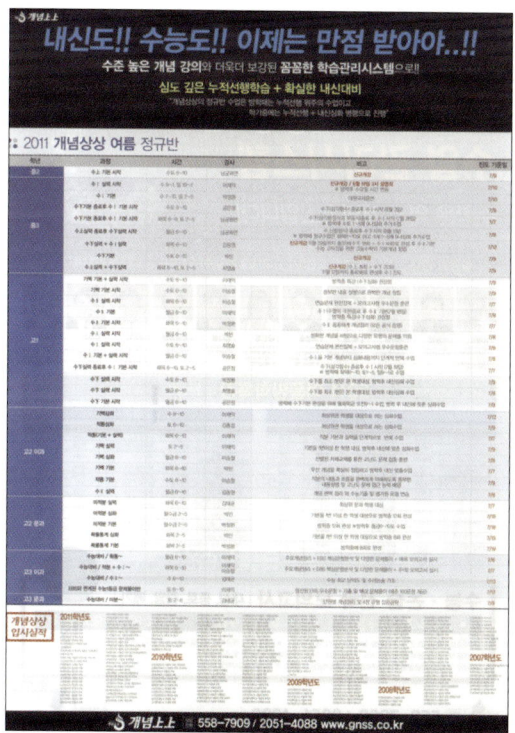

김지웅 사회탐구

연 락 처	전화 02-508-1192
이 메 일	berett@daum.net
위 치	서울시 강남구 대치동 974 현대아파트 상가 2층 206호
대 상	중·고등부
과 목	중등부, 고1 전과정, 고2·3(지리, 역사, 윤리, 정치)

강좌소개

▶중등부 과정(한국사능력검정 1~3급 및 내신과정 병행강의를 하는데 지리를 강의하면서도 관련 역사나 정치경제 현상이 필요하면 동시에 설명을 해줌) ▶고등부 과정(1:1 또는 소수로 학생들에게 전반적 개론 강의 후 묻고 답하기 식으로 하나하나 체크하면서 강의함)

보람과학수학학원

학원소개

2007년 문을 열었다. 한번 등록한 학생들은 사탐과목이 좋아져서인지 수년을 계속 다니고 있다. 이유는 학생들의 수준에 맞춰서 강의하기 때문이다. 지나친 학습부담을 주지 않는 이유도 있다. 단편적인 사회현상을 강의하는 것이 아니라 전반적인 사회현상(정치, 경제, 윤리, 역사, 지리)을 함께 이해할 수 있도록 가르친다. 사탐을 공부하는 범주를 벗어나 다른 영역에까지 도움이 될 수 있도록 하기 위함이다. 전교 상위권(1등 포함) 학생을 다수 배출하였지만 대치동의 특성상 해당 학생 어머니는 주변에 절대적으로 말을 해주지 않기에 학원은 조용한 편. 수업태도가 불성실한 학생은 그대로 퇴원조치를 시킨다는 점이 단점이긴 하지만 다른 학생들을 위한 배려라고 한다.

연락처	전화 02-539-9533
이메일	nroad@naver.com
홈페이지	www.eboram.com
위치	서울시 강남구 대치동 66 쌍용종합상가 2층 (3호선 학여울역 앞)
대상	초·중·고등부
과목	수학, 과학

강좌소개

▶보람과학 실험교실 초등수업은 교과 및 창의성 1인 1기구 실험을 통한 경험학습으로 변인통제 및 과학 오개념 파악과 유창성, 독창성, 논리성의 향상수업으로 영재원 관찰추천 대비 및 각종 과학탐구대회에 대비할 수 있게 짜여 있다. ▶보람과학 실험교실 중등수업은 실험설계를 통한 철저한 자기주도적 학습 진행으로 과학적 사고와 논리적인 실험보고서 완성으로 영재원 관찰추천 대비 및 과학고, 영재고 대비 과학적 탐구, 과제해결력을 향상시킨다. ▶초·중등 영재과학수업은 고등과정까지 연계 심화 학습의 이론수업과 교과과정 심화실험 및 과학적 창의사고력 확산, 실생활에 이용된 과학적 원리를 심화과정으로 배우는 토론수업으로 구성돼 있다. ▶중·고등 과학수업은 내신 및 수능 만점을 위한 과목별 전문 강사진의 기본개념과 원리에 충실한 강의와 개념확인, 내신·수능 문제유형에 다른 핵심문제풀이의 수업으로 학년·진도별 내신관리와 물·화·생·지 영역별 심화, 선행과정 등 다양한 반이 구성돼 있다. ▶초등수학은 기초부터 탄탄히

STREETS TIPS

| 까페 베데스다 |

빵집이나 밥집이 간판을 내리면 거의 커피전문점이 들어선다. 이보다 목좋은 곳이 또 어디 있을까? 예쁜 외관은 은마사거리 동서남북에서 다 눈에 띈다. 신호가 바뀌면 한 무더기의 학생 인파가 썰물처럼 건너가고 다시 밀물처럼 몰려들어 온다. 아침과 점심무렵에는 커피값도 착하다. 조조할인 영화처럼.
02-566-7881

다져지는 심화학습에 중점을 두며 학습태도 및 집중력훈련, 자기주도적 문제해결 능력을 향상시키는 수업을 진행한다. ▶중등수학은 명쾌한 원리이해와 응용 심화로 고등과정까지 연계학습을 하며 학생에 맞춘 적절한 선행 및 완벽한 내신대비로 수학에 대한 성취감과 동기부여로 자긍심을 갖게 한다. ▶고등수학은 기본개념에 대한 충실한 이해와 문제유형에 대한 다양한 분석으로 심화문제를 통한 응용력을 강화시켜 내신 및 수능 만점이 목표.

학원소개

한마디로 "원하는 실력과 인성을 겸비해주는 학원"이다. 대치동 학원가에 1993년 개원한 보람과학수학학원은 초·중·고 전 과정의 교재를 자체 개발하여 사용하고 있다. 국내 최초로 실험과학 중심의 학원프랜차이즈 사업을 전개하여 전국 50개소 이상의 가맹학원을 두고 있다.

대치동 리포트

자연계 논술 바로알기❶
자연계열 논술 유형

자연계열 논술은 단순 글쓰기가 아니다. 대부분의 학교에서 수리+과학 논술의 형태를 띠고 있다. 각 학교별 출제 형태를 보면 서울대 정시 및 연세대, 고려대, 성균관대, 한양대, 경희대 등이 수리+과학, 서강대, 성균관대, 한국외대 등이 언어+수리+과학, 이화여대 등이 언어+수리 형태로 출제하고 있다.

몇 가지 유형별로 정리해 보면 **첫째, 논증과 계산을 통해 답을 요구하는 유형이다.** 고등학교 교과과정의 문제를 심화시켜서 답을 찾는 문제, 개념을 확장시켜서 새로운 결과를 도출하는 논증 문제, 통계자료나 과학적 사실들을 수학적 모델로 해석하는 문제 등이 출제된다.

둘째, 과학논술의 경우 교과과정을 통해 배운 과학적 지식을 실제로 다양한 현상들에 적용시켜 설명하는 유형이다. 실험과정을 제시하고 결과를 추론하는 유형, 교과과정에서 배운 개념을 심화시켜 답을 찾아야 하는 유형 등이 출제된다.

셋째, 수학, 과학의 통합형 문제가 늘어나고 있다. 과학적 해결과정을 수학 공식이나 수식을 이용해 답을 찾아내는 유형으로 제대로 준비되어 있지 않은 경우 상당히 고전할 수 있는 형태의 문제이다. 그래프나 함수를 이용한 해석 및 미분·적분을 이용한 수학적 풀이 등을 익혀 두어야 한다.

넷째, 일부학교에서 출제되는 언어논술 유형이다. 인문계열의 논술에 준하는 언어논술 문제가 출제되기도 하고 통계자료를 수치적으로 해석하여 결론을 도출해 내는 문제 등이 출제된다. 각 학교별 출제 유형의 특징을 살펴볼 필요가 있다.

수학사랑

연락처	전화 02-567-8421~2
위 치	서울시 강남구 대치동 976-7 2층(은마아파트 후문 새천년약국 골목 GS25건물 2층)
대 상	고등부, 재수생
과 목	수학(수능 수리영역)

📖 수업

▶고1(수학상·하, 수학Ⅰ) ▶고2·3(인문, 자연) ▶클리닉(전문강사의 주말개별지도)

학원소개

입시 중심의 고득점을 목표로 하고 있다. 수학 고득점은 쉽지 않지만 철저한 이해와 사고, 문제해결을 위한 끊임없는 노력만 있다면 이룰 수 있다. 반드시 정확한 방법이 동반되지 않으면 시간낭비다. 개념에 대한 정확한 이해와 제대로 된 문제해결 방법을 학습하고 교과서 개념을 교육과정에 맞게 쉽고 정확하게 설명한다. 또한 다양한 기출문제를 통해 수능에 자주 출제되는 중요개념을 익히도록 한다. 문제마다 다양한 풀이법과 접근법을 제시하며 가장 좋은 풀이를 하는 데 필요한 필수개념을 익히게 한다. 수능형 3점 및 4점 문제에 대한 확실한 대비는 물론 자체 제작 교재는 수능, 평가원 모의고사, 교육청 모의고사, 사설 모의고사 등 모든 기출문제, EBS교재, 일반 참고서의 우수문항과 변형문항이 단계별로 구성되어 있어 학생들에게 최고의 교재라는 평가를 받고 있다.

무뚝뚝해 보이는 원장님이지만 보기와 달리 수리영역에서만큼은 실력에서나 자신감에서 탁

월하다. 대치동에서 수학을 제대로 가르치는 선생님이 몇% 안된다는 소문이 있는데 그 몇%에 드는 이들은 어떤 분들일까? "어떤 문제든 스스로 고민해보고 질문하라"가 원장님의 절대지론이기도 하다.

전남중등음악사랑연구회

중등음악에 관한 거의 모든 정보를 찾을 수 있는 곳이다. 전라남도교육청이 주관한 전남중등수업장학요원제의 음악과수업 장학요원으로 활동하던 몇몇 교사들이 1998년 12월 중등음악과 수업활성화를 위해 만든 사이트다. 방송통신위로부터 청소년 권장사이트로 선정되었다.

4세대컴퓨터학원(4세대아카데미)

연 락 처	전화 02-508-6604 / 팩스 0505-508-6604
이 메 일	ljkman7@naver.com
홈페이지	www.4gl.co.kr
위 치	서울시 강남구 대치4동 922-23 라이온스빌딩 4~5층
대 상	초·중·고·대학생 등 컴퓨터 관련 교육을 받고 싶은 사람 누구나
과 목	컴퓨터활용능력 2급, 워드프로세서 1급, ITQ 한글, ITQ 엑셀, ITQ 파워포인트

강좌소개

컴퓨터 습득이 부족한 학생들에게 IT 자격증 취득을 통하여 자신감 향상은 물론 향후 학생기록부에 자격증 취득 등재 및 대학교 입학 및 군입대, 취업 등에 도움 주는 것을 목적으로 한다.

학원소개

1994년에 설립하여 지금까지 오랜 전통을 자랑하고 있으며, 학생뿐만 아니라 성인들에게 실업자, 재직자 교육을 같이 실시하고 있다. 대치동의 정보화발전에 이바지한다는 사명감을 가지고 현재도 많은 학생들과 함께 하고 있다. 컴퓨터 학원들이 대거 강남역 주변으로 빠져나가는 현실에서 강남역으로 빠지지 않고 꿋꿋이 대치동에 자리하고 있는 4세대아카데미는 초등학교 2학년부터 대학생, 성인까지 다양한 계층을 대상으로 짧게는 1개월 안에 1개 이상의 자격증 취득을 목표로 하고 있다. 컴퓨터를 검색만 할 줄 아는 학생들에게 컴퓨터활용능력을 향상시켜, 학교수업 수행평가 나아가 회사에서까지 효율적 업무능력을 키우는 데 도움이 되고자 한다.

수학의 문

연 락 처	전화 02-564-0903 (원장) 016-248-8478
위 치	서울시 강남구 대치동 은마상가 B블럭 301-3호
대 상	초5~고3
과 목	수학

학원소개 및 특징

중고등과정의 탄탄한 선행완성을 목표로 각 과정을 잘 이수하지 못하면 반복학습을 통해 다시 공부하는 방식으로 진행한다. 제목만 기억하는 선행은 용서가 안 되는 학원이다. 중등과정은 단원별 테스트를 한다. 특히 고등과정은 중1~3학년생들이 공부하는데, 기본정석과 실력정석으로 탄탄히 공부하며 기간에 맞춰 과정을 마치기보단 수준과 실력에 맞춰 공부하므로 그룹별 마무리 기간이 각각 다르다. 즉, 수준별로 맞춤형 수업을 진행하고 있다.

실제로 타 학원에서 정석을 마친 학생들을 테스트해 보면 정석 안에 있는 문제를 똑같이 냈음에도 불구하고 50점을 넘는 학생이 10%도 되지 않는다. 그만큼 제대로 공부한 학생이 드물다는 뜻이다. 반면 이 학원 학생들은 대부분 80점 이상 나온다고 자부한다. 선행학습의 큰 취약점을 보완하기 위해 공부한 내용을 다시 복습해 가는 수업방식으로 학생들에겐 부담이 될 수 있으나 그 과정을 이겨냄으로써 고등과정을 탄탄히 다질 수 있다. 내신기간에는 1:1 수업으로 학생수준에 맞는 효율적인 시험준비를 할 수 있다. 그리고 칸막이 자습공간이 마련되어 있어 수업 전후 이용할 수 있다.

C&A 논술

연 락 처	전화 02-562-1211
홈페이지	www.rainbownonsul.com
위 치	서울시 강남구 대치동 1021-3 덕산빌딩 2층
대 상	초·중·고등부
과 목	독서·논술

학원소개

한 사람이 열 권의 책을 읽는 것보다는 열 사람이 한 권의 책을 읽고 토론하는 것이 훨씬 교육적이라고 생각하는 초·중·고 대상의 우리나라 대표 논술학원이다. 긴 설명이 필요없고, 원칙과 기본에 충실한 읽고, 토론하고, 쓰는 과정을 철저하게 지킨다. 이 학원 저 학원 너무 많은 것들, 너무 특별한 것들에 솔깃해서 돌아다니다 보면 세월은 너무 쉬이 흐르고, 초등생이던 아이는 어느새 중등 고학년을 거쳐 고등을 넘보게 된다. 국어라는, 언어라는, 논술이라는 문턱에 발목이 턱~ 걸리고 보면 갖가지 생각이 주마등처럼 스친다. 그때 그냥 묵은지를 만들듯 한곳에 두고 푹 익힐걸~. 새팀 짜느라, 진도가 더디다며, 너무 문과적이다며 석연찮은 변명을 해대며 다녔다, 말았다, 옮겼다 하기를 반복한 결과 나중에 탄식은 절로 나온다. 좀 부족해도, 때론 반이 좀 마음에 안들어도, 요일이 불가피하게 맞지 않아도, 오랜

역사, 정교한 시스템에 그저 믿고 맡겨 놓으면 어느샌가 훌쩍 성장한 아이를 만날 수 있을 것만 같다. 암묵지가 길러져 어떤 학업에도 뿌리 깊은 나무처럼 흔들리지 않을 것만 같다.

특징

홈페이지에 나오는 'C&A 논술이 좋은 열두가지 이유'로 집약된다. ❶책을 읽어야 수업에 들어올 수 있다 ❷책을 빌려준다 ❸균형잡힌 시각을 길러준다 ❹교재를 직접 만든다 ❺매주 글을 쓴다 ❻대면 첨삭을 한다 등

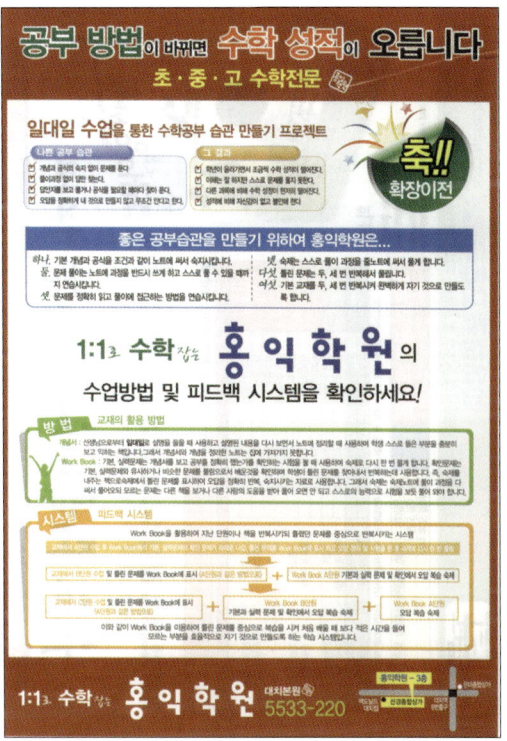

홍익학원

연 락 처	전화 02-5533-220
이 메 일	hjung0622@paran.com
위 치	서울시 강남구 대치동 506 선경상가 304호
대 상	초·중·고등부
과 목	수학

강좌소개

일대일 개인에 맞춰 강좌 구성

학원소개

"모르면 알 때까지" 틀리는 문제들을 빼놓지 않고 다시는 틀리지 않도록 만들어주는 학원이다. 설명을 듣고 귀가하는 형태의 수업을 벗어나 학생이 들은 내용을 자기주도적으로 학습하게 하는 학원으로서 수학과목의 특징에 맞추어 수학을 정확하게 공부하는 방법을 몸으로 체득하게 한다. 학생 개개인의 이해도 및 성취도의 차이로 인해 모든 학생은 일대일 개인지도 식으로 설명 및 학습관리를 받는다. 학원에서는 설명을 듣고 들은 내용은 다시 책을 보며 정리 및 풀이를 연습하고 테스트를 통해 확인을 받는다. 개념의 경우 배운 개념을 백지에 써 내야 하며 그 후 문제풀이 설명을 듣는다. 배운 문제는 노트에 과정을 써서 연습한 후 시험을 보게 되는데 풀이과정이 정확하면 다음 설명을 듣게 된다. 숙제의 오답 역시 설명들은 내용을 반드시 노트에 정리 후 시험을 보고 다시 숙제로 풀어보게 된다. 숙제는 학원 자체 워크북으로 진행되며 노트에 서술형 시험을 보듯 과정을 써 와야 하며 워크북에는 오답만 표시해서 오답노트로 활용한다. 워크북을 통한 피드백시스템을 활용하여 새로운 진도를 나가면서 앞에 배

운 단원을 틀린 문제 중심으로 반복 학습시킨다. 다른 학원과의 큰 차별이라면 일대일로 수업을 받는다는 것. 수학에 어려움을 극복하려는 친구들이 찾는 곳이기도 하다. 모든 수업과정은 써야 한다는것과 피드백시스템을 통해 반복학습이 이루어지므로 시스템에 따라 꾸준히 따라하기만 하면 분명 성적은 업!

선경어학원

연 락 처	전화 02-568-9001 / 팩스 02-568-2023
홈페이지	www.skenglish.co.kr
위 치	서울시 강남구 대치동 대치역 8번출구 원플러스상가
대 상	초 · 중 · 고등부
과 목	영어

강좌소개

▶NEAT KIDS(중2 이하~) ▶수능+내신+NEAT(중3~고1 · 2) ▶수능+내신(고2 · 3) ▶TEPS특강 ▶문법특강 ▶초등독서 클럽반 ▶Williams와 함께하는 민사고반 ▶외고 · 국제고반

학원소개

단계적 사고능력 계발로 체계적인 실력다지기를 통해 고난도 능력에 필요한 기술과 전략을 학습하여 대학입시를 준비해 주는 학원이다. 선경어학원의 프로그램은 크게 NEAT KIDS, 수능+내신+NEAT, 수능+내신으로 구분된다. ❶NEAT KIDS 프로그램은 중2 이하 학년들이

들게 되는데 ▶독해, 듣기, 말하기, 쓰기 영역별 수업구성 ▶실용중심의 '말하기, 쓰기' 활용도 집중 ▶국제반은 NEAT에서 요구하는 영어실력을 뛰어넘는 학생을 위한 프로그램이다. ❷수능+내신+NEAT연계 프로그램은 중3~고2까지 들을 수 있다. 수능을 우선 공부한다. 2013학년도부터 수시에 NEAT점수 참고자료 활용가능. 대학별전형, 자기 희망 대학 전공에 따라 대비하면 된다. 수시지원생을 위한 NEAT(말하기, 쓰기) 단과특강을 통한 영역별 대비 실시 ❸수능+내신프로그램은 고2·3이 들을 수 있으며 현재 대학입시 체제에 준한다. ▶선경만의 노하우를 통한 등급별 수준에 맞는 문제를 엄선하고 학생에게 제공하고 수업에 활용함으로써 실질적인 점수 향상을 도모한다.

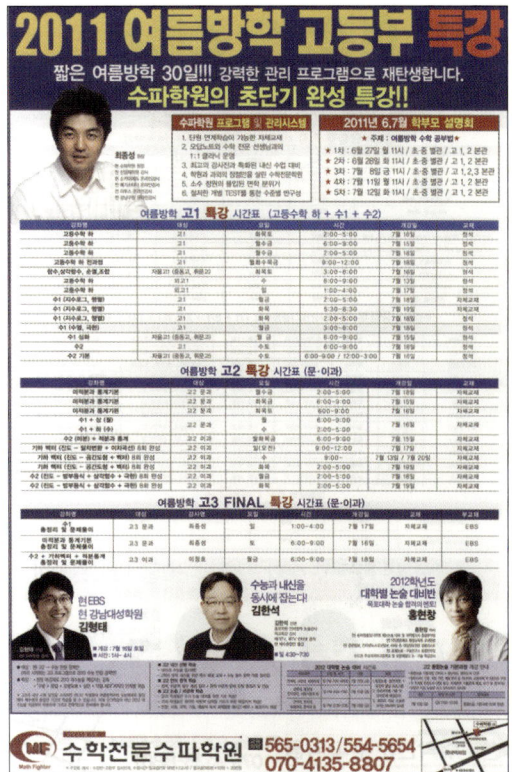

수파학원

연 락 처	전화 02-565-0313, 02-554-5654
위 치	서울시 강남구 대치동 한티역 롯데백화점 주차장 건너편 골목 2층
대 상	중·고등부
과 목	수학, AP, 대학별 논술

강좌소개

▶고1(고등수학하+수Ⅰ+수Ⅱ) ▶고2(문·이과) ▶고3(문·이과) ▶중등부(고등수학상+하+수Ⅰ+수Ⅱ) ▶중등부(중등수학7가+8가+9가, 7나+8나+9나) ▶해외 임시 귀국자녀 & 특례입학 특강 ▶수학 전과정 30일 단기 완성반 ▶대학별논술대비반

학원소개

현재는 스카이에듀에서 온라인으로 만날 수 있지만 전에는 메가스터디와 이투스, 그리고 강남구청까지 준수한 외모와 실력으로 종횡무진하였다. 뒷골목에 있어서 찾긴 쉽지 않지만 강력한 수학프로그램으로 실력만 오른다면 학원을 찾는 데 힘 좀 드는 게 무슨 문제랴! 수파학원의 관리시스템을 보면 ❶단원 연계학습이 가능한 자체교재 ❷오답노트와 수학전문 선생님과의 1:1클리닉 운영 ❸최고의 강사진과 특화된 내신수업 대비 ❹학원과 과외의 장점만을 살린 수학전문학원 ❺소수 정원의 몰입된 면학 분위기 ❻철저한 개별 Test를 통한 수준별 반이 구성되어 있다.

'생각의 좌표' 성낙진 원장과 함께한
올바른 독서법 Q&A

특목고 입시나 대학 입시 전형이 다양해지면서 서류평가의 비중도 커지고, 논술·구술·면접도 확대되면서 독서가 상당히 중요해지고 있는 것을 실감할 수 있습니다. 독서이력을 관리해 생활기록부에도 올려야 하고, 면접 등에 대비해 남들과 차별화된 색다른 책을 읽어야 할 것 같기도 합니다. 어른 세대에게 취미나 휴식이었던 독서가 지금 아이들에게는 하나의 과목으로 부담이 되고 있습니다. 어떻게 해야 아이들이 독서에 대한 흥미를 잃지 않고 제대로 된 독서를 할 수 있을까요? '생각의 좌표' 성낙진 원장을 만나 독서에 관한 궁금증을 풀어봤습니다.

Q 영어·수학 공부가 바쁜데 독서를 꼭 해야 할까요?

A 많은 아이들이 초등학교 5, 6학년만 되어도 영어·수학 시간표로 일주일이 꽉 찹니다. 게다가 숙제까지 많으니 독서는 항상 뒤로 밀립니다. 대부분의 학부모들은 독서를 꼭 해야 한다고 생각하면서도 막상 아이들이 오랫동안 책을 읽고 있으면 불안해하기까지 합니다. 이런 상황에서는 아이들이 책으로부터 멀어지는 것은 어쩌면 당연합니다. 결국 독서를 논술시험을 위한 하나의 과목으로 생각하게 되는 것이죠.

그러나 독서는 모든 학습의 기본입니다. 타인의 말과 글을 이해하는 것이 모든 학습의 기본이라고 할 때 독서는 가장 기본적인 도구인 것입니다. 독서를 통해 아이는 어휘를 익히고 문장을 이해하게 되며 타인의 사고를 객관적으로 이해하게 됩니다. 나아가 문제의식의 핵심을 알게 되는 것도 독서를 통해서라고 할 수 있습니다.

독서는 국어·영어·수학 공부의 바탕이 되기도 합니다. 어려운 영어지문을 이해하는 데 필요한 것은 어휘와 개념, 사회 상식 등입니다. 때문에 독서능력과 영어능력은 필연적으로 연관되어 있고 학년이 올라갈수록 심화되어 나타납니다. 수학 또한 독서, 독해력과 전혀 무관할 수 없습니다. 계산 문제를 아주 잘하는 학생임에도 불구하고 문장제 문제를 주면 충분히 읽어보지도 않고 모른다고 하는 경우가 있는데 이는 수학적인 능력이 부족한 것이 아니라 수학의 문장을 읽지 못하는 것입니다. 국어야 말할 것도 없습니다. 어린 시절부터 꾸준한 독서로 다져온 국어실력을 당해낼 수는 없습니다.

Q 어떤 방법으로 책을 읽어야 제대로 읽는 것인가요?

A 일단 가장 중요한 것은 책을 읽기 시작하는 그 순간부터 꼭꼭 씹어 먹는 정독을 하는 것입니다. 엄마가 책을 읽어주는 것을 들을 때부터 '왜?'라는 질문과 풍부한 대답 안에서 사고력을 기르면서 읽어야 합니다.

그 다음에 중요한 것은 많이 읽는 것입니다. 하지만 속독으로 다독을 하는 것이 아닙니다. 읽고 싶은 분야의 읽을거리를 흥미를 가지고 정독하며, 가능한 많이 읽는 것입니다.

그 다음 단계에서 중요한 것은 제대로 된 독해연습 시스템을 갖는 것입니다. 책을 많이 읽었다고 하는 학생 중에 핵심내용을 제대로 이해 못하는 경우를 종종 볼 수 있습니다. 그 이유는 자기 나름대로의 창의력으로 마음대로 내용을 이해하거나 논리적인 연결을 찾지 못해 핵심내용을 찾지 못하는 경우, 추론적 사고능력이나 경험적 상식이 부족해 내용을 완전히 잘못 이해하는 경우 등 여러 가지가 있습니다. 때문에 독해를 잘 하려면 아이 수준보다 적절하게 한 발짝 앞선 책을 골라 자신의 사고력을 바탕으로 정독하여 어휘, 문장력을 확장하고 추론적 질문, 요약, 비교, 확장 등을 통해 책의 내용을 완전히 소화해야 합니다.

Q 어느 시기에 어떤 책을 읽으면 좋을까요?
A 발달단계에 따라 아이들의 행동이 달라지는 것이 당연한 것처럼 발달단계별로 관심 있는 책의 종류가 달라지는 것은 자연스러운 일입니다. 유아기 때는 그림책을 보고 엄마가 읽어주는 책의 줄거리를 즐기다가 2학년 쯤 되면 대부분 스스로 소리 내지 않고 책을 읽게 됩니다. 그리고 점차 동화책에서 사실을 다룬 책으로 범위를 넓혀갑니다.

문제는 발달단계에 맞지 않는 과도한 독서입니다. 역사에 관련하여 4학년 이전에 통사위주의 책을 읽는 것은 아이들에게 큰 의미가 없습니다. 이 나이의 아이들에게 역사는 신화나 판타지적인 의미에 더 가까워서 인과관계를 가진 흐름을 잘 이해하지 못합니다. 신화나 문화재 등을 통해 역사에 대한 흥미를 갖게 하는 독서가 더 좋습니다.

세계명작을 언제 읽힐 것인가도 중요한 문제입니다. 고전은 우리 문화 속에 깊이 스며있는 것이므로 학습·논술뿐만 아니라 사회와 신문을 이해하는 데 있어서 중요한 교양입니다. 또 인간에 대한 이해를 넓혀가기 위해 평생에 걸쳐 꼭 읽어야 하는 분야입니다. 하지만 이 역시 아이들의 발달단계에 맞지 않으면 말짱 헛일이고 부작용도 따릅니다. '노인과 바다'를 낚시 이야기로 이해하고 '지킬박사와 하이드'를 공포소설 정도로 이해하게 됩니다. 특히 요약본이나 아이들에 맞게 개작한 명작시리즈를 읽히면 내용을 잘못 이해할 뿐 아니라 문화적 상징 등을 알지 못합니다. 더욱 더 나쁜 것은 그 책을 읽었다고 생각하는 것입니다.

사회적 문제나 경제적·정치적 개념과 가치 등은 초등학교 때에는 줄거리를 가진 이야기를 통해 습득하는 것이 좋습니다. 이러한 분야를 딱딱한 지식으로 습득하면 이는 전혀 아이들의 것이 되지 못합니다. 하물며 철학·사고력 책들도 하나의 책에 여러 주제들을 담은 책들이 있는데 이는 부모나 교사가 하나씩 떼어 철학적 토론을 요구한다면 모를까 학습지 풀듯이 문제를 짚어가는 것은 아이들에게 '철학 책은 지겹다'라는 고정관념만 남기게 됩니다.

Q 같은 나이라도 아이들마다 책을 이해하는 지적 수준이 다르지 않나요?
A 물론 아이들마다 똑같은 발달단계를 겪는 것은 아니고 약간의 차이는 있습니다. 하지만 사고력과 지식에 있어서 차이가 있다 하더라도 감성지수나 인간과 사회에 대한 이해력은 평균의 아이일 때 큰 차이가 없고 오히려 큰 차이가 나면 그것은 또 다른 문제입니다.

아이들이 원하는 책은 몸이 원하는 음식처럼 자연스러운 것이 큰 흐름이고 아이들은 시기에 맞춰 책을 고릅니다. 그 사이에서 어른들이 할 일은 아이의 눈이 못 미치는 분야의 책들을 넌지시 건네주고 아이가 가진 흥미와 연결시켜 주는 것입니다. 또한 패스트푸드와 같은 순간의 즐거움을 주는 책보다 영양과 맛이 풍부한 책들이 이 세상에 너무나 많이 있음을 아이들이 알게 해주면 됩니다.

● **인터뷰를 마치고** ●

요즘 아이들은 부모세대보다 훨씬 힘들게 공부하고 경험도 많이 하는 것 같은데 사고의 깊이는 떨어진다는 생각을 가끔 합니다. '생각의 좌표' 성 원장의 말씀을 듣고 보니 무엇이든 심지어 독서마저도 속성으로 해결하려는 세대가 아이들을 그렇게 만들고 있다는 생각이 듭니다. 양보다 질이 중요하다는 평범한 진리를 항상 잊지 말아야 할 것 같아요.

여상진수리논술연구소

연 락 처	전화 1544-6490
홈페이지	www.yeosj.com
위　　치	서울시 강남구 대치동 906-22
대　　상	고등부, 재수생
과　　목	수학·과학

강좌소개

▶수리논리 ▶과학논술 ▶수리+과학논술 ▶수능100점반(수리가형) ▶기출문제분석특강

학원소개

대표적인 수리논술 전문학원이다. 이과 최상위권, 특히 의대지원자들을 위한 프로그램이 유명하다. 수험생들을 위한 과학적 논술 지원의 바로미터인 '여상진 배치서비스'는 최근 늘어나는 수시의 문, 낮아지는 수능의 난이도를 감안, 상위권 학생들에게 남은 마지막 카드인 논술 전형을 과학적이고 체계적으로 분석하고 있다. 홈페이지에 가면 수리논술과 입시에 대한 동영상 설명회를 들을 수 있다. 질문은 다음과 같은 것이다.

❶수리논술에 있어 소수정예 강의가 좋은가, 대형강의가 좋은가? 대형강의와 비교할 때 소수정예는 논술실력에 대한 객관적인 위치파악이 안되고, 문제의 질을 담보하기 힘들다. 특히, 대학에서와 같은 명확한 채점시스템을 제공하지 못한다. 예상했던 것과 다른 대답이다. ❷수리논술 공부는 수능공부(100점 목표)에 어떤 영향을 미치는가? ❸수리논술에도 첨삭이 필요한가? 논술하면 떠오르는 단어, 첨삭! 인문논술과 달리 정답이 있는 수리논술에서도 과연 첨삭이 필요할까? 답은 동영상 설명회에 있다. 그 외에도 입시에 대한 학부모들의 궁금증에 명쾌한 답을 준다.

STREETS TIPS

퓨전일식 토로노

대치4동 동네 한가운데에 들어가 있어서 오가던 사람이 아니면 간판조차 낯설다. 일본 주점 같기도 하고 일식집 같기도 하고 그래서 퓨전이라 이름 붙였나 보다. 단품의 점심메뉴도 있지만, 이 집의 자랑거리는 단연 14,000원짜리 코스 정식이다. 가격에 비해 워낙 풍성하여 한번 발을 들이면 일단 서너번은 내리 찾게 되는 곳이다. 대치사거리에서 은마사거리방향 GS칼텍스 주유소 안쪽으로 30m 지점에 있다. 밤 열두시까지 영업. 02-553-7912

아이비학원

연 락 처	전화 02-553-4623
홈페이지	www.ivyok.com
위　　치	서울시 강남구 대치동 은마사거리 탑앤탐스건물 6층
대　　상	중·고등부
과　　목	중·고등학교 내신에 필요한 모든 과목, 경시 및 인증시험 대비

강좌소개

▶중·고등 정규반 ▶김수원국어교실 ▶추경문

선생의 수능언어 기출문제 출제원리 분석반 ▶ 이수진중학국어 ▶한자급수반 ▶한국사능력검정시험대비반 ▶경제경시대회시험반 ▶종합영문법반 ▶준교쌤의 중·고등수학반 등

학원소개

2004년 개원하여 차별화된 프로그램을 통해 인정받고 있는 곳이다. 모두가 선행과 최고를 이야기할 때 '내신' 만점에 도전하는 강화된 수업으로 대치동 일대 거의 전과목을 한꺼번에 한자리에서 해결할 수 있는 '내신전문' 학원으로 유명하다. 과목별로 선택해서 수업할 수 있다. 내신과 수능의 완벽한 조화를 이룬다는 김수원국어교실, 고1·2상위권생을 위한 베테랑 추경문선생, 입증된 내신과 기본 언어영역의 이수진중학국어, 고1학생들을 위한 문법고수 프로젝트! 종합영문법반의 이성곤 원장, 절대 서두르지 않고 꼼꼼한 개념 정의와 왜 수학공부를 해야 하는지를 일깨워주는 준교쌤, 이뿐만 아니라 한자급수반과 인증시험반도 구성되어 있다.

유원학원

연 락 처	전화 02-5522-001
위 치	서울시 강남구 대치동 대치역 2번출구 대치탑프라자 6층
대 상	중·고등부
과 목	국어

강좌소개

▶중등 : 언어·논술·내신독해력 강화반(소설·시·비문학 주별독서요약)+어휘강화 ▶고1 : 언어선행(언어모의고사)+비문학독해력강화(논술기초)+어휘강화 ▶고2 : 언어선행(언어모의고사)+문학독해력심화+어휘강화 ▶고3 : 언어실전(언어모의고사)+EBS지문정리+개인별 클리닉 등

학원소개

1993년부터 시작하여 2006년 소수 단과클리닉시스템으로 전환하였다. 학생별 성적 향상과 대학 합격을 이루어낸 학생점수 책임주의 학원이다.

특징을 보면 ❶독서지도를 통한 언어·논술 기초와 선행 ❷중1부터 고2까지 학교별·교과서별 편성으로 철저한 내신대비 ❸매주 어휘와 한자암기와 테스트로 국어체력기르기 ❹매주 에센스 독서와 방학 통권독서로 독서노트 작성 지도 등이다.

자연계 논술 바로알기 ❷

자연계열 논술 구체적 방법론

첫째, 교과과정에 충실하되 정확한 개념을 이해하고자 노력해라.
주어지는 제시문이나 조건은 기본적으로 교과과정 안에 있다. 하지만 단순히 적용하여 계산하는 것이 아니라 개념을 분석적 도구로 활용하는 능력이나 심화시켜 나가는 과정을 평가하고 있다. 따라서 수학, 과학을 단순 지식이 아닌 논리적 과정으로 이해하고 정확한 개념을 이해해야 한다.

둘째, 수리, 과학 전체 과목에 대한 통합적 이해력을 높여라.
각 교과별로 심화문제를 출제하는 경우도 있지만 통합 교과 형태로 출제하는 경우도 많다. 따라서 각 교과별로 통합적인 사고를 할 수 있는 능력을 길러야 한다.

셋째, 사회현상, 자연현상 등 이슈가 되는 문제에 대해 관심을 갖고 분석하려는 시도를 해라.
수학적, 과학적 기본 원리를 바탕으로 다양한 현상들을 논리적으로 추론하고 결과를 예측하는 연습을 해야 한다. 예를 들어 지진, 인구, 환경 문제 등은 꾸준히 출제될 가능성이 높다.

넷째, 논제를 파악하고 제시문을 분석하는 연습을 해라.
자연계열 논술에서도 다양한 형태의 제시문이 주어진다. 따라서 인문계열 논술과 마찬가지로 독해력을 높이고 논지를 파악하는 연습을 꾸준히 해야 한다.

다섯째, 지원하고자 하는 학교의 문제 유형을 정확히 파악해라.
학교별로 문제의 형태, 난이도 등에 많은 차이가 있다. 따라서 자신이 원하는 학교의 정확한 유형을 파악하고 체계적으로 준비해야 한다. 계산에 의한 답을 요구하는지, 설명을 요구하는지, 수식의 사용이 얼마나 가능한지 등을 확인해 두어야 한다. 비슷한 유형으로 출제되는 학교를 동시에 지원하여 준비하는 것이 효율적이며 다른 학교의 논술 시험에 응시해서 연습을 해두는 것도 좋다.

대치동 리포트

토탈어학원

연 락 처	전화 02-555-0582
위 치	서울시 강남구 대치동 은마사거리에서 송파방향 새천년약국골목 GS편의점건물 4층
대 상	초 · 중등부
과 목	영어

강좌소개

▶Total 내신대비 Program ▶Total 10단계 Program ▶Total Summer Grammar

학원소개

English Fundamental을 통해 Balanced Bilingual을 길러내는 학원이다. 토탈어학원의 특징은 ❶Total identity 시험이 아닌 실력을 먼저 생각한다. ❷Total Objective Balanced Bilingual 양성을 목표로 한다. ❸Total Competence 4대영역을 모두 잘하는 학생을 길러낸다. ❹Hybrid Total 한국적 영어 현실을 감안한 Hybrid학원이다. ❺One-stop Program, Total 어학원이 지적하는 우리나라 영어공부의 현실은 영어 따로 내신영어 따로 노는 파우스트적 분열 양상이다. 토탈은 이러한 분열을 거부하고 통합의 영어를 주창한다. 그래서 TOTAL이다. 아무리 영어 실력이 좋아도 학교시험을 무시할 수 없다. 하지만 대부분의 어학원이 내신 Program이 없거나 빈약하다. Hybrid Total은 다르다고 강조한다. NEAT와 토플 · 텝스에 필요한 통합적 영어부터 체계적인 내신지도까지 아우르는 One-stop Program을 제공하고 있다.

신어지학원

연 락 처	전화 02-539-7515~8
위 치	서울시 강남구 대치동 대치역 8번출구 100m 선경상가(맥도날드건물) 3층
대 상	초 · 중 · 고등부
과 목	중등부는 국어, 사회, 과학(초등부는 국어만!)

학원소개 및 특징

위대한 결말은 위대한 출발에서 나온다. 아이들의 '위대한 출발'을 함께 하겠다는 각오로 2011년부터 초등부까지 개강하였다. 그만큼 고등부가 안정되었다는 거다. 수년래 인근 고등학교 국어 내신수업으로 유명세를 단단히 치렀다.

중·고등부의 경우 문제풀이가 타 학원에 비해 압도적으로 많다. 누구는 과장을 좀 하여 신어지 고등부 프린트과제(한 분기 시험당)를 쌓아보면 30센티가 족히 넘는다고 한다. 그러니 점수가 안 나올 수 없다. 문과가 아니라면 그 많은 숙제를 다 해가며 타 학원 숙제와 병행하기가 쉽지 않다. 이번에 초·중등부로 확대하면서 국어 외에 사회, 과학으로까지 분야를 확대했다. 초등부 개강으로 중등부를 거쳐, 고등부까지 언어의 신(神)으로 가는 연계학습이 가능하다. 철저한 과제 체크와 지각·결석시 전화 확인 후 부모님께 SMS 통보. 내신 대비 기간에는 단원별 보강 클리닉 시간표가 있어 혼자 복습할 필요가 없게 해주겠다고 한다. 초6부터 시작하여 고등부까지 믿고 맡길 수 있는 유일한 학원이라고 자랑한다.

학원선생님·엄마, 좋은 결과를 끌어내기 위한 소통의 방법

❶ 신뢰하기
– 요모조모 다 살펴보고 따져보고 아이를 맡기게 되었다면, 일단 믿고 신뢰를 보여야 한다. 아이에게도 정말 좋은 학원, 좋은 선생이란 얘기를 해줘야 믿음을 갖고 배운다.

❷ 물어보기
– 가끔씩은 아이가 잘 다니고 있는지, 숙제의 상태가 어떤지 관심갖고 물어봐야 한다. 궁금한 것은 질문도 해야 한다. 비싼 수강료 냈는데 알아서 해주겠지 하고 넋놓고 있다간…

❸ 존중하기
– 한참 토플이 유행이던 몇해 전, 길거리에서 스치기만 해도 '유학파'라는 우스갯소리가 있었다. 30대 중반에 샤프해 보이면 다~ 수학·과학 샘들이란 말도 있었다. 학교선생님은 아니지만, 내 아이는 학원에서 공부 이외에도 많은 걸 배운다.

❹ 조심하기
– 내돈 내고 보내는 학원이라고 해서 본전 뽑듯, 물건사듯 말하지 말기. 고스란히 내 아이에게 갈지 모른다.

이상교육

연락처	전화 080-008-8800 / 팩스 02-563-7820
이메일	isang_mpr@isang.org
홈페이지	www.isang.org
위치	(본사)서울시 강남구 대치동 611 강남대학빌딩 3층
대상	초등학생 이상이면 누구나 가능
과목	기억법, 속독법, 교과응용학습

강좌소개 및 학습과정

한번 들으면 외워지는 기억력은 누구나 원하는 바다. 타고나기를 기억력이 좋다면 부러울 것이 없지만, 도통 암기가 어려운 학생이라면 기억력 전문가의 도움을 받는 것도 나쁘지 않다.

이상교육의 창의기억법과 정속독법은 집중력을 높여준다.
▶창의기억학습 : 학습내용 의미화→창의적 상상→교과에 적용 ▶정·속독학습 : 집중력 훈련→정·속독→요점 정리→기억 및 회생 ▶통합학습 : 창의기억, 정·속독 반복학습으로 학습내용을 이해하는 나만의 학습기준이 몸에 배도록 훈련시킨다. 집중, 창의, 이해, 사고, 어휘, 문제해결능력 또한 좋아진다.
교육지역은 전국적이다. 서울을 비롯해 경기권(인천, 부천, 김포, 분당, 용인, 일산, 수원, 화성, 안양, 안산), 충청권(대전, 천안, 청주), 전라권(광주, 순천), 경상권(대구, 울산, 부산, 창원, 김해, 포항) 등이 있다.

학원소개 및 특징

타 기억법, 속독법은 따라올 수 없는 30년 교육의 노하우를 자랑한다. 1:1 방문수업 방식으로 학습자 개별특성에 맞추어 지도한다. 학습시스템이 다르면 성적도 다르다고 강조한다. 은근 호기심이 당기는 부분이다. 수업의 효과로는, ❶집중력 향상 ❷읽기&이해 능력 향상 ❸창의력 향상 ❹기억&회생 능력 향상. 결론적으로 꾸준한 훈련으로 읽기능력, 집중력, 기억력, 창의력이 골고루 향상되고, 자신만의 공부방법까지 정립할 수 있다고 한다.

가람학원

연 락 처	전화 02-556-5527, 02-556-5547
위 치	서울시 강남구 대치동 은마사거리에서 삼원가든 방향 스타벅스건물 6층
대 상	중3~고등부
과 목	수학

📖 강좌소개

▶중3~고3 정규반 ▶중3·고1 특강반

📖 학원소개

'우등생은 타고 나는 게 아니라 만들어지는 것이다' 라는 모토로 안 되면 될 때까지 가르치고 관리하겠다는 학원이다. 그날 배운 것은 그날 반드시 테스트를 한다. 틀리면 남는다. 그래도 통과하지 못하면 수업이 없는 날 와서 해결해야 한다. 그렇지 않으면 다음 수업날 맞을 각오도 해야 한다. 자기주도학습과 좀 상반되는 듯한 강제성있는 수업인데 생각하기 나름이다. 자기주도가 잘되는 학생에겐 매번 상큼하게 테스트를 통과하는 성취의 즐거움을 줄 것이요, 그렇지 않은 학생들은 빚처럼 누적되는 테스트의 양이 싫고 매가 싫어서라도 공부를 하려 할 테니 자신도 모르게 어느새 실력이 쌓여 있을 것이다.

바로 이점이 매력이라서 보내는 부모들도 많다. 이완구 원장의 파워풀한 운영을 믿고 보내는 엄마들이 많아지면서 지금 스타벅스 건물을 본원으로 두 곳에 분원을 두고 있다. 수업시스템은 ❶완벽한 개념정리-쉽고 막강한 단원별 개념 수업 ❷철저한 확인학습-이전학습 내용에 대한 Test 매시간 실시 ❸Test&Feed Back-개인별 보충 및 재Test ❹심화학습+내신집중대비.

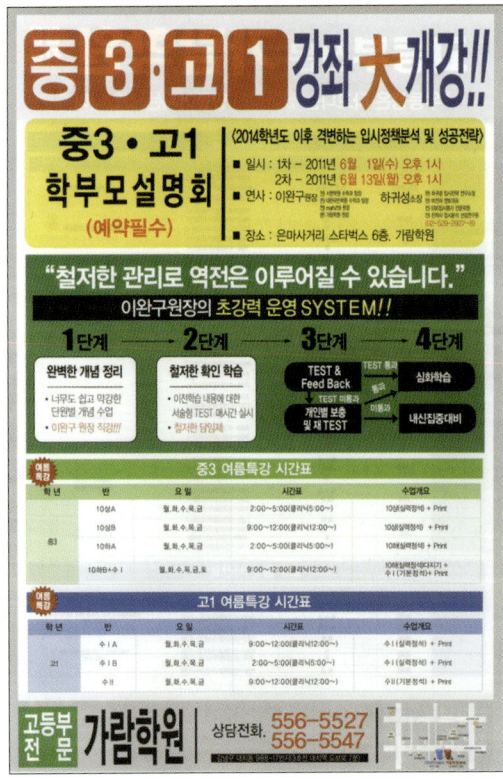

PMJ학원

연 락 처	전화 02-552-2800
위 치	서울시 강남구 대치동 은마아파트북문 은마독서실 3층
대 상	고등부
과 목	언어, 수학, 영어, 과탐

📖 강좌소개

▶고1·2·3 정규반

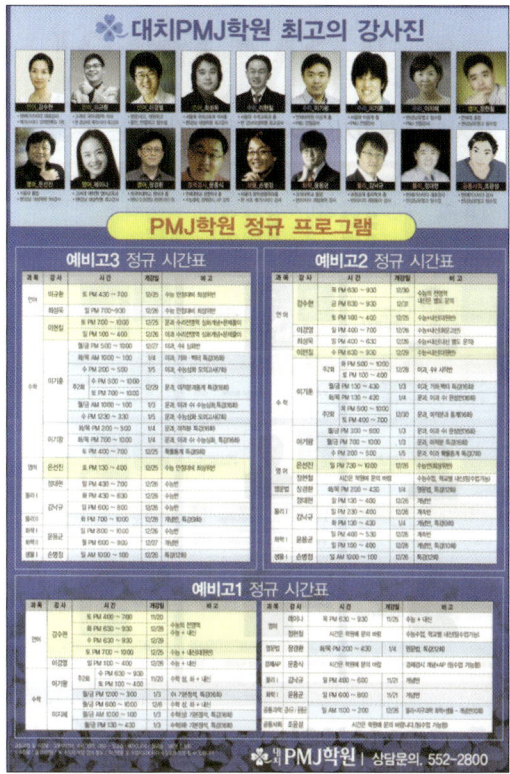

학원소개

대치동에서 엄마들이 만든 학원으로 이름난 곳 가운데 하나다. 이때 엄마들이라 함은, 자녀를 성공적으로 대학에 보낸 엄마들을 말한다. 좋은 대학이 자녀교육의 성공이냐고 다시 되묻는다면, 답하긴 곤란하다. 하지만 분명한 것은 대치동 학원가에서의 성공은 좋은 대학까지가 끝이다. 이후의 성공은 학원가가 책임질 일이 아니다. 이미 바통이 넘어갔기 때문. 대입의 선봉은 고등부다. PMJ학원은 고등부 단과연합학원이다. 강사진을 살펴보자. 만만치는 않다. 최근 TV에서 유명세를 탔던 레이나선생, 화학의 운용균선생의 이름도 보인다.
▶언어 : 강수현선생, 이규환선생, 이은직선생, 이경열선생 ▶수리 : 이기왕선생, 이기훈선생, 서원성선생, 김현정선생, 이현칠선생, 이지혜선생 ▶영어 : 은선진선생, 정현철선생, 이학수선생, 레이나선생 ▶과탐 : 화학 운용균선생, 물리 김낙규선생, 생물 박창수선생, 생물 손병정선생 등.

코리아 토인비 어학원

연 락 처	전화 02-569-9600
홈페이지	www.e-ktc.com
위 치	서울시 강남구 역삼동 831-24 프레스티지빌딩 3층
대 상	초·중·고등부

강좌소개

▶조기유학 교환학생 및 관리형 유학, 캠프 및 공동교육사업 ▶국제교류사업 ▶학업컨설팅 ▶국제반 운영

학원소개 및 특징

SAT, 유학전문업체이다. 2008년 유학 및 입시를 준비하는 학생들을 대상으로 체계적인 관리형 영어교육 학습프로그램을 전달하는 토탈 교육지원센터로 설립되었다. 세계화 시대에는 경쟁력있는 지식과 실력을 갖춘 사람만이 자신이 추구하는 가치와 꿈을 실현시킬 수 있다. 유학 외에도 청소년 프로그램(HOBY, DIFOS, 경제포럼 등) 한국 단독본부로써 연간 600명 이상 참가하는 국내 캠프도 진행하고 있다.

현덕학원

연 락 처	전화 (현덕학원)02-557-7783~4, 02-557-7706, (아카데미)02-557-9701~2
홈페이지	www.hdi4u.com
위 치	서울시 강남구 대치동 은마사거리에서 삼원가든방향 태안빌딩 3~4층
대 상	고등부
과 목	언어 · 수리 · 외국어영역 · 과학 · 사회탐구 · 통합논술

강좌소개

▶고1·2 정규반(언어, 수학, 영어, 논술, 한국사) ▶고3 정규반(언어, 수학, 영어, 논술, 수리구술논술) ▶과학탐구(생물, 화학Ⅰ·Ⅱ, 물리), 사회탐구(국사, 근현대사, 사회문화, 한국지리, 경제, 경제지리, 정치) ▶NEAT시험대비반 ▶TEPS강좌 ▶수시논술

학원소개

수능을 위한 고등부 연합단과학원이다. 겨울방학 시작 무렵 설명회는 매우 인기다. 호소력 짙는 원장의 강연은 학부모들로 하여금 결연한 의지를 다지게 한다. 명성은 예년만 못하나, 한 분 한 분 선생님들의 면면은 여전히 예사롭지 않다. 검증된 강사를 신중하게 초빙하고, 출제 적중도에 따라 자연스럽게 다른 강사로 교체된다. 학생들이 원하는 대학에 진학할 수 있도록 올바른 조타수(操舵手)의 역할을 한다고 자부한다. 주요 강사진의 면모를 살펴보자. ▶언어 : 김봉소선생, 김성규선생, 김기량선생 ▶수리 : 황준규선생, 김진홍선생, 이창무선생, 신지철선생, 유상민선생 ▶외국어 : 김진성선생, 최창호선생, 안정아선생 ▶과탐 : 허지영선생, 공창식선생, 정수민선생, 이필원선생 ▶사탐 : 이종길선생, 이용재선생, 이승헌선생, 김형직선생, 윤양현선생, 황나리선생 ▶논술 : 백진기선생 등

잠수네 커가는 아이들
www.jamsune.com

전국 경향각지에서 영어 좀 한다는 아이들의 부모는 거의 알고 있는 '집표' 영어학습의 대명사인 사이트다. 영어교육이 메인이나 수학, 과학, 예체능 등 학습전반에 걸친 고수맘들의 조언은 상당히 도움된다. 영어교실, 수학교실에 들어가는 기간을 놓쳐 발을 동동 구르기도 하고, 책벌레에 등극하기 위해 아이들은 부지런히 책을 읽어대기도 한다. 영어학습에 있어 또다른 하나의 기준을 마련한 사이트다. 2000년도에 생겼다.

강정속성한문

연 락 처	전화 02-562-2985
위 치	서울시 강남구 대치동 은마상가 A블럭 230호
대 상	중·고등부
과 목	한문

강좌소개

▶주말반 ▶중등부 교과서반 ▶고2 교과서 내신반 ▶부수특강반 ▶정규반 ▶7급수강반 ▶6급수강반 ▶준4급수강반 ▶4급수강반 ▶수능준비반(고1·2·3)

학원소개

한자공부 절대 필요하다. 한자를 사용하면 뇌활동이 활발, 암기력, 이해력이 아주 높아진다는 연구결과가 있다. 한자는 저학년에 배워야 단기기억에서 장기기억으로 넘어가서 잊혀지지 않으며 어릴 때부터 배워야 효과가 높고 1000자만 익혀도 학습두뇌의 구조가 확 달라진다. 강정속성한문이 자랑하는 것은 다음과 같다. ❶교수법이 특별하게 다르다. ❷모든 과목을 잘 하려면 한자부터 완성하라. ❸오랜 경험에서 얻어진 지혜로 직접 제작한 교재가 있다. ❹'한문을 하고 싶다'라고 말할 수 있도록 가르친다. ❺가장 빠르게 배울 수 있게 쉽게쉽게 풀이하여 가르친다. ❻통자로 암기시키지 않는다. 한자는 학년에 구분없이 부수부터 배워야 한다. 왜일까? 부수 속에 뜻이 있기 때문이다. 한자는 뜻글자이다.

깊은생각 ERS어학원

연 락 처	전화 02-565-0526 / 팩스 02-565-5930
위 치	서울시 강남구 대치동 은마아파트 사거리
대 상	중·고등부
과 목	영어

강좌소개

▶중등부 : 고등부와 Level 구분이 비슷 최상위 Required가 없고 Preparatory가 있다. ▶고등부 : Required, Advanced(Teps 600점대 모의고사 1~2등급), (Teps 750점 이상, 모의고사 1등급), High Intermediate(모의고사 2~3등급), Intermediate(모의고사 3~4등급), 수능완성반, 수능실력반

학원소개 및 특징

대학입시에 최적화된 학습시스템으로 중등부터 대입까지 6년의 영어학습 로드맵을 제시한다. 남성복 모델같은 한민우 원장, 티치미에서 '입시 뉴~으스'로 명성을 떨치고 있는 김찬휘 대표강사가 최고 Level 클래스를 이끈다. 중등영어에서는 유창한 영어구사능력을 배양, 토플과 국가인증시험에서 고득점을 목표로 가르친다. 내신시기에는 교과서별로 반편성, 본문 핵심정리, 핵심문법사항 및 기출문제 풀이로 구성되며, 고등영어에서는 수능대비를 위해 듣기, 독해, 문법, 어휘 등이 골고루 이뤄지며 국가인증시험 대비를 위해 Writing 과정이 모든 과정에서 수준별로 이루어진다.

대찬학원

연락처	전화 02-554-2772 / 팩스 02-553-3626
이메일	jiyoungjinju@hanmail.net
위 치	서울시 강남구 대치동 1023-6 오리다빌딩 6층(탐앤탐스 6층)
대 상	고등부
과 목	언어, 수학, 영어, 사회탐구 전과목, 제2외국어인증, 제2외국어수능, 텝스

학원소개 및 특징

대표적인 고등부 학원 가운데 하나다. 대찬학원 설명회는 대학 입시의 트렌드를 읽기 위해 학부모들이 자주 순례하는 단골코스다. 과목별로 학부모들이 가장 선호하는 대한민국 1타 선생님들을 모셔 입시에 가장 최적화되고 효율적인 강좌를 개설한다는 자부심이 크다. 언수외를 기본과목으로 사탐, 제2외국어 등 수능 전 영역과 서울대 지망생의 필수강좌까지 전 과목이 준비되어 있다. 또한 김태희 텝스를 비롯 제2외국어인증, 각종 AP, 경제경시 등 비교과로 쓰이는 강좌가 마련되어 있어 외고생 및 일반고 최상위 학생까지 만족시키고자 한다.

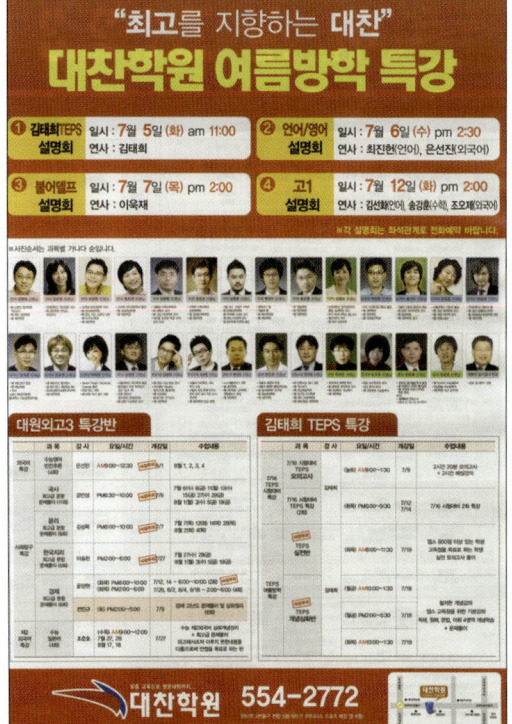

진수학 학원

연락처	전화 02-553-1202 / 팩스 02-553-4595
홈페이지	www.jinmath.co.kr
위 치	서울시 강남구 대치동 913-14 인애빌딩 2층
대 상	초·중·고등부
과 목	수학

강좌소개

▶초등부 : 영재전문강좌 및 중등선행강좌 ▶중등부 : 과고, 영재고 목표를 하는 학생들을 위한 강좌 ▶고등부 : 과고, 외고학생들을 대상으로 하는 수시 및 수능 중심 강좌 ▶수학올림피아드 강좌 : 수학 경시를 위한 강좌

학원소개 및 특징

대치동의 대표적인 수학경시학원 가운데 하나다. 상대적으로 역사는 짧으나, 출발부터가 유명 경시학원의 명강사들이 나와서 시작했던 것이라 탄탄한 성장은 예견되었던 터다. 선수맘들이란 본디 학원의 간판을 보고 가지 않고 강사를 보고 어디든 쫓아가는 법. 특히 대치동은 명성으로만 먹고사는 곳이 아니다. 명성에

도 거품이 낄 수 있기 때문이다. 속일 수 없는 실력, 부침없는 열정과 실적, 그것은 단칸의 강의실이어도 성공할 수 있는 열쇠다. 수학올림피아드 수상실적이 말해주듯 IMO대표선발 6명 전원이 이곳 출신이다. 매년 많은 학생들이 수학경시대회에서 상을 타고, 서울대 수시에서 많은 학생이 합격한다. 초등부터 수능, 수학올림피아드까지 일관된 커리큘럼으로 학생들의 수준을 한 단계 한 단계 격상시켜 주는 프로그램은 노하우에 속한다. 모든 선생들이 수학의 각 부분을 분담하여 전문성있고 책임 있는 강의자료를 만들고 엄선된 문제를 선별하여 수업에 임한다. 특징은 누구나 말하는 개념중심이 아니라 진짜 원리를 터득하게 학생들을 이해시킨다는 데 있다.

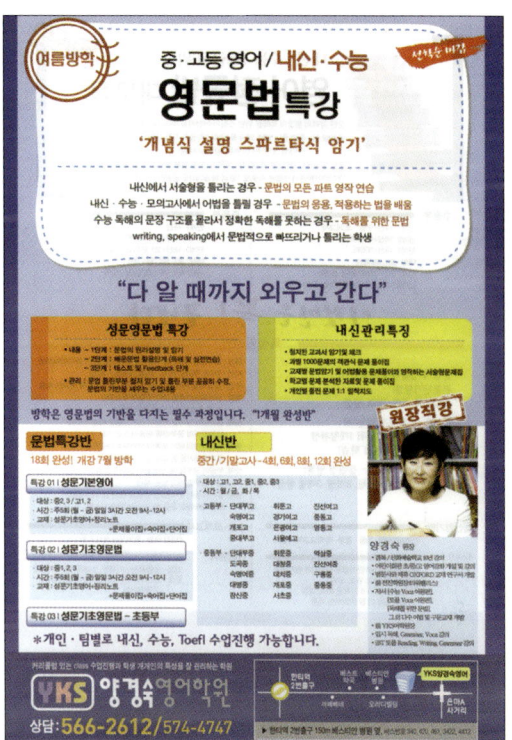

양경숙영어학원

연락처	전화 02-566-2612, 02-574-4747
블로그	http://blog.naver.com/yksenglish
위 치	서울시 강남구 대치동 한티역 2번출구 150m 베스티안병원 옆
대 상	중·고등부
과 목	영어

강좌소개

▶영문법특강반 ▶내신반 ▶내신수능1등급을 위한 영어정규반 ▶특설암기반(내신암기반, 수능모의고사풀이 및 단어암기반, 토플단어집암기반, 중·고등단어암기반)

학원소개

학생 개개인의 특성을 잘 파악하여 관리하는 학원이다. 개인·팀별로 내신, 수능, 토플 수업진행이 가능하고 일류대 아이비리그를 목표로 S(S)AT, TOEFL, AP수업도 가능하다. 중·고등 내신과 수능을 위한 영문법특강은 개념식 설명 스파르타식 암기를 한다. 내신에서 서술형을 틀리는 경우를 대비해 문법의 모든 파트 영작 연습을 시키고 내신, 수능모의고사에서 어법을 틀릴 경우를 대비해 문법의 응용·적용하는 법을 배운다. 수능독해의 문장구조를 몰라서 정확한 독해를 못하는 경우를 대비해 독해를 위한 문법도 한다. Writing, Speaking에서 문법적으로 빠뜨리거나 틀리는 학생이라면 영문법 수업을 통하여 영어에 자신감을 갖길 바란다.

대치동 리포트

'수학의 눈' 김용재 원장이 조언하는
수학 노트정리 노하우

그 어떤 과목보다도 시간과 노력을 많이 투자해야 하는 과목이 수학이죠. 그리고 보다 체계적으로 공부해야 하는 과목도 수학인 것 같습니다. 그런데 수학 공부하는 아이를 살짝 엿보면 귀찮아서 손을 쓰지 않고 눈으로 해결하려고 할 때가 많습니다. 마치 어떻게 하면 적게 쓰고 빠르게 풀까를 고민하는 것 같습니다. 그러면서도 척척 잘한다면 얼마나 좋을까요. 하지만 안타깝게도 특별한 유전자를 타고나지 않아서….

수학공부를 할 때 쓰기 귀찮아하는 아이들은 교재의 개념 부분은 눈으로 대충 훑어보며 이해했다고 생각합니다. 문제를 풀 때도 머릿속으로 문제풀이에 대한 힌트를 떠올린 뒤 문제집에다 필요한 계산만 적어가며 풉니다. 이런 경우 초등학교 때까지는 곧잘 해도 중학교에 들어가서부터 성적은 점점 내리막길이기 쉽죠. 40~50%나 차지하는 서술형 문제의 경우 답은 맞아도 풀이가 틀려 점수를 받지 못하는 경우가 다반사인 것 같습니다.

그러면 수학 공부를 잘하기 위해서는 어떻게 해야 할까요? 그에 대한 어느 정도의 해답이 노트정리에 있다고 생각합니다. '수학의 눈' 김용재 원장에게 수학 노트정리 방법과 그 활용방법에 대해 들어봤습니다.

수업 필기 노트로 선생님 설명을 철저히 복습한다

에빙하우스의 망각곡선에 따르면 인간의 기억은 시간에 반비례한다. 학습 후 10분이 지나면 망각이 시작되고 1시간이 지나면 50% 이상을 잊어버린다. 이처럼 누구나 기억력에는 한계가 있다. 학교나 학원에서 새로운 내용을 배울 때 선생님이 정리해 주는 내용들을 필기해 두지 않으면 혼자서 복습할 때 어려움을 느끼게 된다. 학생의 이해를 돕기 위해 선생님이 알려주는 교과서에 없는 부분에 대한 계산이나 유도 과정 등을 필기 노트에 적어놓으면 복습할 때 큰 도움이 된다. 또한 선생님이 수업시간에 강조한 부분은 학교 시험에 출제될 가능성이 높기 때문에 체크해 두고 눈여겨 복습할 필요가 있다.

| 수업 필기 노트 정리 Tip |

① 수업시간에 칠판에 필기한 내용과 따로 말씀하신 중요 내용들을 적어둔다.
② 혼자 복습하다가 어렵거나 중요하다고 생각한 부분에는 눈에 띄게 체크를 해둔다.
③ 연관된 참고 내용을 간략히 덧붙인다.

개념 노트에 개념과 공식을 확실하게 정리한다

수학 공식은 한 번 외운 걸로는 문제풀이에 응용할 수 없다. 어떤 맥락에서 그 공식이 나오게 되었는지를 알아야 그와 관련된 문제를 풀 수 있다. 이런 맥락을 파악하고, 공식을 깊이 이해하기 위해서는 개념을 스스로 정리해 보는 것이 좋다. 자신만의 개념정리 노트를 만들어 수업시간에 배운 내용과 책으로 공부한 내용들을 하나로 묶어 정리해 두면 매우 유용하다.

| 개념 노트 정리 Tip |

① 개념 노트를 작성할 때는 가능하면 공간을 여유 있게 사용한다. 여백이 있는 경우 나중에 내용을 추가해야 할 경우에 요긴하게 사용할 수 있다.
② 개념 및 핵심적인 아이디어를 정리한다.
③ 주요 공식과 정리를 증명한다.
④ 유형별 문제를 정리한다.
⑤ 추가적인 설명과 중요한 조건들을 함께 써놓는다.

풀이 노트로 언제든지 자신이 풀었던 문제의 풀이 과정을 확인한다

어떤 방법으로 내가 문제를 풀었는지 되돌아보는 것은 수학을 공부할 때 매우 중요한 복습 과정이다. 이를 위해서는 수학 전용 풀이 노트에 일관되게 정리해야만 한다. 또한 이렇게 정리하여 노트 한 권을 다 쓰게 되면 뿌듯함을 느끼는 것은 물론, 수학에 대한 자신감도 생긴다. 문제 풀이 노트를 통해 답안을 정리하고 활용하는 습관만 길러도 수학 성적이 괄목할 만큼 향상된다고 한다. 풀이 노트를 작성할 때는 눈여겨보아야 할 문제 풀이나 풀지 못했던 문제 등을 함께 정리해 두면 다음에 복습할 때 많은 도움이 된다.

| 풀이 노트 정리 Tip |

① 수학 공부를 할 때 항상 풀이 노트를 가지고 다니며 모든 문제를 정리하며 푼다.
② '내가 이 문제의 서술형 답안지를 만든다'는 마음으로 풀이 전 과정을 체계적으로 정리한다.
③ 풀이 노트는 반드시 페이지마다 세로로 반을 나누어 사용한다.
④ 문제별로 어떤 책에 있는 문제인지, 어느 단원과 관련된 문제인지를 알 수 있도록 문제집과 페이지, 문제 번호 등의 정보를 반드시 적는다.
⑤ 페이지 상단 왼쪽에 문제를 푼 날짜를 적는다.
⑥ 풀이 밑에는 문제 풀이의 핵심 전략이나 이 문제의 특이 사항 등을 따로 정리한다.
⑦ 틀린 문제이거나 해답을 참고한 경우에는 따로 표시를 해두고, 나중에 또 그와 비슷한 문제를 틀리거나 모를 경우에는 오답 노트에 옮겨 정리한다.

오답 노트로 자신의 약점을 체계적으로 복습한다

중·고등학교 과정에서 다루는 수학 문제들은 대부분 한정된 유형에서 선택되어 출제된다. 따라서 한 번 다루었던 유형의 문제는 확실히 알고 넘어간다는 마음가짐으로 공부해야 한다. 한 번 틀렸던 문제나 풀지 못했던 문제를 철저히 분석하고 오답 노트에 별도로 작성하여 틈틈이 복습해 둔다면, 다음에는 결코 그 문제와 비슷한 유형의 문제는 틀리지 않게 된다.

| 오답 노트 정리 Tip |

① 모든 틀린 문제를 오답 노트에 적는 것은 비효율적인 학습 방법이다. 개념 정리가 끝난 후에도 모르거나 헷갈려 틀린 문제만 오답 노트에 옮겨 적는다.
② 오답 노트에 정리한 문제와 깔끔하게 정리된 풀이를 시간이 날 때마다 들여다보며 익힌다.
③ 문제를 푼 날짜와 출처, 관련 단원 등을 반드시 적어둔다.
④ 문제 및 풀이에 대한 자신의 분석을 함께 정리해야 한다. 문제 풀이의 핵심적인 아이디어나 전략 등을 문제 밑에 기술해 둔다.
⑤ 틀린 이유도 간략히 분석해서 나중에 되새겨 본다.
⑥ 오답을 유형별로 분류해 내가 어떤 부분에서 문제를 자주 틀리는지에 대한 약점을 분석한다.
⑦ 난이도나 복습 횟수, 최종 마무리 등을 간단히 표시해 두면 더욱 빠르고 효과적으로 복습할 수 있다.

● 덧붙이는 글 ●

미국의 수학자 폰 노이만은 "수학은 이해하는 것이 아니다. 그저 익숙해지는 것일 뿐이다"라고 말했습니다. 수학이라는 학문은 '손으로 쓴 수식'의 형태로 학습되기 때문에 필기를 통해 익숙해질 수 있다는 것이지요. 공식이나 풀이 과정을 열심히 적다 보면 어느덧 그 내용을 손으로 기억할 수 있게 되고, 정리한 내용을 다시 눈으로 확인하면서 본질적 내용과 논리적 흐름에 적응하게 된다고 하네요. 아이에게 수학 공부할 때 손을 쓰는 습관을 들이도록 하는 것, 힘들지만 포기해서는 안 되는 부분이겠죠?

참고자료 : 「수학의 눈을 찾아라」, 에듀아이즈 지음, 랜덤하우스

KNS어학원

연락처	전화 (초등관)02-508-0921, 02-508-0931
	(중등관)02-539-8535, 02-539-8536
	(고등관)02-555-4569, 02-566-4526
홈페이지	www.knsedu.co.kr
위 치	(초등관)서울시 강남구 대치동 987-20 서진빌딩 5층 (중등관)서울시 강남구 대치3동 976-7 3층 (고등관)서울시 강남구 대치동 989 태원리치타운 4층
대 상	초·중·고등부
과 목	영어

강좌소개

▶고등부 : 정규수능반, 수능특강반, 단과특강반, 정규텝스반, 특강텝스반, 텝스단과반 ▶중등부 : 문법강좌반, 예비 고1반, 중1·2 NEAT 전문과정, TEPS반, 고급독해반, 주5일집중과정, 김치삼 원장의 중등최상위반 ▶초등부 : 정규과정, TEPS반, 문법과정, 독해과정

학원소개

기본을 다지는 데 가장 중요한 것이 어휘학습이다. 어휘를 알아야 청해나 독해를 제대로 할 수 있고 또한 어휘를 알아야 올바로 말하고 제대로 쓸 수 있다. 한번 갈 때마다 400개의 단어까지 외우게 한다. 학년과 레벨이 낮아도 200개는 기본이다. 단어 외우느라 다른 숙제를 못해 갈 정도라고 하소연이다. 그만큼 어휘의 중요성을 강조한다. 텝스 점수를 내기 위해 막판에 간절함으로 매달릴 때 효과적이다. 초등부, 중등부, 고등부로 나뉘어져 있다. ❶초등부정규과정의 특징→KNS학원의 토플·텝스 강의의 고득점 Know-how가 녹아있는 프로그램. 우수한 강사진과 철저한 관리가 도드라진다. ❷초등부 문법과정의 특징→용어부터 응용까지 하나하나 꼼꼼히 지도하고 레벨테스트를 통해서 반을 배치해 준다. 또한 예습자료와 복습자료를 통해서 철저히 관리하고 Writing과 연계될 수 있도록 지도한다. ❸TEPS PROGRAM→고득점의 체계적인 영역별(청해, 문법, 어휘, 독해) 강의로 진행되는 KNS만의 TEPS시스템을 갖추고 있다. ❹수능 PROGRAM→각 과정 학년별, 수준별로 구성하여 매시간 어휘 Test와 전 시간 과제체크를 한다. 또한 정기 모의고사 시행으로 철저한 학생의 실력 향상도를 체크하여 오답노트 활용을 통한 학생의 취약부분을 보완한다.

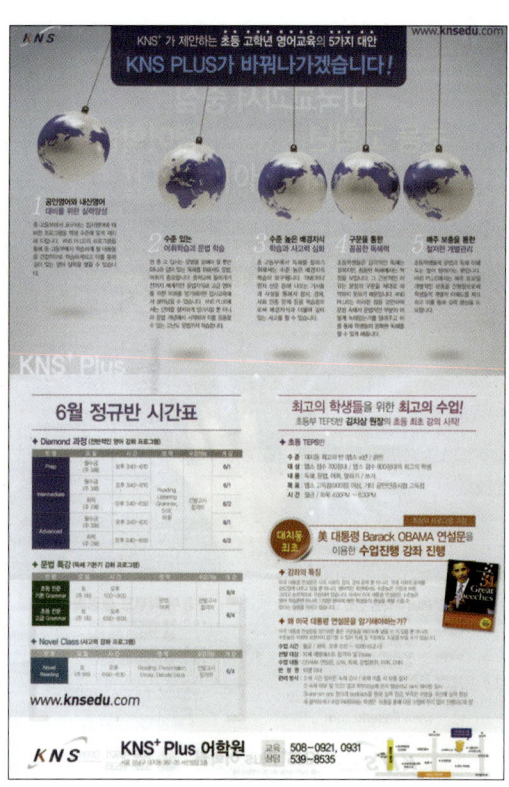

WHY수학 전문학원(와이수학 전문학원)

연 락 처	전화 02-557-7747 / 팩스 02-557-6847
위 치	서울시 강남구 대치동 606-1 6층
대 상	중·고등부
과 목	수학

강좌소개
▶중등부 : 내신심화+선행 ▶고등부 : 내신+수능

학원소개
소수정예학원이며 꼼꼼한 개념정리와 학생 개인별 맞춤형 첨삭 강의, 정확한 개념을 바탕으로 다양한 유형의 문제를 익히게 한다.

M.I어학원

연 락 처	전화 02-563-2400
홈페이지	www.miedu.co.kr
위 치	서울시 강남구 대치동 은마사거리에서 대치사 거리방향 보양빌딩 4층
대 상	1학년~9학년
과 목	영어

강좌소개
▶M.I어학원 정규반 ▶유학준비반 ▶Reading & Writing 단과수업

학원소개
Milestone Institute는 영어를 모국어로 습득하는 과정과 최대한 유사하게 이루어져야 한다고 생각한다. 중국, 일본 등에서 국제학교를 다녔거나 리터니들이 소리 소문없이 다니는 곳이다. 체계적인 학습 깊이는 Reading을 통해 비판적, 창의적 사고를 키우는 데 중점을 둔다. 교육자와 학생 간의 상호작용을 통해 학생 스스로 의미를 구성하는 기회를 제공하여 자신이 원하는 것을 말할 수 있도록 한다.

M.I어학원 정규반은 ❶창의력 중심의 미국 교과과정에 맞춘 프로그램이다. ❷한 강사가 한 Class에 5명의 학생만 체계적으로 전문지도 한다. ❸과목별 전문 원어민 강사진이 100% 영어로 진행하는 소수집중 심화교육이다. ❹Regular Program를 통한 영어실력향상은 iBT

깊은 생각 한석만 원장의
수학 Mistake & Solution

아이가 학교 수학시험을 보고 온 날은 결과를 물어보기가 정말 조심스럽습니다. 열심히 공부했는데 실수를 해서 한두 문제 더 틀린 경우 아이 감정도 엉망이고, 지켜보는 부모도 안타깝기 그지없죠. 하지만 '깊은생각'의 한석만 원장은 "실수는 실력이 아니라 습관이다"라고 말합니다. 습관이기 때문에 더 고치기 힘들며 처절한 반성이 있어야만 극복할 수 있다는 것이지요. 유난히 실수가 많은 수학 과목. 도대체 아이들 어떤 실수를 하고, 그 실수는 어떻게 극복할 수 있는지 알아볼까요?

Mistake 1　생략과 비약 | 문제에 제시된 조건을 고려하지 못하거나, 내가 얻은 결과가 문제에서 묻는 내용인지를 점검하지 않아 생기는 오류이다. 예를 들면 모든 풀이는 완벽하게 해결했는데 마지막 절차로 '무엇을 묻는가?'에 대한 검증을 생략해 a+b+c를 구해야 하는데 d+e+f를 구하는 경우이다. 이러한 실수는 서두르는 순간 발생한다.

Mistake 2　왜곡된 생각의 무비판적 적용 | 어려운 문제는 잘 푸는데 쉬운 문제에서 틀리는 경우가 많다면 이 유형에 해당된다. 주로 상위권 학생들에게서 나타나는 전형적인 오류다. 자신에게 익숙한 문제여서 문제를 푸는 과정 중 일부를 생략하고 비약하는 동안 과거에 자신이 풀던 생각을 무의식적으로 적용하는 왜곡이 나타난다. 이런 경우 자신이 잘못한 것을 정확하게 반성하지 못하면 왜곡된 사고로 굳어지게 된다.

Mistake 3　정돈되지 못한 풀이과정과 나쁜 글씨 | 조건이 복잡하거나 풀이과정이 두세 단계를 거치게 되는 경우 정돈되지 못한 풀이과정 때문에 오류에 이르는 경우가 허다하다. 또한 나쁜 글씨는 자신의 판단을 왜곡시키는 대표적인 이유가 된다. 수학을 잘 하는데, 글씨가 나빠서 마지막 판단에서 실수를 한다면 최악이다.

Solution 1　글씨를 바르게 또박또박 쓰는 연습이 필수 | 학생이 글씨를 엉망으로 쓰는 데에 대한 1차적인 책임은 부모에게 있다. 유치원 때부터 정서하는 습관을 들이고 잘 썼을 때는 칭찬을 해주는 것이 중요하다. 예를 들어 숫자 9와 알파벳 a, q를 구별할 수 없도록 쓰거나, 3^3을 33과 같이 쓰는 경우가 종종 있다. 이런 경우 매일 자투리 시간을 이용해서 바르게 쓰는 연습을 해야 한다.

Solution 2　풀이과정을 노트에 정리하며 해결하는 습관 중요 | 문제의 해결에 필요한 개념은 무엇인지, 조건은 모두 정리했는지 점검한다. 여러 경우로 나뉘는 풀이인 경우 각 단계를 적절히 구분해 표현하고, 마지막에 종합하기 쉽도록 각 단계의 결론에 밑줄을 긋는 훈련이 필요하다.

Solution 3　문제를 풀고 난 후 반드시 점검 | 열심히 풀고 난 후 조건을 무시한 채 엉뚱한 답을 쓰는 실수가 많다. 내가 얻은 답과 질문에서 요구한 답이 같은지 반드시 점검한다.

Solution 4　연산 연습 | 연산 과정에서 잦은 실수를 하는 경우 교과서나 익힘책의 문제들을 제한 시간 안에 매일 푸는 연습을 하는 것이 좋다. 예를 들어 점심시간 15분을 이용해 15문제를 풀어 만점을 맞는 수준까지 연습한다.

TOEFL, 특목중·고 대비, SSAT·SAT 등의 시험에 고득점을 확보할 수 있다. 유학준비반은 ❶조기유학, 교환학생, 여름방학 중 귀국하는 학생들에게 미국 학교수업의 80~90% 이상을 차지하는 Essay와 Presentation을 위한 Writing Skill 집중교육 ❷체계적인 문장구조를 통한 Writing과 Speaking 능력향상 ❸토론식 수업을 통해 논리적인 의사전달 능력을 강화 ❹소그룹 혹은 1:1수업 가능. M.I어학원의 모든 수업은 영어 강의와 토론, 그리고 프리젠테이션 형태로 진행된다.

SYSTEM영어클리닉

연 락 처	전화 02-574-0678
위 치	서울시 강남구 대치동 분당선 한티역 5번 출구 도곡렉슬상가 207호
대 상	고등부
과 목	영어

강좌소개
▶수능 ▶내신

학원소개
단기간 집중학습으로 수능만점까지 가능하다고 하는 학원이다. 공부에 자신감을 잃어 고민하는 학생들이 있는가? 다양한 이유로 공부에 자신감과 의욕을 잃어버려 인생 자체를 비관하는 많은 학생들, 한 과목에서라도 자신의 점수가 크게 올라가는 경험을 하게 되면 그 학생은 공부에 자신감을 얻어 믿

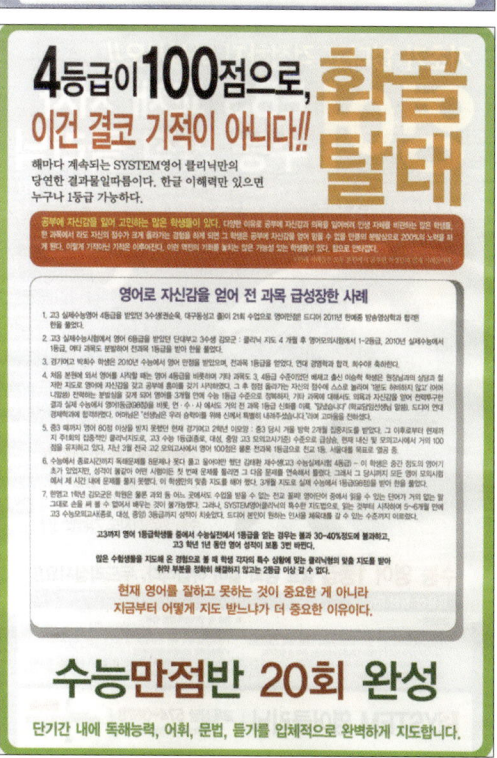

을 수 없을 만큼의 분발심으로 200%의 노력을 하게 된다고 한다. 현재 영어를 잘하고 못하는 것은 중요하지 않다. 지금부터 어떻게 지도받느냐가 더 중요하다고 학원측은 강조한다.

특징은 다음과 같다. ❶기초부터 착실하게 문법을 지도하여 실제 문법문제의 해결 능력 향상 ❷다진 문법을 기반으로 영어구문에서 구문분석 능력을 배양, 독해력 향상 ❸이전 배운 것과 그날 배운 수능 필수단어를 철저하게 암기시킴(나선형 반복암기) ❹자체 제작한 클리닉 특수교재로 10~15회 정도 지도를 통해 수능 듣기만점 가능 ❺사전 허락없이 무단 3회 결석 및 3회 지각시 퇴원 조치 ❻학생마다의 성격 특성을 고려한 특수 지도 ❼정규적으로 국내 유명 모의고사 실시.

다음은 유윤상 원장이 말하는 실제 수능영어의 특징이다. ▶정확하게 문장을 읽을 수 있으면 절대로 시간이 부족하지 않음 ▶문법의 기초가 없으면 문법문제는 물론이고 독해문제에서 3~4문제를 풀 수 없음 ▶영어 문장의 구문파악이 잘 되지 않으면 보통 5~6문제를 풀 수 없음 ▶듣기 시험에서 함정이 3~4문제가 있음 ▶수능어휘는 아주 기초적인 어휘 및 파생어를 포함하여 약 4,000단어가 필요함.

Top Edu 학원

연락처	전화 02-529-5242
위 치	서울시 강남구 대치동 렉슬상가 4층
대 상	초·중·고등부
과 목	수학, 영어, 사탐, 경시, 중국어

강좌소개

▶초등부 : 수학집중반, 테마학습, 독서토론논술, 창의사고력 및 선행경시반, 영재물리반, 중국어 ▶중등부 : 수학집중반, Grammar & TEPS, TEPS·TOEFL특강, 영재물리반 ▶고등부 : 수학정규·선행반, 집중내신진도특강, 수능사탐영역, 유학프로그램

학원소개

초·중·고 학업에 필요한 모든 것을 찾을 수 있는 곳이다. 수학적 사고력과 문제해결력을 기르는 것은 매우 중요하다. 사고력 문제는 일반적인 수학문제들과 기본 원리는 같지만 문제가 복합적이고 문제해결에 요구되는 사고과정이 좀더 정교하므로 공식암기와 문제풀이에만 치중한 반복학습으로는 충분히 대비하기 어렵다. 초등창의사고력 수학은 논리의 힘과 사고력이 향상되는 시스템이다. 또한 중·고등부 내신진도 특강은 기본적인 개념 부분에서 핵심적인 문제까지 꼼꼼하게 빠짐없이 정리하여 진정한 실력을 통한 내신만점을 쟁취할 수 있는 내신집중 강좌이다.

가우스학원

연락처	전화 02-3452-8285
위 치	서울시 강남구 대치동 대치역 1번출구 대치탑프라자 2층
대 상	중·고등부
과 목	수학

강좌소개

▶중등부 : 주5일 특강반 ▶고등부 : 문·이과 주5일 특강반, 고등부 주말 특강반

학원소개

학생 개개인의 특성과 학습능력에 맞춘 교육프로그램을 지향하는 학원이다. 학습방법을 보면

STREETS TIPS

| 청국장과 보리밥 |

이름 그대로다. TV맛집에 소개된 웰비~~잉 음식이다. 저렴한 가격대비 식사가 훌륭한 편. 모든 것이 꽉차고 넘치는 것은 음식도 예외가 아니다. 어릴적 종이 위에 쏟아놓고 불어가며 먹던 그 순박한 미숫가루맛이 그립다면 한번쯤 방문해 볼 일이다. '밥보다 미숫가루' 라는 말이 절로 나온다. 대치현대아파트 맞은편에 있다. 02-557-7567

방학중에는 개념 위주의 강의로 진행하고 학기중에는 자기주도학습을 체득하는 시간을 갖는다. 방학중 개념 위주의 강의는 ❶개념 위주의 강의로 사고력 증진 ❷그날 배운 내용을 본인이 학원에서 복습한 후 담당 지도 강사에게 개별오답 첨삭지도 ❸주별, 단원별 테스트를 통하여 본인의 약점 및 단점을 보완한다. 학기중 자기주도학습 체득은 ❶레벨별 수준에 맞는 교재를 선정 ❷주3회 180문제를 숙제 후 스스로 채점, 틀린 문제 중 실수한 문제 본인 해결 ❸틀린 문제와 모르는 문제를 담당 지도 강사에게 개별, 오답 첨삭지도 받은 후 개인별 복습 후 귀가 ❹단원별 테스트를 통하여 본인의 약점 및 단점 보완 ❺개념 요약 집중 정리한다.

그리핀수학

연 락 처	전화 02-539-0678
위　　치	서울시 강남구 대치동 507-2(대치역 7번출구 대치퍼스트 5층)
대　　상	초·중등부
과　　목	수학

강좌소개
▶일대일 맞춤학습

학원소개
초·중등 맞춤학습의 완성, 그리핀수학은 학생의 현 상태를 정확히 파악하여 학생 개개인에 최적화된 학습 프로그램인 POEP(Private Optimized Education Program)를 구성하여 효과적이고 효율적인 학습을 가능케 하는 게 목표다. 무한한 가능성의 발견으로 자라나는 어린 새싹 하나하나에 맞는 토양을 정성껏 찾아 튼튼하게 자랄 수 있도록 만들어준다고 한다. 기초부터 튼튼한 수학실력을 위한 POEP는 ❶한 클래스는 학습의 질을 위해 최대 4~5명으로 구성된다. ❷개인별 취약 부분에 대한 맞춤 클리닉으로 수학의 자신감을 키운다. ❸최상위권을 위한 고난이도 보충수업으로 실력을 다진다. ❹개인별 교재 선택으로 효과적인 학습을 지향한다. ❺개인별 심화와 선행수업의 포지셔닝 및 비율 조정을 통해 효율적인 학습을 가능케 한다.

 STREETS TIPS　　 델리

대치역 1번 출구에서 20미터쯤 걸어와 고개를 살짝 들어보면 2층에 위치하고 있는 커리전문점이다. 선경아파트 길 건너편이라고 말하면 더 찾기 쉬울래나? 영어로 커다랗게 'DELLI'(델리)라고 쓰여 있다. 양재천에 위치한 인도커리전문점 'DAL'(달)을 소개한 그 맘께서 또 추천하신 커리집이다. 아무래도 커리마니아이신가 보다. ㅋㅋ 문제는 여기는 일본식 커리요리집이다. 물론 인도식 커리도 있다.^^ 비교해 보며 먹는 것도 재미일 듯~ 학원에서 열심히 공부한 아이들에게 한끼 식사로 좋다. 파스타류도 맛있고 특히 찬으로 나오는 4가지의 야채절임이 음식의 맛을 더욱 맛있게 자극한다. 02-554-7545

입시용어 이해

내 아이 대학입시 공부, 용어부터 알고 시작해요

대치동 리포트

아이가 고등학교에 입학하면 여기저기서 열리는 대입관련 설명회를 찾아다니느라 분주해집니다. 미리 알아두면 좋을 것 같아서인지 아이가 고1 때부터 서둘러 설명회에 참석하는 학부모들이 많아지는 것 같아요. 하지만 설명회에 참석해 보면 복잡해진 대학입시만큼 관련 용어도 복잡해서 이해하는 데 어려움이 있습니다. 그렇다고 선뜻 물어보기도 쉽지 않죠. 참석한 사람들 중에는 입시 베테랑 학부모도 있을 텐데 자칫 물어봤다가 혼자 무식한 엄마가 될 수도 있고… 결국 절반의 이해로 그치고 맙니다. 자 이제 기본적인 입시용어에 대해 알아보고 자신 있게 설명회에 참석해 볼까요?

학교생활기록부 관련 용어

- **교과와 비교과** : 학교생활기록부(학생부)에는 교과와 비교과 영역에 대한 성적 혹은 활동내역이 표시된다. 우선 교과는 말 그대로 각 교과목의 성적을 의미하며, 비교과는 출결 및 봉사활동, 특별활동, 자격증, 수상경력 등의 교과 이외의 활동내역들을 의미한다.

- **석차백분율** : 석차백분율은 학생부의 교과 성적을 백분율로 표시한 것을 말한다. 예를 들어 100명 중에 10등을 했다면 석차백분율은 10%(10/100×100=10)이다.

- **학년별 반영비율** : 학년별 반영비율이란 학생부 성적산출 과정에서 각 1,2,3학년 성적을 어떤 비율로 반영하느냐를 나타내는 것이다.(예 : 1학년 20%, 2학년 30%, 3학년 50% 반영) 보통 1,2,3학년 성적을 모두 반영하는 대학이 많은데, 대학에 따라 학년 구분 없이 반영하거나 특정 학년의 성적만을 반영할 수도 있다. 재학생의 경우 수시모집은 3학년 1학기, 정시모집은 3학년 2학기까지 반영된다. 졸업생은 보통 수시, 정시 모두 3학년 2학기까지 반영된다.

- **학생부 실질반영비율** : 학생부 실질반영비율이란 실제로 학생부가 전형총점에 미치는 비율을 말한다.
  ☞ [예] : 전형방법이 '학생부 50%+수능 50%'이고 전형총점이 800점인 대학에서 학생부 최고점이 400점이고 최저점이 320점이라고 하면, 이 대학에서 학생부가 실제 전형총점에 미치는 영향은 80점(400점-320점)이고, 실질반영비율은 10%(80/800).

- **요소별 반영비율** : 학생부 성적산출 과정에서 교과와 비교과의 반영비율을 표시한 것을 말한다. 교과란 말 그대로 각 교과목의 성적을 의미하며, 비교과에는 출결, 봉사, 특별활동, 자격증, 수상경력 등이 포함된다. 대학에 따라 교과 성적만 100% 반영하는 곳도 있고, 교과와 더불어 출결, 봉사 등의 비교과성적을 같이 반영하는 대학도 있다. 비교과영역 중에서 가장 많이 반영되는 요소는 출결과 봉사활동 기록이다.

- **최소이수단위** : 현 고등학교 교과과정을 보면 과목별 이수단위(국어4단위, 영어3단위, 수학4단위 등)가 정해져 있는데, 대학에서 최소이수단위를 정할 경우 전 학년 동안 대학에서 정한 최소이수단위만큼 이수해야 지원 자격이 주어진다. 참고로 서울대는 일반고 기준 120단위.

대치페르마

연 락 처	전화 02-555-8009
홈페이지	www.fermatedu.com
위　　치	서울시 강남구 대치4동 931-20 진선빌딩 2~6층
대　　상	초5~고1
과　　목	수학, 한국사

강좌소개

▶초등부(정규반·특강) ▶중등부 전과정 ▶고등부(삼각함수심화, 수Ⅰ수열/극한, 기하와벡터) ▶한국사능력검정시험특강반

학원소개

페르마는 서술·논술형 평가확대 시행과 수학교육 과정 확대 개편 등 갈라진 수학교육 정책에 최적화된 수학 프로그램을 자랑하고 있다. 옛 명성을 되찾기 위해 각고의 노력 끝에 내놓은 프로그램이다. 기계적인 반복학습에 익숙한 우리 아이들에게 수학 개념을 이해하고 문제를 해결할 수 있는 논리적, 창의적 사고력을 강화시켜 준다고 한다. 13년 노하우로 창의사고 및 서술·논술형 수업도 시작한다. 기본수업부터 심화수업까지 다양한 프로그램과 노하우로 수학 실력이 향상되는 수업을 경험하게 될 것이다.

페르마의 3대 준비전략을 보자. ❶페르마의 3+2+1시스템으로 세 마리 토끼를 잡자! 남보다 한발 앞서나가는 선행수업, 부족한 수학을 더욱 완벽하게 해주는 심화수업과 수준별 특성화 수업을 한번에! ❷창의·서술형 평가 완벽 대비 전략! 논술·서술형 평가 확대 시행은 중·고등 내신 1등급을 달성하는 변별요소가 되었다. 페르마의 13년 창의사고 및 수리논술 교육 노하우로 완벽하게 책임진다. ❸입학사정관제 및 고입자기주도학습전형 대비 전략! 페르마 입시컨설팅센터에서 개발한 비전 포트폴리오를 통해 목표 학교 진학을 위한 전략적 로드맵을 제시한다.

"몇 번 뗐어요, 몇 번 돌았어요"의 함정

수학학원 원장님들과 인터뷰를 하다 보면 공통적으로 지적하는 것이 엄마들이 "우리 애는 어디까지 선행학습을 했고 어떤 교재를 몇 번 뗐어요"라고 말하는 것에 대한 답답함이다. 도대체 '뗐다'라는 게 무슨 의미가 있냐는 거다. 정작 테스트를 해보면 아이는 단 몇 퍼센트도 기억하지 못하고 있는 경우가 대부분인데. 아이가 수학선행을 했다는 것은 엄마의 머릿속에만 남아 있을 뿐, 아이의 실력으로는 제대로 쌓여 있지 않다는 게 문제이다. 엄마만 마음이 급해서 앞서가느라 아이가 허덕거리며 쫓아오기에 급급해하는 모습을 보지 못한 것이다. 아니 어쩌면 안 보려고 했는지도 모른다. 어쩔 수 없이 그렇게라도 시켜야 된다는 생각이 들었을 테니까!

아이들을 키우다보면 똑같이 키웠는데도 수학에 흥미를 보이고 쉽게 좋은 성적을 내는 아이가 있고, 끝까지 수학을 어렵게 여기는 아이가 있다. 수학을 어렵게 생각한다고 해서 수학을 포기하게 내버려 둘 수는 없다. '몇 번 뗐다'라는 생각에 갇혀 있기보다, 테스트를 통해 실제 아이의 실력과 문제점을 파악한 후 제대로 한 번 수학공부를 시켜볼 필요가 있다. 다들 선행하는데 후행을 하는 한이 있더라도 주변의 시선 의식하지 말고, 소신껏 멀리 보고 아이가 수학실력을 다져나갈 수 있는 기회를 더 늦기 전에 주기 바란다.

드림어학원

연 락 처	전화 02-522-0588
위 치	서울시 강남구 서초동 교대역 6번출구 2분거리 Hollys Coffee 3, 5층
대 상	초5~6, 중·고등부
과 목	영어

📖 강좌소개
▶Junior TOEFL

📋 학원소개

박정어학원 창단멤버들이 나와서 만든 학원이다. 대치동에 갈 만한 토플학원이 많음에도 불구하고 서초구로 빠지는 이유가 바로 이것이 아닐까 싶다. 체계적이고 전문화된 교육 시스템. 무엇보다도 영어시험 분야에 십수년간 경험을 가진 뛰어난 전문 강사진의 우수성은 알려진 바다. 성과에 만족하지 않고 철저한 학생 관리 시스템으로 글로벌 리더로서 갖추어야 할 영어능력을 키우겠다고 한다.

먼저, 레벨테스트를 통해 각자의 실력에 맞는 반을 배정받게 된다. 레벨은 필수영어 종합반, 프리 고득점반, 고득점반으로 나뉜다. ❶필수영어 종합반은 영어의 탄탄한 토대를 쌓아 다양한 영어 인증시험의 고득점을 준비하는 반이다.(Grammar, Vocabulary, Reading & Listening, Speaking & Writing) ❷프리 고득점반은 100점 이상 목표반으로 가장 많은 수강생이 TOEFL의 확실한 자신감을 얻은 고득점 준비반이다.(Reading, Listening, Speaking, Writing, Sentence Structure, Vocabulary) ❸고득점반은 115점 이상 목표반으로 드림어학원의 대표수업으로 만점을 위한 강의를 한다.(Reading, Listening, Speaking, Writing).

다음은 드림의 고득점 보장 프로그램을 살펴보자. ❶완벽한 TOEFL 전문 강사진→TOEFL의 달인들이 직접 수업진행 ❷단계별 학습과 철저한 학생관리→탄탄한 기본기를 다지는 기본반부터 120점 만점을 지향하는 고득점반까지의 단계별 수업을 진행하여 철저한 밀착관리로 고득점의 성공률을 높여준다. ❸ETS(출제기관)의 TOEFL을 가장 잘 아는 학원→ETS에서 무엇을 어떻게 평가하며 묻고 싶은지를 정확하게 간파하고 있다. 어조, 발성, 논조, 표현방법, 빈출 단어 및 동의어 그리고 배경지식 등을 정확히 파악하고 있다.

로고스논술구술아카데미

연 락 처	전화 02-552-3113
홈페이지	www.logos-nonsul.com
위 치	서울시 강남구 대치동 은마사거리 태원리치타운상가 4층
대 상	고등부
과 목	논술, 구술, 특강

강좌소개

▶인문계, 자연계 논·구술 ▶인문계 서울대, 연고대, 명문대반 ▶인문계 고1·2 논술반 ▶특강반(논술방법론특강, 인문계수리특강, 자기소개서특강, 한국사인증특강, 철학올림피아드특강 등) ▶넘어서기수능(수리, 언어)

학원소개

로고스논술구술은 대치동 문과논술의 대표격이다. 학생들이 가지고 있는 철학적인 관심을 자극하여 훌륭한 사회인으로 자라날 수 있도록 학습시키는 것을 목표로 하고 있다. 5년 동안 광고 없이 입소문으로 학원을 성장시켜 왔다. 4년 연속 대치동은 물론 전국석권은 끊임없이 연구에 정진하는 선생님들의 양질의 수업과 책임감 있는 첨삭연구진들의 탄탄하고 섬세한 멘토링에서 온 것이라고 말한다. 강사진은 다음과 같다.

▶논술 : 정성민선생, 강기석선생, 천승홍선생, 이채린선생, 이현상선생, 김윤환선생, 오태민선생, 선우휘선생, 이화선생, 이윤선생, 김창현선생, 이승진선생, 고설선생, 장준선생, 유정은선생, 최재영선생, 강현우선생, 장철민선생 ▶구술 : 최기선선생, 이승진선생, 정인석선생, 고설선생, 김창현선생, 장준선생, 이승기선생, 윤세희선생, 김희선선생, 김준영선생 ▶첨삭 : 고민경선생, 강인선선생, 오인환선생, 송은해선생, 김정은선생, 박소진선생, 이은경선생, 김우성선생, 남지호선생, 신희영선생, 박채은선생, 김영헌선생, 김진혁선생, 김기황선생, 김진국선생, 김상광선생, 김기현선생, 강병헌선생, 박상일선생, 이주현선생, 윤미선선생, 김재이선생, 남승현선생, 이영임선생, 김지현선생, 남성훈선생, 이아리선생 ▶수능 : 김동욱선생, 남휘종선생, 강명철선생, 김승백선생, 왕남호선생, 심규현선생, 전현정선생, 강현우선생, 윤지우선생, 김성웅선생, 조사림선생 등.

고등학생 비교과 관리를 위한 각종 경시대회

- KDI 고교생 경제 한마당
- TESAT(한국경제신문 주최 경제이해력검증시험, 국가공인)
- 철학올림피아드(겨울방학 및 여름방학)
- 전국고교생 생활법경시 및 캠프(법무부 주최)
- 지리올림피아드
- KMC
- 한국사능력검정시험
- 국어능력인증시험
- 전국고교생 증권경시대회(전국투자자교육협의회 주최)
- 각종 AP(거시, 미시, 통계, 미적)
- 각종 외국어능력인증시험

민교수 수학

연락처	전화 02-574-1955
위 치	서울시 강남구 대치동 한티역 롯데백화점 대각선건물 신한은행 4층
대 상	초등부(중등선행), 중·고등부
과 목	수학

강좌소개

▶고1 내신향상반(수상·하) ▶고2 내신1등급 목표반 ▶고3 수능대비반 ▶특목고대비 및 선행학습반 ▶중1·2·3 내신 완벽대비반 ▶개별지도반(초·중·고) ▶IB DIPLOMA MATHS ▶Calculus AB/BC ▶Statistics ▶Pre-Calculus ▶AlgebraⅠ·Ⅱ ▶Linear algebra ▶Multicalculus ▶Geometry 등 수학교과서 맞춤수업

학원소개

개념이해를 위한 강의와 EBS교재의 연계로 민교수 원장이 직강한다. 레드오션(실력)+블루오션(창의)=퍼플오션(최강자)을 만든다는 민교수 수학. 고등수학부터는 중등수학과는 다른 차별화된 전략을 가지고 있어야 하며 이에 맞추어 학생 개인마다 특화된 학습전략과 강의를 제공하고 있다. 부진학생은 1:1로 반드시 실력을 향상시킨다고 한다.

STREETS TIPS

| 오므토 토마토 |

같은 이름의 체인점도 장소나 주인에 따라 뭔가가 다르다. 같은 재료와 매뉴얼을 사용해도 주방장의 손맛에 따라 맛이 살짝 달라지는 것도 당연하다. 음식에 있어 살짝의 차이는 중요하다. 오므토 토마토 대치점은 그 살짝의 차이가 사람의 기분을 좋게 만든다. 친절한 서비스, 멋진 주인장, 탁트인 밝은 전망으로 똑같은 오므라이스도 다르게 느껴진다. 전화 한 통이면 단 10분만에 테이크아웃도 가능하다. 떡볶이와 김밥에 길든 입맛에 가끔 변화를 주고 싶을 때 강추~~. 02-554-8873

'수학적인 머리'는 타고나는 것일까?

"문과, 이과를 막론하고 수학을 포기하게 되면 상위권 대학에 진학할 수 없다." 이런 말을 들을 때마다 가슴이 답답해지는 부모들이 많다. 수학이 중요하다는 것쯤은 이미 모든 부모들이 알고 있는 만큼 남들 하는 대로 일찍부터 선행학습을 시키느라 애를 쓰게 된다. 하지만 부모가 애를 쓰는 만큼 아이가 수학공부에 재미를 붙이게 된다면 얼마나 좋을까? 대부분의 아이들이 수학 선행학습을 반복한 후 중학교에 입학하지만 만족할 만한 성적을 얻지 못해 결국 자신감을 잃고 좌절하게 된다. 늦기 전에 수학공부의 문제점을 파악해 그에 맞는 학습법으로 자신감을 회복하는 것이 우선이다. '수학이 발목을 잡는' 일이 발생하지 않도록 올바른 선행학습의 방향은 무엇인지, 수학공부의 문제점을 어떻게 보완해야 하는지 알아보자.

 '수학적인 머리' 따로 있더라도 극복할 수 있어

수학을 좋아하고 잘하는 아이는 언제나 부러움의 대상이다. 아무리 수학문제와 씨름을 하더라도 수학공부를 즐기는 아이들을 당할 수가 없으니 그럴 수밖에. 부모들 역시 그런 아이들이 부럽기는 마찬가지이다. 영어 못지않게 어려서부터 자녀의 수학 선행학습에 많은 공을 들이지만 아무리 시켜도 좋은 성적을 얻기가 어려우니 답답하기만 하다.

그렇게 온갖 방법을 다 동원해서 수학 잘하는 아이로 만들려고 해도 끝까지 안 될 경우 부모들은 '수학적인 머리는 따로 타고나는 것'이라고 여기며 어느 정도 체념을 하게 된다. 하지만 수학교육 전문가들의 말에 의하면 다른 과목에 비해 수학적인 머리가 따로 있을 수는 있지만 그렇다고 해서 그것이 극복하지 못할 정도는 아니라고 한다. 보통 수준 정도의 지능을 가진 아이가 공부를 하겠다는 의지와 제대로 된 학습법만 실천한다면 중·고등학교 수학 과정까지는 잘 해낼 수 있다는 것이다. 과학고나 영재학교 진학을 목표로 하는 아이들은 장기적인 계획에 따라 경시 수준의 수학공부를 해낸다. 비록 그런 아이들이 하는 만큼은 아니더라도 각자의 능력에 따라 적절한 목표를 세우고 수학공부를 충실하게 하면 된다. 수학은 다른 과목과는 달리 생각하는 방법에 있어서 쉽게 다가가거나 다소 어렵게 다가가는 정도의 차이가 있을 수 있기 때문에 그에 맞춰서 공부를 해야 한다.

아이의 실력 및 목표에 따라 선행 정도 결정해야

수학 선행학습에 있어서 누구에게나 맞는 정답은 없다. 언제 선행을 시작해서 어느 정도까지 계속할 것인가에 대한 결정은 아이의 학습 능력이나 목표에 따라 달라져야 한다.

부모들이 흔히 하게 되는 잘못처럼 단순히 불안한 마음에 상위 과정을 미리 끝내는 정도의 선행은 시간만 허비하는 결과를 낳기 쉽다. 수학을 어려워하는 아이일수록 제 학년 과정 심화학습을 충분히 한 후에 선행을 시작해야 한다. 심화과정을 통해 수학공부에 어느 정도 자신감을 갖게 된 후 선행을 시작하면 실력도 쌓이고 활용능력도 높아지기 때문이다.

초등학교 수학문제를 쉽게 해결할 수 있는 능력을 키우면 중·고등학교 과정에 나오는 문제도 어려움 없이 해낼 수 있다. 따라서 먼저 기본 개념부터 완전하게 소화시키고 나서 상위과정의 복잡한 문제로 서서히 접근해 나가는 것이 좋다.

선행학습의 부작용은 대부분 부모가 내 아이만의 효율적인 방법을 알지 못한 채 남들이 하는 그대로 쫓아가기 때문에 발생한다. 선행학습을 소화해낼 수 있을 정도의 능력을 갖춘 아이인지, 부담이 없을 만큼 천천히 실력을 다져나가는 것이 필요한 아이인지를 먼저 판단해야 한다.

수학의 단위가 높아지면 그만큼 생각하는 과정도 길어질 수밖에 없어 아이가 장시간 집중할 수 있는 능력이나 자세가 갖추어졌을 때 선행학습을 시작해야 한다. 그렇지 못한 아이들이 지나친 선행이나 어려운 경시 대비를 시작하게 되면 수학공부 자체를 벽으로 느끼게 돼 결국 수학뿐만 아니라 모든 공부에 자신감을 잃게 되는 결과를 초래할 수 있다.

자신감부터 회복하는 것이 무엇보다 중요

중학생들의 경우 지금까지의 학교 시험 결과로 수학을 포기하기에는 아직 이르다. 자신의 수학 공부 방법에 있어서 무엇이 문제인지를 파악해 보완하고 학습계획을 다시 수립한다면 충분히 성적을 향상시킬 수 있기 때문이다. 하지만 당장 좋은 결과를 얻으려는 욕심에 조급한 마음을 갖는 것은 금물이다. 수학공부에 있어서 자신의 단점과 약점을 보완하고 부족한 부분을 극복할 수 있는 시간을 충분히 가져야 한다.

장기적으로 어느 정도 수준까지 수학 실력을 향상시킬 수 있을지에 대해 객관적으로 판단을 하고 시작하는 것이 필요하다. 그래야 아이가 공부를 하면서 부담도 덜 느끼게 되고 주도적으로 학습을 하게 돼 수학 실력이 향상되는 효과를 볼 수 있다. 수학은 하나하나의 과정이 누적돼야 하는데 과도한 부담으로 인해 학습이 형식적으로 흐르다 보면 선행을 하고도 처음부터 다시 공부해야 하는 경우가 발생하곤 한다. 수학 선행학습을 했는데도 결과가 좋지 않다면 공부가 조금씩 돼가고 있는 중이지만 아직 완성이 덜 된 경우이거나 공부 자체가 형식적으로 흘러왔지만 잘하고 있는 것으로 착각한 경우로 볼 수 있다. 얼마나 선행학습을 했느냐가 중요한 것이 아니라 미리 공부를 함으로써 아이가 수학공부에 자신감을 얻게 돼야 한다. 수학을 어려워하는 아이들은 자신감부터 회복하는 것이 무엇보다 중요하다.

대치우성아파트사거리

D
- 최상위그룹
- 알바트로스
- 공부와감각
- 정보학원
- 레드매쓰
- 대치이룸학원
- 강한영어
- 세린학원
- 거인의어깨
- 생각하는수학
- 아이윌어학원
- 실력파
- 타임에듀

C
- 세진사탐
- 유토마
- 진심영어
- KNS초등
- 토탈어학원
- 수학사랑
- 듀얼스페이스
- 가람학원
- 해빛나인
- 생각의좌표
- 포스학원
- 초암아카데미
- G스터디
- 상상력발전소
- 맵플러스
- 렉스김어학원
- 최용운국어논술
- 경원학원
- 펜토수학전문
- 더봄수학
- 김영과학
- 매쓰피아드
- 세즈마
- 미토학원
- 지존수학
- 대수학원
- 천개의고원
- 이유학원
- 나무와숲
- PMJ

박재원사회탐구

연락처	전화 02-571-4345
위 치	서울시 강남구 대치동 한티역 5번 출구 도곡 렉슬상가 204호
대 상	중·고등부, 어학연수후 귀국한 학생 단기간 개념정리
과 목	사회탐구

강좌소개

▶고3 : 국사반, 사회문화반, 경제반, 한국근현대사반, 한국지리, 윤리반 ▶고1·2 : 내신반 ▶중등부특강반

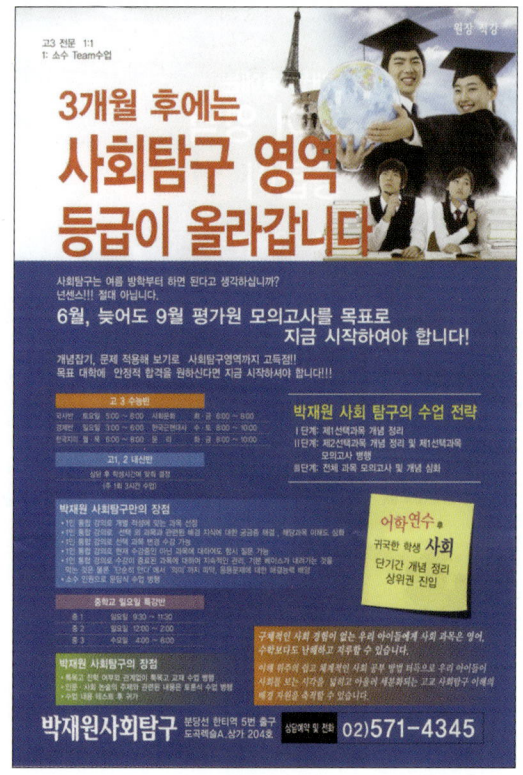

학원소개

개념잡기, 문제 적용해 보기로 사회탐구영역까지 고득점을 자신하는 곳이다. 3개월 후에는 사회탐구 영역 등급이 올라간다고 한다. 구체적인 사회 경험이 없는 아이들에게 사회 과목은 영어, 수학보다도 난해하고 지루할 수 있다. 하지만 박원장은 이해 위주의 쉽고 체계적인 사회공부 방법 터득으로 우리 아이들이 사회를 보는 시각을 넓히고 아울러 세분화되는 고교 사회탐구 이해의 배경 자원을 축적할 수 있게 하여 목표 대학에 안정적으로 합격할 수 있게 확실하게 도와줄 수 있다고 자신한다. 고3 전문학원이지만 고1·2 내신과 중등부 사회도 맞춤수업으로 진행되고 있다.

▶특징으로는 ❶1인 통합 강의로 개별 적성에 맞는 과목 선정 ❷1인 통합 강의로 선택 외 과목과 관련된 배경지식에 대한 궁금증 해결, 해당과목 이해도 심화 ❸1인 통합 강의로 선택 과목 변경 수강 가능 ❹1인 통합 강의로 현재 수강이 아닌 과목에 대하여도 항시 질문 가능 ❺1인 통합 강의로 수강이 종료된 과목에 대하여 지속적인 관리, 기본 베이스가 내려가는 것을 막는 것은 물론 '단순히 안다'에서 '의미'까지 파악, 응용문제에 대한 해결능력 배양 ❻소수 인원으로 문답식 수업 병행.

▶중등부 사회탐구의 장점은 ❶특목고 진학 여부와 관계없이 특목고 교재 수업 병행 ❷인문·사회 논술의 주제와 관련된 내용은 토론식 수업 병행 ❸수업내용 테스트 후 귀가.

비전21 & VN학원

연락처	전화 02-556-2700, 02-553-2841
카페	http://cafe.naver.com/vision21vn/
위치	(본관)서울시 강남구 대치동 은마사거리 한티역방향 제일은행건물 3~4층, 은마사거리 대치사거리방향 둥이식당 4층
대상	중3~고등부
과목	언어, 수학, 영어, 사탐, 과탐, 논술, 인증시험

강좌소개

▶고1정규반 : 국어, 수학, 일어, 사탐, 독어, 중어, 외국어, 한국사 ▶고2정규반 : 언어, 수학, 영어, 사회탐구, 한국사 ▶고3정규반 : 언어, 수학, 영어, 제2외국어, 사탐, 과탐 ▶논술 : 연대집중반, 학부모 자기소개서, 영어 면접반, 영어 에세이반, 이과 수리논술, 과학논술, 창의 인재모의고사, 고1·2 창의력 언어 논술 등 ▶TEPS : 주2회 개념반, 주2회 실전반, 주1회 개념반, 주1회 실전반 ▶중3 : 언어, 수학, 외국어, 논술

학원소개

입시 변화에도 능동적으로 대처하며 다양한 프로그램을 끊임없이 개발하는 학원이다. 경험많은 엄마실장들이 초보엄마들의 고민에 때로 퉁명스럽게 때로 자상하게 다양한 맞춤 프로그램을 제시한다. 대치동 고등부의 유명 선생들은 거의 걸쳐 있다고 보면 된다.

과목별 선생을 살펴보면 ▶언어영역 : 이은직선생, 이은미선생, 권오성선생, 박광일선생, 손관길선생, 최승일선생, 김병태선생, 권계영선생, 김정욱선생, 팽현하선생, 엄용성선생, 강문희선생 ▶수리영역 : 최호영선생, 구효곤선생, 양승진선생, 배성진선생, 임선아선생, 정남규선생, 김수정선생, 김석용선생 ▶외국어영역 : 윤혁선생, 은선진선생, 이민규선생, 고정재선생, 송영주선생, 김태희선생 ▶제2외국어 : 조준호선생, 이현경선생, 이화심선생, 이윤석선생, 이수경선생, 한도희선생 ▶사회탐구영역 : 위종욱선생, 한만석선생, 전민규선생, 조사림선생 ▶과학탐구영역 : 국순길선생, 유성윤선생, 김원식선생, 김준수선생 ▶논술 : 강기석선생, 박민호선생, 이장우선생, 진문식선생, 한선우선생 등.

수학을 꿰뚫는 MRI

연락처	전화 02-553-6001
위 치	서울시 강남구 대치동 은마사거리 한티역방향 버거킹 건물 3층
대 상	초4~중등부
과 목	수학

📖 강좌소개

▶ 초등부(사고력과정, 교과과정) ▶ 중등부(교과과정)

📘 학원소개

MRI(Mathematical Reading & Imaging)는 수학문제를 좌뇌적으로 읽는다는 것은 1차원의 글을 보면서 출제자의 머릿속에 있는 원래 있었던 3차원의 생각의 틀을 복원하여 문제를 하나의 다이어그램으로 순차적으로 시각화해서 출제자의 노와이(Know-why)를 찾아내는 것이다. Reading이 되면 패턴을 익힐 필요가 없다. 수학에서 뭔가 부족하다고 생각되는 것은 Reading이 부족한 것이다. 세밀한 눈을 가져야만 성적이 오를 수 있다고 윤찬집 원장은 말한다. Reading은 좌뇌를 개발하는 것. Imaging은 개발된 좌뇌로 우뇌를 활성화시키는 것이다.

초등부는 사고력수학과 교과수업이 있어 테스트를 보고난 후 아이의 정도에 따라 반을 추천해 준다. 중등부는 사고력보다는 교과를 우선으로 수학적 읽기를 통해(Mathematical Reading) 시각화(Imaging)하여 순차적 문제해결(Sequential Problem Solving)을 할 수 있도록 한다. 특징은 다음과 같다. ❶문제 푸는 양을 1/10까지 줄인다. ❷수학과 언어 두 마리 토끼를 잡는다. 문제에서 구성요소를 찾게 하고 구성요소를 통해 무엇을 물어보는 것인가를 파악하게 한다. ❸수학을 통해 아이들의 두뇌가 바뀐다. ❹시작하기도 어렵고 시작하고 나서도 쉽지 않은 학원이다. ❺완전 우뇌여도 과학자가 될 수 있다고 믿는 곳이다. ❻감기걸렸을 때 약으로 빨리 고치는 것이 아니라 체력을 보강하여 감기에 걸리지 않게 하는 학원이다. 이 학원의 프로그램은 MRI의 방법론을 교과 수학에 충실하게 적용한 T-MRI와 수학을 초월하여 수학적 사고를 펼치는 C-MRI가 있다.

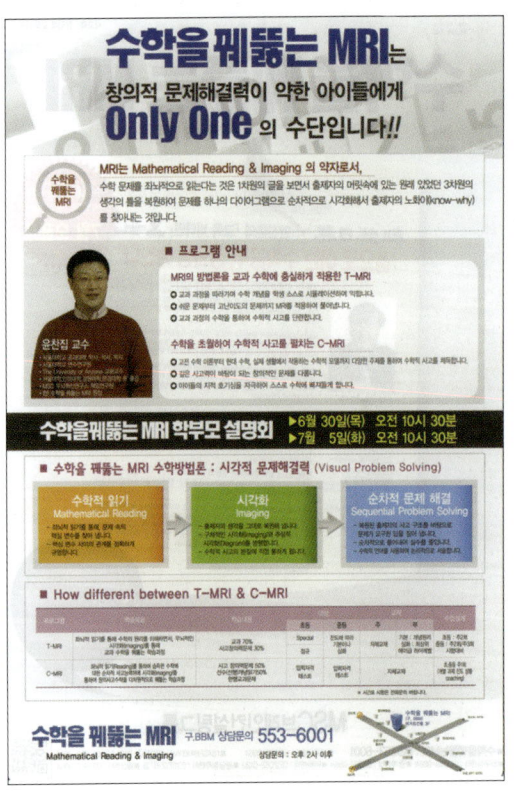

시리어스영어교육

연락처	전화 02-2052-0509
홈페이지	www.siriusedu.com
위 치	서울시 강남구 대치동 대치사거리 E마트 방향으로 왼쪽 롯데마트건물 2층
대 상	초·중등부
과 목	영어

강좌소개

▶ 초등부 : 1~2학년 대상으로 기초학습반, 3~5학년 대상의 실용영어반, 5~6학년 대상의 중학교 1학년 대비 기초문법 이해와 어휘반 ▶ 중등부 : 특목고대비 1단계 도입과정인 Introducing Intensiveness, 2단계도약과정인 Continuing to Challenge, 3단계 완성과정인 시리어스 최고레벨수업 Expecting Excellence반으로 세분화

학원소개

초등학교, 중학교 실용영어 전문학원으로 영어의 4대 영역인 듣기, 읽기, 말하기, 쓰기의 단계별 학습을 지향한다. 초등 3·4학년 단계에서는 이러한 4대 영역의 폭넓은 이해와 자신감을 강조하는 학습을 진행하고, 초등 5·6학년 단계에서는 영어 Listening & Reading에 충실함과 동시에 실질적인 실용영어의 '핵심'인 영어 Speaking & Writing에 중점을 두고 학습한다. 이러한 체계적이며 전문화된 NEW시리어스 영어교육 프로그램은 11년 전통의 앤디프랩 어학원에서 만든 초중학생 영어교육과정이다. 또한 아이비리그 전문 교육기관으로 학년보다 높은 수준의 학습을 목표로 하고 있다.

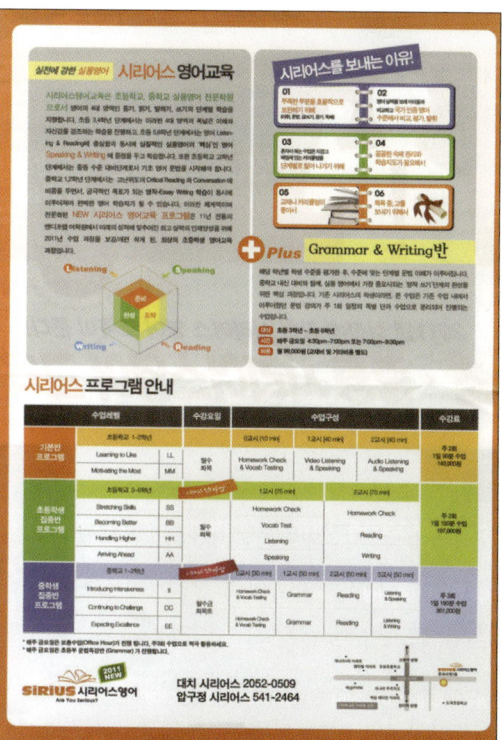

STREETS TIPS

| 다낭 |

월남쌈을 양껏 즐길 수 있다. 1인분이 8,000원이던 (이때 이사를 와서 그전 가격을 잘 모름) 시절에 무한리필이 가능하여 이게 웬떡인가 싶어 즐겨찾던 곳. 가격대비 만족도 굿~~ 물가가 하도 오르니 10,000원을 거쳐 이제 11,000원에 이르렀지만 야채쌈을 포식하고 싶을 때 여전히 그리운 메뉴다. 02-564-7879

아고라@사회학원

연 락 처	전화 02-562-0698
위 치	서울시 강남구 대치동 913-12 대치빌딩 2층
대 상	중·고등부, N수생
과 목	사회, 사탐

📖 강좌소개

▶ 중등부(내신대비반, 한국사능력시험) ▶ 고등부(수능대비반, 내신준비반)

🏫 학원소개

1998년부터 고등학교 현장에서 직접 사회수업을 했던 전직교사 출신의 박민 원장이 14년 동안의 풍부한 강의경험과 집필경력을 바탕으로 대치동에 설립한 사회전문학원이다. 아고라만의 차별화된 수업특징은 ❶구성원에 따른 시간표 설정→중간 편입생 허용금지 ❷소수정예 맞춤식강의→한 반에 무조건 3명 이하 구성 ❸1:1개인 특성화 수업진행→능력과 특성에 따른 1:1지도 ❹편차를 고려한 반 구성→학교별, 과목별, 진도별 수업 ❺수시로 변화하는 입시환경에 맞춘 최적화 수업진행 ❻역사·지리·사회·논술만을 고집하는 사탐전문학원이다.

에쓰앤유 과학학원

연 락 처	전화 02-555-4824, 02-556-4824
위 치	서울시 강남구 대치동 은마아파트 북문 던킨도넛츠 2층
대 상	초3~6, 중·고등부
과 목	중·고등 과학내신, 선행, 경시

📖 강좌소개

▶ 초등부 영재반 ▶ 중등내신·선행반 ▶ 고1·2 내신·선행반 ▶ 고등부특강 ▶ 초·중·고등 경시 ▶ 중1을 위한 중2·3 물리 ▶ 화학 선행수업 ▶ 중2를 위한 과학 선행수업

🏫 학원소개

캐치프레이즈가 '화학올림피아드 1번지'이다. 수십개의 강좌가 쫙 깔려 있는 노랑바탕의 먹글씨 빼곡한 S&U 전단지는 이미 그들의 트레이드마크가 돼버렸다. 워낙 트렌드에 민감하고 어젯밤까지의 따끈따끈한 정보까지 실시간으

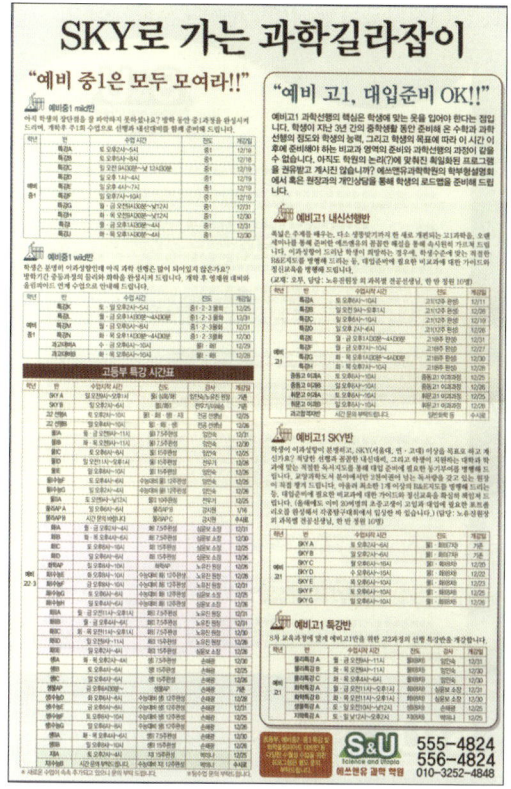

로 전해주는 장유진 원장의 설명회는 나름 인기짱이다. 에쓰앤유 과학학원은 학생의 눈높이에 맞춰 로드맵을 그려주고 최선의 프로그램을 제공한 결과 수시나 화학올림피아드영재원 입학 등에 때때로 괄목할만한 성적을 기록한다. ❶과학을 가장 과학답게 가르친다→암기강요, 판서식 수업은 지양한다. ❷선생님 모두 전공한 과목을 가르친다→오답이나 오개념을 가르치는 일은 거의 없다. ❸학생들이 참여하는 수업을 지향한다→일상에서 품게 되는 과학적인 현상에 대해 토론할 수 있는 학원이다. ❹학생에게 맞는 로드맵을 제시해 준다→중앙일간지 기자 출신인 원장이 학생에게 필요한 것이 무엇인지 '콕' 찝어준다. ❺학생의 멘토가 되어 준다→대학에 가기 위한 비교과에 대한 이야기, 세계화와 다문화시대, 100세 시대를 책임져야 하는 가장으로서의 아버지에 대한 얘기도 많이 한다. 강의도중 삼천포로 빠지는 듯하나 곧 초점을 찾아온다. 원장은 학원 강사라기보다 전문연구원이 더 어울릴 법하다. 개성있는 수업은 호불호가 분명하다. 또하나 에쓰앤유만의 특별한 수월성 수업으로 R&E(탐구교육)수업, 독서토론수업 등이 있다.

엠원수학학원

연 락 처	전화 02-558-9283
위 치	서울시 강남구 대치동 대치사거리에서 개나리아파트방향 좌측 숙위홈 2층
대 상	초5~6(중등과정), 중·고등부
과 목	수학

강좌소개
▶ 중·고등부 전 과정

학원소개
숙제와 오답정리까지 철저히 관리해 준다고 자부하는 관리형 수학전문학원이다. 수학은 스스로 많은 문제를 풀어야 하고 궁금한 모든 질문을 해결해 주어야 함에도 불구하고 한 학원에서 해결하지 못하고 집에서 별도의 과외지도를 받는 학생들이 많다. 엠원은 학원 내에서 강의를 듣고, 연습문제를 모두 풀고, 충분한 질문시간을 통해 오답을 정리하는 수업이므로 별도의 과외가 필요치 않다고 자랑한다.

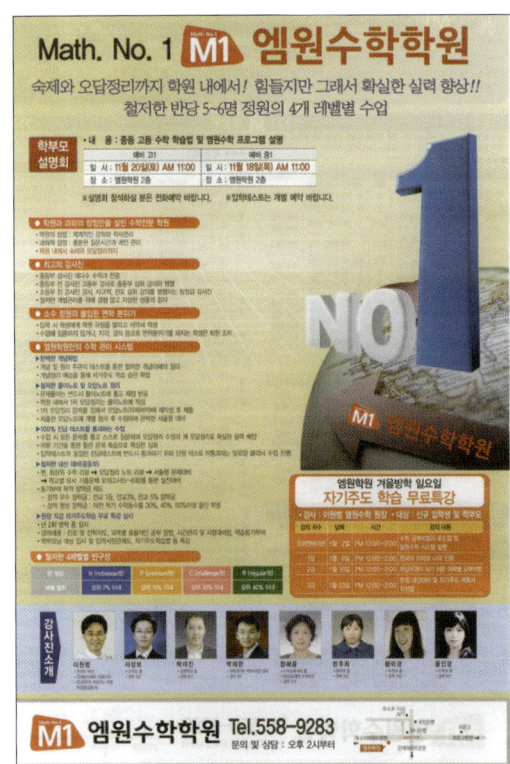

한 오답정리까지 마무리 ❼테스트 미통과자는 일요클리닉 수업을 받게 된다.

연세 수능 매니아

연락처	전화 02-6246-0505
위 치	서울시 강남구 도곡동 도곡렉슬상가 212호
대 상	고등부
과 목	영어

강좌소개

▶NEAT(국가영어능력평가시험) 대비 ▶최강 토플반 ▶TEPS반 ▶수능영어 실전 문제풀이 특강 ▶성문기본+수능문법활용반 ▶EBS여름 방학 4주 특강

학원소개

학생들과 학부모님들의 성원으로 공인영어 전문관을 확장 오픈했다. 못하는 학생도 잘하게 만드는 강의 노하우 덕분에 수강생의 80%가 1, 2등급이라고 한다. 더욱 어려워진 수능에 대비해서 텝스를 활용한 연계 수업을 진행중이다. 특징은 ❶친구들이 성적 오를까봐 누구에게도 알려주고 싶지 않은 학원이라고 한다. 그래도 예쁜 이기심을 사랑한다. ❷비법이 통하는 영어를 가르친다. 어려워진 외국어 영역에서 많은 문제를 제한된 시간에 풀어내기 어려운 학생들에게 통하는 비법이 있다. 문제풀이 일급 비밀 노하우를 전수한다. 즉, 수능영어의 맥을 짚어주는 학원이다.

숙제와 오답정리까지 학원 내에서 할 수 있게 하여 학생들은 힘들지만 확실한 실력향상을 볼 수 있다고 한다. 반당 5~6명 철저한 정원제로 4개 레벨별 반구성의 힘이 중·고등부 85명 중 중간고사 전교 1등 6명을 포함, 성적우수 장학생 18명을 배출하는 결과를 낳았다는데 믿고볼 일이다. 입학테스트는 약 80분이 소요된다. 특징을 보면 ❶학원과 과외의 장점만을 살린 관리형 수학 전문학원 ❷고등부 강사가 9가·나부터 직접 강의 ❸철저한 개별관리를 위해 경험 많고 자상한 성품의 강사진 ❹소수 5~6명 정원의 몰입된 면학 분위기 ❺원리 및 개념 주관식 테스트를 통한 철저한 개념이해와 정리 ❻그날 배운 내용은 모두 질문을 통

엑설런스 영어

연 락 처	전화 02-567-8553
위 치	서울시 강남구 대치동 은마사거리에서 롯데백화점 방향 아이데스트 4층
대 상	초5~6, 중·고등부, 재수생
과 목	영어

강좌소개

▶초등부 : 국제중대비 종합영어반+영자신문사설, 기본영어반+영자신문사설 ▶중등부 : 독해, 어법, 듣기, 영자신문사설, 수능영어선행반 ▶고등부 : 수능영어반, 독해, 어법, 듣기 영자신문사설, 모의고사, 수능문제풀이반(EBS300제+특작모의고사), TEPS, 해외유학생 문법완성반, 초단기 문법 완성반

학원소개

학원에서만 20년째. 모든 강의는 수능을 기준으로 수업하는 엄재용 원장. 본고사 수준의 심도깊은 강의로 진행된다. 수업 한 시간 전에 와서 100개 이상의 강도높은 어휘테스트 및 숙어(듣기) 테스트 후 미통과시 철저한 학습관리자가 복습 후 귀가시킨다.

영탑어학원

연 락 처	전화 02-568-0587
홈페이지	www.ytacademy.com
위 치	서울시 강남구 대치동 롯데백화점 뒤편(분당선 한티역 1번출구)
대 상	중·고등부
과 목	영어

강좌소개

▶내신, 수능, 수시 비교과를 모두 해결하는 TEPS 종합반 ▶고급문법 특강 ▶중등문법 특강 ▶토요 TEPS 고급반 ▶일요 TEPS 실전반 ▶영어의 뿌리를 뽑는 단기간에 학생의 영어 수준을 대폭 변화시키는 집중관리코스(1일 4시간 또는 8시간 몰입 영어학습)

학원소개

특정시험에서 점수만을 확보하기 위한 점수 내기식 영어를 지양하고 제대로 된 고급영어를 할 수 있도록 가르치겠다는 것이 영탑어학원의 목표이다. 세분화된 TEST를 거쳐 정확한 진단으로 충분한 대화를 통해 공부방법을 제시한다. 언어습득은 언어기술만을 배운다고 될 수 있는 것이 아니다. 특정의 언어를 습득하는 것은 그 문화를 배우고 이해하는 것이기도 하다. 대치동뿐만 아니라 멀리서도 수소문 끝에 찾아온다. 특히 토·일 집중반은 장장 심지어 8시간에 걸쳐 영어의 바다에 풍덩 빠지게 한다. 연세가 지긋한 분들이 매우 친절하게 상담해 준다. 안정감과 애정이 동시에 느껴진다. 언제 어느 시기에 들어가도 상관없

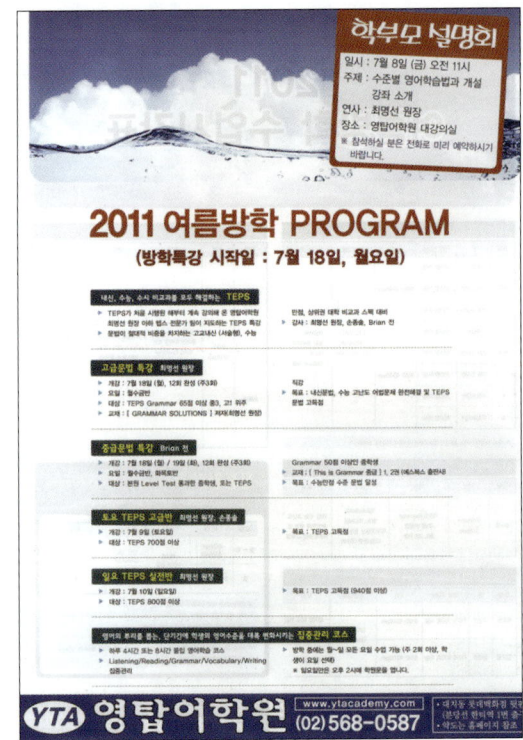

도록 회전초밥식 구성의 문법반은 나름 인기다. 확고한 소신의 최명선 원장은 세계화와 함께하는 영어사용능력의 중요성에 대해 거듭 강조하고 있다.

위대한 물리 · 수학

연락처	전화 02-577-7959
위 치	서울시 강남구 대치동 은마사거리에서 한티역 방향 쌍용자동차골목
대 상	중 · 고등부
과 목	물리, 수학

강좌소개
▶물리Ⅰ(내신대비반, 수능대비반) ▶물리Ⅱ ▶수시대비반 ▶수학(내신대비반, 수능반)

학원소개
위대한 물리(김은미선생)에서 ▶물리Ⅰ 내신대비반은 학교에 상관없이 정원 4명으로 시중교재 10권 이상을 하게 된다. ▶물리Ⅰ 수능대비반은 자신의 등급보다 1~2등급으로 상승가능하도록 기초를 탄탄히 해주며 물리Ⅱ는 정원 6명과 16회 수업으로 진행한다. 위대한 수학(김익주선생)에서 ▶내신대비반은 내신이 어려워지며 수시가 더욱 확대되어가는 추세이기 때문에 내신의 중요성과 내신준비의 심화과정이 필요하여 시중교재 3종 이상 다루고 있다. ▶수능반은 난이도가 좀더 높아질 것을 대비해 EBS와 모의고사 등 다양한 유형분석과 개별 부족 부분 첨삭으로 마무리하려고 한다.

STREETS TIPS

| 삼원가든 |

대치동의 오래된 노포다. 수시로 음식점 간판이 바뀌기 일쑤인데 항상 그 자리에서 그맛 그대로 오랜 전통을 잇고 있다. 참, 바뀐 거라면 최근 대대적인 리모델링 공사로 간판로고가 매우 참신하게 변한 점. 메뉴는 말할 것 없는 삼원가든의 전통 그대로! 갈비탕이나 육개장, 돌솥비빔밥 같은 단품은 분식집보다 훨씬 무게감있는 값과 가격이지만, 손님과의 한 끼 접대로도 충분하다. 02-556-2311

김유동 선생님의 '언어의 신(神)이 되어보자'

요즘 강남구에 바쁘기로 말해 둘째가라면 서러운 선생님이 계십니다. 세종고에서는 국어과 교사로서 학생들을 열성적으로 지도하고, 강남구청수능방송에서는 전국 학생들을 대상으로 언어영역을 가르치고, 가끔 학부모들을 대상으로 언어영역 학습법과 토론지도 관련 강연까지 하고 계신 김유동 선생님입니다. 게다가 2011년 1월에 열린 제2회 전국 청소년 토론대회에서는 세종고 학생들을 교과부장관상(대상)으로 이끈 지도교사이기도 합니다. '언어의 달인' 김유동 선생님께 언어영역 공부비법에 대해 들어봤습니다.

듣기와 쓰기   변함없는 유형

듣기와 쓰기는 유형의 변화가 거의 없다. 듣기는 실질적인 언어 사용능력을 평가하기 위해 강연, 수업, 토론, 소개 등 실생활 속의 소재를 활용하는 경우가 많다. 단순 사실만을 묻는 문제는 점점 줄어드는 추세이며, 생각하며 들어야 풀 수 있는 복잡한 지문들이 출제되고 있다. 공부 방법은 역대 수능 기출과 평가원의 기출자료를 다운로드해 꾸준히 듣는 것이 좋다. 또한 지문의 내용을 단어로 일반화하여 메모하는 습관을 기르고, 주로 대화의 뒤쪽에서 제시되는 핵심어를 분석하는 훈련을 해야 한다.

쓰기문제에는 각종 자료가 많이 등장하는 만큼 자료의 해석능력과 활용능력에 관한 연습을 해야 한다. 문제 유형으로는 연상, 내용 생성, 개요짜기, 표현하기(감상문 등등), 고쳐쓰기 등이 있고 문항의 배치는 거의 변화가 없다. 참고로 개요문제에서 각 지문과 보기에 연결된 기호를 정확히 연결시켜야 함은 기본이다.

어휘·어법   보기에 제시된 지문이 핵심

어휘·어법문제를 대비하기 위해 따로 우리말 어법을 공부하는 것은 시간낭비나 다름없다.

우리말 어법의 양은 매우 방대할 뿐만 아니라 그 중에서 모두 나오는 것도 아니다. 그러면 어떻게 해야 할까? 어휘·어법 문제의 핵심은 바로 보기에 제시된 지문이다. 모든 어휘·어법 문제는 제시문만으로 풀 수 있도록 구성되어 있다. 또한 중요 개념이 반복되어 출제되고 있으므로 기출문제를 통해 제시문을 이해할 수 있도록 독해 능력을 기르는 것이 가장 중요하다.

운문문학 현대시는 원리 분석, 고전시가는 내용 이해

운문문학은 현대시와 고전시가가 서로 묶여 출제된다. 가장 일반적인 유형은 세 편의 시를 연결하여 제대로 분석할 수 있는 능력과 작품 감상 능력을 묻는 것이다. 보통 낯익은 작품과 생소한 작품으로 구성되어 있는데 이 중 생소한 작품의 감상이 단연 핵심이다. 따라서 생소한 작품에 대한 원활한 분석을 위해 평소 여러 작품들을 원리에 따라 감상하는 훈련을 꾸준히 하는 것이 좋다.

고전시가는 표기자체가 현대어와 다르고 한자어도 많기 때문에 현대시에 비해 심리적으로 어려워하는 경향이 있다. 그러나 현대어로 이해만 되면 고전시가가 현대시보다 정답 접근이 쉽다. 우선적으로 교과서에 실린 작품, 기본적인 고전 어휘를 정리한 후에 같은 주제의 작품끼리 묶어두는 것이 고전시가를 풀어가는 해법이다.

산문문학 현대소설은 인물과 갈등상황 분석, 고전소설은 보편적 원리 학습

산문문학은 하나의 작품이 단독으로 4~5문항에 걸쳐 출제된다. 소설문학을 감상할 때 가장 중요한 것은, 인물의 성격과 더불어 인물이 처한 상황, 갈등관계를 문제해결의 단서로 확보하는 것이다. 특히 소설에서는 갈등의 원인과 인물의 성격을 가장 잘 드러내는 부분이 바로 인물간의 '대화'이므로 주의해서 봐야 하고 인물의 반복되는 행위에도 주목해야 한다. 이후에는 갈등에 대한 각 인물의 대응 방식을 살피는 것이 가장 중요하다.

스스로 분석하고 감상하는 능력을 갖추지 못한 채 지나치게 문제풀이에만 집중하면 새로운 문제 유형, 낯선 작품, 고난도 문제 등이 출제될 경우 고전할 수밖에 없다. 이런 사태를 막기 위해서라도 지속적으로 출제된 작품을 분석하는 연습과 함께 한 작가의 작품 전체에 흐르는 분위기와 시대적 배경 등을 꼼꼼히 정리해 두면 낯선 작품이 나오더라도 작가의 다른 작품이나 시대적 배경을 떠올리며 감상할 수 있다.

고전 소설은 작품의 시점이 거의 일치하고 갈등 상황이 비교적 단순하며 전형적 인물이 많이 등장하기 때문에 내용만 파악하면 오히려 현대문학보다 분석하기 쉽다. 고전소설 기출문제를 살펴보면 영웅 소설, 판소리계 소설처럼 뚜렷이 현대소설과 구분되는 고전소설 고유의 특성을 지닌 작품이 많아 고전 소설의 보편적인 이론을 반드시 공부해야 하며 장르의 특징과 대표 작가의 특징도 더불어 알아두면 금상첨화라 할 수 있다.

비문학 | 정확하고 빠르게 분석

비문학은 언어영역에서 20~21문항에 해당되며 인문, 사회, 과학, 기술, 예술, 언어 분야의 학문적 성격이 강한 지문으로 구성되어 있기 때문에 다가서기 힘들어 하는 학생이 많다. 비문학 지문이 요구하는 것은 바로 이런 난해하고 복잡한 지문에 대한 학생들의 독해 능력이다. 고난도 지문을 정확하고 빠르게 분석하는 능력을 기르는 것이 비문학 문제 해결의 핵심이라 할 수 있다.

비문학을 정복하기 위해서는 첫째, 논설문과 설명문의 글의 종류에 따른 구조와 문단간의 관계를 숙지한다. 글의 구조를 미리 알고 있으면 핵심 내용을 파악하는 데 보다 용이하다. 둘째, 핵심어를 논증식으로 파악한다. 핵심어는 결과에 해당하는 사실보다는 결과를 초래한 이유와 과정, 효과 등을 중심적으로 분석하고 해당 어휘에 동그라미를 치는 등 자신만의 표시를 해두는 것이 좋다. 대부분의 문제는 중심 핵심어 몇 개로 해결 가능하다는 것을 명심한다. 셋째, 출제자의 원리를 분석한다. 비판, 전제, 적용 문제 유형은 출제할 때 일정한 기준점을 지니고 있다. 기준점 없이 출제되면 이중정답이 생길 수 있기 때문이다. 예를 들어 전제 문제는 밑줄 친 부분에서만 생각해야 하며 사실 속에 내재된 또 다른 사실을 파악해야 한다. 매력적인 오답은 항상 밑줄 밖에 있는 사실이나 수험생들이 일반적으로 통용하고 있는 상식을 이용하여 출제된다. 넷째, 어휘력을 늘리자. 비문학 지문에서 어휘 문제는 어휘의 사전적 의미는 물론 문맥적 의미를 묻는 문제로도 출제된다. 평상시 어휘력을 기르고 관용적 표현 등을 익혀야 풀 수 있는 문제가 많다. 평상시 모르는 단어가 있다면 부지런히 사전을 찾아서 어휘력을 길러야 한다. 또한 비문학 지문과 길이와 독해 수준이 유사한 신문 사설이나 칼럼 등을 부지런히 읽는 것도 어휘력을 기르는 데 좋은 훈련이 된다.

선생님~, 언어영역 이것이 궁금해요.
Q&A

Q 단기간에 언어 실력을 올릴 수 있나요?
A 올릴 수 있습니다. 개념과 원리를 공부하면서 자신의 잘못된 논리를 수정하면 중·하위권의 급상승이 가능합니다. 단, 2~3등급 초반에서 1등급으로 올리기 위해서는 꾸준한 훈련을 통한 두터운 어휘력과 빠른 독해 능력이 필요합니다.

Q 18종 문학 교과서에 있는 작품을 모두 정리해야 하나요?
A 절대 작품중심으로 공부하지 마세요. 수많은 작품을 정리하는 것은 어리석은 생각입니다. 생소한 작품이더라도 구조를 통해 일반화 할 수 있는 실력을 길러야 합니다.

Q 어려운 고어로 된 고전 문학 대표작을 외워야 하나요?
A 천편일률적인 내용이 많아 고전이 더 쉬울 수 있습니다. 절대 외우지 마세요. 어려운 한자는 주석이 달려 나옵니다. 다만 고등학교 기초 수준의 한자 실력이 필요합니다.

Q 언어의 오답노트는 어떻게 작성하고 점검하나요?
A 틀린 문제를 보는 것이 아니라 맞은 문제라도 적용하지 못한 선택지를 점검합니다. 선택지 속 개념과 원리를 지문 속에서 찾을 수 있는 훈련을 합니다. 지문은 지나가지만 선택지는 또 만난다는 것을 명심하세요.

Q 고3 때 EBS 문제집에 나오는 지문에 중점을 두고 공부해야 하나요?
A 명심하세요! 개념과 원리를 공부하기 위해 수능과 평가원 모의고사 문제가 중심 교재가 되어야 합니다. 개념과 원리를 익히지 않고 지문만을 공부하는 것은 아무 소용이 없습니다.

Q 신문 칼럼을 공부하는 것이 논술과 언어영역에 도움이 되나요?
A 물론입니다. 신문 사설보다는 칼럼(오피니언)을 읽고 분석하는 것이 좋습니다. 다만 논증적으로 요약을 해야 하며, 외적 준거와 내적 준거를 기준으로 비판과 분석을 한다면 논술과 토론, 어휘력, 독해력 향상에 큰 도움이 됩니다.

유토마

연 락 처	전화 02-501-2422, 02-565-0389
위 치	서울시 강남구 대치동 은마사거리 잠실방향 새천년약국골목 서주빌딩 3층
대 상	중·고등부
과 목	영어, 수학, 언어, 논술, 수능 전과목

강좌소개

▶김동형 중·고등부 통합영어학습강좌 ▶Frank's-TOTAL영어 ▶중·고등부 수학전강좌 ▶이규환 언어 ▶황성록 수Ⅰ심화완성 ▶전의산 수능영어 ▶수능 아랍어 ▶수시합격·인문·자연논술

학원소개

한때 교단에서 재종반에서, 대치동학원에서 이름을 날리던 명강사들이 모여 만든 단과연합(?)학원이라고 할 수 있다. 고등부 언·외·수에 대한 '수능과 내신학습'을 정립하고 과목별 취약점을 철저하게 멘토링하는 학습시스템을 갖추고 있다. 요즘은 맞춤형 수업을 원하는 어머니들이 많아지는 추세다. 개인별 학습관리와 과외형 눈높이학습으로 각 과목에 대한 흥미와 자신감을 심어주면서 수능 및 학기 진도를 끝내는 수업이다. SKY를 지원하는 학생들을 위한 언·외·수 연합 자물쇠반도 생겼다. 합격의 길이 보인다면 자물쇠로 잠그듯 야물게 챙기는 수능전과목 연합학습은 어떠랴. 목표하는 성적이 보장된다면, 물수능이라도 걱정하지 않을 수 있다면, 철저하게 약점분석이 된 학습시스템이라면 조금은 마음을 놓고 보낼 수 있으리라. 아이에게 꼭 필요한 수업인지를 파악하고 지혜있는 선택을 한다면 분명 합격의 길은 보일 것이다.

리틀팍스
http://www.littlefox.co.kr/

유아부터 초등학생까지 어린이들이 이용하면 좋을 영어사이트이다. 컴퓨터에서 단계별로 영어동화를 읽을 수 있다. 프린트북 코너도 있어 얼마를 내고 프린트를 하고 스테플러로 간단히 제본하면 훌륭한 영어원서 동화책이 된다. 동요나라, 게임나라 등도 있어 영어를 부담없이 즐겁게 접할 수 있다. 잠수식 공부를 하기 전 이용하면 효과적일 것 같다. 최근 대치동(삼보상상건물)에 학원도 열었다.

젠파워학원

연 락 처	전화 02-554-2212
위 치	서울시 강남구 대치동 913-11 대림빌딩 6층 (대치사거리 사까나야건물 6층)
대 상	중·고등부
과 목	영어, 수학, SAT I, SAT II, AP, IB

강좌소개

▶ 영어 : 텝스(시작반, 중급반, 실전모의고사반), iBT토플(시작반, 중급반, 실전모의고사반), 문법완성반, 일반반 ▶ 수학 : 수학집중종일반, 수학정복클리닉반

학원소개

대치동 현장경력만 19년을 자랑한다. 사까나야건물로 오면서 차량까지 운행하며 영어와 수학을 함께 배울 수 있는 학원으로 탈바꿈했다. 누군가는 이사를 오기 전보다 못해졌다고도 하지만 학생들을 한 명 한 명에게 개별적으로 다가가서 가려운 곳을 긁어주고 미흡한 부분을 집어서 보완해 주며 잘하는 부분은 더 잘할 수 있도록 키워주기 때문에 학생들의 만족감은 크다고 한다. 기본기를 기준으로 개별 보완 후 중·고등부에 상관없이 대입수능과 내신을 기본으로 TEPS, iBT, SAT 모의고사까지 끌어올린다.

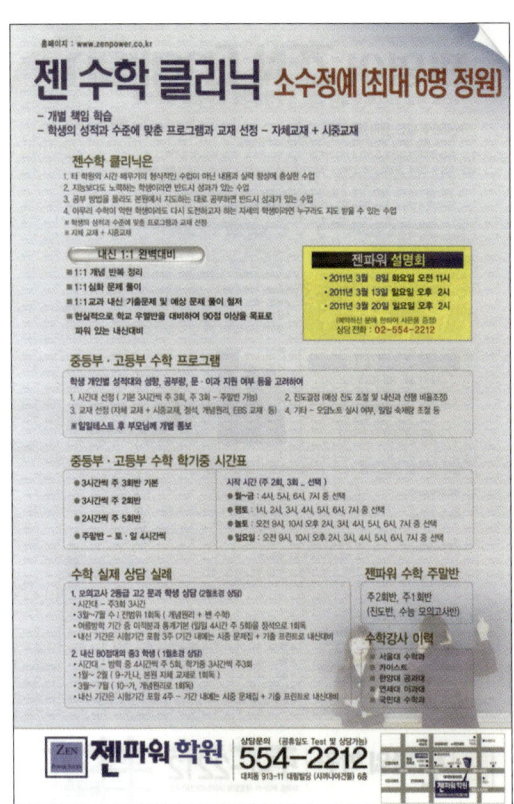

특징은 ❶형식적 수업이 아닌 내용과 실력 향상에 충실한 수업 ❷지능을 믿기보다 노력하는 학생이라면 반드시 성과를 얻는 수업 ❸공부방법을 몰라도 학원에서 지도하는 대로 공부하면 반드시 성과를 얻는 수업 ❹아무리 수학이 약한 학생이라도 다시 도전하고자 하는 자세의 학생이라면 누구라도 지도받을 수 있는 수업.

이유(E.YOU)학원

연 락 처	전화 02-565-0595
위 치	서울시 강남구 대치동 991 남성빌딩 4층(은마사거리에서 송파방향)
대 상	중·고등부
과 목	영어

📖 강좌소개
▶중·고등부 정규반 ▶고2·3 수능실전문제풀이반 ▶수능·토플·텝스·토익을 접목시킨 유형 ▶실전문제풀이

🏢 학원소개
논리 구조화를 통한 이해능력이 영어성적을 결정한다는 이유학원. 영어 이해능력은 ❶주제, 요지, 제목, 목적인 전체적인 이해 ❷내용일치-불일치라는 세부내용 이해 ❸추론과정의 3가지 부분으로 이뤄져 있다고 한다. 이러한 이해력을 어떻게 향상시키느냐는 곧 시험점수와 비례한다. 지칭어 이해, 핵심어 파악, 주제문 찾기, 문단 요약법, 연결사 파악, 단어의 함축성, 상징성, 배경지식 등 다양한 내용을 효과적으로 이해할 수 있어야 한다고 류원장은 말한다. 또한 주중·월말 진단테스트를 통한 성적누계를 통해 개인별 취약점을 모니터링 하여 자신의 영어수준을 객관적으로 비교하고 개인별 학습방향을 결정한다. 다음은 이유(E.YOU)영어의 다섯 HOW 관리법이다. ❶개인별로 테스트 및 과제가 다르다. ❷Workbook 활용이 관건이다. ❸개별클리닉은 자가 공부법을 전수한다. ❹모든 학습은 부모, 아이, 그리고 선생님과 삼위일체로 진행한다. ❺커리가 끝날 때마다 자기만의 오답노트를 완성, 활용한다.

이한학원

연 락 처	전화 02-508-3661
위 치	서울시 강남구 대치동 묘동교회 옆 삼성상가 2층
대 상	초·중·고등부, 유학생, 성인
과 목	한문, 중국어

📖 강좌소개
▶한문 : 성인반(급수, 한문고전), 일반학생반(급수, 한문고전, 고사성어), 중고생내신반(학교내신 선행학습), 속성기초반(부수한자, 200자 기초한자), 유학생반(어휘, 교과과정, 고사성어) ▶중국어 : HSK예비반, 초등부중국어입문, 중고등부내신, 유학준비반, 유학생AP, SAT2준비반

학원소개

한자급수시험의 100% 합격률을 자랑하는 명문학원이다. 수많은 중국 유학생을 배출(중국 유수 대학과 고등학교 등)하고 상위 고득점자에게만 주어지는 난정장학생을 수차례 배출하였다. 우리나라 공부에서 학문적 어휘의 80%가 한자이다. 한자를 알면 더이상 문제의 뜻을 몰라 틀리는 일이 없게 된다. 한번 배우면 평생을 가는 독특한 교습법을 개발한 이한학원은 중국어 프로그램도 있어 즐겁고 체계적으로 배울 수 있게 한다. 대치동 학원경력 9년의 원어민 강사가 함께한다. 중국어를 처음 접하는 초급자, 재학생 내신, 자격증 및 유학생까지 중국어 정복을 위한 빠르고 정확한 길을 안내해 준다.

조동기국어논술전문학원

연 락 처	전화 02-501-1776
홈페이지	www.jdg.ac
위 치	서울시 강남구 대치동 대치역 1번 출구 앞 외환은행건물 6층
대 상	중·고등부
과 목	국어, 언어, 논술

강좌소개

12년 전통 '조동기 국어논술 학원' 만의 노하우로 완성된 ▶중등부 ❶ '언어·논술' 통합 정규 강좌 ❷국어과 전 영역을 맞춤식으로 접근하는 심화 특강 강좌 ❸복잡해지고 어려워진 국어내신 대비를 위한 출판사별 내신 강좌로

이뤄져 있다. ▶언어+논술(독서)+내신의 중등부삼위일체 학습 강좌는 수능언어 1등급으로, 걱정없는 수시 논술대비로, 여기에 내신까지 제대로 준비할 수 있게 시스템을 갖추고 있다. 각 강좌의 선생과 특징을 알아본다. ▶고등부 ❶국가대표, 국민강사 조동기학원 최다 수강 강사 임형수선생특강 ❷즐겨라! 따라오라! 확신하라! 김현석선생특강 ❸전례없는 수능강의 2개월 공부해서 1등급 달성하기! 서성록선생강좌 ❹잠자는 생각을 일깨우는 논술의 달인 송성근선생특강 ▶중등부 ❶고등부선행 EBS 언어반 : EBS교재를 활용한 고등언어 적용반 ❷2012년 특목고 입시 대비 학업계획서 작성반 : 복잡한 학업계획서, 전형 때까지 꼼꼼하게 쓰기 ❸국어능력 인증 시험반 : 어휘력 증진과 비문학 독해력 향상을 위한 반 ❹여름방학독서캠프 : 일주일에 한 권 총 5회, 5권의 포트폴리오 작성 등이 있다.

김유동 선생님의 운문문학 학습 포인트

❶ 운문 관련 개념과 원리를 정확히 이해한다.
❷ 시의 주제요소(제재, 사건, 정서) 파악을 중심으로 독해한다.
❸ 작가 중심의 작품 정리 학습과 동일한 작가군 중심의 묶기를 병행한다.
❹ 고전시가는 강호가(江湖歌)와 연정가(戀情歌)가 주로 출제되므로, 이 두 갈래의 전형적인 특성을 이해한다.
❺ 표현 방법과 운율에 대한 이해를 분명히 해둔다.
❻ 분석 원리(시적 상황, 화자의 정서와 태도, 표현상의 특징, 주제)를 숙지한다.

DYB 최선어학원

연락처 전화 (초등관)02-557-9688, (중등관)02-556-7094, (고등관)02-557-9689
홈페이지 www.choisun.co.kr
위 치 (초등관)서울시 강남구 대치동 대치퍼스트빌딩 6층 (중·고등관)서울시 강남구 대치동 대치역 도곡방향 청실상가 3~4층
대 상 초·중·고등부
과 목 영어

특징

▶초등부 파르테논의 특징 ❶레벨별 차별화된 원어민수업 ❷진정한 Team-teaching수업 ❸Intensive Extensive Reading을 병용한 Input Output훈련 ❹에세이 첨삭지도 Process ▶중등관어학원 교육목표 ❶지필고사와 듣기평가, 서술형 문제까지 꼼꼼한 내신대비 ❷R/C, L/C, Speaking, Writing, Grammar, Vocabulary 등 전영역에 대한 고른 학습 ❸iBT TOEFL 대비 본격적인 Speaking, Writing 집중수업 ❹유형별 듣기 훈련으로 외고입시 대비 ❺고등학교 과정 선행학습 ▶프리머스 정규수업특징 ❶Level에 맞춰 전문교사로 구성 ❷4가지 영역에 대해 균형 잡힌 멀티 심화 학습 진행 ❸Daily Test와 Verbal Test로 수업내용을 이해시킴 ❹성적관리 시스템으로 실력을 정확히 진단 ❺학생수준에 맞는 목표와 학습전략을 제시하여 학습의욕을 고취함.

학원소개

1993년에 오픈하여 십수 년 간 입시, 영어인증시험, 내신대비 등 교육정책의 수많은 유행

에도 최고의 영어교육을 제고해 왔다. 2008년 초등관 파르테논, 고등관 프리머스 오픈으로 대치동 중심 어학원으로서의 입지를 더욱 굳히고 학습자에게 가장 절실한 요구인 '성적향상'에 첫 번째 목표를 지향해 왔다. 결론은 한 가지. 'Back to the basics!' 기본에 충실하자는 거다. 기본에 충실하면 무엇이든 해낼 수 있으니까 말이다. 현실을 무시한 이상적인 교육은 '이론'으로만 남게 될 뿐 실질적인 효력을 거두기 어렵기 때문이다. 단순히 기억용량을 확장하는 기계적인 영어학습이 아니라 논리적인 사고를 통해 정리된 의견을 풍부하게 표현할 수 있도록 가르친다.

형진영어

연락처	전화 02-508-7321, 02-508-7380
홈페이지	www.형진영어.kr
위 치	서울시 강남구 대치동 603 301호 (대치역 1번출구)
대 상	중·고등부
과 목	영어

강좌소개

▶수능+텝스 : 고1·2 영어고급반 ▶수능+내신 : 고1·2 중급반 ▶수능ALL-IN : 고3 영어수능반, 중3 영어고급반, 중2·3 실력향상반, 중2·3 고급반, 중1 고급·실력향상반

학원소개

공부 잘하는 친구가 하는 방식대로만 하면 된다는 생각과 원어민 수업으로 모든 영어가 해결될 거라는 생각, 텝스나 토플만 하면 수능이나 내신이 다 해결될 거라는 생각은 이제 버리라고 한다. 원활한 듣기나 읽기가 되지 않는 상태에서 지나치게 문법 위주의 수업을 받는 것은 느린 독해의 원인이라고 설파한다. 기본적인 어휘나 구문이 되어 있지 않은 학생이 지나치게 높은 단계의 학습을 하는 것은 흥미와 기초 둘 다 놓치게 되는 원인이 되며 내 아이의 현재 상태를 정확히 판단하고 해결책을 찾아내야 한다고 한다. ❶독해학습전략 : 수능이나 텝스의 지문길이가 길어지고 난이도가 높아짐에 따라 독해 속도를 향상시키고 배경지식을 넓힌다. ❷어휘학습전략 : 어원에 대한 설명과 연상법을 통하

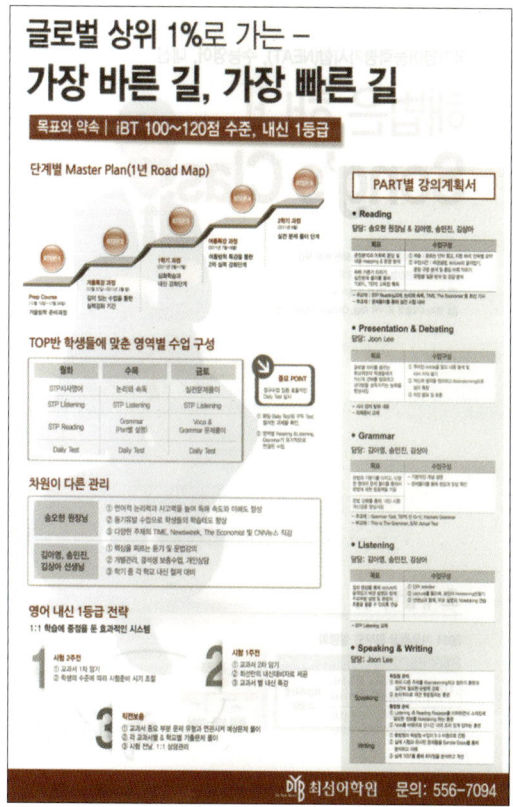

여 흥미로운 어휘학습을 유도한다. ❸문법학습전략 : 수능에서는 정확성(Accuracy)보다는 유창성(Fluency)에 더 초점을 맞춰 출제되는 12가지 문법유형을 마스터한다. ❹LC 학습전략 : 듣기과제가 부여되고 DICTATION 훈련을 통해 듣기능력을 향상시킨다.

최용훈국어논술전문학원

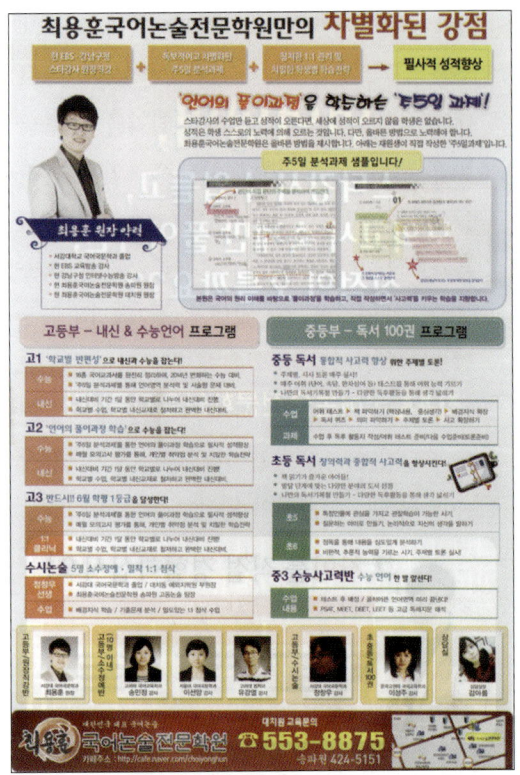

연락처	전화 02-553-8875 (송파원)02-424-5151
카페	http://cafe.naver.com/choiyonghun
위치	서울시 강남구 대치동 은마사거리 삼원가든방향 파리바게트앞 삼성상가 2층
대상	중·고등부
과목	언어, 독서토론논술

강좌소개

▶고등부 : 고1은 언어의 풀이과정 훈련, 고2는 고전시가, 비문학을 끝장내다, 고3은 취약점 공략, 수시논술 정규수업 ▶중등부 : 독서 100권프로그램 ▶초등부 : 방학때만 무료 독서토론반 운영

학원소개

국어의 원리이해를 바탕으로 '풀이과정'을 학습하고, 직접 작성하면서 '사고력'을 키우는 학습을 지향하고 있는 국어논술전문학원이다. 성적은 학생 스스로의 노력에 의해 오르는 것인데 그것은 올바른 방법으로 노력했을 때만 가능하다고 말하는 최용훈 원장. 독보적이고 차별화된 주5일 분석과제를 통해 철저한 1:1 관리 및 치밀한 학생별 학습전략으로 성적향상을 향해 나간다.

카이스트 수학학원

연락처	전화 02-501-8903~4
위치	서울시 강남구 대치동 은마사거리 한티역방향 웰리스빌딩 6층
대상	중·고등부
과목	수학

학원소개

수학적 사고와 성실함을 기본으로 열정이 있는 중·고등부 수학의 메카라고 자신하는 곳이다. 다른 친구들의 공부하는 모습에서 나의 위치를 파악할 수 있고 고2부터 노블레스반을 운영하며 자체 심화교재로 우수한 학생들의 니즈를 채워줄 수 있는 곳이다. 수학뿐만 아니라 수리논술에서 문성인 원장이 직접 첨삭을 진행하고 있을 정도로 수학에 대한 열의가 대단하다.

수업시간에 학생들이 질문하면 그와 같은 유사형의 문제는 모두 문원장 머리에서 나온다. 그만큼 유형의 다양성을 모두 갖고 있는 것이다. 질문지도 선생님이 상주하고 있어 질문의 맥이 끊기지 않아 수학에 흥미를 갖게 해준다.

카이스트의 학사관리 시스템을 보면 ❶수준별 내신수업과 능력에 따른 선행수업(Dual 시스템) ❷정규수업+자기주도학습(확인학습, 과제점검, 개별클리닉)에 의한 그물망식 이중관리 ❸격주 Test로 학생의 현재 수준 확인 및 학부모 상담 ❹매 학기별 학업 성취도 평가를 통해 레벨 조정 ❺주입식이 아닌 자기주도에 의한 수학몰입학습을 한다.

김유동 선생님의 산문문학 학습 포인트

❶ 작품의 갈등요소(갈등의 주체, 원인, 방법, 결과)를 중심으로 분석한다.
❷ 소설의 개념(시점, 서술방법, 갈등구조 등)에 대한 이해를 확실하게 해둔다.
❸ 작가를 시대와의 연관성 속에서 이해하며, 시대에 대한 대응을 유형화한다.
❹ 고전소설은 시점, 구성, 인물형 등에 나타난 전형적 특성과 군담, 연정, 사회, 풍자류 등 고전소설의 갈래별 특성을 이해한다.
❺ 극문학은 배경과 행위의 상징성을 시대적 배경과 관련하여 이해한다.

김유동 선생님의 비문학 학습 포인트

❶ 제시문을 문단 배치 구조에 따라 유형화한다. (병렬구조, 문제→해결구조, 대립구조 등)
❷ 내용 파악 시에는 대상을 우선 확인하고 그 후 관점을 이해한다.
❸ 중심내용이 각 문단의 처음과 끝에 위치할 것이라는 생각을 버린다.
❹ 제재별로 제시문을 독해하며 제재별 출제 특성을 스스로 깨닫도록 하고, 수능 기출 제시문을 읽어가며 어휘를 정리한다.
❺ 매일매일 시간을 재가며 풀어보는 연습을 한다.

푸감수학경시학원

연락처	전화 02-539-7734
위 치	서울시 강남구 대치동 934-4
대 상	초6~고2
과 목	수학

강좌소개
▶고등부, 중등경시 ▶중등내신심화 ▶초등경시 ▶경시특강

학원소개
중·고등 경시대비 전문학원이다. 수능&경시를 한방에 해결! 내신 심화, 사고력 훈련까지 트레이닝한다. ❶방대한 경시자료 ❷적중률 높은 문제와 풀이 및 주석달린 지름길 고급화 수업 ❸최적의 환경과 조건 ❹경험과 실력있는 경시강사의 첨삭관리 ❺패턴이 아닌 사고력에 의한 고난이도 문제풀이

행복한 11월

연락처	전화 02-501-6619
위 치	서울시 강남구 대치동 은마사거리에서 한티역 방향 아디다스 6층
대 상	초6, 중·고등부
과 목	수학

강좌소개
▶중·고등부 문·이과 전 강좌

학원소개
'구(구하는 것은?)→조(조건을 찾아라!)→식(식을 세워라!)→답(답을 구한다!)의 사고과정과 서술을 통하여 논리력이 향상되어 수학의 자신감이 따라올 수 있도록 바꾸는 데 3개월. 수학의 기초인 서술형 풀이습관을 바꾸는 일이 가능할까? 철저하게 알 때까지 반복을 거듭하다 보면 완벽해진다고 한다. 일등 스승을 만나 6개월 이상 체계적인 〈5단계 수학능력향상-사고력〉 프로그램으로 수학의 달인이 되는 길을 서울대 수석 출신 원장이 그 비결을 전수해 준다. 철저한 지도와 확실한 반복시스템, 꼼꼼한 관리로 상위권을 보장하고 있다. 소리없이 강한 학원이란 말을 체험하고 싶다면 행운을 찾아라.

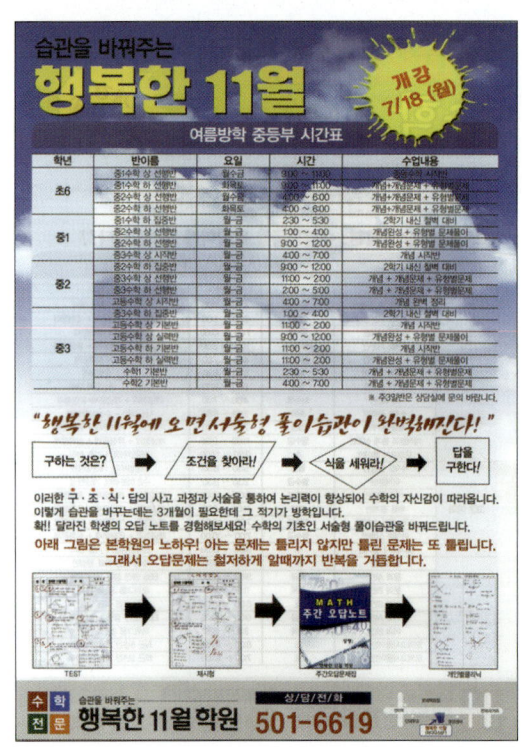

대치동 리포트

자녀와 소통하기 힘드시죠?

어릴 때는 엄마밖에 모르던 아이들이 사춘기가 시작되면 점점 심하게 반항하고 자기주장도 강해지면서 사사건건 부딪칠 일이 한 두 가지가 아니지요. 게다가 학습적인 면의 중요성이 갈수록 높아지는 시기이다 보니 아이와의 갈등이 더 깊어지기 쉬워 그만큼 엄마들의 한숨도 깊어집니다. 평소에 자녀와 소통할 기회를 충분히 갖지 못했을 경우 더 큰 어려움을 겪게 되는데 그렇다고 해서 아이들과의 소통을 포기할 수는 없는 법, 엄마들이 나름대로 터득한 '아이와 소통하는 법' 사례를 통해 한번 해결책을 찾아보시는 것은 어떨까요. 엄마가 '소통의 왕도'를 찾고 보면 갈등 해결은 저절로 되거든요.

❈ 먼저 경험한 언니로부터 소통법 전수받아

중학생이 되면서 딸의 사춘기도 시작됐다. 매사에 신경질적이고 예민하게 구는 것이 그 증상이었다. 물론 성적이 전교권이었으니 나름대로 공부 때문에 스트레스가 많으리라는 것은 이해하지만 그래도 좀 심한 편이었다.
식구들끼리 식사를 하면서 대화를 하다가도 조금만 제 귀에 거슬리는 말이 나오면 불같이 화를 내며 방으로 들어가 버린다. 물론 방문을 잠그고는 아무리 나오라고 소리를 질러도 꿈쩍도 하지 않는다.
만만한 엄마한테 온갖 짜증을 부리는 것도 참기 어려웠다. 무슨 말만 하면 눈을 흘기면서 노려보고 잔소리라도 할라치면 징징거리다 못해 대들기까지 하는 것이었다. 심하게 혼을 내보기도 하고 달래는 식으로 대처도 해봤지만 나아질 기미가 보이지 않았다. 할 수 없이 먼저 딸을 키워본 언니한테 하소연하면서 도움을 요청했다.
언니는 자신이 겪어본 후에야 깨달은 주옥같은 조언들로 내 마음부터 움직이게 만들어주었다. 평소 안 그래도 성적에 예민한 아이에게 엄마도 덩달아 욕심을 부리지는 않았는지, 아이가 화를 낼 때 먼저 그 마음을 이해하려고 애쓴 적이 있는지 한 번 돌아보라는 말에 그만 울컥하고 말았다. 그동안 "도대체 쟤는 왜 나를 이렇게 힘들게 하나" 싶어 늘 아이 탓만 해왔으니 그럴 수밖에.
언니가 일러준 대로 시험 기간에는 "전교 등수에 너무 신경 쓰지 말고 편하게 공부해. 엄마는 지금도 네가 너무 대견스러워서 힘이나"라며 격려만 해주었다. 예전에는 여느 엄마들과 마찬가지로 "조금만 더 열심히 하면 너보다 잘하는 애들도 따라잡을 수 있어"라는 식으로 다그치기만 했으니 아이가 얼마나 부담스러웠을까.
아무튼 그 후로 아이와 부딪칠 일이 있을 때마다 나는 격한 감정을 누르고 언니에게 전화부터 했다. 속상한 마음을 다 털어놓을 수 있었을 뿐만 아니라 매번 현명한 대처법까지 배울 수 있었으니 멘토를 얻은 셈이었다. 그렇게 해서 나는 사춘기 딸과 똑같이 맞서고 은근히 공부에 대한 부담을 주던 엄마에서, 딸의 현재 모습에 감사하고 칭찬을 해주는 엄마로 거듭났다.

그러는 사이에 딸은 정말 내가 봐도 놀랄 만큼 변하기 시작했다. 늘 짜증이 가득했던 얼굴에 웃음기가 어리고, 속상한 일이 있어서 내가 우울해 하면 내 등을 토닥이며 "괜찮아 엄마, 뭘 그런 걸 가지고 그래. 그만 잊어버려" 하며 오히려 나를 달랜다. 주변에서도 요즘 우리 딸이 너무 잘 웃고 표정도 밝아졌다며 무슨 일이 있었냐고 물어볼 정도다. 무슨 일이 있긴 있었지, 바로 미숙한 엄마였던 내가 먼저 변한 일 말이다.

🐝 '질풍노도의 시기'인 아들, 같이 흥분하지 않는 것이 최선

고등학교 1학년인 아들은 아무리 공부하기가 힘들다지만 시도 때도 없이 욱하는 모습을 보여서 참을 수가 없다. 며칠 전에는 스트레스를 푼다며 친구들과 잠깐 농구를 하고 온다고 나가더니 학원에 갈 시간이 다 돼서야 들어온 적이 있었다. 너무 화가 나서 "너는 도대체 생각이 있는 거니 없는 거니, 학원수업보다 노는 게 더 중요하니"라며 잔소리를 했더니 갑자기 방문을 쾅 닫으며 들어가 버리는 게 아닌가. 예전 같았으면 나도 바로 방문을 박차고 들어가 "엄마 앞에서 어디 버릇없이 구느냐"라며 호통을 쳤을 것이다. 그러면 아이는 제 분에 못 이겨 더 심하게 씩씩대며 나와 한바탕 전쟁을 치렀을 테고.

아들은 원래 나에게 둘도 없이 착한 아들이었다. 어떤 때에는 남편보다 더 나를 챙겨주고 아껴주는 살가운 아이였다. 그런데 중학교 3학년 무렵부터 시작된 때늦은 사춘기는 아들을 완전히 다른 사람으로 만들어버렸다. 사소한 일에도 화를 버럭 내기 일쑤였고 혼을 내면 더 폭발했다. 처음에는 책상을 쾅쾅 치고 난리더니 날이 갈수록 그 정도가 심해져 어떤 날은 정말 무슨 일을 저지를지 겁이 날 정도였다. 그럴 때마다 아들의 마음을 살피는 건 둘째 치고 우선 겉으로 드러나는 잘못된 행동에 참을 수가 없어 같이 흥분했다. 그러다보니 소통은커녕 갈등만 점점 더 깊어질 수밖에.

보다 못한 남편이 부모교육 프로그램에 참가해볼 것을 권한 것이 아들과의 소통법을 터득하게 된 계기였다. 처음에는 강의를 들으면서 그동안 내가 얼마나 부족한 부모였는지를 깨닫고 눈물을 흘린 적이 한 두 번이 아니었다. "사춘기 자녀가 감정을 폭발시킬 때 부모가 같이 흥분하지 말고 일단 한 발 뒤로 물러서 있어야 한다"는 너무나도 기본적인 훈육법을 실천했다.

아들이 사소한 일로 돌변할 때마다 바로 나무라고 싶은 마음을 꾹 누르고 일단 그 자리를 피했다. 도를 닦는 심정으로 참고 또 참았다. 그렇게 달라진 내 모습이 어색했던지, 아니면 스스로도 너무했다 싶었던 건지 어느 날 아들이 "나 때문에 많이 힘들지, 엄마" 하면서 다가오는 것이 아닌가. 그 말 한마디에 나는 그만 서러운 눈물을 쏟고 말았다. 그 날 아들과 나는 서로의 힘든 점을 터놓고 얘기할 기회를 참으로 오랜만에 가졌고 함께 노력하자는 약속도 했다.

이렇게 아들과 서로 소통하게 되면서 그동안 꽉 막혀 있던 사이가 시원하게 뚫렸다. 비록 아들은 아직도 여전히 감정조절에 어려움을 겪고 있지만 예전보다 빨리, 쉽게 극복을 하는 편이다. 게다가 제 마음이 풀리고 나면 나에게 고민을 터놓기까지 하니 서로 대화하는 시간도 길어졌다. 부모교육을 통해 아들과 소통하는 법을 배운 것, 너무나도 큰 수확이었다.

❀ 아이의 꿈을 인정하자 소통은 저절로

딸은 사회성이 좋은 편이라 친구도 많고 항상 주변 사람들을 즐겁게 해주는 편이다. 그런데 겉으로 보기에는 이렇게 외향적일 것 같은 딸이 정작 작은 일에도 상처받고, 부모 앞에서조차 속내를 쉽게 털어놓지 못하는 성격이라는 것을 중학생이 되고서야 알았다. 내 속으로 낳은 내 자식이지만 정작 아이의 속마음은 읽지 못하고 있었던 것이다.

중학교 1학년 때까지만 해도 공부 잘하는 친구들과 함께 경쟁적으로 상위권 성적을 유지했다. 해외 단기연수 경험까지 있었으니 목표는 당연히 외고 진학이었다. 나중에 알게 됐지만 그건 단지 엄마와 주변 사람들의 목표일뿐이었다. 2학년이 되면서 영어학원 평가서에는 토론수업의 참여도가 낮다는 지적이 나왔고 학교성적도 떨어지기 시작했다. 뭐가 문제인지도 모른 채 딸을 다그치기만 했다. 그럴 때마다 나의 일방적인 훈계만 계속될 뿐 아이는 마음을 열지 않고 울기만 했다.

그러던 어느 날 딸이 조심스럽게 꺼낸 얘기는 엄마인 내 가슴을 먹먹하게 만들었다. 자신의 꿈은 작가가 되는 것이며 외고진학이 목표가 아니라고. 그리고 보니 영어를 잘했고 성적도 상위권이었기 때문에 당연히 외고진학을 생각하긴 했지만 그것이 아이의 희망은 아니었던 것이다. 아이의 속마음을 알고 나니 내가 너무 못난 부모의 전형인 것 같아 죄책감마저 들었다.

비록 외고진학을 포기하기가 쉽지 않았지만 이 일을 아이와 소통하는 기회로 삼기로 했다. 먼저 딸에게 속 얘기를 해준 것에 대해 고맙다는 말부터 하고 다독거렸다. 게다가 적성에 꼭 맞는 꿈인 것 같다며 아이의 꿈을 인정해 주었다. 딸은 그동안 자신의 꿈을 얘기해도 인정받지 못할 것 같아 속만 태웠는데 엄마가 의외로 쉽게 받아주자 표정부터 달라졌다. 그 때부터 우리는 수시로 챙겨주고 소통하는 둘도 없는 모녀 사이가 됐다.

부모들과 상담을 하다 보면 가장 공통적인 고민이 바로 아이들과 소통의 어려움입니다. 대부분 아이들과의 갈등이 깊어질 대로 깊어진 후에야 드러내놓는 경우가 많아 그럴 때마다 안타까운 마음이 앞섭니다. 가장 좋은 대처법은 사춘기가 시작되기 전까지 아이의 성향이나 기질에 맞게 소통하는 법을 터득하는 것입니다. 그렇지 못한 상태라면 계속 아이와 정면으로 부딪치지만 마시고 주변에 도움을 청하거나 부모교육 프로그램에 참가하는 등 부모가 방법을 찾는 수밖에 없습니다.

내 엄마이고 내 자식이다 보니 방법만 찾고 보면 의외로 쉽게 갈등이 풀리는 경우가 대부분입니다. 아이 탓만 하면서 우울해 하지 마시고 실질적인 해결책을 모색해 보시기 바랍니다. '소통의 왕도'는 적극적으로 찾는 사람들에게 보이기 마련이니까요.

김과학 과학전문학원

연 락 처	전화 02-557-9342, 011-371-6005
이 메 일	kybtfci@hanmail.net, kybyfci@naver.com
위　　치	서울시 강남구 대치동 대치사거리와 휘문고 사이 큰길 3층
대　　상	중·고등부, 재수생
과　　목	중등과학, 경시과학, 올림피아드, 융합과학, 물리, 화학, 생물, 지구과학, 과학논술, 과학구술, 일반화학, 유기화학

📖 강좌소개

▶내신정규반(주2회 수업) ▶심화선행단기 완성반(8주·4주완성) ▶시험대비 특강반(7일·2주·4주완성) ▶수능등급UP(주2회 수업) ▶최상위 수능논술반 ▶수능문제풀이집중반 ▶1:1 지도특수반 ▶주말집중반

📖 학원소개

어느 동네에서나 마찬가지만, 대치동에서는 강사의 수준이 곧 학원의 수준을 말한다. 대치동에 자신의 학원을 가지고 있는 강사는 대한민국 학원계에서 상위 1%라는 자부심이 있다. 김과학도 마찬가지. 수학도 공대를 나온 선생님보다 수학과 나온 선생님을 당연 더 쳐준다. 수학과도 수학교육과냐, 수학과냐에 따라 급이 다르다. 같은 이공계열이라면 물리학과 출신을 더 꼽는다. 수학전문 강사 중에 비전공자가 그만큼 많다는 이야기다. 허나, 과학의 경우라면 선이 분명하다. 그러나 물리는 지학을, 화학은 생물까지 커버하는 선생님이 많다. 화학과 물리를 같이 가르치는 경우 어느 하나가 살짝 처진다고 보면 된다. 이를 다 커버해 가르치는 것도 고1

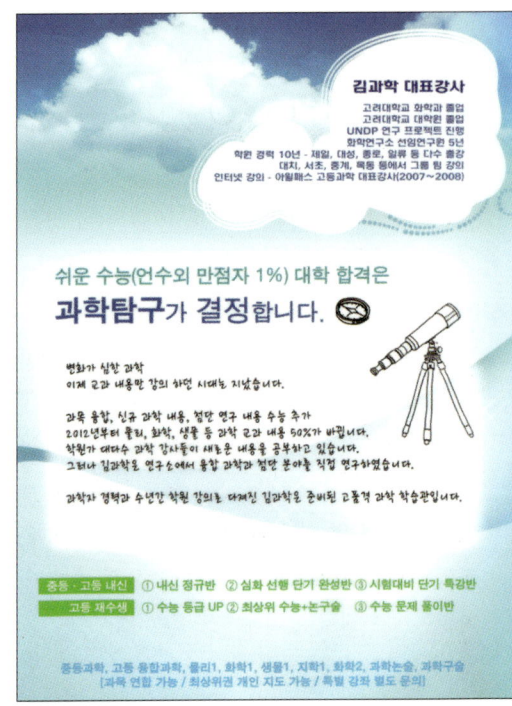

까지가 끝이다. 이후는 전문 수능강사를 찾아야 한다. 김과학 대표강사는 고려대학교 화학과 및 동 대학원 출신이다. 화학연구소 선임연구원을 역임했다. 실제 연구소에서 과학 연구 부분을 진행한 과학자의 수업이다. 인터넷 강의 아월패스 고등부 과학 대표강사(2007~2008년)를 거쳐, 제일, 종로, 대성 등에 출강중이며, 대치, 서초, 중계, 목동에서 팀수업도 한다.

국자인 http://cafe.naver.com/athensga

회원 3만명의 대표적인 대입 '비교과' 까페다. 국제교류와, 자원봉사와, 인턴십과 비교과 사무실의 줄임말. 회원수가 늘어 댓글 30개 이상 써야 정회원이 되며, 2년 이상 활동한 회원과 신참 회원의 활동범위와 혜택이 다르다. 빨리빨리 회원 가입해서 등업돼 있어야 정작 필요할 때 요긴하게 도움받을 수 있을 것 같다. 국내외봉사, 예능계진학정보, 진로직업관련 특강 등 요긴한 정보가 많다.

레몬트리 국어논술

연 락 처	전화 02-565-4931, 010-2488-4931
위　　치	서울시 강남구 대치동 920-13 남주빌딩 301호
대　　상	초6~고1·2
과　　목	국어논술(내신대비)

강좌소개

국어논술수업을 하는데 중학생들은 중1 세계사, 중2 한국사, 중3 한국사 3급 도전을 방학때만 해도 충분하다. 수업은 역사논술과 접목해 수업을 한다. 고등학생은 방학때는 유형별 논술, 시사논술, 독서관리로 대비를 하고 학기 중에는 어휘(고사성어, 기본낱말)는 물론 내신, 역사논술로 실력을 다진다.

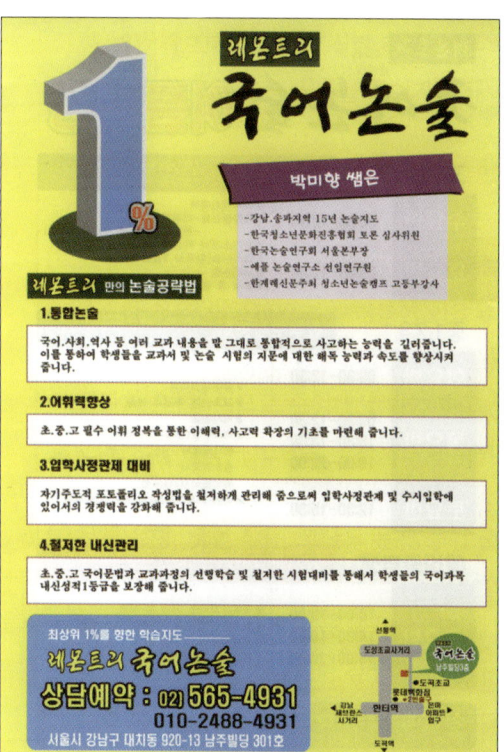

학원소개

강남·송파지역에서만 15년간 논술을 지도하고 국제고 및 각종 특목고를 많이 보낸 레몬트리 박원장만의 논술공략법이 있다. ❶통합논술 : 국어·사회·역사 등 여러 교과내용을 말 그대로 통합적으로 사고하는 능력을 길러준다. 이를 통하여 학생들을 교과서 및 논술 시험의 지문에 대한 해독능력과 속도를 향상시켜 준다. ❷어휘력 향상 : 초·중·고 필수어휘 정복을 통한 이해력, 사고력 확장의 기초를 마련해 준다. ❸입학사정관제 대비 : 자기주도적 포트폴리오 작성법을 철저하게 관리해 줌으로써 입학사정관제 및 수시입학에 있어서의 경쟁력을 강화해 준다. ❹철저한 내신관리 : 초·중·고 국어문법과 교과과정의 선행학습 및 철저한 시험대비를 통해서 학생들의 국어과목 내신성적 1등급을 향해 노력한다.

 STREETS TIPS

| 브런치 커피 |

양재천길 끄트머리쯤에 있는 브런치 까페. 아침 열 시부터 밤 열두시까지 문을 연다. 테라스에 앉으면 양재천 숲이 널찍하게 펼쳐진다. 이국의 어느 파크에 온 듯한 기분이다. 시나몬을 듬뿍 뿌린 허니브레드에 커피 한 잔, 가끔씩은 밥값보다 비싼 이런 호사도 용서되리라. 02-572-8875

수플러스 수학학원

연 락 처	전화 02-501-6751 / 팩스 02-501-6134
이 메 일	ddssds@naver.com
홈페이지	www.soopusedu.com
위 치	서울시 강남구 대치동 932-23 1~3층(던킨도넛츠 안쪽길 미소야 건물인근)
대 상	중·고등부 내신, 수능, 대학별고사
과 목	수학

강좌소개

▶중등부는 내신과 선행을 같이 수업한다. 중등부 선생님이 내신 및 중등과정을 꼼꼼히 수업 관리하며 고등부 선행과정은 고등부 선생님의 증명을 통한 깊이있는 수업이 진행된다. 오답노트 정리와 서술형 노트를 통한 세심한 첨삭을 통해 저학년 때부터 정확한 개념과 계산을 몸에 익히도록 한다.

▶고등부는 전임강사 두 분이 각각 다른 영역을 크로스 수업하여 내용이 전문적이고 밀도있다. 1학년은 1시간30분 동안 내신을 하고, 나머지 1시간30분은 선행을 꾸준히 진행하며, 2학년은 시험 범위가 너무 다양하기 때문에 고2 전담 선생님이 동시간대에 4명이 수업을 통해 학교별 다른 내신을 대비하게 된다. 같은 요일 같은 시간대에 레벨별로 반편성이 되어 있어 수준별 수업이 진행된다. 주로 상위권 학생으로 구성되어 있다. 최근 더 넓고 좋은 환경으로 확장이전하였다.

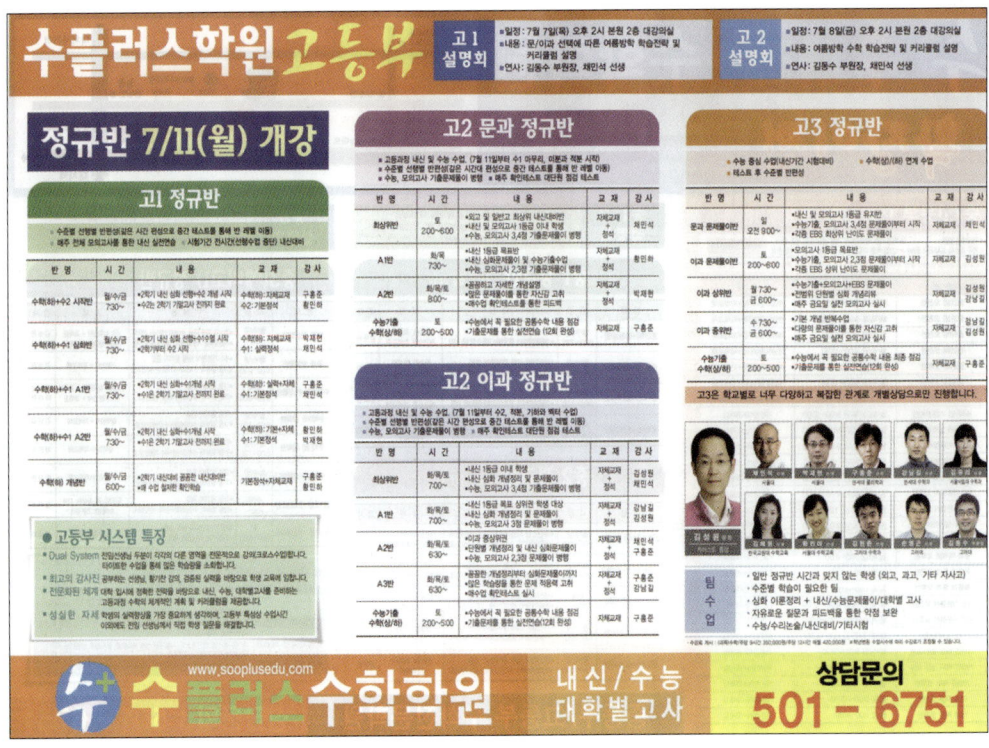

스터디메이트

연 락 처	전화 02-538-1069
위 치	서울시 강남구 대치1동 651 여천빌딩 604호 아웃백스테이크건물 6층
대 상	중·고등부
과 목	전과목

📖 강좌소개

▶학기중에는 부담스러운 문법&어휘력향상 프로그램(수준별 주2~3회) 국어·영어 ▶학기 내내 골치덩어리, 수리수리 마수리 UP~(주 2~3회) 중·고등수학 ▶학기중에는 부담스러운 문법&어휘력 향상프로그램(수준별 주2~3회) 사회·과학·한국사

📖 학원소개

성적이 오르지 않는 이유는 아이들마다 다르다. 원인에 따른 해결책도 달라야 한다. 아이한테 꼭 맞는 해결책이 고려된 맞춤형 학습을 진행하고 있는 스터디메이트. 강한 내신을 위한 수준별 맞춤형 학습을 하는 곳이다. 학생들에게는 성취감과 자신감을, 공부가 즐거운 일이 되는 경이로움을, 부모님에게는 제대로 된 관리체계로 안심과 만족감을, 학원이 스트레스 보다는 위로와 동기부여를 준다고 한다. 전 과목을 다 수강하는 친구들이 많은 학원이다보니 한 명 한 명 목표를 설정하여 수능을 향한 기반이 흔들리지 않도록 함께 해준다고 한다. 모든 수업은 성적과 성향에 맞춰 진행되는데 거의 1:1로 하는 경우가 많다. 아이들마다 부족한 것이 다르고 채워야 할 것들도 다르다. 그래서

| 하겐 커피 |

양재천 길가에 있는 까페다. 학여울 미도아파트 쪽에서 시작했다면 좀 많이 간다 싶은 지점에 있다. 몇 번을 갔어도 이쯤인가 이쯤인가 싶어 중간에서 자꾸 차를 세우게 된다. 양재천 숲을 바라보며 앉으면 거대한 숲의 향연이 펼쳐진다. 도심 한가운데서 단 10분 거리에 이런 곳이 있나 싶어 놀랍다. 커피 맛보다 숲의 향이 더 짙은 곳이다. 070-7573-6602

수업을 끝내고 나면 스스로 공부할 수 있도록 자습까지 하게 한다. 목표는 수능이다. 평소 공부하는 습관으로 소중한 학창시절의 든든한 스터디메이트가 되겠다고 약속한다.

지도하고 추가 질문에 대한 대처방법을 심층적으로 대비시킨다.

특징
기존의 논술방법론에 안주하지 않겠다는 각오로, 논술방법론의 새로운 패러다임인 '3단계 논술방법론'을 제시한다. ❶학생 수준별 맞춤형 리라이팅(3단계로 강화된 첨삭) ❷전 강사가 참여하는 세미나를 통한 세분화·전문화(논제연구세미나, 학생관리세미나, 강의방법론세미나, 첨삭지도방법론세미나) ❸합격자의 합격비결 체계화(합격생이 작성했던 답안의 장점 및 약점 소개, 합격생이 작성한 논술답안에서 발견되는 공통적인 특징, 합격생 각각의 논술공부법 소개, 합격생 1년 공부 싸이클을 소개하여 자기와 비슷한 수준, 성격, 성향, 개성을 가졌던 합격생은 논술에서 어떻게 성공할 수 있었는지 소개한다.)

하이퍼 논술학원

연락처	전화 02-569-1364~5, 02-569-1324 / 팩스 02-562-9656
홈페이지	www.hypernonsulgusul.com
위치	서울시 강남구 대치동 1022-4 지석빌딩 4~5층
대상	고등부, 대학입시논술 문·이과
과목	논술, 구술

강좌소개
▶고등부 논술 ▶대학별 입시논술 ▶심층면접 전문학원

학원소개
창립 3년 만에 서울대, 연고대 872명 합격, 대치동을 놀라게 하였다. 새로운 통합논술에 맞는 실증적 분석논술을 개발하여 전국 논술학원들 중 최강자의 반열에 올라섰다는 자부심이 대단하다. 수시합격을 좌우하는 논술에 대학별 최적화된 방법론을 도입하여 체계화된 시스템 아래에서 학생들의 실력을 단계적으로 배양한다. 또한 단과대별로 전문화된 구술팀을 운영하여 매번 실전과 똑같은 시뮬레이션 수업을 진행하면서 전공 소양면접의 전문성을 강화한 논리적, 심층적, 창의적 답변 방법을

유수하 수학전문학원

연락처	전화 02-539-3370 / 팩스 02-539-1855
이메일	mathush@hanmail.net
홈페이지	www.ushmath.com
위치	서울시 강남구 대치동 대치역에서 도곡동방향 개포2차 우성아파트 정문앞 청우빌딩(나폴레옹제과) 5층
대상	초3~고3
과목	수학

강좌소개
▶초등 3학년부터 전학년 기본응용과정 ▶중등

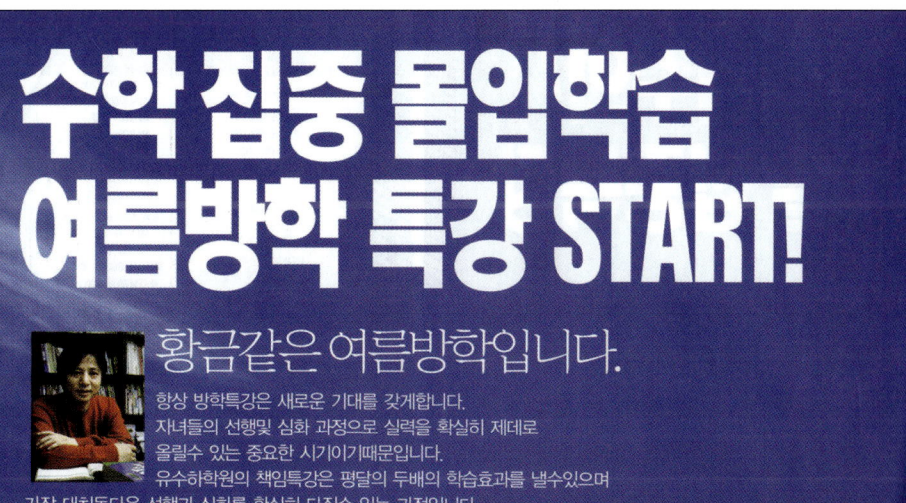

전학년 기본 · 심화 · 응용과정 ▶고등부 문이과 전과정

📚 학원소개

대치동에서 10년 동안 묵묵히 학생들의 수학 실력 향상을 위해 외길을 걸어온 학원이다. 유수하 원장은 고2 이과부터 수업을 하지만, 다른 고등부 선생님들의 실력도 만만치 않아 이번 분기 성적이 아주 좋다고 한다. 내신과 선행, 심화를 아우를 수 있는 학원이다. 방학때는 탄탄한 다지기와 수준높은 선행심화로 보양식과도 같은 특강을 준비한다. 내신 수준별 책임담임제로 철저한 관리가 이루어지고 검증받은 자체교재는 과정별 2개월이 소요된다. 또한 방학때 만큼은 집중관리로 150분씩 4회, 210분씩 3회로 수업이 진행되고, 꼼꼼한 서술형 관리로 오직 결과로만 평가받겠다는 학원이기도 하다. 중등부는 모두 여자선생님으로

 STREETS TIPS | 칸트의 시간 |

서점과 커피, 그리고 케익의 아름답고 편안한 조합. 학여울역과 삼원가든 중간 우성1차아파트와 쌍용아파트 들어가는 길목에 있다. 너무 까페스럽지도, 고급 케익집의 까도스러움도 아닌 적당함이 아이를 기다리며, 엄마들을 만나며, 아님 혼자서 책을 읽으며 한두 시간 보내기에 매우 좋은 공간이다. 그 옛날 동네서점이 동네 사랑방처럼 진가를 발휘하던 시절부터 대치동에서 서점(진나서점)을 운영해 왔던 부부가 시류와 상황에 맞게 성공적으로 변신을 이뤄낸 곳이다. 그래서 보는 책(서비스기능)과, 파는 책(서점기능)의 조화도 고맙고, 상냥한 안주인과 무뚝뚝한 바깥주인의 모습도 한결같다. 02-562-5465

구성되어 있어 1:1관리까지 들어가 꼼꼼함으로 인정받고 있다. 고등부는 모두 남자선생님으로 탄탄한 수업과정을 지나 부족한 것은 1:1로 보강까지 잡아 미리미리 수능대비에 철저하게 임한다. 그러니 부수적으로 따라오는 것은 성적의 레벨업. 흔들림없는 수학 상위권을 향하는 그날까지 꼼꼼히 지도한다.

천개의 고원

연 락 처	전화 02-501-1238
홈페이지	www.nonsul4us.com
위 치	서울시 강남구 대치동 은마사거리에서 삼원가든방향 우측
대 상	중·고등부
과 목	독서·토론·논술

강좌소개

▶예비중1 문학(23종 국어교과서 장르별 미리 읽기) ▶중1 문학(필독서로 시작하는 테마별 문학여행) ▶중2 문학(꼭 읽어야 할 세계문학, 한국문학) ▶중3 문학(고전과 현대의 만남, 장편문학) ▶한국사특강 ▶정치경제특강 ▶중3 독서토론논술+진로탐색포트폴리오 ▶학습계획서 작성+심층면접대비반 ▶고1·2독서논술 ▶인문계수리논술반 ▶수시정시대비반

학원소개

독서·토론·논술을 다 할 시간이 있겠는가? 충분히 있다는 것이 학원측의 얘기다. 과연 이 바쁜 학생들이 지평을 조금만 더 넓혀 본다면

입시는 결코 단거리 경주가 아니다. 마라톤과 같은 긴 여정의 경기다. 눈앞의 성적도 물론 중요하지만 그보다 더 중요한 것은 우리 아이들이 대학에 가서 충실하게 공부할 수 있는 자질과 능력, 즉 사고력과 판단력 그리고 무엇보다 중요한 자기성찰 능력을 가질 수 있느냐의 여부이다. 그러한 근본적인 자질과 능력을 갖추지 못한 상태에서는 아무리 많은 지식을 암기하고 있다고 하더라도 결국 한계에 부딪힐 수밖에 없기 때문이다. 입시환경이 독서·토론·논술에 유리하게 바뀌어가고 있는 사실을 보더라도 독서·토론·논술은 선택이 아니라 이젠 필수가 되었다는 뜻이다. 때문에 학생들과 책을 읽고 토론하며 주어진 틀에서 벗어나 자유롭게 생각

을 표현하고 공유하는 공간이 필요하고 바로 그곳이 천개의 고원이다. 이곳은 ❶도서 선정과 교재 제작에 최선을 다한다(문화·역사·철학·경제·과학 등 다양한 테마의 워크북을 수준별, 단계별로 자체 제작하여 아이들이 독서습관을 익히고 사고의 틀을 넓힐 수 있도록 도와준다). ❷독서·토론·논술의 기본에 충실하다(선정도서를 읽고 토론하고 글을 쓰는 과정을 통해 텍스트를 해석하는 힘과 의사소통능력을 키울 수 있다). ❸아이의 꿈을 함께 키운다(매주 다양한 책을 읽고 토론하며 흥미있는 주제에 대해 탐구발표하고 자신만의 포트폴리오를 만드는 과정에서 아이들이 자신의 꿈과 진로를 표현할 수 있는 기회를 자연스레 갖는다).

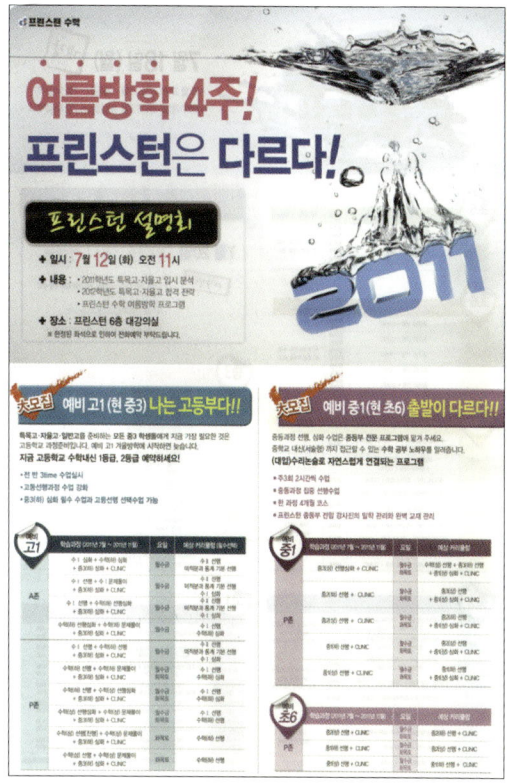

프린스턴수학

연락처	전화 02-2051-5008
홈페이지	www.eprinston.com
위치	서울시 강남구 대치동 은마사거리에서 롯데백화점방향 왼쪽 덕산빌딩 5~6층
대상	초6~고1
과목	수학

강좌소개

모든 과정은 현 학년 심화과정과 선행과정을 병행한다. 이 프로그램은 과정별 반복학습을 가능케 함으로써 수학실력을 향상하는 데 큰 도움을 준다. 기본적인 프로그램을 더욱 빛나게 하는 1:1클리닉은 수업시간에는 선생님께, 주별·월별 집중 테스트를 통해, 그리고 클리닉 교재를 통해 학생별로 취약한 부분을 진단, 평가, 보완할 수 있는 시스템이다. 또한 난이도별로 구성된 기본교재와 특목중·고 입시에 맞춰진 입시교재, 철저한 관리를 바탕으로 학교 내신성적에서 뛰어난 성적과 특목입시에서 높은 적중률, 합격률을 자랑하고 있다.

학원소개

학생들이 수학을 즐길 수 있고 자신감을 가질 수 있도록 하는 것이 목표. 자사고뿐만 아니라 외고나 경시를 준비하는 학생이라면 한번쯤은 찾았을 법한 학원이다. 예전의 그 명성 그대로는 아니지만, 수학학습 환경의 변화에 발맞추어 나름의 변신을 통해 탄탄히 뿌리내리고 있다.

대치동 리포트

"우리 아이도 신문 좀 읽으면 좋을 텐데…"

다양한 분야에 대한 풍부한 지식까지 갖춘 아이들이 결국 공부에서도 앞서갈 수밖에 없습니다. 따라서 부모들은 자녀가 정치, 경제, 시사, 상식 등 다방면의 정보를 접할 수 있는 신문에 관심을 갖기를 바라지요. 하지만 요즘 아이들은 잠시라도 쉴 틈이 있으면 휴대폰에만 매달리지 옆에 놓인 신문은 펼쳐보려고도 하지 않는 것이 대부분입니다.

신문활용교육(NIE)까지는 바라지 않더라도 한 번씩 보기라도 했으면 좋겠는데 어떻게 해야 아이들이 신문에 관심을 갖게 해줄 수 있을까요.

🌼 아이의 관심분야부터 읽게 유도

부모들은 아이들에게 신문 읽기의 장점을 강조하고 주요 기사를 오려서 보여주는 등 신문과 친해지게 만들기 위해 많은 애를 쓴다. 하지만 부모가 "제발 너도 신문 좀 읽어라" 하고 말하는 순간 아이들에게는 공부하라는 말과 똑같이 들리기 때문에 의미가 없다.

신문에 관심도 없는 아이에게 무조건 읽어보라고 강요하기보다 초등학생들의 경우 일단 신문을 통해 많은 정보를 얻을 수 있다는 것을 알게 해주는 것이 우선이다. 그런 다음 엄마와 함께 각자 스크랩하고 싶은 기사를 찾는 과정에서 신문에 손이 가게 만들고 오리면서 내용을 대충이라도 보게 하는 식으로 시작하는 것도 좋은 방법이다. 중학생부터는 처음에 스포츠나 문화, 연예면 등 자신의 관심분야부터 읽게 유도하다가 점점 정치, 경제, 사회면까지 범위를 넓히도록 하는 것이 좋다.

항상 바쁜 아이들을 대신해 부모가 수시로 아이의 관심분야에 맞는 기사를 스크랩 해주는 것도 신문에 관심을 갖게 할 수 있는 방법이다.

🌼 섣부른 독후활동 강요는 금물

신문을 읽고 가족끼리 다양한 주제에 대해 자유롭게 토론하는 분위기가 이어진다면 아이들의 생각도 보다 창의적으로 바뀔 수 있을 것이다. 하지만 평소에 그런 기회를 충분히 갖지 않았을 경우 부모가 토론을 할 목적으로 아이의 생각에 대해 물어도 쉽게 표현을 하지 못하게 된다. 이렇게 부모가 욕심이 앞서 처음부터 신문을 읽게 한 후 섣부른 토론을 시도하거나 느낌을 써보라고 시키는 것은 금물이다. 관심도 없는 내용에 대해 그런 독후활동까지 강요한다면 제대로 효과를 볼 수가 없다. 그보다 아이가 조금씩이라도 자신의 생각을 표현할 수 있도록 자연스럽게 접근하는 것이 좋다.

막상 어른들도 기사를 읽고 자신의 생각을 글로 써보라고 하면 막막할 경우가 많다. 마찬가지로 아이들 역시 제대로 된 글쓰기나 토론을 하기 위해서는 일정한 훈련이 필요하다. 기사를 읽고 중심내용 요약과 자기생각을 쓰게 하되 느낌 부분에 대한 표현이 약하다고 면박을 주기보다 서서히 생각을 자유롭게 표현해 분량을 늘려가는 식으로 발전할 수 있게 해야 한다.

🌼 부모와 대화하고 토론하면서 생각하는 힘 갖게 돼

말은 잘해도 글로 표현하는 것에 약하거나 자기 생각을 글로 나타내는 방법조차 모르는 아이들도 있다. 이런 아이들에게는 무조건 써보라고 하는 것보다 평소 부모와 함께 대화하고 토론하는 분위기로 생각하는 힘부터 갖게 해주는 것이 좋다.

다양한 지식을 얻기 위해 신문 못지않게 중요한 것이 바로 독서다. 하지만 초등학교 때까지는 책을 많이 읽던 아이들도 막상 중학생이 되고 나면 책 읽을 시간이 부족해 3년이라는 가장 중요한 시기를 독서 공백기로 보내게 된다. 하지만 이 시기에 책이나 신문을 읽어내고 독서기록장으로 읽은 것을 정리하는 습관을 들인다면 지식을 쌓는 것은 물론 공부에도 큰 도움이 될 수 있다.

부모가 먼저 아이 앞에서 신문 읽는 모습을 보여주라고 하지만 아무리 애를 써도 요즘 아이들은 휴대폰에 더 재미를 느낍니다. 함께 외출을 해도 옆에 있는 엄마와 대화를 나누기는커녕 휴대폰과 대화를 나누기에 바쁩니다. 참다 참다 한 마디 하면 "그래서 뭐 어쩌라고요?" 하는 식으로 쳐다봅니다. 스마트폰이 나온 후에는 그런 상황이 더 심해졌지요.

토론에 강한 아이로 만들고 싶으면 평소 가족끼리 대화하고 각자의 생각을 말하는 시간을 가져야 한다기에 큰 맘 먹고 신문 기사 내용에 대해 아이의 생각을 물어보면 어떤가요? 대부분의 아이들은 아무 생각이 없다는 듯 "그런 것 같은데…", "잘 모르겠는데…"라는 말만 반복하기 일쑤지요.

하지만 그런 아이들 탓만 하지 마시고 부모가 그동안 아이들과의 대화에 있어서 잘못은 없었는지 한 번 생각해볼 필요가 있습니다. 아이들에게 부모로서 교훈이 될 만한 얘기를 해주느라 늘 대화를 주도하지는 않았는지, 아이의 의견을 묻기도 전에 부모가 결론부터 다 내려주지는 않았는지.

신문 읽기든 토론이든 아이들이 거부감 없이 접근할 수 있도록 해주어야 합니다. 처음에 아이들이 자신의 느낌을 한 문장이라도 말하고 쓸 수 있다면 그 다음에는 두 문장으로 늘게 될 것이고 부모가 기다려주기만 한다면 서서히 그 이상으로 발전할 수 있을 것입니다.

수학은 고도의 교육과 고된 훈련이 요구된다고 강조하는 손원장은 많은 학생들이 거부감을 갖고 있는 수학을 흥미롭게 접근하고 효과적인 방법으로 훈련시켜 수학실력을 극대화할 수 있도록 수학학습법을 끊임없이 연구 개발한다. 어느 장소에서도 수학을 부담없이 즐길 수 있도록 최선을 다하고 있다.

디아카데미어학원

연 락 처	전화 02-501-5201 / 팩스 02-501-5205
이 메 일	wjlee@theacademy.ac
홈페이지	www.theacademykorea.com
위 치	서울시 강남구 대치동 대치사거리 대림빌딩 2층
대 상	초·중·고등부
과 목	초·중·고등 정규반, TOEFL, TEPS, SAT

강좌 및 학원 소개

2009년 개원하여 "배움의 즐거움을 느껴라"를 모토로 소수 정예 맞춤식 교육 서비스를 제공하고 있다. 대형학원과 소형학원 각각의 장·단점을 분석하여 각 시스템의 장점만을 모아 교육 커리큘럼 및 교육 서비스에 반영하여 학생도 학부형도 만족할 수 있는 학원이고자 한다. 특징을 꼽으라면 ❶소수정예 맞춤 교육 서비스 제공(각반 정원 6~8명) ❷어학과 입시(내신)를 같이 준비할 수 있는 교육 과정 ❸초등부 : 원어민과 한국인 선생님이 전담하여 초등 정규과정 구성 ❹중등부 : 학교 내신은 물론 공인 시험을 같이 준비하여 중학교 졸업까지 어학과 입시의 1차 완성 ❺수능, 수능+텝스, 수능+텝스+토플 각 학생의 Needs에 맞는 교육 프로그램을 제공한다.

하이퍼리뷰학원

연 락 처	전화 02-562-5315
홈페이지	www.thehyper.co.kr
위 치	(강남본원)서울시 강남구 대치동 912-12 2~3층
대 상	고등부, 반수생, 재수생
과 목	언어, 수리, 외국어, 탐구, 논술

강좌소개

고등부는 과도한 수업을 통한 주입식 교육방식에서 탈피하여 학생 개개인의 실력에 맞춰 그

룹수업(5명)과 1:1 프리미엄 수업을 접목시켜 진행하고 있다. 재수생도 마찬가지로 취약과목 중심의 365일 무한관리다.

학원소개

학습습관부터 잡아준다는 하이퍼리뷰학원. 수업시수에 맞춰 수강료가 책정되기에 좀 부담은 된다. 그러나 시간대비 공부를 할 수 있도록 동기부여까지 불어넣어 준다고 하니 조금은 안심할 수 있지 않을까. 상담후 테스트를 거쳐 교재나 진도방향을 제시한다. 정해진 진도에 따라 그룹수업과 나만의 영역별 등급과 목표에 맞는 맞춤수업을 받게 된다. 특징이라면, ❶목표대학에 맞춘 1:1 프리미엄 수업 ❷철저한 예습과 복습, 그리고 완벽한 내용이해와 과제정리 후 진행되는 피드백 시간표 ❸철저한 자기주도적 학습 시스템으로 개인별 지정 좌석배정 ❹학생 학습상태에 대한 면밀한 평가와 방향제시 ❺우수한 강의력뿐 아니라 전공분야에 대한 학문적 깊이를 겸비한 서울대 석·박사 출신의 강사진 ❻수시·정시에 대한 명쾌한 과학적 대응전략 시스템이 구축되어 있다.

국제청소년성취포상제 www.koraward.or.kr

만 14~25세 사이의 청소년들이 신체단련, 자기계발, 봉사, 탐험활동 등 4가지 영역을 개인별 맞춤 성취목표에 따라 실시하는 자기성장 프로그램이다. 4가지 영역을 동시에 실시해야 하며, 계획한 성취목표를 달성하면 상장이 수여된다. 여성가족부와 한국청소년활동진흥원이 주체라 기관도 믿을 만하다. 전국단위.

홍운서예한문

연 락 처	전화 02-553-6926, 010-5265-6926 / 팩스 02-553-6926
홈페이지	www.hongwoon.kr
위 치	서울시 강남구 대치동 은마아파트 18동 건너편 아주빌딩 404호(꽃가마 4층)
대 상	초·중·고등부 / 성인·주부
과 목	서예, 한문

강좌소개

▶서예전문반은 법첩을 중심으로 기초부터 작품완성까지 이론 및 실기를 통한 철저한 개인지도를 한다. 각 공모전 준비를 원한다면 대환영. ▶한문교육반은 상황별로 한자를 알아가는 반이며 그중 한자급수반은 1급특강반(3,500자), 2급특강반(2,350자), 3급특강반(1,800자),

내신특강반(중고생 새학기 과정을 철저하게 대비)이 있다.

학원소개

26년 전통을 갖고 한문, 서예, 펜글씨까지 일석삼조로 병행교육을 실시하고 있다. 내 글씨지만 도통 알아보지 못하는 학생들이 서체를 교정할 수 있는 곳이다. 악필은 수행평가와 대입논술에 감점 요인이 되기도 한다. 어려운 한자를 쉽고 재미있게 1:1로 가르친다. ❶한문의 모든 것이 이곳에 있다. 기본 부수 214자. 제자원리(육서), 필순, 옥편찾기, 문법 및 어휘, 사자성어, 한시 등을 두루 지도한다. ❷전반적인 학습 능력향상→몇 자를 배웠는가 보다는 얼마나 많은 어휘를 정확히 알고, 학습에 얼마나 활용할 수 있는가 하는 것이 중요하다. 외국에 살다와 어휘력이 부족한 학생, 제2외국어 또는 한문특기생으로 대학진학을 희망하는 학생, 대학논술시험을 대비하여 한자 선행학습을 하려는 학생, 이제 한자교육이 필수라고 생각하는 학생들이라면 언제든지 환영한다.

강좌소개

▶중·고등부JN TEPS정규반 ▶성문기본영어반 ▶성문종합영어반 ▶성문기초영문법반 ▶초등Critical Reading ▶초등최상위 Power Course ▶차별화된 관리JN 수능프로그램

학원소개

초·중등부 앤디정 선생과 고등부 정석재 선생이 새로 연 영어학원이다. 두분은 은마사거리에 있는 텝스전문 K학원에 있다가 새롭게 JN으로 오픈하였다. 이렇게 가지치기 해서 나오는 학원들은 대치동에서 비일비재한 일. 그리 놀랄 만하지도 않다.

중학생의 TEPS공부가 고등학생과 차별화되

JN영어학원

연락처	전화 02-538-5350, 02-538-5352
홈페이지	www.JNENGLISH.co.kr
위 치	서울시 강남구 대치동 은마사거리에서 롯데방향 던킨도넛츠골목 양지빌딩5층
대 상	중·고등부
과 목	영어

어야만 하는 이유는 따로 있다. 현 중학생은 국가공인영어(NEAT) 도입이 2012년에 확정될 경우 수시전형은 2013년부터, 정시는 2016년부터 대학입시에 반영될 수 있다. JN영어학원은 다가오는 국가공인영어(NEAT) 시대에 대비하여 Speaking과 Writing 수업을 필수과목으로 포함하여 TEPS Curriculum을 구성하였다. 고등부 텝스는 ❶정확한 진단고사 후 수준별 반편성 ❷매시간 수업 전 과제 점검 및 과제불량자는 남겨서 수업후 과제완료 ❸4대 영역별 수업 후 당일 리뷰테스트로 완벽 점검 ❹정기모의고사 실시로 성취도 평가 및 관리 상담 ❺매월 정기텝스시험 예상문제 및 기출문제 특강을 진행한다. 분명한 것은 기본부터 완성, 실전까지 급하게 맘먹지 말라는 것! 잊지말자.

대치동 리포트

인문계 논술 대비법 ❶
인문계열 논술 유형

인문계열의 논술은 다양한 제시문과 자료를 읽어낼 수 있는 이해·분석력, 교과과정과의 연관성을 찾아내고 창의적인 사고를 할 수 있는 창의력, 일정한 요구조건 안에서 답을 찾아 나가는 논증력 등을 평가한다.

몇 가지 유형별로 정리해 보면 ==첫째, 주어진 제시문이나 자료를 비교 분석하고 이를 바탕으로 자신의 논지를 밝히는 형태의 유형이다.== 특히 연세대와 고려대 논제 중 이런 요구가 많은데, 각 제시문 간의 관점의 차이를 확실하게 구분할 수 있어야 한다.

==둘째, 통계자료와 그래프를 읽고 해석하는 형태의 유형이다.== 주요대학에서 출제 빈도가 매우 높으므로 이에 대한 대비를 철저하게 할 필요가 있다. 통계자료와 그래프의 의미를 주어진 제시문과 연관지어 해석하는 능력이 매우 중요하다.

==셋째, 주어진 제시문 사이의 관점 차이를 밝히고 하나의 관점을 정하여 이를 바탕으로 주어진 논제를 비판 또는 옹호하는 유형이다.== 이 유형은 논술에서 가장 필수적인 주장 전개 능력을 측정하는 의미를 갖는다. 대체로 상대편의 주장 비판, 자신의 주장 옹호, 자기주장의 약점 인정, 자기주장의 약점을 보완하는 구조가 바람직하다.

==넷째, 주어진 제시문에서 핵심주제를 찾아 요약하는 유형이다.== 고려대와 성균관대가 즐겨 출제하는 유형이다. 요약은 제시문을 정확히 읽기 위해 필요한 기초능력이기 때문에 출제 빈도와 무관하게 공부해 둘 필요가 있다. 요약할 때는 자료에 있는 글을 그대로 옮기는 것은 좋은 평가를 받지 못하며, 전체 글을 이해한 후 이를 자신의 언어로 재구성해야 한다.

==다섯째, 영어지문과 수리적 해석을 요구하는 문제의 출제 가능성이 높아졌다.== 실제로 한국외대와 동국대에서 영어지문이 출제되기도 했다. 하지만 별도로 공부하기보다는 외국어영역의 독해 공부와 연결해서 공부해 두면 효과적이다.

MATHCLUB(매쓰클럽)

연 락 처	전화 02-555-4434, 02-555-8445
홈페이지	www.mathclub.or.kr
위　　치	서울시 강남구 대치동 대치역에서 은마아파트 사거리방향 왼쪽 농협가기전 골목건물 3층
대　　상	초등부(중등과정), 중·고등부
과　　목	수학

강좌소개

▶초등(중등과정2개월 완성그룹) ▶중등전과정 기본 및 심화 과정 24개월 완성 ▶중등전과정 과 주5일 집중팀클리닉 ▶일대일클리닉 ▶고등전과정과 집중클리닉 ▶고3 수능족집게 클리닉 ▶논술(인문계) 일대일클리닉 ▶언어일대일 클리닉

학원소개

일생이 겨울이 되지 않게 하려면, 인생이 가을 초목처럼 고락하지 않으려면 지금 이 시기에 최선을 다하라는 매쓰클럽 이혁진 원장. 오늘도 작은 차이가 큰 가치의 차이를 만들기 위해 노력하고 있다. 이원장을 비롯 많은 선생님들의 수업에 대한 열정으로 학원은 늘 분주하다. 모든 수업은 조교 없이 수업을 하는 담당선생님이 끝까지 함께하기 때문에 배우는 학생이 무엇이 부족한지 훤히 알 수 있다. 특히 2등급

STREETS TIPS | 자연산 약초건강원 |

두뇌는 세계 최고 수준, 공부시간은 세계 최장인 우리 아이들. 그런데 과도한 학업, 운동량 부족, 불규칙적인 식사로 체력은 세계 최저 수준이죠? 공부에 지쳐있는 아이의 체력을 어떻게 보강해줄 수 있을까? 개포동 5단지 상가에 있는 '자연산 약초건강원'. 이곳 사장님은 산삼 캐러 다니는 심마니. 산삼을 캐는 계절에는 산속에 들어가서 장박도 한다고. 양평에서 장뇌삼 농장도 직영으로 운영하고, 자연산 약초에 대한 고집도 상당하다. 자연산 약초가 재배약초에 비해 효과가 월등해 좋은 효과를 보기 위해서는 꼭 자연산 약재를 써야 한다는 것이 사장님 말씀. 인공 가미가 없고 독특한 약탕기법으로 달여 맑고 순수한 맛을 내는 것도 큰 장점이다. 02-445-3389

에서 1등급으로 올라가지 못하고 있는 학생들은 이원장님의 수업이 최고라고 한다. 매쓰클럽은 정규반 외에 자신이 부족한 부분을 메울 수 있는 어떤 질문도 가능한 많은 클리닉수업이 준비되어 있다. 개인별로 진도와 수준을 학생에 맞춰주기 때문에 상위권으로 도약하는 데 열쇠가 되기도 한다. 단 준비된 수업에 잘 따라주지 않으면 어떤 수업을 들어도 성적향상이란 없다. 수준높은 수업과 철저한 관리로 우리 자녀들의 수학적 재능과 역량을 최대로 키워주는 1등급의 신화! 누구에게나 꿈을 이룰 수 있는 곳이 될 수 있기를!

수언학원

연 락 처	전화 02-568-5780~1
위 치	서울시 강남구 대치동 448 해성빌딩 2층
대 상	예비고1, 고등부
과 목	수학

강좌소개

▶수학상 개념+실전완성정규반 ▶수Ⅰ개념+심화 특강반, 수Ⅰ완성 특강반 ▶수Ⅱ완성반 ▶미적 완성 특강반 ▶미분적분 개념+심화반 ▶적분과 통계·기하벡터 개념+심화반 ▶확률통계 특강반 ▶수Ⅰ에서 바라보는 10가·나 총정리 특강반 ▶고3대상 : 수능0.1등급 만들기 수Ⅰ·미적확통 FINAL반 ▶수능0.1등급 만들기 수리가형 FINAL반 등

특징

❶정규반은 철저한 수준별 수업이 이뤄지며, 주중 Speed Test와 주말 LSM Test를 병행하여 개개인의 피드백을 강화시킨다. ❷수언학원만의 성적분석 프로그램을 통해 학생 개별 성적분석 후 각 학생의 매주 테스트 분석 결과 담임선생님의 방향 제시 ❸학원에서 연구개발한 수준별, 학교별 질높은 자체교재 및 자체프린트 ❹오답노트를 중요시 여기는데, 이 학원만의 노하우를 전수받아 작성해야 한다. 오답노트는 담임선생님과 의사소통의 수단으로 담임이 점검 및 첨삭한다.

학원이름에서 이미 감을 잡았겠으나, 개념에서 심화까지 수학을 언어적으로 분석, 수학문제의 응용력을 배양한다는 게 이 학원의 목표다. 대체로 관리를 잘해준다는 평이 많다. 물론 아니라는 평도 있다. 2010년 자율고로 전환한 중동고의 첫해 시험에서 대박을 터트리며 인기몰이를 했다. 현재 일부 학년엔 중동고만 4개 반이 있을 정도다. 물론 이 학교만 있는 것이 아니다. 특정 외고나 인근의 특정 학교만을 묶은 반들도 개설, 차분하게 명성을 쌓아가고 있다. 대치역에서 은마사거리 방향으로 도보 5분, 은마아파트 18, 19동 맞은편 좀 낡은 듯한 건물 2층에 있다.

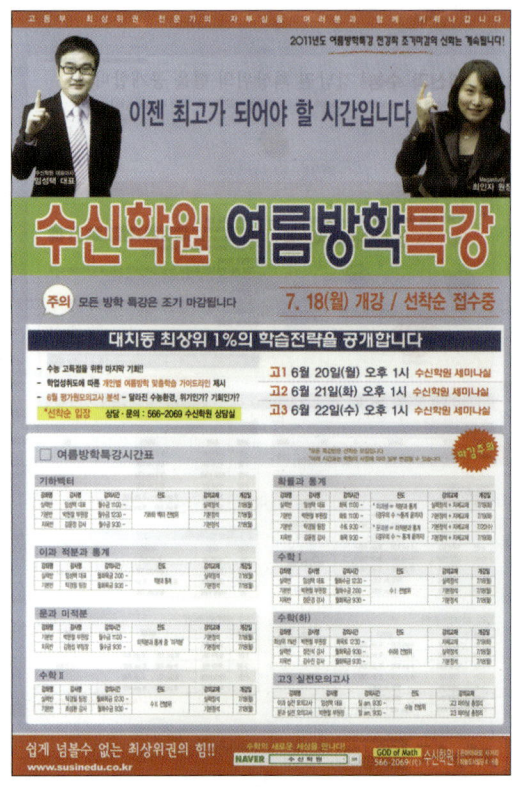

수신학원

연락처	전화 02-566-2069 / 팩스 02-566-2019
이메일	kfollert@hanmail.net
홈페이지	www.susinedu.co.kr
위 치	서울시 강남구 대치동 은마아파트 사거리 기업은행건물 4, 6층
대 상	고등부
과 목	수학

강좌소개

▶고1·2·3 정규반 및 기하벡터 ▶이과적분과 통계, 문과 미적분 ▶수학Ⅱ, 확률과통계 ▶수학Ⅰ, 수학(하) ▶고3 실전모의고사로 정규반은 입학테스트를 통해 반배정을 받고 모든 특강반은 선착순이다.

학원소개

고등학생이라면 한번쯤은 수신학원에 입반테스트를 통해 자신의 위치를 검증받고 싶어한다. 비록 적정한 반을 배정받지 못한 테스트지는 보이지 않는 구석에서 잊혀져가는 이름이 될지언정 종국엔 수신의 '명예의 전당'에 등극해 보는 것이 꿈일 것이다. 수신학원은 학생 개인의 능력에 맞는 장기적인 진도계획과 확인학습 및 심화학습으로 학생 각자의 실력을 이끌어준다. 이는 학부모들의 학원에 대한 평판으로도 알 수 있다. 그리고 같은 수준의 학생이 모인 세분화된 동질 집단의 구성은 내신 및 목표달성을 하는 데 큰몫을 하고 있다. 순수함 속에 최강을 꿈꾸는 임대표와 메가스터디 및 수신의 꺾이지 않는 꽃 최원장의 콤비 플레이는 가정에서부터 학원까지 이어진다. 늘 새로워진

학원 시스템과 희망하는 대학에 합격이란 영광의 결실을 볼 수 있도록 최선의 순간을 모아 최고가 될 수 있게 만들어 주는 학원이고자 한다.

그루샘수학학원

연 락 처	전화 02-508-8441, 02-567-8441 / 팩스 02-557-0511
위 치	서울시 강남구 대치동 1021-8
대 상	초·중등부
과 목	수학

강좌소개

그루샘수학은 10단계 계단식 학습으로 진행된다. ▶기본단계로 기본적인 개념설명 및 유형별 문제에 대한 감각을 익히는 1~2단계, 다양한 유형의 문제를 반복하여 익히고 1, 2단계에서 배운 내용을 이해하는 3단계, 기본과정에서 실전심화과정으로 넘어가기 위한 응용심화의 4단계 ▶실전심화단계로 강남권 주요 학교의 기출문제를 수준별, 유형별로 분류한 모의고사 형태를 풀이하면서 내신에 대한 실전감각을 익히는 5단계, 고난이도의 문제 유형들을 엄선하여 만든 교재로서 심화문제에 대한 감각을 심어주는 6단계 ▶심화단계로 실전심화 단계에서 접한 신유형, 서술형 문항을 다루는 7단계, 심화문제에 대한 자신감을 갖게 하는 8단계 ▶경시심화단계로 각종 경시대회를 준비할 수 있도록 경시문제의 유형을 풀이하는 9단계, 민사고 수학경시, 올림피아드 등의 문제들을 풀이하는 10단계로 구분되어 있다.

학원소개

'21세기 디지털 지식경쟁시대의 인재양성' 이라는 모토로 2006년 10월 대치동에서 시작하여 2009년 11월 잠실분원까지 성장했다. 매너리즘에 빠지기 쉬운 경력 많은 선생님들도 교재연구에서만큼은 한치의 양보없이 철저한 수업준비를 할 수 있도록 긴장하게 한다. 강남권의 전통과 저력을 발판으로 최고를 향해 최선의 노력을 다하겠다고 한다. ❶소수정원제(8~12명)와 철저한 담임제도 ❷성실과 책임감있는 꼼꼼한 첨삭지도 ❸자기주도학습방식의 체계적인 효율적 수업진행 ❹선행과 내신수업을 병행하며 배운 단원은 철저하게 마무리하게끔 한다.

Dr. E —동초선생영어

연 락 처	전화 02-576-0509 (입시연구소)070-7764-4787
이 메 일	chlehdch@naver.com
위 치	서울시 강남구 도곡동 렉슬상가 2층 205호
대 상	중·고등부, 재수생, 특례, TOEFL
과 목	영어

강좌소개

▶중등부 수업은 학생수준에 따라 문법, 독해, 듣기의 수업이 일반반과 심화반으로 나뉘어 있고 팀별 수업도 개설되어 있다. ▶고등부 수업은 학생 수준에 따라 수능문법, 수능독해, 수능듣기수업으로 내신 1등급을 목표로 진행하는

으로 100% 성과를 이룰 수 있는 학원으로 Clinic수업은 원장님이 직접 개인학습 계획까지 제시하며 철저한 지도관리가 들어간다. 학생 개인차에 따라 수업시수는 조정이 가능하다. 동초선생영어는 어떤 아이든 맞춤학습을 할 수 있다는 것이 큰 장점이다. 들어갈 수 있는 반이 없다고 아우성인 대치동에선 가끔씩 생각나는 학원이다.

김호섭수학

연락처	전화 02-564-7714, 011-9772-7714
위 치	서울시 강남구 대치동 942-17 4층(은마아파트 사거리)
대 상	중·고등부
과 목	수학

강좌소개

▶중·고등학교 1·2학년(문·이과) ▶고등학교 3학년(문·이과) 공통적으로 단원별개념정리반 ▶내신대비반 ▶선행학습반 ▶실력향상반 ▶수능집중대비반 ▶특례입학대비반 ▶특례입학수학반 등이 개설

학원소개 및 특징

1998년 대치동에서 개원한 소수그룹 및 1:1 맞춤 학습의 수학전문학원. 국립사범대학 수학교육과 출신의 원장님은 연세가 좀 있고 인자한 할아버지 같이 푸근하시다. 그래서인지 브라질 등 해외에서 오래 거주하다 대치동으로 들어와 낯선 학습환경에 적응하기 힘겨워

데, 내신대비를 하지 않고 철저한 약점 중심으로 학습하는 수능만점반, 학교별 시험유형과 경향을 분석하고 단기간 영어의 자신감을 회복할 수 있는 내신 1등급반, 개별적 맞춤학습으로 학습계획까지 무한관리해 주는 수능·내신 종합관리반, 개념정리부터 문제풀이까지 독해기법을 전수하는 수능등급잡기반, 수능만점 독해감 유지를 원하는 수능심층독해반으로 구성되어 있다. ▶더 나아가 Returnee반, TOEFL, 해외거주자 특례반, 재수반까지 개별 맞춤수업이 가능하다.

학원소개

합리적이고 효율적인 학습을 통한 선택과 집중

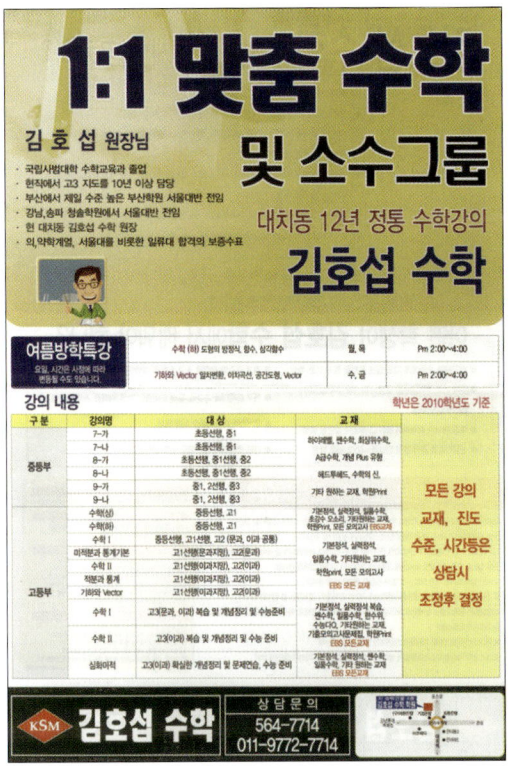

토모수학전문학원

연락처	전화 02-555-6554, 02-555-6922
홈페이지	www.tomomath.com
위 치	서울시 강남구 대치동 988-13 아이비타워 3~5층
대 상	중·고등부
과 목	수학

강좌소개

토모수학의 모든 강좌는 기본반, 실력완성반, 최고심화반으로 나뉜다. 반드시 꼭 알아두어야 할 기본개념과 필수문제들을 완벽히 소화해 내는 과정으로 반복적인 증명과정 속에 수학의 참의미를 알 수 있게 하는 기본반, 학교시험에 정말 많이 나오는 문제와 심화문제들에 대해 까먹었다는 소리가 나오지 않을 정도로 피나게 훈련시키는 실력완성반, 내신과 수능에 나올 수 있는 최고난이도의 문제를 반복적으로 훈련시킴으로써 심화문제를 스스로 풀 수 있게끔 지도하는 최고심화반이 있다.

학원소개

2004년 아이비타워 5층에서 수업을 시작한 이래 지금은 3개 층을 오르내리고 있는 토모수학. '냉철한 이성과 자유로운 상상'을 이념으로 하여 학생들이 수학문제에 접근할 때, 좀더 창의적이고 능동적인 학습을 할 수 있게끔 지도하는 것을 목표로 하고 있는 학원이다. 김강용 원장(현 메가스터디 온라인 강사)을 비롯하여 다년간의 지도경력을 가진 실력있는 선생님들이 있다. 선행을 하기 위해 끊임없이 진도만 달리는

하는 학생들과 엄마들이 물어물어 찾아와 웃고 나가는 곳이다. 10년 이상 고등학교 교사로, 부산학원 최고인기강사로 이름을 날리다 상경, 강남청솔학원 창립멤버 및 서울대반 전임 등 대치동에서만 15년 강의 경력을 갖고 있다. 오랜 강의경력과 교육철학을 바탕으로 철저한 원리위주의 탄탄한 개념학습이 특징이다. 중간·기말고사 이후에도 학생 이동이 별로 없다는 평. 최대 5명 이내의 소수그룹 또는 1:1 강의를 통하여 학생 개개인이 필요로 하는 요소들을 정확히 진단하여 학습방향을 설정하고 실력을 향상시킨다. 기출문제, 예상문제 등 주중 수시평가 80점 이하는 재시험을 실시한다.

대치시매쓰

연 락 처	전화 02-557-0815 / 팩스 02-557-0918
이 메 일	dccmath@naver.com
홈페이지	www.dcmath.co.kr
카 페	http://cafe.naver.com/dccmath
위 치	서울시 강남구 대치동 한티역 롯데백화점 주차장입구에서 4번째 빌딩
대 상	6세~초6
과 목	사고력수학 ❶6~7세 유아사고력 수업 ❷초1~6학년 사고력수업 ❸초1~6학년 영재원대비 수업

강좌소개

각 학년별로 20개 레벨씩 수준별로 세분화하여 맞춤식 수업을 하고 있다. 대표적인 강좌로는 사고력과정, 경시&실전력과정, 교과&선행과정, 단기특강 등이 눈에 띈다. 세부적으로 보자면 ▶초등교과 과정과 연계된 내용으로 기본을 쌓아주고 교구를 이용하여 재미있게 배울 수 있는 사고력 과정 ▶발전된 사고력 신장을 위해 영재사고력 교재로 실력을 향상시키는 경시&실전력 과정 ▶체계적인 교과 선행으로 문제해결력을 강화하여 초등고학년시험에 만점을 준비하는 교과&선행과정 ▶대상학년의 필요한 정도에 따라 Bridge Program으로 연계될 수 있는 문장제서술형, 도형, 연산으로 수업이 이루어지는 단기특강이 있다.

학원소개

'세상에 많은 것 중 하나가 아니라, 꼭 필요한데도 없는 것 하나를 이땅의 아이들에게 바친다' 라는 교육이념을 가지고 사고력 수학의 콘

다른 학원과는 달리 철저한 리뷰 위주의 학습시스템을 가지고 있으며 수업을 동영상으로 실시간 촬영하는 시스템을 갖추고 있어 끊임없는 반복학습을 할 수 있다는 것이 큰 장점이다. 대치동에서는 실력만 가지고선 몇 년을 버티기가 쉽지 않다. 승패는 '관리'에서 갈린다. 김원장의 학생들에 대한 '관리력'은 아주 탁월하다. 한 명 한 명 어머님들보다 더 세세히 새나가는 물줄기를 잡아내어 빈구석을 채워나간다. 지나친 선행으로 끌려가는 희생양의 학생을 원치 않는 토모수학. 최상위권은 물론 중상위권 친구들까지 실력을 끌어올릴 수 있는 여러가지 요인을 갖고 있는 학원이다.

텐츠로 문을 열었다. 오랜 교육연구의 노하우를 쌓은 연구진들이 모여 최초로 '활동수학' 이라는 말을 도입한 새로운 수학 교육방법의 틀을 만들었다. 그 교재가 바로 시매쓰(CMATH-Creativity+Connection+Cooperation의 약자 C를 수학의 Math와 결합하여 순수 창작된 대한민국의 브랜드임) 콘텐츠다. 시매쓰의 수업은 시대를 앞선 사고력 수학이다. 강의식, 문제풀이식 수업이 아니다. 일방적인 선생님의 주입식 수업도 아니다.

어린이들이 교육의 주체가 되고 선생님은 멘토로서 가이드를 해주는 활동식 수업이다. 이런 활동식 수업은 어린이들이 직접 교구를 활용하고 게임을 하면서 과제를 분석하며, 스스로 생각한 것을 발표와 토론을 통해 수업내용을 정리하게 된다. 이런 과정을 통하여 '생각하는 능력'이란 뜻의 사고력(思考力)이 수학이라는 과목과 만나 합리적이고 논리적인 사고력으로 발전시켜 나간다. 어린이 스스로 주체가 되어 활동과 체험으로 사고하고 토론을 통하여 가장 알맞은 방법을 찾아 자신감을 키워나가며 스스로 영재가 될 수 있다는 믿음을 갖게 하는 곳이다.

열과학

연 락 처	전화 02-555-1079
위 치	서울시 강남구 대치동 941-21 목빌딩 5층 (은마사거리 롯데백화점방향 우측)
대 상	중·고등부
과 목	과학·과탐 (물리, 화학, 생물, 지학)

강좌소개
▶중등부 ▶고등부 내신 및 수능

학원소개
대치동에서 원장 이하 일곱분 모두가 여강사로만 구성된 특이한 학원이다. 여강사집단이라고 말랑말랑할 것 같다고? 정반대다. 못풀면 끝까지 남겨서, 손바닥까지 때려가며 기어이 알게 하고야 마는 학원이다. 지겹다고 힘들다고 징징거렸던 학생들도 학교 내신 성적표를 받아들고는 싱긋 웃는다고 한다. 카리스마 넘치고 파워풀하고, 농담도 때론 욕도 섞어가며 하는 다이내믹한 수업에 익숙한 학생들은 좀

심심하다고 말한다. 열정 하나로 똘똘뭉친 힘은 지금의 목빌딩으로 이전할 만큼 후끈하다. 학원을 보내며 엄마들이 제일 걱정하는것이 자녀들에 대한 관리다. 가방 들고 학원만 왔다 갔다 하는 게 아니라 한 명 한 명 부족한 부분을 채워주기를 원한다. 중등부수업은 학교별 교과서를 완벽히 분석한 자체교재를 만들어 개념을 익히게 한 후 일반교재로 고등과학에 기초가 될 수 있도록 깊이있는 강의가 더해진다. 고등부는 기본부터 심화내용까지 완벽한 개념정리를 통하여 일등급을 목표로 상위권 대학으로 갈 수 있는 지름길 역할을 한다. 고3이 되어도 개별점검을 통해 수능문제에 적중률을 높인다.

STREETS TIPS

| 영동올뱅이집 |

서울을 벗어나야만 있을 것 같은 제대로 된 올뱅이(올갱이의 충북 사투리) 음식을 강남 한가운데서 만날 수 있어 몹시 반갑다. 맑은 된장국에 푹 익은 시래기가 올갱이의 푸르스럼한 색과 어우러져 입맛을 돌게 한다. 무겁지도(짙은 된장국이 아니라서) 가볍지도(그렇다고 맑기만 한 맛도 아닌) 않은 배합의 절묘함이 자꾸 발걸음을 개포동 쪽으로 향하게 한다. 국밥, 덮밥, 전… 충북 영동지역 담수에서 건져올린 올갱이로 다양한 요리를 맛볼 수 있다. 영업시간은 am10:00 ~ pm9:30, 02-527-3731

진심영어

연 락 처	전화 02-563-4527, (잠실점)02-418-4528
이 메 일	songyungjoo@hanmail.net
홈페이지	www.jinsimstudy.co.kr
위 치	서울시 강남구 대치동 976-8 서주빌딩 6층 (잠실점)잠실소방서 건너편 빠리바게트 건물 4층
대 상	중·고등부
과 목	영어

강좌소개

대치동과 잠실에 두 개의 학원을 두고 있다. 대치점은 개인의 부족한 부분을 맞춤형식으로 채워나갈 수 있는 학원이다. 또한 수업과 동시에 동영상시스템을 갖추고 있어 단어에서부터 영어에 필요한 모든 것을 채울 수 있다. 잠실점은 부부가 함께 운영한다. 빡센 수업과 집중적인 관리로 어머님들이 좋아할 만한 시스템을 구축하고 있다. 중등부는 문법, 독해, 듣기수업을 쉬는 시간 없이 진행하고 확인테스트부터 첨삭까지 한다. 고등부는 수업시작 30분 전에 오는 것을 원칙으로 하여 숙제점검 및 채점 후 수업에 임하게 한다. 학원방침 중 남다른 점 하나는 부모님, 학생 모두 각서를 작성해야만 수강이 가능하다는 것. 수업에 임하는 자세나 많은 과제의 수행여부를 스스로에게 다짐할 수 있는 기회이기도 하다.

아줌마들이 저녁에 여기 왜 나와계신 거지?

엄마들이 등록이나 상담, 혹은 문의를 위해 학원을 방문하면 데스크에서 처음 만나게 되는 분들이 상담실장님들입니다. 풋풋한 젊은 아가씨들도 있지만, 대부분이 나이가 살짝 있어 보이는 아줌마들이십니다. 학원에 갔을 때 이분들을 그냥 지나치시면 안 됩니다. 단순히 학원비 결제를 도와주고, 강의실을 알려주는 역할 이상을 하시기 때문입니다. 원장 부인이 나와 계시는 곳도 있고, 가까운 친인척들인 경우도 있지만, 대부분은 아이를 잘 키워 대입까지 성공적으로 마친 학부모들입니다. 아이들을 이미 다 키웠고, 교육에 대한 노하우는 넘칠 정도로 많으니, 학원에선 그들을 가만히 둘 리가 없지요. '누구 엄마'에서 상담실장님으로 직업이 바뀌는 순간입니다.
어느 학원은 의대를 보낸 부모들이, 어느 학원은 유명 법대를 보낸 엄마들이 앉아계십니다. 심지어, 엄마들끼리 모여 학원을 차린 사례도 대치동에는 무수히 많습니다. 수년간 아이들을 공부시키며 누가 유명강사인지 서로들 꿰차고 있기 때문에, 고등부에서 과목별로 선생님을 알선해 오는 것은 어렵지 않겠지요? 쉽게 말해 필드에서 다지고 다져진 실력으로, 혹은 교육의 성공적 경험이 '학원사업'의 훌륭한 밑천이 되었다는 얘기입니다. 어쨌거나 이분들은 첫아이 교육에 우왕좌왕하는 초보맘들, 무엇을 언제 어떻게 시켜야 할지 판단이 잘 서지 않는 맘들, 선행으로 고민하는 맘들에게 때론 인생의 선배로, 때론 언니 같은 역할로, 좋은 상담역이 됩니다. 물론, 소속 학원의 강의 수강만을 독려할 때도 있지만, 그런 것만 잘 걸러 들을 수 있다면 '괜찮은 실장님'은 좋은 선생님 이상의 가치를 발휘합니다. 학원투어를 가실 때, 왜 아줌마들이 나와 있지 하는 의문이 한번쯤 들었다면, 이제는 그들을 다시 눈여겨보시고 귀담아 들어보시길 바랍니다. 때로 보석을 만나실 수 있답니다.

아이에게 가장 좋은 멘토는 부모

대치동 리포트

공부를 잘하는 아이든 못하는 아이든 누구에게나 고민이 있기 마련이지요. 요즘 아이들은 학년이 올라갈수록 학업에 대한 스트레스가 심해지는데다가 사춘기까지 시작되면 고민도 더 커지게 됩니다. 이럴 때 굳이 거창한 의미의 조언자는 아닐지라도 자신의 어려움을 들어주고 바른 길을 알려줄 멘토가 필요합니다.

공감해주고 조언해줄 멘토가 필요해

부모가 아무리 좋은 말을 해준다고 해도 잔소리로 받아들이기 일쑤다 보니 멘토가 된다는 것은 결코 쉽지가 않다. 게다가 친구나 진로에 대한 고민이야 부모에게 털놓을 수 있겠지만 정작 부모와의 갈등으로 인한 고민은 나눌 수가 없다는 것이 문제다.

부모가 아이에게 멘토가 되고 싶다면 먼저 아이의 말을 끝까지 들어주고 공감해 주는 것이 중요하다. 아이들에게는 자신의 고민을 들어주고 이해해 줄 사람이 있다는 것만으로도 큰 위안이 된다. 그렇지 않고 고민을 말하는 아이 앞에서 부모가 너무 심각한 모습을 보이거나 일방적으로 해결책을 제시하게 되면 아이들은 더 이상 속내를 드러내지 않게 된다. 부모 입장에서는 너무 고민이 오래 지속되다 보면 공부에 방해가 될까봐 염려스러울 수밖에 없다. 하지만 부모가 다그치듯이 결론을 내려주기보다 아이 스스로 해결책을 찾을 수 있도록 조언을 해주는 데서 그쳐야 한다.

아버지의 멘토 역할도 중요하다. 특히 청소년기 아들에게는 아버지가 친구이자 상담자 역할까지 할 수 있어야 한다. 때로는 엄마의 열 마디 잔소리보다 아버지의 결정적인 한 마디 칭찬이 아이에게 더 크게 다가올 수 있다.

부모와의 갈등엔 전문가 멘토링도 중요

전문가의 멘토링을 받을 때 아이는 물론 부모도 조언을 받아들일 준비가 돼있어야 한다. 대부분의 갈등은 아이만의 문제가 아니라 엄마에게도 문제가 있을 경우가 많은데 아무리 좋은 협상안을 제시해도 엄마의 생각은 바꾸지 않고 아이만 바뀌기를 바란다면 효과를 볼 수 없기 때문이다. 아이들은 힘들 때 나를 이해해 주고 내 말을 들어줄 멘토가 있다는 것 자체에서 마음이 편해지고 안심을 하게 된다. 하지만 전문가의 멘토링을 받는다고 해서 처음부터 아이들이 쉽게 마음을 여는 것은 아니다. 일단 내 편이 돼서 내 애기를 들어줄 사람이라는 신뢰를 갖게 됐을 때 아이들은 자신의 고민을 털어놓게 된다.

'가장 좋은 멘토는 부모' 라는 말에 속이 뜨끔한 부모들이 많으시죠. 저 역시 마찬가지입니다. 나는 과연 아이가 고민을 말할 때 어떤 식으로 대했는지, 내 아이는 과연 나를 멘토로 여기고 있는지 한 번 돌아보게 됩니다. 부모가 멘토는 못될망정 아이가 자신의 고민을 속 시원히 털어놓음으로써 다소나마 스트레스가 해소될 수 있도록 해주는 역할 정도는 해야겠지요. 듣고 공감하기만 하면 되는 아주 간단하고 쉬운 일입니다.

NAAV(나브)학원

연 락 처	전화 02-555-3025 / 팩스 02-539-3025
이 메 일	nowgetahead@naver.com
홈페이지	www.naav.co.kr
위 치	서울시 강남구 대치2동 990-3(은마북문)
대 상	중·고등부
과 목	영어(문법구문독해작문 원리강의)

📖 강좌소개

토플 100점 이상 실력인 학생들을 대상으로 하는 독해작문 완성을 위한 최종정리용 고급문법 원리강의.

📘 학원소개 및 특징

2005년에 개원, 팀수업으로 유명하였다가 오픈강의를 한 지는 몇 년이 되지 않는다. ❶수능 준비를 좀 더 완벽하게 하려는 고등학생 ❷내신을 완벽히 준비할 능력을 갖추고 싶은 일반 중고, 국제중, 자율고, 자사고, 외고 학생 ❸조기유학을 거쳐 대치동 좋은 학원 다 겪은 전교 1등 또는 극상위권 또는 최상위권 중학생 ❹고등학교 입학 전 영어공부에 쐐기를 박아 고등학교 가서는 언어·수학 등에 여유롭게 시간을 쓰고 싶은 학생 ❺각종 비교과 시험에서 최고가 되고 싶은 학생 등을 수강대상으로 한다.

학원에서 보내온 자료를 보면 수강학생에 대한 기준이 매우 까다로운 편이다. 수업은 원장 직강이다. 원장 외에는 강사가 없는 것도 특징이라면 특징. 모든 학생이 원장 직강을 듣는다는 것은 복이라면 복이다. 높은 레벨에만 스타강사나 원장을 배치하는 큰 학원의 장점이 대치동 소규모 '전문' 학원에서는 수월찮게 만날 수 있다. 이래서 멀리서도 찾아오는 맘들이 많다. "토플 100 이하라면 아예 갈 수가 없겠다. 휴~" "전교 1등만 모아놓으면 뭔들 잘하지 못할까?" 등 엄마들의 하마평이 무성한 학원이다. 그러나, 확실하게 효과를 봤다는 학생들도 많다. 공치고 왔다며 소개시켜 준 엄마를 무안케 하는 맘 등 수강후 호오가 이 학원만큼 극명하게 갈리는 학원도 드물다.

새샘언어학원

연 락 처	전화 02-553-1133
위 치	서울 강남구 대치동 989-4 은마파출소 옆 은마아파트 16동 맞은 편.
대 상	중·고등부
과 목	언어영역 및 내신 국어

강좌소개

▶고등부는 언어영역의 첫 단계로 정확한 독해력을 쌓아가는 기본다지기 단계, 언어영역 전 과정을 체계적으로 심화학습하여 사실상 고3의 실력을 갖추게 하는 끌어올리기 단계, 만점을 목표로 개인별 클리닉 수업과 수능 출제가 예상되는 작품의 문제를 완벽히 익혀나가는 상위 1%되기 단계, 물샐틈 없는 대수능 최종 마무리 단계인 파이널 단계까지 모두 4단계로 구성되어 있다.

▶중등부는 8차 교과과정과 연계하여 각 단계별 문학 작품은 물론 학교별 특성을 파악하여 맞춤학습과 서술형 대비, 개인별 성향에 맞춘 수업을 하고 있다. 단순 주입식 수업이 아닌 학생과 함께 생각하고 소통하는 학습을 통해 지식과 사고력을 함께 키워나간다. 언어영역에 꼭 필요한 어휘, 성어, 속담은 매주 진행되고 기본개념, 독서요약 노트 만들기, 단어장 만들기 등으로 고등입문과정까지 체계적으로 진행하고 있다.

학원소개

언어영역의 시작과 끝을 체계적이고 세심하게 책임진다. 누구나 모든 과목의 기본은 국어라고 생각하지만 말처럼 쉽지 않은 게 국어다. 기초부터 파이널까지 단계별 시스템을 통해 중1부터 고3까지 철저하게 책임지기 위해 한 클래스에 최대 10명 학생만을 고수한다. 과제물을 제대로 수행해서 더 나은 실력을 만들기 위해 끝까지 점검할 뿐만 아니라 학생의 학업성취를 지속적으로 확인할 수 있도록 성적표 또한 발송한다. 성적이 취약하거나 부족한 영역이 있다고 판단될 경우 개별 클리닉을 진행하는 것 또한 장점이라 할 수 있다.

언어영역 시작이 너무 늦었다고 생각돼 불안한 고등학생이라면 찾을 만한 곳이다.

 STREETS TIPS

| 최가네 칼국수 |

애들 키우다 보면 별의별일이 다 있다. 멋모르던 초딩, 사춘기의 중딩, 시니컬한 고딩까지…. 고기 한 점을 두고 울고불고 하는 나이가 이때다. 지금도 이 메뉴가 있는지는 모르겠으나, 바싹불고기 한 점을 두고 엄청난 속도전을 벌이다 결국엔 울음보가 터졌다. 롯데백화점 뒷길 먹자골목에 있다. 타 지역에서 오신 절친 맘의 말씀이, 애는 학원 넣고, 엄마는 백화점 쇼핑(시장보기)하고, 나중에 만나서 밥먹고 함께 차타고 집에 가는 코스다. 역의 순서여도 상관 없다. 체인점이지만 친절하고 오픈한 지 2~3년 안쪽이라 깨끗하다. 주메뉴는 샤브샤브. 미리 전화하면 룸예약 가능하고 반모임이나 소규모 모임도 가능하다. 샤브샤브 먹고 칼국수를 무제한 공급하며 밥도 원하는 만큼 볶아준다. 발렛가능. 02-538-2323

인문계 논술 대비법 ❷

인문계열 논술 구체적 방법론

대치동 리포트

❶ 비문학 독해력을 높여라 | 언어영역 비문학의 경우 논술과 답을 제시하는 방법만 다를 뿐 글을 정확히 읽어내는 능력을 평가한다는 점은 같다. 비문학 지문을 분석하고 독해하는 능력을 기른다면 수능과 논술을 한번에 대비하게 된다.

❷ 교과서를 최대한 활용해라 | 교과서는 표현과 개념에 대한 정의가 정확하기 때문에 논제를 분석하고 제시문을 이해하는 능력을 키우는 데 교과서만한 교재가 없다. 교과서를 읽으며 내용뿐 아니라 문장의 서술 방식이나 문단의 구성까지 꼼꼼하게 보고 다른 교과와 연관시켜 관계망을 형성하는 연습을 한다.

❸ 다양한 텍스트를 접해라 | 최근 논술경향은 교육과정에 있는 기본개념을 다양한 제시문으로 제시한다는 점이다. 이러한 개념을 다양한 사회적 이슈, 구체적인 삶의 모습, 자연현상, 사회현상 등과 연관시켜 분석하고 사고할 수 있는 능력을 평가한다. 주변에서 일어나는 일이 모두 논술의 소재가 될 수 있다.

❹ 다른 학생들과 정보를 공유해라 | 혼자만의 생각에 갇혀 있다 보면 사고 확장의 폭은 좁아질 수밖에 없다. 스터디 그룹을 만들어 하나의 개념에 대해 여러 친구들의 의견을 들어보고 보다 창의적인 생각을 키워내는 훈련이 필요하다. 의견을 공유하는 과정에서 상대방의 논리를 분석해 보는 안목도 키울 수 있고 자신의 의견을 정리하는 과정에서 논리력도 키울 수 있다.

❺ 지원하고자 하는 학교의 논술출제유형을 파악하고, 채점방식 등을 확인해라 | 학교별로 논술 평가의 주안점과 제한조건이 다르다. 학교에서 요구하는 방향으로 글쓰는 연습을 해야 한다. 대학에서 공개하는 우수 논술이나 채점기준 등을 꼼꼼히 확인하고 논술 모의고사를 실시하는 경우 참가해 보는 것도 좋은 공부가 된다.

맥스템학원

연락처	전화 02-558-5330, 원장 010-8385-5330
이메일	simsan68@naver.com
위치	서울시 강남구 대치동 912-29 4층(대치사거리)
대상	모든 학생
과목	수학

📖 강좌소개

초중고 정규과정, 유학생, 수리논술, 전공적성, AP 등 원하는 수학 수업을 할 수 있다. 1회 수업 과정(4~5시간)을 통해 수강을 결정하고 학생과 강사의 의견을 조율하여 학습계획안을 만들고 가장 효율적인 방법으로 수업을 진행한다. 개념중심의 수업과 스스로의 학습과정을 거쳐 수학의 참맛을 알게 해준다. 공부는 시키는 것이 아니고 스스로 하는 것이다. 수학에 관한 모든 걸 도와줄 준비가 되어 있다고 한다. 어떤 형식으로라도 학생들을 위해서라면 그렇게 할 것이라고. 우리 아이들이 잘 되어야 하고 우리 아이들이 행복해야 된다고 생각하기 때문이란다.

🏫 학원소개

아이들에게 행복하냐고 물어보라. 아이들에게

[광고: 수시적성시험으로 서울권 대학가기!! - 맥스템수학 558-5330]

언제가 제일 행복하냐고 물어보라. '學而時習之不亦說乎' 아이들에게 이 글의 의미를 들려주면 거의 대부분 웃는다. 공부가 좋아서 하는 사람이 어디 있느냐고 말이다. 대부분의 아이들은 좋은 대학을 가고 좋은 직업을 갖고 돈 잘 벌기 위한 방법으로 공부를 선택하고 있다. 우리 아이들은 왜 살아야 되는지, 어떻게 살아야 되는지, 무엇을 위해 지금 공부를 하고 있는지, 생각할 시간이 없다. 강사생활 20년 동안 아이들은 이제 커서 어른이 되고 그들의 고민은 더 이상 공부가 아니다. 올해 서울대에 합격한 인호도 행복하지 않다. 과고를 거쳐 카이스트에 다니는 졸업반 미경이도 행복하지 않다. 우리나라에서는 아무리 의사가 되고 싶어도 성적이 안 되면 의대에 들어갈 수 없어서 중국엘 갔고, 중의학 공부를 하고도 우리나라에서 개업할 수 없어서 외국에서 무조건 몇 년을 머물러야 한다. 대학원을 다니는 은진이도 힘들긴 마찬가지다. 간간이 일본에서 공부중인 은비가 좀 행복한 소식을 전해 온다. 우린 하루살이가 아니다. 아이들이 대학을 가면 모든 게 끝나는 것처럼 말하지 말았으면 한다. 학습을 위해 시험이 있는 것인데 시험을 위해 학습하는 것 같다는 두겹이의 말에 어른으로서 미안하고 창피하다. 맥스템 원장은 학원을 차리면서 많은 생각을 하였다고 한다. 수학에 관한 한 모든 걸 도와주겠다고, 수학이 인생임을 알게 해주겠다고, 인생은 끊임없는 문제풀이라고, 그래서 수학의 정의가 중요하듯 인생의 가치관이 중요하다는 것을 느끼게 해주고 싶었다고 다짐했다고 한다.

미래한국인학원

연락처	전화 02-554-5504
위 치	서울시 강남구 대치동 은마아파트 북문 988-7 아카데미타워 5층
대 상	수학(중·고등부), 언어(고등부)
과 목	수학, 언어(안선희선생)

강좌소개

학기중 수학은 중·고등부 전 강좌가 열려 있고 방학기간에는 부족한 부분을 들을 수 있도록 클리닉 특강반을 개설하였다. 또 하나의 꽃이라 할 수 있는 안선희 언어는 수능만점을 목

개설하게 되었다고 한다. 문제 위주로서가 아니라 쉬운 것부터 차근차근 하다 보면 어느새 실력이 쌓여지게 되어 심화된 응용문제까지 풀 수 있다고 한다.

지나친 선행으로 시간을 낭비하기보다 지금 학년의 심화과정을 거쳐 자신에게 맞는 선행을 해나간다면 수학의 두려움은 사라지게 된다. 이 학원은 수학뿐만 아니라 수능언어로도 유명하다. 학부모들 입에 자주 오르내리는 안선희 선생. 언어는 지식을 공부하는 것이 아니라 지문을 읽고 주어진 선지의 타당성을 점검하는 것이라고 말한다. 언어는 문제를 많이 푼다고 해서 실력이 느는 것이 절대 아니라고 한다. 자신이 스스로 근거를 찾아내고 답을 찾아낼 수 있어야 한다는 얘기다.

표로 하는 친구들을 위해 단계별로 수업을 진행하고 있다. ▶Step1 클리닉수업(정확한 독해훈련) ▶Step2 시간줄이는방법 강의수업(답툭튀) ▶Step3 시간관리연습(모의고사반) ▶Step4 고난이도훈련(고급반)으로 구성되어 있고 고1·2 특강반도 열려 있다.

학원소개

대치동에는 선행을 위주로 하는 학원이 있는 반면 제 학년을 탄탄히 한 후에 선행을 중시하는 학원도 있다. 그중에 하나가 미래한국인학원이다. 고등부 수학을 가르치다 보면 의욕은 넘치지만 중등수학개념이 부족해 힘겨워 하는 친구들이 있다. 이런 친구들을 보며 중등부를

공부하기도 벅차 체험활동 프로그램이나 봉사활동을 애써 찾아다니며 하기는 어려웠다. 입시제도가 입학사정관제를 비롯해 일관성있는 활동 중심이 되어가면서 수능의 성적만 중요시하던 시기는 끝난 것 같다. 봉사나 창체로 무얼해야 될까 고민될 때 한번씩 둘러보면 좋을 사이트. 알고도 시간이 안되거나 필요성이 덜해 안하는 것과, 몰라 못하는 것은 분명 차이가 있다. 나라에서 하는 것이라 믿을 만 하다.

- 청소년자원봉사 (www.DOVOL.net)
- 서울시청소년수련시설협회
  (http://youthcenter.co.kr)
- 청소년종합정보서비스
  (http://all4youth.net)
- 유스내비 (www.youthnavi.net)
- 청소년권장사이트 (www.iteennet.or.kr)

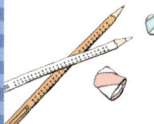

정한솔의 텝스 고득점 공략하기

전투에 있어서 적을 알고 나를 알면 백전백승이라는 말이 있다. 텝스시험을 위한 전략도 이와 다르지 않다. 텝스 고득점을 얻기 위해선 우선 텝스가 무엇인지부터 알아야 한다. 그런 다음 그에 따른 전략을 세워 준비하면 좋은 결과를 얻을 수 있다. 텝스는 네 영역으로 구성되어 있다. 독해(400점), 듣기(400점), 문법(100점), 어휘(100점) 이 네 가지 영역을 얼마나 효율적으로 공략하느냐에 따라 고득점이 좌우된다. 그럼 다음 네 가지 영역에 대한 효율적인 공략법을 알아보자.

독해 텝스 독해의 특징은 문제가 모두 한 문단으로 되어있다는 것이고 주어진 시간이 짧다는 것이다. 이러한 유형을 공략하기에 가장 효과적인 방법은 두 가지가 있다. 하나는 빠르고 정확한 독해이고 다른 하나는 글의 내용을 요약하는 훈련이다. 빠르고 정확한 독해는 글을 짧은 시간에 정확하게 독해하는 능력을 길러준다. 이 훈련을 하기 위해서는 글을 의미단위로 끊어 읽는 연습과 그것을 한 단어 한 단어 독해하는 것이 아니라 의미를 이해하는 훈련을 해야 한다.

The rise in temperature in tropical regions / has brought about a significant increase / in the mosquito population. /
열대지역에서의 기온 상승이   현격한 증가를 가져왔다   모기 개체 수의

요약은 빠르고 정확하게 한 독해내용을 요약하는 훈련으로 학습한 내용을 자기 것으로 만들어준다. 다시 말해 어떤 내용의 문제이든 이렇게 준비한다면 무리 없이 고득점을 낼 수 있을 것이다.

듣기 듣기파트 1·2를 공략할 때는 질문에 미리 답하고 그 다음 문제를 들을 때 미리 생각해 놓은 그 답이 나오면 선택하는 연습을 하는 것이 좋다. 그리고 파트 3·4부분을 준비할 때는 듣고 해석하는 연습과 듣기 내용을 요약하는 연습을 해야 한다. 이는 들은 내용을 확실하게 이해하게 해주기 때문에 가장 까다로운 파트 4에서도 좋은 성적을 낼 수 있다.

문법 짧은 시간에 50문제를 풀어야 하기 때문에 문법을 공략하기 위해서는 문장을 정독하되 시제와 수 일치 그리고 수동태와 분사구문, 가정법과 도치구문, 마지막으로 관계사를 살펴보는 훈련을 하면 한 번 문장을 정독할 때 쉽게 문법적 오류를 발견할 수 있다.

어휘 글의 흐름 즉 문맥에 맞는 어휘를 골라야 하기 때문에 많은 글을 읽고 문맥에서 다른 뜻을 가지는 어휘연습을 많이 하면 어휘 문제를 다룰 때 크게 어렵지 않다.

아는 것과 실행하는 것에는 많은 차이가 있다. 아는 것은 그냥 머리에 저장되어 있는 반면에 실행한다는 것은 아는 것을 구체화, 현실화 시킨다는 뜻이다. 위에 제시된 방법들을 실천해 보면 무엇인가 얻을 것이 있기를 바란다.

솔밭언어논술

연 락 처	전화 02-562-9166
이 메 일	boripiri21@hanmail.net
위 치	서울시 강남구 대치동 506 선경상가 208호 (대치역 8번 출구)
대 상	초·중·고등부
과 목	국어, 언어, 논술

강좌소개

▶중1학년 강좌는 개념잡기와 읽기, 독해 연습 과정이다. 겨울방학은 개념잡기로 문학의 4대 장르와 논설문 설명문에 대한 개념잡기과정이 진행되고 1학기가 되면 문학감상 연습에 들어가는데 겨울방학에 배웠던 개념과 이론들을 실제 작품에 적용하여 읽어내는 능력을 키워낸다. 여름방학은 비문학 독해연습으로 문학 연습과정과 마찬가지로 독해능력을 향상시킨다. 2학기는 감상과 독해심화강좌로 1학기와 여름방학 중 진행했던 과정을 심화시켜 보다 어려운 지문을 선택하여 문학 감상과 비문학 독해능력을 키워낸다. ▶중2학년 강좌는 철학논술이다. 주제별로 1~2주에 걸쳐 생각 키우기, 토론하기, 쓰기. ▶중3학년은 현대소설, 현대시, 고전문학, 비문학으로 구성되어 있다.

학원소개

대치동에서 13년간의 언어논술 강의 경력을 바탕으로 2008년 문을 연 국어 전문학원이다. 학생들을 시스템으로 감당하는 학원이 아니라 선생님 한 분이 학생 한 명 한 명을 세심하게 챙기는 학원이라 볼 수 있다.

더봄 수학전문학원

연 락 처	전화 02-564-5455
위 치	서울시 강남구 대치동 은마아파트 북문 놀부보쌈 건물 3층
대 상	초·중등부
과 목	KMO, AIME, 과고, 영재고 수학 및 중·고등 수학

강좌소개

▶중등경시 ▶KMO ▶고등선행(주3회, 1일 5시간 수업)

학원소개

더봄수학전문학원은 KMO, 영재고·과고를 목표로 하는 최상위권 학생들을 위한 학원이다. 학생들이 학원이름을 지어줬을 정도로 가르치

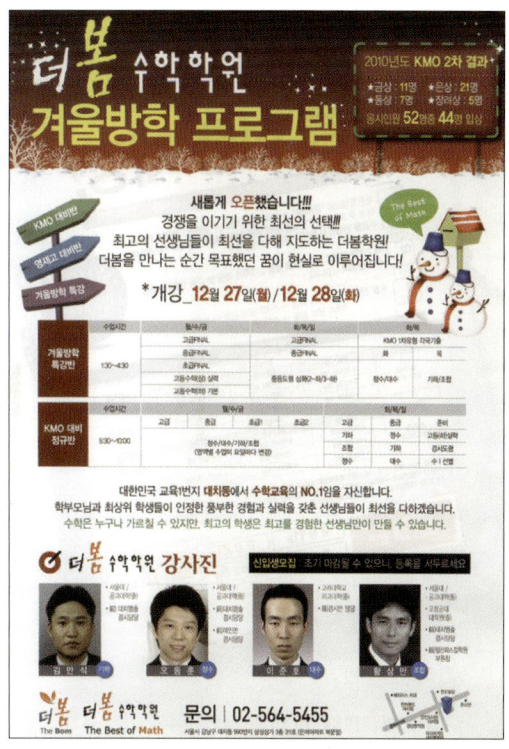

는 실력 외에는 관심도 없다. 대치동 모경시학원에서 이미 경력으로 인정받은 선생님의 카리스마 넘치는 수업과 첨삭지도 및 열의를 다하는 강의이다. 아무나 들어갈 수 있는 곳은 아니다. 깐깐한 입학Test를 통해 수준별 반 편성으로 목표달성을 위한 체계적인 수업을 진행한다. 최근 입시변화에 따라 경시뿐 아니라 고등선행반을 개설하여 수능을 준비할 수 있도록 한다.

특징
❶ 적극적인 질의 응답을 통한 학생별 문제해결능력 배양 ❷ 주간Test 및 실전모의고사를 통한 학생 현재상태 체크 및 문제점 파악 ❸ 수시 상담을 통한 학생의 학습 능력 고취 ❹ 기본원리→발전응용→심화경시의 단계적 수업 진행 ❺ KMO 강사들의 심화된 고등 선행 준비 과정 진행 ❻ 학생과 선생님들 사이의 친밀한 유대관계

생각의 좌표

연락처	전화 02-554-0135~6 / 팩스 02-554-0136
이메일	thinkharago@naver.com
홈페이지	www.thinkhara.com
위치	서울시 강남구 대치동 대치순복음 교회 옆 대치프라자2빌딩 2층
대상	초·중·고등부
과목	독서 독해 논술, 역사, 독해 특강, 국어·사회 내신특강, 각종 경시수업

강좌소개
▶독서 독해 정규 논술(초·중·고)→수업 속 수업으로 다양한 실용문을 쓰고 대면첨삭 ▶역사(초·중·고)→전체적으로는 한국사 통사의 흐름을 파악하고, 균형 잡힌 역사의식을 가질 수 있도록 하는 수업 ▶독해 특강(중·고)→개정된 교과 지문과 대입 논술 제시문을 활용한 독해를 강화한 수업을 실시 ▶국어 사회 내신 특강(중등)→시험기간 국어, 사회 과목 출판사별 맞춤형 내신 특강을 진행 ▶경시 수업(초·중·고)→경제경시나 토론경시, 논술경시, 국어능력인증시험, 한국사검정시험 등 각종 경시를 준비하는 학생들에게 맞춤 수업 실시

학원소개
'책'을 읽어야 한다는 사실은 알지만 제대로 읽는 방법을 아는 사람은 드물다. 또한 많이 읽는다 해도 그것을 어떤 글로 표현하느냐에 따라

서로 다른 관점을 볼 수 있다. 책을 통해 세상을 바라보는 따뜻하고 정확한 눈을 갖도록 지도하는 생각의 좌표. ❶ '제대로' 읽는 독서와, 정확히 이해하는 독해 능력 강화 훈련 ❷다양한 토의 토론 방식 ❸성찰과 창조를 담은 다양한 쓰기 훈련을 통해 학생들이 최상의 가치를 얻을 수 있는 곳이다. 즉, 사회, 문화, 역사, 과학 등 '장르별 책읽기 방법론'을 알게 하고 더불어 어휘, 문장, 단락, 지문, 도서 층위별로 '논리독해 방법론'을 익혀 목표없는 책읽기에서 벗어나 고난도 독해와 논술 제시문까지 따라잡을 수 있게 한다는 것이다. 성원장은 '제대로 가르치는 독서 독해 논술'이라는 화두를 실현시키는 가장 큰 힘은 사명감과 원칙, 역량을 가진 선생님들이라고 말한다.

하이텐 수학학원

연 락 처	전화 02-556-2171
위　　치	서울시 강남구 대치동 989-2 3층
대　　상	초·중·고등부
과　　목	수학

📖 강좌소개

▶중·고등학생 맞춤수업 ▶수능·모의고사 문제풀이 맞춤수업 ▶유학생을 위한 맞춤수업 ▶SAT 및 대학생을 위한 미적분학 강좌

📋 학원소개 및 특징

"알 때까지 빡세게!" 몇 년간에 걸쳐 은마사거리 부근에 나부끼던 하이텐 수학의 캐치플레이즈다. 1:2, 1:4, 1:1, 1:多 등 '맞춤수업'으로 유명하다. '최상위 학생을 위한', '전교 1등이 많은' 등의 수식어를 내세우지 않아서 더 믿음이 간다. 시간과 돈, 학생의 필요에 따라 상담후 선택해서 수업하면 된다. 소수인원의 수업이므로 밀착된 수업 및 관리가 가능하고, 학생의 장·단점 파악이 용이하다. 개인별 학습 성취도를 극대화시켜 보겠다는 취지다. 학원이 내세운 맞춤수업에 맞는 학생은 다음과 같다. 단기간에 선행학습이 필요한 학생, 깊은 심화과정을 원하는 학생, 완벽한 개념정리와 완벽한 내신대비가 필요한 학생, 특정한 단원에 자신이 없는 학생, 자신만의 진도와 계획으로 공부하고 싶은 학생, 강도높은 문제풀이훈련 및 클리닉을 통하여 수학적 감각을 극대화시키고 싶은 학생 등이다.

장기적인 대입 레이스의 시작, 중학교 1학년

요즘 고등학생 자녀를 둔 엄마들끼리 모이면 "아이가 지금 중학생이 아닌 게 너무 다행이다"라는 말을 많이 합니다. 한층 복잡해진 고교입시가 혼란스럽기만 하기 때문입니다. 지역 자율고, 전국 단위로 모집하는 자율고, 외고나 국제고 입시에 도입된 자기주도학습전형 등 그 유형이나 전형 방법을 다 이해하기도 어려울 정도이니 그런 말이 나올 수밖에 없지요. 그러니 초등학교 고학년이나 중학생 자녀를 둔 학부모들은 오죽 답답할까요. 특목고나 자율고가 일반고보다 서울대 수시합격자를 압도적으로 많이 배출했다는 발표까지 접하고 나면 어디든 보내긴 보내야 할 텐데 고민만 깊어집니다. 결국 고입은 대입에서 좋은 결과를 얻기 위한 것이기 때문에 고입의 중요성이 부각되고 있습니다. 중·고등학교 6년간이 대입을 위한 장기적인 레이스라고 볼 때 그 실질적인 출발점이 바로 중학교 1학년입니다. 그만큼 중요한 시기인 중 1, 1년간을 어떻게 보내는 것이 좋을까요.

🌼 장기적인 계획 세워 관리 시작할 시기

대입은 물론 고교입시에서도 입학사정관제가 확대되고 온라인상에서 학생들이 직접 자신의 종합적인 진로이력을 관리하는 '창의적체험활동 종합지원시스템'이 실시되면서 장기적인 포트폴리오 관리에 대한 관심이 높아지고 있다. '창의적체험활동 종합지원시스템'에 기록된 스펙은 입학사정관제에 대비한 개인별 포트폴리오로 제출할 수 있어, 잘 관리할 경우 학교 선택의 폭이 그만큼 넓어질 수 있다. 따라서 중 1 때부터 장기적인 계획에 따라 비교과 활동으로 경쟁력을 갖춰 나가는 것이 중요하며, 단순히 고교입시뿐만 아니라 대입까지 이어질 수 있는 지속적인 관리가 필요하다. 하지만 아직도 마치 좋은 고등학교에 진학하는 것이 최종 목표인 것처럼 고교입시 준비 자체에만 너무 중점을 두거나, 중학교 1학년은 아직 여유가 있다는 식으로 입시제도의 변화를 제대로 인식하지 못하고 있는 부모들이 많다. 고등학교 입시에서도 자기주도학습전형이나 입학사정관제가 실시되고 대입에서도 입학사정관 전형이 갈수록 확대되고 있는데도 부모들이 그런 전형에 대한 준비는 공부를 잘 하는 아이들에게만 필요하다는 식으로 잘못 판단하고 있는 것도 문제다. 봉사활동의 경우 지속적이고 의미 있는 활동을 통해 어떤 것을 느꼈는지가 중요한 만큼 중학교 1학년 시기에는 부모가 자연스럽게 봉사에 참여할 수 있는 기회를 주는 것이 좋다. 또한 충분한 독서와 다양한 독후활동도 중요한데, 스펙을 만드는 데에만 급급해 아이에게 부담을 주기보다는 부모 자신이 입학사정관이라면 과연 어떤 학생을 뽑을 것인지를 염두에 두고 관리해야 한다. 요즘 아이들 누구나 다 가지고 있는 정도의 스펙밖에 없거나, 관심분야에 맞는 활동을 했어도 단발성으로 끝난 경우 제대로 인정받을 수 없어 그와 연계된 활동을 꾸준히 해나가는 것이 중요하다.

🌼 왜 공부해야 하는지부터 깨달아야 주도적학습도 가능

현재 중학교 1학년인 학생들이 대학에 진학할 무렵에는 입학사정관제가 더욱 확대될 것으로 예상돼 장기적인 안목에서 6년간의 계획을 세우고 준비하는 것이 유리하다. 아직 어린학생들이라 처음부터 진로를 명확하게 정하는 것은 어렵겠지만, 목표를 세우고 가는 것과 그렇지 않은 것에는 분명한 차이가 있으므로 목표 설정이 기본이다. 목표가 없을 경우 동기부여도 어려워 공부에 흥미를 가질 수 없다. 평소 자녀가 어떤 과목에 흥미를 보이는지, 같은 시간을 들여서 공부를 해도 특별히 어느 과목 성적이 더 높게 나오는지 등을 유심히 살펴보면 진로를 설정하는 데 도움이 된다.

중학교 1학년들에게 무조건 주도적인 학습을 요구하는 것은 무리일 수가 있다. 따라서 왜 공부를 해야 하는지 그 이유부터 깨닫게 해주는 것이 우선이다. 그런 후 노력한 만큼 성취감을 맛볼 수 있는 기회를 갖게 해 공부하는 재미를 스스로 알아가도록 해주어야 한다. 일찍부터 자신의 꿈을 찾은 아이라면 그 꿈을 이루기 위해 무엇을 준비하고 어떻게 공부해야 하는지에 대해 부모가 함께 알아보는 기회를 갖는 것이 좋다. 그래야 자기주도적인 학습도 가능하고 학년이 올라갈수록 학습량이 점점 늘어나도 감당해낼 수 있기 때문이다.

❀ 실패 경험해볼 기회 가져야

자녀가 초등학생일 때까지는 비교적 여유가 있던 부모들도 일단 예비 중 1이 되면 마음이 급해진다. 중학교에 진학하기 전까지 무슨 준비를 더 해야 하나 싶어 여기저기 알아보느라 바쁘다. 초등학교 6년간의 학습결과를 종합적으로 평가받을 수 있는 첫 기회인 중학교 1학년 1학기 중간고사에 대부분의 부모들이 큰 의미를 두게 된다. 학생들 역시 부담이 되기는 마찬가지이다. 하지만 첫 시험결과에 대한 부모의 반응이 아이의 앞으로 학습에 큰 영향을 미칠 수 있어 신중해야 한다. 일단 성적이 좋지 않으면 아이들이 먼저 의기소침해지고 자신감을 잃게 돼, 다음 시험에서는 겁부터 먹게 된다. 게다가 부모마저 한 번의 시험결과로 아이를 닦달하면 공부가 스트레스로 다가올 수밖에 없다. 중학교 1학년 시기만큼은 공부에 있어서 성공과 실패 모두를 경험할 수 있는 기회를 갖는 것이 좋다. 물론 처음에는 부모가 주요 과목별 공부 요령 정도는 알려주는 게 필요하다. 하지만 초등학교 때와는 달리 일단 한 번 부모의 도움 없이 시험 대비를 해보고 그 결과에 따라 스스로 자신의 문제점을 파악해 보완해 나갈 수 있도록 해야 한다. 부모는 단지 원하는 만큼의 성적이 나오지 않았을 때 아이와 함께 시험지 분석을 통해 그 원인이 어디에 있는지 파악하고 해결책을 제시해 주는 역할만 하면 된다. 그런 과정을 거치다 보면 다음 시험에서는 좀 더 나은 성적을 얻을 수 있게 되고, 아이는 어떻게 공부해야 성적이 나오는지 스스로 깨닫게 된다. 이렇게 중학교 1학년 시기에 자기주도적인 학습이 습관화 된 아이들이 결국 대입까지 장기적으로 공부해 성공할 수 있는 것이다.

중학교 1학년 자녀를 둔 엄마들은 "중학교 1학년 첫 중간고사 성적이 고3까지 간다"는 말에 얽매여 아이들 이상으로 긴장을 하게 되지요. 시험 준비 기간 동안 아이에게 이 말을 누이이 강조하면서 열심히 더 열심히 공부하라고 다그칩니다. 그러다가 시험이 시작되면 과연 아이가 잘하고 있는지 초조하고 불안해 일이 손에 잡히지 않을 정도가 됩니다.

어린이에서 갑자기 교복만 입혀 놓으니 청소년이 된 중학교 1학년, 이 시기는 대입까지 장기 레이스의 시작에 불과합니다. 물론 시작부터 앞서가면 좋기야 하겠지요. 하지만 누구나 그렇게 될 수는 없는 법, 장기 레이스는 장기전으로 가야지요. 잘못된 학습 습관을 바로 잡고 아이가 실패를 통해 스스로 값진 깨달음을 얻을 수 있도록 기회를 주어야 합니다. 그러자면 부모가 먼저 길게 내다보고 마음의 여유를 가져야 합니다. 부모가 너무 급하게 성적을 올리려고 욕심을 부리면 오히려 아이가 공부에 질려버립니다. 실현 가능한 목표를 세워 단계적으로 성취할 수 있도록 해주면 그런 과정들 속에서 아이가 스스로 자신감을 얻게 됩니다. 그런 경험들이 쌓이면 결국 아이에게도 어차피 해야 하는 공부를 즐기면서 할 수 있는 여유가 생기게 됩니다.

프린키피아

연 락 처	전화 02-538-7474
위 치	서울시 강남구 대치동 932-24 대치프린키피아 3~4층
대 상	중·고등부
과 목	수학, 과학, 자연계논술

강좌소개

▶수리과학논술프로그램(SKY 및 주요의대, 명문대) ▶수리과학심층면접프로그램 ▶수능 과학탐구영역프로그램 ▶고1·2 수학정규반, 고2 과학연합반 ▶고1 생물심층수업반 ▶고1 개정과학선행강좌 ▶중등부고등과학선행

학원소개

올바른 수학·과학 실력을 길러주겠다고 한다. 시험의 형식이 내신이 되었건 수능이 되었건 대학별 고사가 되었건 최고의 성과를 낼 수 있도록 가르친다. 강의는 ❶대치동에서 5년 이상 팀웍을 만들어온 강사들이 모여 ❷수리과학논술에 관한 모든 데이터베이스를 구축하고 있으며, 새로운 입시경향분석능력은 타의추종을 불허한다고 자부한다. 첨삭은 ❶다년간 입시에서 진가를 발휘한 강력한 전문 첨삭 강사진을 보유하고 있다. ❷매 강의마다 1:1 대면첨삭을 진행한다. ❸압도적인 첨삭량과 철저한 관리로 승부한다. 정확한 입시지도를 통해서 학생이 가진 실력을 최대한 발휘하여 최대의 성과를 낼 수 있도록 돕고 있다.

STREETS TIPS

| 송향 |

롯데 강남점 지하 식당가에 위치한 중식요리집. 깔끔한 백화점 분위기 그대로 실내 인테리어도 깔끔하고 무엇보다 음식의 질이 높은 편. 별 4개반은 너끈히 줄 수 있다. 탕수육의 고기가 바삭하니 적당히 잘 튀겨나오고, 중국집의 기본 메뉴인 짜장면과 짬뽕의 국물맛이 제일 기억에 남는다. 맛있게 먹고 나왔다고 할 만한 곳. 학원에서 나온 지친 아이의 한 끼 식사로 강추. 02-531-2090

강남비타에듀학원

연 락 처	전화 02-555-0040 / 팩스 02-555-0906
홈페이지	www.gnvitaedu.com
위　　치	서울시 강남구 대치동 994-1(학여울역에서 삼성역방향)
과　　목	언어, 수리, 외국어, 사탐, 과탐

강좌소개

▶언·수·외 10일집중완성반 ▶반수 정규종합반 ▶대입선행반 ▶대입정규반 ▶예능재수생 특별관리반 ▶논술강좌

학원소개

45년 전통으로 '할 수 있는 자'를 육성하기 위해 신뢰의 교육, 관리의 교육에 힘쓰고 있다.

반수나 재수생들이 주로 이용하는 학원이다. 처음은 적응이 고되고 힘들겠지만 마지막에는 학생들이 얼굴에 웃음으로 화답한다고 한다. 그밖에도 언·수·외의 기초가 부족한 학생들을 위한 과목별 1:4 클리닉반을 운영하고 있어 각 부분 영역의 부족한 부분을 해결해 나가고 있다. 이제 교육은 '어떤 것을 가르치느냐'보다는 '어떻게 가르치냐'가 중요 화두가 되고 있다. 가르치는 선생의 입장에서는 '학생들을 어떻게 공부하게끔 만드느냐'가 고민의 중심이 된 것이다.

비타에듀가 지향하고 있는 세 가지는 ❶교육의 새로운 패러다임은 '관리'라는 것→학생을 공부하게 만드는 힘. 더 나아가 학생 개개인에 맞춰 어떻게 공부해야 하는지를 알려주

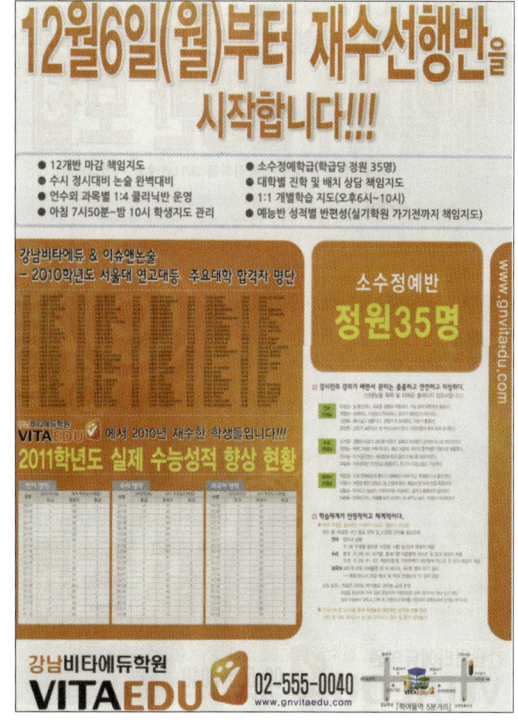

는 것이 새로운 강의의 지향점인 것이다. ❷ '교육은 백년대계이며, 무한경쟁의 기본이자 국가경쟁력의 초석이다'→'모르는 자'는 '아는 자'를 이길 수 없고 '아는 자'보다는 '할 수 있는 자'가 더 신뢰가 가는 시대이다. ❸ '할 수 있는 자'→비타에듀학원은 '할 수 있는 자'를 육성하기 위해 신뢰의 교육, 관리의 교육, 최상의 교육을 제공한다는 자부심이 있다.

강남 메가스터디학원

연 락 처	전화 02-568-3800
홈페이지	www.campus.megastudy.net
위 치	서울시 강남구 대치동 대치역 7번출구앞 풍림빌딩 3~7층
대 상	예비고1~고3
과 목	언어, 수리, 외국어, 제2외국어, 사탐, 논구술

강좌소개

▶재수정규반(인문계) ▶단과반(인문·자연) ▶고등부연합반

학원소개

우리나라 고등인강의 대표격으로 그 명성 그대로의 오프라인 버전이다. 같은 메가라도 서초메가는 재수종합 및 이과가, 강남메가는 문과 및 강남지역 고등단과 연합학원이 더 강력하다. 최정예 강사들이 양성하는 상위권 전문캠퍼스라 할 만큼 내노라하는 온라인 선생님들의 현장강의와 동영상강좌를 볼 수 있는 곳이다. 내신은 물론 수능관리와 전문상담 선생님들의 입시지도로 철저한 수능준비를 할 수 있다는 것이 장점이다. 겨울방학이나 여름방학 아침 9시부터 밤 10시까지 학교생활처럼 집중적으로 수업하는 단과연합반의 지옥훈련도 유명하다. 메가의 유명강사 수업을 듣기 위해 멀리서 오는 수강생도 많다. 공교롭게도 메가선생님 가운데는 대치동에 출강은 물론 학원을 운영하고 계신 선생님들도 많다. 오프에서 직강 듣고 온라인에서 반복, 보완수업하는 학생들도 있을 정도다.

▶언어 : 최인호선생, 오찬세선생, 문명선생, 이성권선생, 이규환선생, 하지혜선생 ▶수리 : 송진규선생, 이성배선생, 황기현선생, 소순영선생, 배상면선생 ▶외국어 : 로즈리선생, 조정호선생, 김기훈선생, 심우철선생 ▶텝스 : 조정

호선생 ▶사탐 : 라영환선생, 이종길선생, 고종훈선생, 유진숙선생, 이승헌선생, 이기상선생, 안상종선생, 이창훈선생, 조범희선생, 전재홍선생, 정재혁선생, 강찬경선생, 손주은선생 ▶과탐 : 김성재선생, 배기범선생, 박호진선생, 고석용선생, 박선오선생, 이상욱선생, 최영선

선생 ▶논술 : 권대승선생, 조윤병천선생, 최인호선생 등. 고1·고2 전문강좌 ▶언어 : 권미경선생, 최명환선생, 하지혜선생 ▶수리 : 박상윤선생, 황기현선생, 배상면선생 ▶사탐 : 조윤성선생 ▶과탐 : 김성재선생, 박호진선생, 백봉용선생, 박선오선생 등.

수능 외국어, 문장 독해를 넘어 문단 독해까지... 어려워진 지문에 적응하라

대치동 리포트

EBS 연계 출제라도 변별력을 높이기 위한 빈칸 추론 문제, 소재와 지문 길이의 증가, 어려운 어휘 사용 등으로 체감 난이도는 높아진 외국어 영어. 영역별 공부법을 살펴보자.

▶ **듣기·말하기 → 주기적인 문제풀이로 감 유지**

느리고 분명하게 들리게 되는 수준에 있는 학생은 꾸준하고 주기적인 문제풀이로 감을 잃지 않는 정도의 노력이 필요하다. 듣기에 부담을 느끼는 중하위권 학생은 가능한 자투리 시간을 활용하되 주기적인 시간을 배정해 놓고 문제풀이를 해야 한다. 틀린 문제는 필요한 경우 받아쓰기를 해보면 자신이 알고 있는 발음과 원어민 발음의 차이를 잡아내고 소리에 대한 정확한 인식과 이해가 쉬워진다. 특정 어휘나 이해하지 못한 표현들은 오답노트로 정리한다.

▶ **독해 → 문장 독해를 넘어 문단 독해까지**

어려워진 지문에 적응하고 변별력을 가지는 10문제를 안정적으로 다 맞추기 위해서는 감으로 하는 독해, 단어공부만 하는 독해로는 역부족이다. 개개의 문장을 독해하는 것뿐 아니라 전체적인 글의 흐름을 읽는 문단 독해까지 마스터해야 수능 만점을 기대할 수 있다. 단, 문단 독해를 위해서는 문장 독해가 선행되어야 하므로 초반에는 어휘와 문법을 통해 문장 독해에 매진하다가 많은 문제풀이를 통해 문단 독해 능력까지 향상시키는 단계를 밟아야 한다.

▶ **어법 → 암기식이 아니라 원칙과 기준에 의한 정리하는 어법**

초기에는 반드시 어법 강좌나 교재를 통해 개념을 정리해야 한다. 단순히 암기하는 어법보다는 원칙과 기준에 의한 정리하는 어법이 바람직하다. 수능 어법 문제는 텝스나 토익과는 달리 기능적 문법, 즉 글의 올바른 구조를 찾아내는 유형이 주를 이루는 만큼 이에 맞게 수능시험 보는 날까지 지속적인 문제풀이가 요구된다.

▶ **어휘 → 끝없는 노출!**

어휘는 독해의 기본이다. 어휘 학습의 핵심은 끝없는 노출! 규칙적으로 반복 학습하되 지문이 어려워진 만큼 대충의 뜻을 기억하는 것은 위험하다. 단어의 의미를 정확하게 익히고 고난이도나 혼돈 어휘는 반드시 따로 정리하도록 한다. 단어집을 외우는 것도 좋고 독해집에서 오답노트를 만들어 공부하는 것도 좋다.

-박정인 선생님 설명회 중에서

해냄학원

연 락 처	전화 02-3453-7192~3, 02-3453-7195
홈페이지	www.doitedu.kr
위 치	서울시 강남구 대치동 912-28 주원빌딩 2, 4, 5층
대 상	중·고등부
과 목	수학, 과학, 자연계논·구술, 심층면접대비프로그램

강좌소개

▶고등부수학 전강좌 ▶영재고 합격자반 수학·과학강좌 ▶주요대 심층면접대비반 ▶중등부수학정규반 ▶중등부수학심화 및 선행반

학원소개

2002년 조그마한 보습학원으로 출발하여 이제는 영재고, 과고, 자사고를 목표로 하는 최상위권 수학학원이 되었다. 변화무쌍한 특목고 입시의 선두주자로 과고, 영재고 재학생들의 내신 팀수업 학원으로도 유명하다. 특목 대상 인강의 스타강사도 이곳에 가면 만날 수 있고, 이 학원출신 강사들은 인근 학원의 인기 스카웃 대상이 되기도 한다. 고등부의 특징은 ❶개인별 학습 할당량을 지정하여 스스로의 학습을 유도하고 담당선생님이 첨삭지도 ❷매일 수업한 내용을 테스트하여 복습 유도 ❸전액 국비장학생인 일본공대 유학을 목표로 하는 맞춤수업도 진행한다. 중등부의 특징은 ❶철저한 연합단과시스템 ❷단과별 반배치고사를 통한 체계적인 학생 선발 및 반편성 ❸개인별, 시기별 성적변화를 바탕으로 한 지속적이고 체계적인 성적관리 ❹담임제를 통한 학생관리 ❺출결관리 등이다.

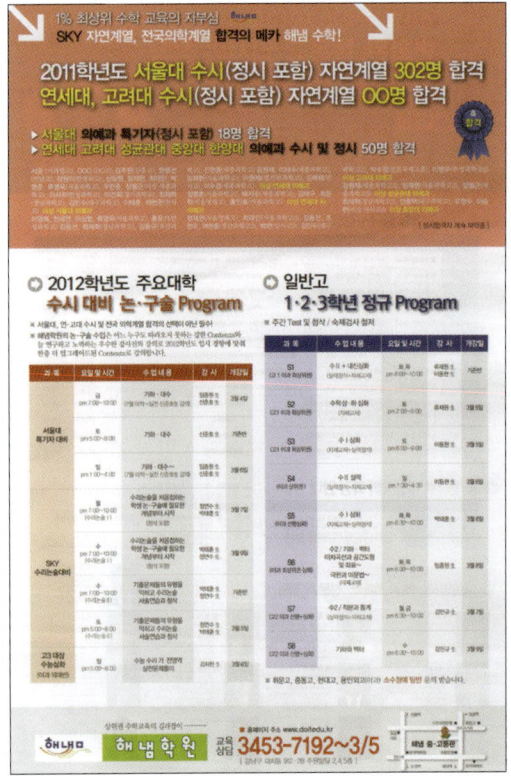

함영원 영어전문학원

연 락 처	전화 02-501-1711
홈페이지	www.hamyoungwon.com
위 치	서울시 강남구 대치동 대치역 1번 출구 앞 하나은행건물 4층
대 상	중·고등부
과 목	영어, 수학, 독일어

강좌소개

▶중등부 : 성문기초반, 문법 총정리반, 특목

고반, 종합 영어반, 중등수학 ▶고등부 : 수능 기본영어, 종합영어, 수능영어총정리, 수능실전, 최상위모의고사, TEPS, 독일어, 고등수학

학원소개

영어가 자국어가 아닌 외국어인 이상 공부의 방법 또한 달라야 한다는 게 이 학원의 학습철학이다. 어렸을 때 영어에 대한 아픈 기억이 있어 무식하게, 하늘이 감동할 만큼 열심히 하다 보니 되더라가 정답인 셈. 다른 길은 쳐다보지 않는다. 공부한 만큼 점수가 오르는 것임을 알게 하여 실력싸움보다 시간싸움임을 깨닫게 하는 것이 함영원 원장의 스타일이다. 반드시 적정량의 시간에 노출시키는 것도 방법이라고 한다. 성문기초영어, 기본영어, 종합영어까지…. 아직까지 이런 문법책을 고수한다고 웃는 원장들도 있지만 이 학원은 수년간 고집스럽게 지켜왔다. 그 힘은 헛되지 않고 오히려 많은 학생들의 고민을 덜어주었다. 즉, 많은 어학원들이 원서로 된 문법책이나 베스트셀러 어법·문법책을 이용, 트렌디한 학습을 할 때 고집스럽게 전통적인 양식의 책을 고수했다는 것이다. 모든이에게 똑같이 성공하진 않겠지만, '영문법' 하면 첫손에 꼽히는 학원인 걸 보면 전통이 시류를 이겼다는 말도 통할 법. 하지만, 철저한 기초에 기반을 두고 트렌디를 가미한 수업방식이 탄탄한 영문법의 기반을 다지는 데 기여했다고 보는 게 맞다. 즉 교재의 문제가 아니라 가르치

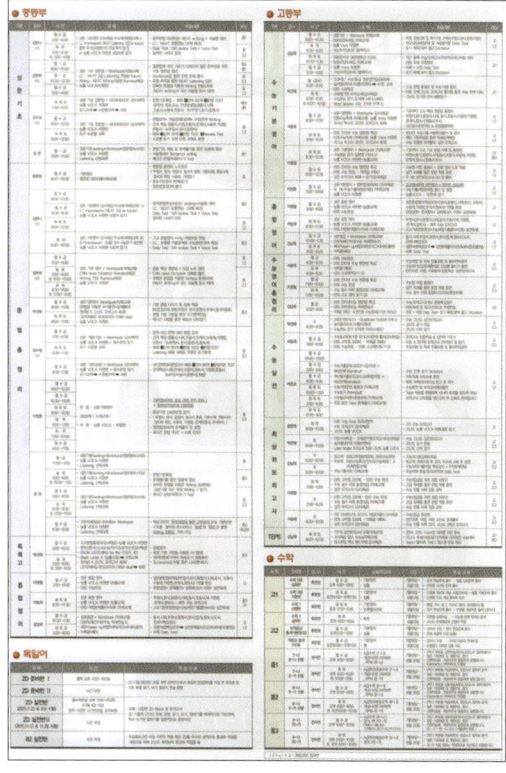

는 방법, 연습, 숙련이 관건이란 것. 국내파든 해외파든 어차피 수능에서 만나야 하는 일. 일단 우선이 수능이다. 수능을 잡고 보자는 함원장의 소신은 변함없다. 이런 고민을 덜어주기 위해서인지 함원장의 영문법 총정리 강의를 담은 멀티 영문법 학습기 'Grammar Tong'이 출시되었다. 20여년간의 노하우를 한눈에 볼 수 있는 기회이기도 하다.

김현정수학

연락처	전화 02-562-5050
홈페이지	www.khjsuhak.co.kr
위 치	서울시 강남구 대치동 대치역에서 은마사거리 방향 꽃가마건물 3층
대 상	중·고등부
과 목	수학

강좌소개

▶중등부 : 중1수학~수Ⅰ까지의 전 강좌 ▶고등부 : 고1수학~고3 문·이과 수업 전강좌

학원소개

경기여고 교사로 재직하고 이후 사교육에 들어선 지 벌써 10년이 훌쩍 지난 김현정 원장은 수학공부에 있어서 절대 변하지 않는 원칙이 있다고 한다. 저학년 때부터 계산능력, 이해능력, 응용능력을 기르도록 꾸준히 학습해야 한다는 것이다. 본인 스스로가 수학공부에 열의를 가지고 매진할 수 있는 자기주도학습의 토대를 마련해야 한다는 것. 학기중에는 철저한 내신대비로 ❶Level Test에 의한 정확한 반배정 ❷내실 있는 수업 구성방식 ❸결과로 자신하는 내신대비. 방학특강에는 선행 위주의 단기완성프로젝트 ❶수준별 선택형 수업 ❷무학년제 ❸방학기간 효율적 시간활용으로 이원화된 학습시스템을 갖고 있다. 10가, 10나 수업에 특히 정통하다는 김현정 원장. 모델 뺨치는 늘씬한 키에 잘맞는 의상, 수려한 이목구비는 행여나 학생들이 수업 이외의 것에 한눈 팔리지나 않을까 우려될 정도. 하긴 수학학원 원장이라고 덥수룩하게 꼬질꼬질하란 법은 없으니 이조차도 학생들에게 신선하다면 신선한 자극이 되겠다.

삼보상상학원

연 락 처	전화 02-562-3678
홈페이지	www.samboh.com
위　　치	서울시 강남구 대치동 대치역사거리에서 도곡방향 나폴레옹제과점 골목
대　　상	초·중·고등부
과　　목	국어·언어, 영어·외국어, 수학·수리, 과학·과탐, 사회·사탐, 논술

강좌소개

▶초등부 : 수학정규반, 과학경시반, 한국사능력검정시험대비반 ▶중등부 : 국어, 영어, 수학, 과학 정규반 및 특강반, 한국사능력검정시험대비반, 국어인증시험대비반 ▶고등부 : 전과목+논술

학원소개및 특징

한곳에서 모든 과정을 해결하는 전문 단과연합체라고나 할까? 삼보상상학원은 과목별 단과전문 학원이 주류를 이루는 대치동 학원가에서 유일하게 전문 어학과정부터 수학, 과학, 국어, 사회, 논술은 물론 특목고 입시에서 대학 입시반까지 운영되는 토탈 교육시스템이 구축되어 있는 학원이다. 학생들이 각 과목별로 전문학원을 찾아 수강하면서 겪는 시간이나 거리상의 문제는 물론 전체적으로 학생의 진로 및 입시상담까지 한곳에서 일괄적으로 서비스받을 수 있다는 장점을 갖고 있다.

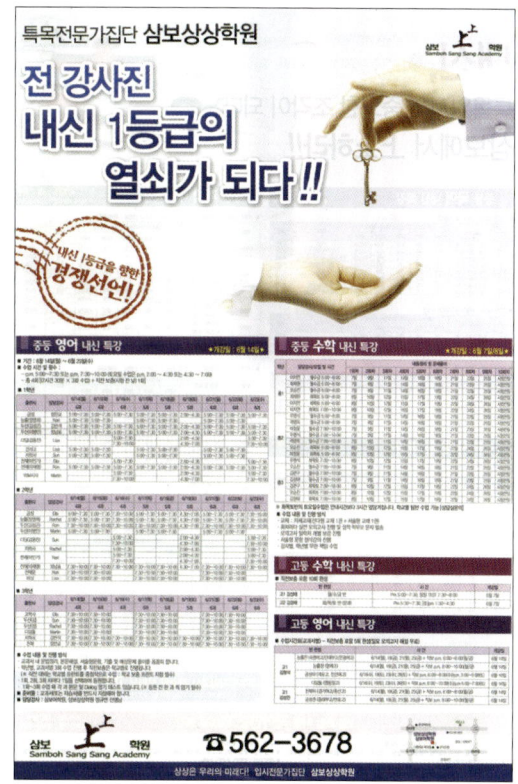

주제를 찾아내는 능력이 핵심이다!

수능언어는 열심히 암기해서 많이 알고 있는 사람을 가리는 학력고사 시절 시험과는 다르다. 그 나이 때 갖춰야 할 논리력을 배양시키는 데 가장 큰 지향점을 둔 시험이므로, 이 출제원리를 염두에 두고 대비해 보자.

▶ 문학독해는 시간에 쫓겨 지문의 내용이 무엇인지 이해하는 데만도 오랜 시간이 걸린다. 여기서 정답을 고르는 핵심은 지문을 통해 작가가 표현하고자 하는 시적 화자의 상황과 감정을 파악해서 주제를 찾는 것이다. 한 줄 한 줄 분석하는 공부방법으로는 주어진 시간 안에 다 읽고 풀 수 없다. 읽고 이야기의 전체 구조를 머리에 그릴 줄 알아야 한다. 주로 시의 앞부분에서 시적화자의 상황이 전개되고 뒷부분에는 화자의 감정, 의지, 태도가 나타나는데 상황과 정서를 연결하면 주제가 된다. 읽고 주제를 찾아내는 능력이 가장 핵심이다. 그리고 그 핵심을 이루는 가장 중요한 요소는 '논리'다.

▶ 비문학 독해 역시 '읽고 바르게 이해하여 필요한 정보를 빠르게 잡아내기'가 핵심이다. 비문학 지문은 글의 지향점이 무엇이냐에 따라 설명적 글과 논증적 글로 분류되는데, 읽고 바르고 빠르게 이해하려면 복잡하고 어려운 지문을 정리해서 읽는 'skill'이 필요하다. skill의 첫 단계는 각 단락별 제목과 핵심어를 찾는 작업. 단락별로 제목과 핵심어를 파악하면 전체 지문이 깨끗하게 표상된다. 단락별 핵심어를 연결하여 전체 지문을 머릿속에 깨끗하게 정리한 후 말로 표현하면 구술이 되고, 글로 표현하면 논술이 되고, 객관식 문제로 답하면 수능시험인 셈이다.

- 김영준 선생님 설명회 중에서

특징은, ❶'기본이 탄탄한 교육'을 모토로 삼고 있다. 무리한 선행학습이 아닌 개개인의 능력을 정확하게 진단하고 설계하여 실력을 쌓아 갈 수 있게 한다. ❷내신대비가 알차게 이루어지는 수업을 지향한다. 꾸준히 실력쌓는 공부를 일관되게 하고 그 '탄탄한 실력'을 바탕으로 서술형 문제와 변별력 있는 문제에 대비한다. ❸대학입시까지 로드맵을 제시하는 학원이다. 모든 과정은 대학입시를 염두에 두고 운영하고 또 거기에 부합하는 교육정보와 진로상담을 병행함으로써 '기본이 탄탄한 학원' '대입까지 경쟁력 있는 실력을 쌓아주는 학원'으로 인지되고자 한다. ❹각종 특기 적성과목과 입학사정관제도 준비한다. 고입·대입·입학사정관제 전형을 위한 개인 포트폴리오를 준비할 수 있는 TOEFL, TEPS, 국어능력인증시험, 한국사검정시험, KMO 각종 경시대회, 논술, 영재원 대비프로그램 등이 운영되고 있다.

가 될 수 있도록 순차적으로 단계를 밟아갈 수 있는 곳이라 하겠다. 삼보어학원에서는 한 단계 위인 SAT, AP, SSAT, TOEFL을 공부할 수 있고, 초·중등 대상으로 국제적인 감각을 키워나갈 수 있게 하는 곳이 MAPLE어학원이다. 또한 다양한 지식 및 올바른 학습체계를 통한 영어의 유창성 및 자신의 생각을 논리적으로 표현할 수 있게 한다.

삼보 MAPLE 어학원

연 락 처	전화 02-562-0034
홈페이지	www.samboh.net
위 치	서울시 강남구 대치동 대치역에서 도곡동방향 원플러스 빌딩 4층
대 상	초·중등부
과 목	영어

강좌소개

▶Global Leading Program ▶American Textbook Program ▶Debate Program

학원소개

몇 년전 대치4동 문화센터 인근에 있을 때 꼼꼼한 문법수업과 탄탄한 영어학습으로 학부모들 사이에 인기가 높았던 삼보학원이 그 전신이다. 삼보에듀, 삼보어학원 등으로 이름을 바꾸고, 대치역 인근으로 이전한 것은 예전 대학입시 명문의 이미지에 머무르지 않고 명실공히 글로벌 인재육성을 위한 영어학원으로의 거듭나기 위한 노력의 일환으로 보인다. 얼마 전엔 미국초등학교 교과서와 Debate 수업을 더욱 전문화시켜 삼보MAPLE어학원으로 분리하였다. 단순한 미국교서 프로그램이 아닌 현지 영어실력을 기반으로 체계적인 학습시스템과 관리체제로 국제적 감각을 키울 수 있는 곳으로 변화를 꾀했다. 즉, 진정한 Global Leader

뉴욕엘리트 아카데미

연 락 처	전화 02-3453-1777
홈페이지	www.newyorkelite.co.kr
위 치	서울시 강남구 대치동 대치역 1번출구 외환은행 4층
과 목	영어

강좌소개

▶SAT I ▶Book Club ▶TOEFL ▶SSAT ▶SAT II Chem ▶SAT II Math ▶AP Chem ▶AP Bio ▶AP Calculus AB

학원소개

배움의 즐거움으로 내재된 잠재력을 이끌어내는 데 노력하고 있는 학원이다. SAT에서 학원계 최초 CR(Critical Reading)과 W(Writing)를 연계한 영역통합 수업과 최단기 최고 득점을 노리는 효과적 접근방법을 제시하고 있다. SAT과목은 시즈널하지만 다른 곳에 있던 학원들도 대치동으로 입성할 정도로 시장이 확대되고 있는 실정. ▶뉴욕엘리트가 말하는 CR. 결

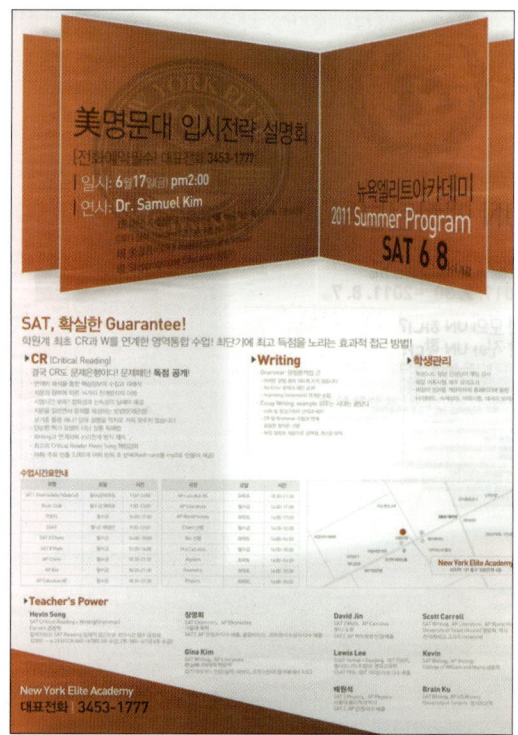

국 문제은행이다. 문제패턴을 독점 공개한단다 ❶번역이 해석을 통한 핵심정보의 수집과 재해석 ❷지문의 장르에 따른 14가지 전개방식의 이해 ❸시험시간 부족, 정확성과 신속성의 딜레마 해결 ❹지문을 읽으면서 문제를 예상하는 방법(문제은행) ❺보기 중 둘 중 하나? 답에 설명을 억지로 끼워맞추지 않는다 ❻단순한 찍기 요령이 아닌 정통 독해법 ❼Writing과 연계하여 논리전개 방식 체득 ❽최고의 Critical Reader Gevin Song 책임강의 ❾어휘 주요 빈출 3,000개 어휘 반복 또 반복(flash card를 mp3로 만들어 제공) ▶Writing은 ❶Grammar는 문장론적 접근으로 improving sentence와 연계한 수업 ❷Essay Writing은 example을 외우지 않고 어휘 및 문장구조의 선택과 배치로 CR 및 Grammar 수업과 연계하여 꼼꼼한 첨삭은 기본. 채점 일람표 제공으로 강약점, 개선점을 파악한다.

신성학원

연락처	전화 02-554-2333~4, 02-554-2883~4
위 치	서울시 강남구 대치동 989 4층, 6층
대 상	중3~고등부
과 목	국어, 영어, 수학, 과학, 사회

강좌소개

▶국·영·수 ▶취약과목 중심의 수능 집중 수업

학원소개

대치동에서 10여 년 동안 학생들을 가르치며 많은 문제점을 보고 '좋은 시설에 훌륭한 강사만 있다면 최고의 학생을 만들어낼 수 있지 않을까' 란 발상이 아늑한 가정처럼 느낄 수 있는 학원 오픈으로 이어졌다. 학원시간 맞추기에 급급하여 우왕좌왕하는 모습들, 원장 직강에 의존하여 이리저리 몰려다니는 학부모들, 체계적인 교육시스템의 부재로 고생하는 원장들, 학생들의 수행평가로 고민하는 부모들을 위해 수업-과제, 복습-질문, 관리가 한자리에서 이루어질 수 있도록 했다. 즉, 모범적인 엘리트로 만들어내는 교육의 장이라고나 할까. 분명 모든 학부모들이 원하던 바로 그런 수업이긴 하지만 아이들 모두 성공하는 것은 아니다. 공부하고자 하는 마음 없이 시스템이 좋아 부모 강요로 시작을 한다면 시간이 흘러 후회로 돌아오는 것은 자명한 일. 그 누구의 잘못을 찾기 전 아이의 성향을 잘 파악하여 시작하는 것이 성공의 요인이 될 것이다. 반면 성실하고 꿈이 확실하여 단지 길을 몰라 헤맸던 아이들이라면 어려워도 스스로의 노력으로 극복할 수 있을 것이다. 씹어주지 않아도 자신이 씹어 삼킬 줄 아는 그런 학생으로 변모할 수 있지 않을까 한다. 이 학원의 특징은 ❶강사 대 학생 비율 1:3 ❷각 과목 전문강사 지도 개인독서실 ❸선생님 상주하며 함께 공부 최악과목 학습법 지도 ❹ 1:1 클리닉 등.

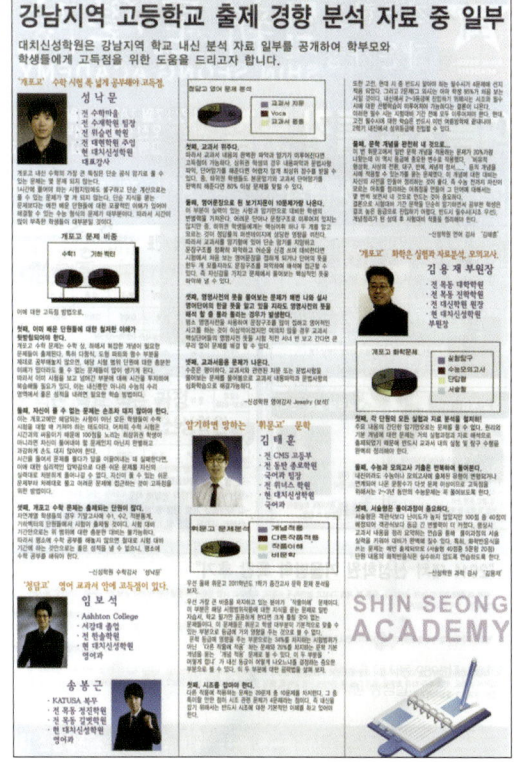

대치동 리포트 | 깊은생각 설명회 리뷰

'깊은생각' 한석만 원장의 수학 학습전략

<깊은생각> 학부모설명회는 늘 만원입니다. 학부모들이 좌석은 물론 통로까지 점령합니다. 이런 뜨거운 반응을 불러일으키는 '깊은생각'의 힘은 무엇일까요? 아무래도 한석만 원장의 열정 넘치는 강연이 아닐까 싶습니다. 설명회 강연내용의 핵심, 한석만 원장의 수학 학습법을 정리해 봤습니다.

| 성공하는 수학 학습법 | 5가지 Mission

. MISSION 1 . 분명한 목표 설정이 필요하다.

뚜렷한 목표의식은 슬럼프를 극복하는 힘이 된다. 또한 지망하는 계열에 따라 학습비중과 학습방식이 결정되므로 되도록 빨리 결정하는 것이 좋다. 인문계열 학생은 국·영·수를 고르게 공부해야 하고, 자연계열 학생은 수학을 중심으로 가능한 선행학습을 병행하되 수학·과학관련 교양도서도 읽도록 한다.

. MISSION 2 . 수학공부는 탐구과정이다.

수학공부는 탐구과정이므로 처음 배울 때 '질문'을 많이 하는 자가 승리한다. 처음엔 모르는 것이 부끄러운 것이 아니다. 이해가 안 가면 눈치 보지 말고 무조건 질문한다. 원리가 이해된 후에는 '반복'이 중요하다. 안다고 생각했지만 사실은 모르고 있거나, 잘못 알고 있는 경우가 많다. 반복하면서 중요한 원리들은 눈을 감고 읊을 수 있도록 암기한다. 또한 다섯 권의 책을 한 번씩 보는 것보다는 두 권의 책을 세 번씩 보는 것이 좋다. 두 권을 선정할 때는 잘 정리된 개념서 1권과 개념의 흐름과 난이도가 적절히 배합된 문제집 1권이 적절하다.

. MISSION 3 . 공부는 시행착오를 원한다.

들어서 이해한 것은 곧 사라지고 잘못 이해한 것은 존재한다. 어설프게 아는 것보다는 차라리 틀리는 것이 좋다. 단, 틀린 후에는 그 이유를 철저하게 분석하고 반성해야 한다. 잘못된 개념을 극복해야만 진정한 실력이 된다. 어려운 문제를 틀리는 것보다 알고 있는 문제를 틀리는 것을 먼저 극복해야 한다. 또한 한두 번의 시험 점수에 일희일비하지 말아야 한다. 점수가 요동쳐도 내 실력이 성장하고 있으므로 최후에는 승리한다는 믿음이 중요하다.

. **MISSION 4 .** 수학 공부는 남을 가르칠 수 있을 때 완성된다.

자신감의 축적과 자부심이 실력의 바탕이 된다. 내가 친구의 선생이 될 수 있을 때 실력은 완성된다. 선의의 경쟁자인 '라이벌'을 두는 것도 좋다.

. **MISSION 5 .** 거창한 학습계획보다는 간명한 계획을 세운다.

지킬 수 없는 연·월간 계획을 거창하게 세우는 것보다는 '이번 중간고사에서는 ○○를 한다'는 식의 목표를 정한 후 주간 계획을 세워 공부한다. 학교와 학원의 기본 학습계획을 중심으로 그것을 강화하는 자기학습계획을 만드는 것이 성공하는 자기주도 학습이다. 언제나 칭찬받는 자신을 만들자.

수준별 특성과 학습의 원칙

A그룹 수리적 감각이 뛰어나고 선행학습이 되어 있는 그룹으로 자신의 진로에 대해 명확한 경우가 대부분이다. 실력을 기르기 위한 충분한 자기학습 시간도 확보하고 있다. 하지만 시험 성적에 대한 지나친 긴장으로 가끔씩 슬럼프를 경험하는 사례도 있고 자신의 실력에 대한 안일한 자만심으로 학습을 소홀히 하기도 한다.

→ **학습의 원칙** : 이 유형은 쉬운 개념에서 출발해 심화단계에 이르는 과정을 추적하는 것이 공부의 핵심이다. 자부심과 자만심은 다르다. 뛰어난 사고력을 뒷받침할 '겸손함과 노력'이 필요하다. 쉬운 문제라고 판단되는 것들도 차근차근 모두 풀도록 해야 한다. 또한 오답노트를 적극 활용해 틀렸던 이유를 냉정하게 분석하고 다시 실수하지 않도록 한다. 틀렸던 문제는 관련문제를 3~5문제씩 풀어 몰랐던 문제를 반드시 해결한다.

B그룹 집중도, 학습량에 따라 그 결과가 크게 달라지는 그룹으로 학습목표가 불분명하고 진로 선택에 대해서도 불안감이 많다. 학습에 있어서도 자신의 계획보다 주변의 상황에 따라 흔들리는 경우가 많다.

→ **학습의 원칙** : 자신의 상황에 맞는 장기적인 학습목표를 세운다. 어설프게 최상위권의 흉내를 내지 말고 자기 실력을 완성해 나가는 것이 중요하다. 고난이도 심화문제에 집착하기보다는 핵심 응용문제에 대한 완벽한 소화를 목표로 학습계획을 수립하는 것이 좋다. 또한 수업시간에 최대한 집중하도록 한다. 수업시간에 모범생이 되면 수업도 즐겁고 공부도 즐겁다. '예습-수업-복습 및 숙제'의 학습 사이클을 완성해 최상위권으로 도약하도록 한다.

C그룹 수리적 감각이 현저히 떨어지거나 중학교 때 학습량이 부족했던 그룹이다. 수학공포증으로 도전의욕이 꺾인 경우가 많다. 문제에 대해 개념을 적용한 포괄적 접근을 못하고 각

문제의 단편적 해결에만 급급한 경우가 많다.

→ **학습의 원칙** : 처음 배울 때 모르는 것은 과감히 질문한다. 수업시간을 중심으로 자기 공부를 구성한다. 숙제한 것에 대해서 수업시간 전에도 질문, 수업시간에도 질문한다. 그렇게 하고도 이해가 안 가는 내용은 남아서 다시 질문하도록 한다. 교재는 최적인 것으로 최소화한다. 좋은 개념서와 수준에 맞는 충분한 양의 문제집이 좋다. 이 그룹에게 반복은 생명이다. 일주일에 한 번씩 총정리하면서 이해가 안가는 내용은 다시 질문하도록 한다.

〈설명회를 마치고〉 설명회가 끝나면 입시제도와 학습법 관련 지식, 자녀 생활지도 방법까지 너무 많이 공부해 머리가 제법 무거워지면서 피로감이 몰려옵니다. '아이들이 공부하는 것도 이렇겠구나' 하고 생각하면 어렴풋이 동병상련이 느껴집니다. 설명회에서 얻은 정보와 지식도 소중하지만 더 큰 수확은 복잡하고 힘든 입시현실에 대해 이해하고, 공부하는 어려움을 함께 느낀 것이라 생각합니다. 힘들게 공부하는 아이들에게 잔소리보다는 격려의 말 한마디 던진 후, 수학 학습원칙 한 가지 넌지시 알려주면 어떨까요?

GMS학원

연락처	전화 02-561-3241
위 치	서울시 강남구 대치동 대치역 8번출구 윈플러스상가 4층
대 상	초5~6, 중등부
과 목	초등수학, 중등수학, 사회, 국어능력인증, 한국사검정시험반, 논술, 면접

📖 강좌소개

▶초등부수학 ▶중등부수학 ▶중3민하용반 ▶국어능력인증반 ▶집중이수사회내신반 ▶한국사 검정시험반 ▶성아론·김민 논술정규반 ▶주말면접반 ▶특강

🏢 학원소개

민사고, 하나고, 용인외고 전문 컨설턴트로 많

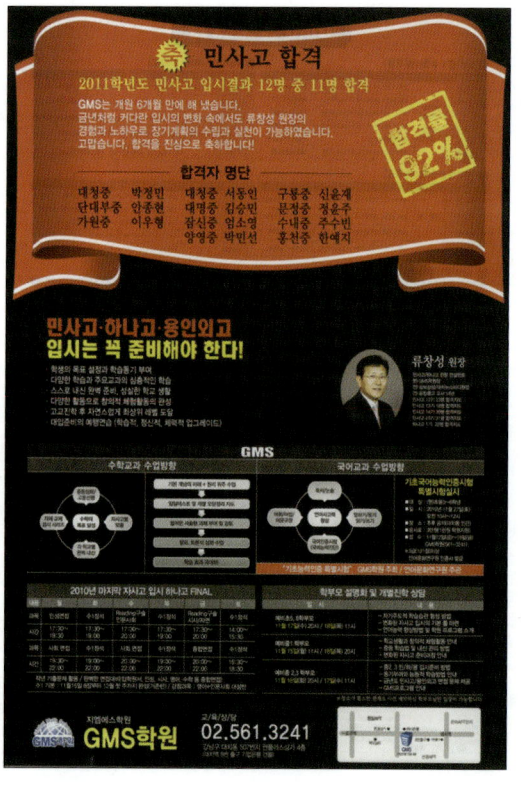

은 학생들을 합격지도한 류창성 원장이 운영하는 학원이다. 자사고 입시의 기본틀을 마련해주고 월 1회 원장 개별 상담관리는 물론 개인별 입시에 필요한 모든 로드맵 및 학업관리까지 해준다. 변화된 자사고 입시 준비를 위해 학부모의 마음으로 학습계획서, 집단·개별 면접 프로그램까지 빈 구석이 없도록 지도한다.

레나쌤과학

이메일	yoshi111@hanmail.net
블로그	http://blog.daum.net/sciencelena
위 치	서울시 강남구 대치동 1019-2 하나빌딩 301호
대 상	중·고등부
과 목	과학

학원소개

과학이 즐겁고 공부가 즐겁고 아이들과 만나는 것이 즐겁다는 과학선생. 과학은 대화가 필요하여 궁금한 것을 묻고 응답하면서 스스로 이해하도록 한다. 과학을 즐겁게 공부하기 위해서는 먼저 독서하는 것을 권한다. 영재원과 사설학원에서 하는 실험 수업은 아이들의 개념이해에 도움이 되고, 눈으로 보고 손으로 만져보고 느낀 것을 발표해 보는 것도 학업성취에 도움이 된다고 한다. 영어도 디베이트 수업과 어학연수가 영어 말하기에 도움을 주는 것처럼 과학도 체험적인 것이 중요하다고 본다. 수업 외의 모든 것은 선생님 블로그를 통해 소통하고 있다. 이는 수업에 필요한 작은 전달사항까지 주고받는 장이 되고 있다.

CMS

연락처	(대치사고력관)02-563-5600 (대치중등영재관)02-563-5050 (압구정본원)02-3445-1288 (서초제2본원)02-537-1288
홈페이지	www.cmsedu.co.kr
위 치	(사고력관)서울시 강남구 대치동 은마사거리 크리스피크림건물 4층 (영재관)서울시 강남구 대치동 은마사거리에서 대치사거리방향 현대아파트 건너편 1층
대 상	초·중등부
과 목	수학, 과학

강좌소개

▶사고력관 : 사고력 심화, 3% 상위권프로젝트, 서술형문제해결, 도형탐험 ▶영재관 : 수

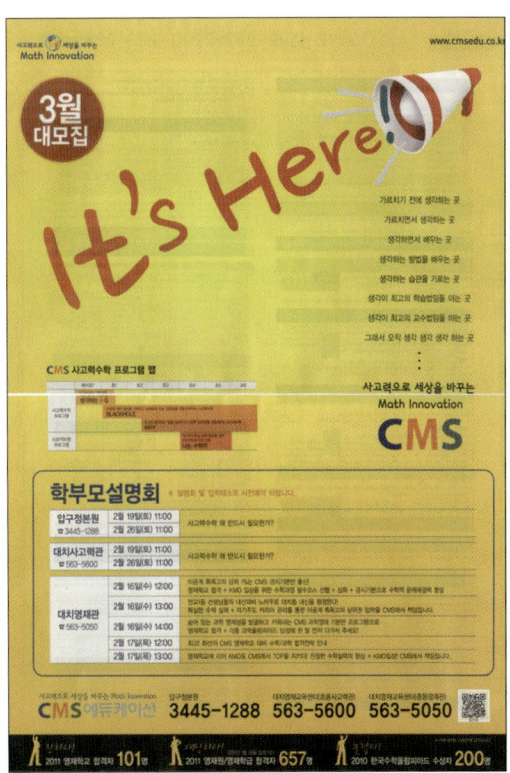

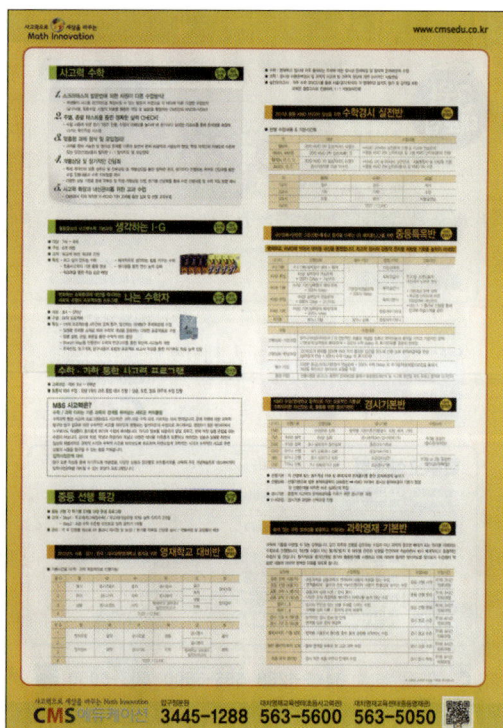

학·과학실전반, KMO대비 수학경시 실전반, KMO대비 수학경시 기본반, 내신정복+특목대비 중등특목반, 영재학교대비 과학영재 기본반, 과학고대비반 및 영재학교 합격후 프로그램

학원소개 및 특징

한국과학영재학교, 서울과학영재학교 등 영재고 입시의 대표주자이다. 사고력 수학에 대한 10여년의 노하우를 바탕으로 우리 아이들에게 잠재된 수학적 사고력을 끌어내고 키워주는 곳이다. 지금은 곳곳에 분원이 있지만 대치동에 오픈하기 전만 해도 알음알음 아는 이들만 압구정으로 아이들을 실어날랐다. 그곳이 바로 하루아침에 만들어지지 않는다는 사고력 수학의 메카 CMS였다. 현재는 사고력관뿐만 아니라 영재관까지 대치동에 떡하니 자리할 정도로 압구정 이상으로 커버렸다. 모든 이과 특목고 및 경시를 준비할 낯이면 이 학원을 찾곤 한다. 사고력으로 세상을 바꾸는 Math Innovation CMS 영재교육은 수학의 본질인 생각의 자유와 무한한 상상, 해결 능력 향상에 기본 이념을 두고 있다.

교육의 진정한 목표는 암기한 내용을 문제에 적용하여 답을 구하도록 하는 것이 아니라 자유로운 생각의 발산 과정을 통해 학생들의 창의성과 사고력을 길러주는 것이다. CMS사고력수학 프로그램을 보면 ❶건강한 토론과 자기주도적 구성주의 학습은 창의적 발상과 구술대비의 최상의 대안이다. ❷폴리아 4단계에 맞춰진 CMS의 문제해결 첨삭지도는 서술형 확대에 따른 가장 확실한 대비이다. ❸수학일기, 수학독후감 작성은 입학사정관제에 따른 포트폴리오 준비를 위한 탄탄한 초석이다. ❹기본에서 심화로 연계되는 교과수학 학습프로그램도 있다. 수학적 사고력은 보다 나은 학습 습관으로 계발될 수 있으며, 수학을 제대로 하는 태도이다.

상위1% 까페 http://cafe.naver.com/mathall

영재고·과고 입시를 염두에 둔다면 꼭 알아두어야 할 사이트다. 특히 다양한 합격생들의 수기는 여느 입시설명회 이상으로 생생하다. 유명 학원 샘들의 동영상 강의를 비롯해 경시학원 선생님들의 칼럼, 열성 학부모들이 퍼나르는 요긴한 정보들은 수년래 회원수가 19만명을 유지하고, 하루 방문자만 3만에 이르는 원동력이기도 하다. 각종 경시대회 일정 및 학년별 기출문제 풀이방, 특히 자율고·자사고 등 고등학교가 다양화되면서 고등세미나실 등 고등정보도 요긴한 것이 많이 생겼다.

유웨이 중앙교육
이만기 평가이사 Advice 1.

"수험생이 꼭 명심해야 할 10계명"

❶ **의욕만 앞선 무리한 학습계획 수립을 피하라.** | 실천 가능성이나 자신의 현재 상황을 꼼꼼히 따져보지 않고 의욕만 앞서 학습계획을 세우면 열에 아홉은 실패한다. 자신이 소화할 수 있는 수준에 맞춰 학습계획을 세운다.

❷ **새로운 학습법과 교재를 찾지 말라.** | 평소 보지도 않던 교재나 새로운 학습법을 시도하는 것은 아무런 득이 되지 않는다. 오히려 오랫동안 만들어온 성과물과 노력들을 한순간에 무너지게 할 수도 있다. 지금 공부하고 있는 교재와 학습법에 집중하는 편이 훨씬 바람직하다.

❸ **자신 있는 영역만 학습하지 말라.** | 특정 영역만 집중적으로 공부하는 것은 성적 향상에 큰 도움이 되지 않는다. 상대적으로 학습을 적게 한 영역에서 점수가 하락해 고득점 획득에 방해가 될 수도 있다. 스스로 소홀했던 영역의 학습시간을 적절히 확보해 균형 잡힌 공부를 해야 한다.

❹ **수능 반영 영역과 영역별 반영비율을 따져 학습하라.** | 대학과 모집단위에 따라 수능 반영 영역과 영역별 반영비율이 다르다. 따라서 지원 대학과 모집단위의 전형계획을 꼼꼼히 살펴보고 자신에게 가장 유리하게 작용할 영역에 좀더 집중하는 것이 좋다.

❺ **목표대학 및 모집단위를 확실하게 정하라.** | 진학을 원하는 대학과 모집단위가 확실하게 정해져 있으면 수험생활에 긍정적인 영향을 준다. 자신의 적성, 흥미, 소질 등을 선생님이나 부모님과의 상담을 통해 확실히 파악한 후 가장 부합하는 대학과 모집단위를 최소 3~4개 정도 정해둔다.

❻ **최상위권 대학을 원한다면 정규수업에 충실하라.** | 최상위권 대학에 진학한 학생들이 수험생 후배들에게 공통적으로 해주는 대표적인 조언이 바로 수업시간에 충실하라는 것이다. 이는 수험생의 기본자세일 뿐만 아니라 내신성적 고득점과도 직결된다.

❼ **'단기 족집게 과외'를 맹신하거나 전적으로 의지하지 말라.** | 이 시점이 되면 학부모와 수험생들은 단기 족집게 과외의 유혹에 빠지기 쉽다. 성적이 향상되지 않아 불안하고 초조해지면 이러한 유혹에 더 쉽게 빠져든다. 그러나 족집게 과외는 비용이 지나치게 비싼 것은 물론 소수의 성공담이 부풀려진 경우가 많으므로 신중해야 한다.

❽ **수능에 출제될 EBS 연계 교재는 완벽하게 학습하라.** | 평가원의 발표대로 수능은 EBS 교재 연계율이 70% 수준이 된다. 따라서 EBS 교재를 완벽하게 이해할 수 있을 때까지 반복학습하면서 나머지 30% 문항에 대비한 학습법이 바람직하다.

❾ **자신만의 오답노트를 만들어 최대한 활용하라.** | 자신의 취약점을 보완하는 데 오답노트만큼 좋은 것은 없다. 중위권과 상위권의 경우 EBS 교재와 모의고사, 기출문제 등을 위주로 자주 틀리는 문항들을 정리해 수시로 점검한다. 반면, 하위권의 경우 오답노트를 작성하는 데 시간을 들이는 것보다 기본 개념을 반복적으로 정리하는 데 집중하는 것이 바람직하다.

❿ **주기적인 연습을 통해 실전 감각을 끌어올려라.** | 수능시험 당일 긴장과 실수를 줄이는 가장 좋은 방법은 실전 훈련을 통해 실전 감각을 갖추는 것이다. 매일 조금씩 실전 수능처럼 문제를 푸는 연습을 하는 것이 좋다. 주기적으로 실제 수능과 같은 환경에서 실전 모의고사에 응시해 실전 감각을 키우는 것도 중요하다.

생각하는 수학

연 락 처	전화 02-554-1978~9
위 치	서울시 강남구 대치동 977-16 2~3층(우성2차아파트 정문)
대 상	중3, 고등부
과 목	수학

강좌소개
▶ 중3 정규반 ▶ 고1·2·3 정규반

학원소개
고등이과수학의 대명사 개념상상에서 이재익 원장과 더불어 이름을 날렸던 김원섭 선생이 2010년 겨울 새로 차린 학원이다. 생긴 지 얼마되지 않는데 세몰이가 심상치 않다. 시작하던 해 겨울 대치동에서 중3에서 고1로 넘어가는 예비고1 최상위권 학생들의 반 구성을 적절하게 잘했던 것이 성공적 안착을 가져왔다는 평가다. 반구성 및 학습관리는 ❶최상위권 학생들의 반을 구성하고 최적의 선행 및 심화 프로그램을 제공한다. ❷엄격한 입반시험을 통해 소수 정예반으로 운영한다.

특히 평가관리방식이 독특하다. ❶매시간 학습한 전과정 수능 모의고사를 보고 학습상황을 점검한다. ❷적절한 난이도를 유지하고 점차적으로 수능 또는 그 이상의 난이도까지 도달한다. ❸학생들 사이의 공정한 경쟁으로 스스로 학습하도록 유도한다. ❹시험의 결과는 평균점수를 포함하여 영역별 자기 점수와 총점을 문자로 부모에게 전송한다. ❺최고난도의 논구술 문제 및 기출문제를 정기적으로 제공하는 것 등이다.

박현언어

연 락 처	전화 02-566-3306
위 치	서울시 강남구 대치동 은마사거리 농협 3층
대 상	중·고등부
과 목	언어

강좌소개
▶ 고1·2·3 정규반 ▶ 현대문학특강 ▶ 고전운문특강 ▶ 어휘·어법특강 ▶ 중등부예비고1특강 ▶ 중1·2 독서논술특강

학원소개

풍부한 감수성으로 아무런 거리낌과 망설임 없이 통째로 집어삼켜야 할 문학작품을 이리 나누고 저리 쪼개서, 시험에 나오는 만큼만, 시험에 나오는 방법대로만 감상해야 하는 것이 오늘날 우리교육의 슬픈 현실이다. 박현 원장은 말한다. 나도 그 책임에서 자유로울 수 없지만 우리의 교육여건이나 대학입시라는 어쩔 수 없는 현실을 무시하기는 어렵다고 말이다. 그래서 학생들이 문학작품을 올바르게 감상할 수 있도록 도와주고 또 현실적 문제인 시험에도 적절하게 대비할 수 있도록 최선을 다해 노력한다고 한다. 고등부 정규반의 특징을 보면 ❶문학 전 영역에 걸친 문제해결 능력 제시 ❷비문학의 총체적 분석 ❸매주 모의고사 기출문제 분석 ❹독서논술 주1회 과제 (고1) 등이 있다.

학생들에게 도우미 역할을 하는 입소문난 교육정보 및 커뮤니티, 인터넷사이트들

- 공신 : 고교졸업생들이 후배들을 위해 멘토를 자청
  www.gongsin.com
- 오르비 옵티무스 : 최상위권 수험생들의 커뮤니티
  www.orbi7.kr/
- 수만휘 : 수능날 만점 시험지를 휘날리자
  http://cafe.naver.com/suhui/
- 스터디코드 : 공부법 이론 소개
  www.studycode.net

STREETS TIPS |달|

양재천변 산책길 카페 거리에 위치한 인도인 주방장이 있는 인도요리 전문점 '달'(3층).
정통카레 요리를 즐감할 수 있는, 격조있는 장소다. 친절한 서비스 또한 최고! 별 5개를 주어도 아깝지 않다. 아이를 학원에 넣고 두어 시간쯤 시간이 남을 때나, 모처럼 분위기 있는 곳에 가서 차 한 잔 하고 싶을 때도 강력 추천하는 곳! 화덕에 구운 갈릭난과 커피 한 잔, 그리고 특히나 가을의, 너무나 너무나도 환상적인 바깥경치에 흠뻑 빠져버리게 되는 곳. 주의! 창밖 풍경에 흠뻑 빠져 있다 아이 라이드 놓칠 수 있으니 조심하셔요~. ㅎㅎ 주차가능.
02-3462-3886

파라투스 수학전문학원

연락처	전화 02-555-7253~4
위 치	서울시 강남구 대치동 대치역 1번 출구 도곡동 방향 성보 제2빌딩 2층
대 상	중3~고등부
과 목	수학

📖 강좌소개

▶중3(고등선행반) ▶고1·2·3(1%도전반, 1등급도전반, 실력향상반) ▶학년 무관 특강반 ▶고3이과 수능대비반

학원소개

(전)깊은생각에 있던 선생님 다섯 분이 뭉쳐 만든 고등부 수학전문학원이다. 이 학원의 4가지 특징을 살펴보자. ❶충분한 질문시간 제공→담임선생님은 1일1회 수업만 진행하여 수업전후 질문시간을 충분히 확보 ❷완벽한 내신대비→담임선생님과 일대일로 진행되는 문제풀이 및 스케줄 관리 ❸수업내용 완벽 피드백→매수업마다 서술형 테스트를 실시하여 수업내용을 알 때까지 피드백 ❹철저한 과제물 관리→숙제노트·오답노트 작성, 보조강사가 아닌 담임선생님이 직접 확인 및 관리 등.

말하기와 쓰기가 부담스럽다면 텝스를!

말하기와 쓰기 영역이 부담스러운 학생들은 TEPS를 대안으로 검토할 필요가 있다. 수능영어의 문제유형과 유사하기 때문에 영어점수를 필요로 하는 수시전형을 염두에 두고 텝스를 통해 두 마리 토끼를 쫓을 수 있기 때문이다.
문법 문제의 일정한 패턴이나 TOEFL에서 다뤄지지 않는 구어적인 단어들에 익숙해지면 잘 대처해 나갈 수 있는 시험이지만 일단 시간을 많이 갖고 시작해야 한다. 또한 시험보는 동안 10분만 시간관리를 제대로 못해도 100점의 점수가 떨어지는 실전 경험이 중요하다. 그러므로 꾸준히 시험을 보면서 시간관리 비법을 익혀야 한다.
TEPS는 영어 논술이다. '항상 가장 적절한 답을 고르시오'라는 문제가 난이도상의 문제로 출제되기 때문에 지문이 언어학이나 영문학에 대한 배경지식을 필요로 하는 깊이있는 사고를 요한다. 또한 TEPS는 각 문항에 대한 전체 시험자 정답률의 가산점이 주어지는 문항반응이론에 따라 채점되므로 고난도의 문제를 맞히면 훨씬 높은 점수를 받을 수 있다.
그러나 수능1등급이 안 나오는 사람은 수능부터 먼저해야 한다. 수능1등급의 역량이 안 되는데도 주위에서 누가 TEPS를 한다더라는 말에 현혹되어 TEPS를 시키면 안 된다.

　　　　　　　　　　　　　－김태희 선생님 설명회 중에서

김응만상위권수학학원

연 락 처	전화 02-555-9363, 02-555-9365
위　　치	서울시 강남구 대치동 대치역 7번 출구 대치퍼스트빌딩 4층
대　　상	고등부
과　　목	수학

📖 강좌소개
▶ 고등부 이과 전강좌

📘 학원소개 및 특징

온·오프에서 검증받은 강사들로 새롭게 시작한 학원이다. 풍부한 경험으로 실력은 탁월하지만 학생에 대한 열정이 꺾여 있는 그런 선생들이 아니다.

반면 열정은 넘치지만 짧은 강의경력 탓에 입시와 수학에 대한 정보와 실력이 부족한 그런 선생들도 아니다. 강의경력 5~10년의 30대 중반의 실력과 열정을 겸비한 준비된 선생님들이 가르치고 있다. 이런 선생님들과 함께 대형학원과 개인교습의 장점을 극대화한 것이 김응만 상위권수학학원만이 가진 가장 큰 특징이다. 김원장은 고민했다. ❶테스트를 통해 선발된 우수한 학생들을 철저하게 수준별로 나누어 ❷개별 수준에 맞는 수업을 가능하게 하고 ❸반별 적정 인원으로 정원을 제한함으로써 ❹꼼꼼한 개인별 과제물 점검과 ❺오답 질의응답을 가능하게 하겠다고 말이다. 또 하

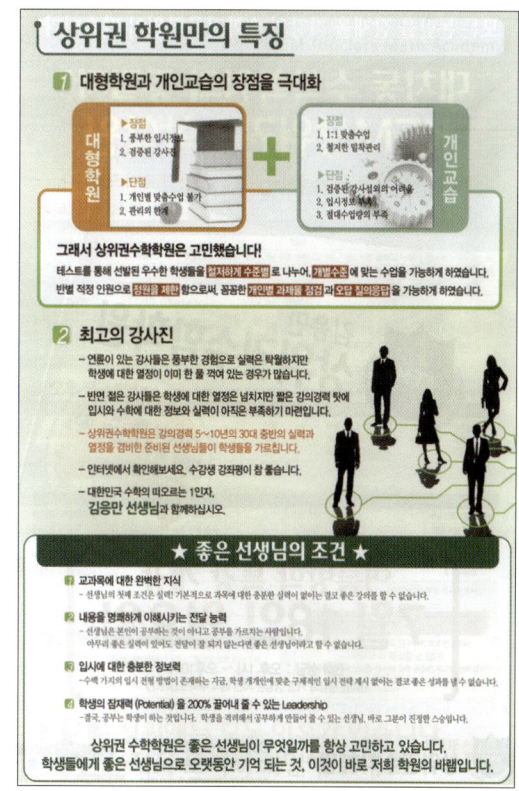

나! 최고의 학습시스템을 자랑한다. 타이트한 1일 학습계획으로 주간 미션문제와 오답정리까지 끝낼 수 있게 주간학습계획을 짠다. 이는 학생의 개인별 학습진도 및 수준에 맞춘 학습전략과 커리큘럼을 제시하는 중장기 학습계획으로 이어지게 된다. 이로써 내신·수능·논술에 완벽히 대비할 수 있도록 하는 프로그램으로 최강의 수학학원으로 신화를 이어갈 것이라고 한다.

수학의 길

연 락 처	전화 02-567-0001, 02-557-6687
위 치	서울시 강남구 대치동 1021 3층 (은마사거리에서 롯데백화점 방향)
대 상	중·고등부
과 목	수학, 언어

강좌소개

▶중·고등부 맞춤수업 ▶주5일집중완성반 ▶주6일계속진행반 ▶고등언어영역

학원소개

수학정복→내신향상→수시합격→대학입문으로 수학의 길을 '수학의 길'이 책임지겠다고

STREETS TIPS | G to B |

대치동 학원가 뒷골목에 위치한 정통 드립커피를 맛볼 수 있는 곳 'G to B'는 은마사거리에서 삼성래미안 방향 묘동교회 바로 옆 골목에 있다. 미래탐구, 하이퍼논술, 명인, 에듀타임 등이 몰려있는 곳이다. 겉모양만으로는 쉽게 들어갈 분위기는 아니지만, 커피를 담은 가마니가 입구부터 곳곳에 쌓여있는 걸 보면 예사롭지는 않다. 나중에 알고 보니 알 만한 사람은 다 아는 유명한 바리스타가 운영하는 커피전문점이란다. 아이를 기다리며, 체인점에서 내려주는 커피가 아닌 정통 드립커피를 맛보고 싶다면 이곳으로 함 가보세요! 단, 주차는 매우 어렵답니다. 02-568-6482

한다. 맞춤수업으로 대학가는 지름길을 안내해 준다. 여기서 말하는 맞춤수업이란? ❶1:1식의 학생개인별 과외식 수업 ❷소수정원으로 학생 개개인의 장단점 파악이 용이 ❸수준에 맞는 진도 및 교재 선택 ❹수업요일 및 횟수 선택 ❺처음부터 최종마무리까지 한 단계 한 단계 올려가며 학생 스스로 공부하는 자기주도적 학습 시스템 ❻개인별 기록카드 작성. (구)대학나무 원장 직강으로 열리는 수학의 길의 특별한 언어영역강좌도 개설되어 있다.

동아학원

연 락 처	전화 02-568-6577, 02-508-1118
위 치	서울시 강남구 대치동 대치역에서 도곡방향 한일상가 가뜨제과 3층
대 상	초·중등부
과 목	수학

강좌소개

▶초등영재과정(사고력, 창의력 및 고난도내신) ▶특목고 및 KMO대비 ▶중등속진과정(특목고, 경시 및 고난도 내신) ▶고등속진과정(중등경시 및 고난도내신) ▶특강(고등대수 핵심정리)

학원소개 및 특징

한때 대치동의 초·중등수학경시학원의 대명사였다. 이후 많은 수학경시학원과 어깨를 겨루기도 하고, 경시바람이 주춤하여 예전만큼 북새통을 이루진 않을지라도 목적이 있는 이들에겐 여전히 찾는 발길이 분주하다. IMO(국제수학올림피아드), KMO(한국수학올림피아드)의 명가라고 할 만큼 2010년에는 6명 중 5명이나 대표로 확정되는 쾌거를 낳기도 했다. 자녀가 이 학원의 수업을 좋아하기 때문에 대치동으로 이사를 왔다는 엄마들이 있을 정도로 명성은 나 있는 편이다. 물론 너무 엄격한 수업에 울고 나오는 아이도 있다. 수년이 지나면서 물 흐르듯 선생들의 변화도 없지 않아 있었지만 뿌리는 흔들리지 않고 많은 경험의 노하우로 지켜온 전통있는 학원이다. 수업은 대수, 기하 등 전문강사가 영역별 특화된 수업을 하고 있다.

유웨이 중앙교육
이만기 평가이사 Advice 2.

"수험생의 컨디션 관리 비법 7가지"

❶ 과식과 폭식은 무조건 피해야 한다.
수험생활 막바지에 다다를수록 마음이 다급해져 밤샘공부를 하는 등의 이유로 과식과 폭식을 하는 경우가 있다. 이런 경우 생활리듬이 순식간에 깨지고, 컨디션 저하로 학습효과가 현저하게 떨어진다. 식사는 반드시 정해진 시간에 규칙적으로 하도록 한다.

❷ 적절한 취미생활로 스트레스를 해소한다.
수능이 가까워지면 평소의 취미생활도 포기하고 공부에 매달리는 학생들이 종종 있다. 그러나 수험생활에 지장을 주지 않는다면 취미생활을 중단하지 않아도 된다. 오히려 취미생활은 막바지 수험생활에서 찾아올 수 있는 스트레스를 해소하고 생활의 활력을 높이는 데 도움이 된다.

❸ 규칙적이고 충분한 수면을 취한다.
이 시기가 되면 수험생들이 평일엔 잠자는 시간을 줄이고 휴일에 몰아서 자기도 한다. 그러나 학습능력을 높이기 위해서는 평일이든 주말이든 규칙적으로 수면을 취하는 것이 중요하다. 가급적 수능 당일의 일정에 맞춘 수면 시간을 유지하는 것이 좋다.

❹ 적절한 운동과 스트레칭으로 체력을 관리한다.
수험생활의 기본은 체력관리에 있다. 최소한 체육시간에라도 적극적으로 운동하고, 자투리 시간에는 간단한 스트레칭을 통해 체력을 관리한다. 체력 저하는 곧 집중력의 저하로 이어질 수 있다는 사실을 잊지 말아야 한다.

❺ 건강관리에 각별히 유의한다.
컨디션 관리에 있어 가장 중요한 부분은 바로 건강이다. 여름철에는 음식에 각별히 주의하고, 환절기에는 감기에 걸리지 않도록 늘 청결함을 유지한다. 비타민제 등 건강에 도움이 될 만한 식품을 적절히 섭취하는 것도 좋다.

❻ 주변사람들과 원만한 관계를 유지한다.
학교 선생님, 친구들, 부모님 등과 원만한 관계를 이어나가는 것도 중요하다. 마찰이 발생할 경우 적극적인 대화를 통해 관계를 빠르게 회복해야 한다. 매일 보는 사람들과 마찰이 잦다면 공부는 물론 정신적인 건강에도 치명적일 수 있다.

❼ 긍정적인 마음과 자신감을 잃지 말자.
좀처럼 성적이 향상되지 않는 경우 자신감을 잃고 슬럼프에 빠질 수도 있다. 불안감과 초조함이 더해져 슬럼프가 자칫 장기화될 우려도 있으므로 어떤 상황에 처하더라도 수능시험 당일까지는 긍정적인 자세를 유지할 수 있도록 노력한다.

세진사탐학원

연 락 처	전화 02-555-3271, 02-501-7991
홈페이지	www.sejinsatam.com
위　　치	서울시 강남구 대치동 은마사거리에서 삼원가든방향 새천년약국 골목 서주빌딩 4~5층
대　　상	고등부
과　　목	사탐, 한국사인증, 경제인증대비

강좌소개

▶고1·2 사탐 내신만점 Power Program ▶고3 사탐 수능만점 Power Program ▶고3 개인별 맞춤수업 ▶고3 속성5주완성반 ▶고1·2 학교별전문반 ▶고1·2 소수과목맞춤수업 ▶한국사인증·경제인증대비반

학원소개

대치동에서 9년 동안 최고의 사탐 전문학원으로 자부심을 지켜온 학원이다. 현직 EBS강사와 온라인 일타 명강사들이 강의를 하는 곳이기도 하다. 고3은 수능전문 파워프로그램, 고1·2는 내신전문 파워프로그램으로 철저히 학년별로 전문화된 수업이 진행되고 있다. 온라인에서 할 수 없는 개인별 성적관리를 통하여 성적향상을 추구하고 있으며 연중 프로그램으로 방학 단기특강과는 차별화된 전문 강의를 하고 있다고 자부한다. 사탐은 1등급이 아니라 상위권 대학 진학을 위해서는 반드시 만점을 받아야 하는 과목이다. 제시문 분석능력과 사고력 향상은 하루아침에 이루어지지 않는다. 즉, 세진사탐학원은 개인별 선택과목에 따른

체계적인 준비로 내신과 수능을 한꺼번에 아우를 수 있는 곳이다.

을 가르쳐주는 학원이다. ❸언어 자체로 외국어를 공부할 수 있는 학원이다. ❹영어를 제대로 공부할 수 있는 학원이다. ❺관리가 철저한 학원이다.

렉스김어학원

연 락 처	전화 02-555-7807
위 치	서울시 강남구 대치동 은마아파트 후문 국민은행 건물 4층
대 상	초·중등부
과 목	영어

학원소개 및 특징

한때 대치동에 유명 어학원 빅3를 고르라면 어김없이 꼽히던 곳이었다. 리터니들이라고 다 들어갈 수 있는 학원은 아니다. 시험도 어렵거니와 학생을 선발하는 기준도 독특하다. 실력이 살짝 모자라도 눈빛이 살아있다면 뽑는 식이다. 원장선생님이 특이하다고는 하나 아이와 잘 맞기만 하다면 영어실력이 눈에 띄게 향상됨을 볼 수 있다. 규율에 익숙지 않다면 좀 힘들긴 하겠지만 영어실력만큼은 확실히 보장해 준다. 목표가 분명히 서 있는 아이라면 이 정도는 거뜬히 참아낼 수 있는 일. 신문이나 책을 가까이 할 수밖에 없는 수업시스템이다 보니 보이지 않게 아이의 전반적인 지식의 수준이 올라간다는 후문도 있다. 영어학습의 네 영역 중 말하기와 쓰기에 좀더 무게를 두고 있는 영어전문학원이다. 전단지를 돌리는 법도 없다. 떨어지더라도 누구나 한번쯤은 테스트를 보고 싶은 학원이다. 특징을 다시 정리하자면, ❶영어로 다양한 사고를 넓힐 수 있는 학원이다. ❷영어로 공부하는 법

대진학원

연 락 처	전화 02-562-7458, 02-557-3638
홈페이지	www.djakademia.com
위 치	서울시 강남구 대치동 은마사거리 대치현대아파트 건너편
대 상	중·고등부
과 목	논술

강좌소개

▶고1·2 논술특강 ▶주요대 수시특강 ▶문과 수리논술특강 ▶서울대특기자면접 준비반 ▶중등논술 특강 ▶대입서류준비 ▶재외국민 특례논술과 면접 및 서류준비

학원소개

대진학원은 통합논술전문학원이다. 독해와 요약의 기초에서부터 현대 세계의 여러 논쟁점들을 정확하고 다양하게 바라볼 뿐만 아니라 수리적이거나 통계적인 방법으로 분석하고 서술할 수 있는 능력을 높여주는 것을 목표로 한다. ❶자신에게 맞는 대학과 계열선택 대비→학생 개개인의 성적과 적성 그리고 논술 능력에 따른 정확한 전략 수립과 실행 ❷정원과 담임제를 통한 수업과 입시 관리 ❸쓰기와 첨삭 그리고 다시쓰기→논술로 꼭 합격하고 싶다면 다시쓰기를 열심히 해라! ❹실전과 같은 논술 및 면접 평가→대학별 실전 모의고사는 대학에서 진행되는 채점방식과 동일한 기준의 채점과정을 통해 학생들의 글을 평가하고 미숙한 부분을 다시쓰기로 보강하는 작업이 이루어진다.

청소년 활동 지원센터 www.sy0404.or.kr

다양한 봉사활동 정보는 물론 체험활동, 동아리활동 정보를 얻을 수 있다. 청소년이 바르게 성장하기 위해서는 인성중심의 체험활동이 중요하다는 인식하에 청소년봉사활동을 서울시에서 보급, 지원하는 '청소년 활동의 모든 것'을 엿볼 수 있는 사이트이다. 지역별로 센터들이 있다. 국제청소년 성취포상제, 세계청소년 자원봉사의 날, 대한민국 해외봉사단 등 다양한 활동을 벌인다.

펜토수학전문학원

연락처	전화 02-556-0039
위 치	서울시 강남구 대치동 은마아파트 북문 삼성상가 3층
대 상	중·고등부
과 목	수학

강좌소개

▶고등부 문·이과 전강좌 ▶중등부 전강좌

학원소개

인근 중학교 학생·학부모들에게 인기있는 학원이다. Math219 시절부터 유명했다가 고등부 가람학원과 중등부 펜토로 나뉘었다. 인기

가 급상승하자 최근에는 고등부까지 확장하였다. 중등부는 김기한 원장이 고등부는 서문수 원장이 맡고 있다. 중등부 강의 특징은 ❶개념과 원리를 바탕으로 하는 체계적 학습 ❷수학의 모든 공식을 증명을 통한 심화학습 ❸다양한 기출문제분석을 통한 내신완벽대비 ❹학부모와 선배들이 인정하는 알기 쉬운 수학에 역점을 두고 있다. 고등부는 철저한 학습검증 시스템으로 ❶심화된 선발고사를 통해 엄격한 등급별 반 구성 ❷학생의 능력에 맞는 학습교재 및 전문적인 강의 ❸단계별 학습관리 및 반복학습 ❹1:1 맞춤식 개별 보충학습 ❺철저한 확인 Test(단원평가, 구술평가, 총괄평가)로 최상위그룹을 선도하는 학원이다.

시그마엘리트학원

연락처	전화 02-556-6644, 02-565-5995
위 치	서울시 강남구 대치동 묘동교회옆 1층
대 상	초5~6, 중·고등부
과 목	수학

강좌소개

▶초등사고력수학 ▶중등부(통합수학, 중등수학, 통합사고력, 고등수학) ▶고등부 문·이과 수학 전강좌 ▶자율고반 편성

학원소개 및 특징

대치동 20년 경력 베테랑 최영완 원장은 수학

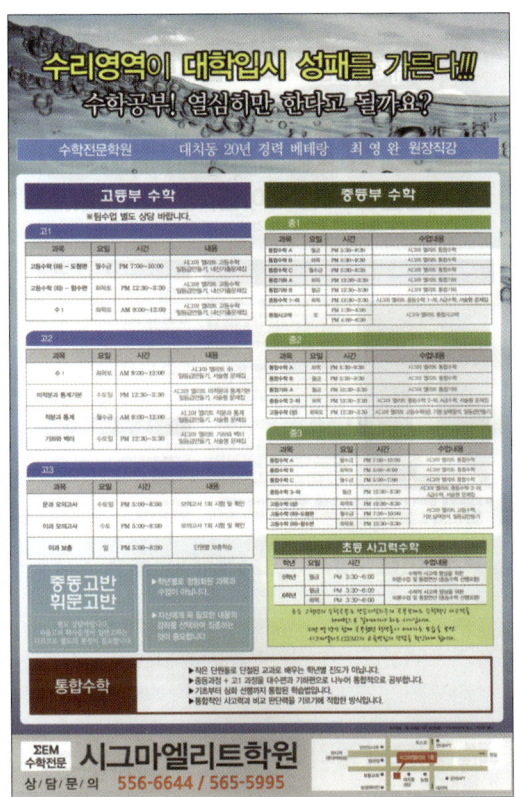

공부는 열심히만 한다고 해서 되는 것이 아니라 수준높은 개념과 이론, 강력한 관리로 제대로 해야 한다고 전한다. 수능 실전에 더욱 강한 시그마엘리트학원에서 수학을 잘하기 위해 꼭 필요한 4가지를 들어본다.

❶원리와 개념의 정확한 이해와 적용→정확한 개념원리의 이해를 바탕으로 하는 문제에 대한 적용능력을 길러야 한다. ❷수학적 사고력을 길러야 한다→단순한 문제풀이 방법의 습득만으로는 창의적 사고력이나 종합·비교·판단력이 요구되는 신경향의 고난도 문제를 해결할 수 없으므로 수학적 사고력을 길러야 한다. ❸꾸준함과 누적된 실력이 고득점의 필수요소이다→단원별 학습을 통한 완성도가 아무리 높다 하더라도 전체를 통합해 주지 못하면 수학 지식이 총합·비교되어야 하는 시험에서 문제 해결에 실패하거나 시간부족에 직면하게 되므로 꾸준히 실력을 쌓아나가야 한다. ❹오답노트를 통하여 완성도를 높이고, 오류를 바로잡아 주어야 한다→틀린 문제를 재검토하는 과정을 통하여 잘못 이해하고 있는 내용이나 모르는 내용 또는 생각해 내기 어려운 아이디어를 재구성하여 정리해 주어야 한다는 것이다.

STREETS TIPS
| 이탈리안 요리와 와인 '와인라인' |

은마아파트 사거리에서 대치사거리 방향으로 오르다 보면 사거리 조금 못 미쳐 아담해 보이는 'WINE LINE' 이라는 사인이 눈에 들어온다. 언뜻 보면 '와인 파는 곳이구나' 하고 스쳐지나가기 쉬운 이곳은 편안하게 이탈리안 식사를 즐길 수 있는 레스토랑이면서 와인 상점이다. 점심시간에는 빈자리를 찾아보기 힘들다. 산뜻하면서도 고전적인 분위기에 담백한 맛과 부담 없는 가격까지 더해져 다시 찾는 곳이다. 잔잔한 클래식이나 재즈를 들으며 우아한 점심을 즐기고 싶다면 강추. 런치메뉴를 이용하면 미니피자+스프+파스타+커피가 12,000원 정도. 저녁시간에는 이탈리안 디너요리와 와인도 즐길 수 있다. 발렛가능. 02-564-4555

입학사정관제 길잡이

대치동 리포트

각 대학들이 입학사정관제 전형을 통해 선발하는 인원을 갈수록 확대하고 있는 상황입니다. 대입뿐만 아니라 영재학교 등 고입에서까지 입학사정관 전형이 실시되고 있으니 학부모들의 관심이 점점 높아질 수밖에 없지요.

하지만 정작 수험생들이나 학부모들 입장에서는 입학사정관제에 대한 구체적인 정보가 부족한 실정입니다. 대학이 입학사정관 전형을 통해 어떤 평가기준으로 학생을 선발하는지 혼란스럽기만 하지요. 그러니 포트폴리오 준비나 자기소개서 작성이 너무 막막하다고 하소연할 수밖에요. 대입 입학사정관제의 본질부터 짚어보면 어떻게 준비해야 할지 알게 되실 거예요.

우수한 학업능력은 가장 중요한 평가항목

입학사정관 전형은 학교성적과 상관없다거나 한 가지만 잘해도 합격한다고 여기는 것은 잘못된 정보이다. 교과 성적은 기본적인 학업수행능력과 지원한 모집단위와 관련된 소질 및 성장 가능성 등 인지적인 영역을 확인하는 데 중요한 자료가 되기 때문에 입학사정관 전형에서도 학업능력은 가장 중요한 평가항목인 것이다.

고려대 입학사정관제 길잡이에서도 "입학사정관 전형에서 잠재력과 발전가능성을 중요시 한다고 해서 학업성적을 고려하지 않는다는 것은 아니다. 교과 활동을 평가할 때에는 학교생활기록부(이하 학생부)를 바탕으로 점수와 등급, 학년별 학업성취도의 추이 및 정도, 학업관련 탐구 및 체험활동에서 나타나는 제반사항과 적극성을 검토한다. 또한 교과 관련 교내 수상 내용 및 수상의 난이도에 주목하고 자기소개서와 추천서 등의 기타자료를 참고자료로 활용한다"고 밝히고 있다. 학생부와 자기소개서, 추천서 등의 서류를 통해 지원자의 우수한 학업능력을 종합적으로 판단하는 것이다.

입학사정관제 대비의 기본은 '성실한 학교생활'

입학사정관제에 대한 가장 큰 오해 중의 하나가 바로 '화려한 스펙 쌓기'이다. 물론 입학사정관 전형에서는 교과 외의 다양한 활동 역시 지원자를 평가하기 위한 중요한 자료이다. 하지만 국내 고교생들이 정규수업 후에 별도로 특별활동을 할 시간이 없다는 것은 입학사정관들이 더 잘 알고 있다.

따라서 연세대 2012학년도 입학전형계획 자료에서도 "활동을 지나치게 과장하여 그 진정성을 파악하기 어려운 경우"를 부적절한 자기소개서 사례로 지적하며 "고교생활에서 학업 성취 외에 무엇에 관심을 갖고 어떤 활동을 했는지 구체적으로 서술하라"고 안내하고 있다.

고려대 입학사정관제 길잡이에서도 "교과 외 활동의 진정성과 의미에 주목하기 때문에 단지 활동 실적이나 시간이 많다고 해서 좋은 평가를 받을 수 있는 것은 아니다. 또한 지원자의 발전가능성과 인성 등을 중요시하기 때문에 소위 '스펙'이 고려대에서는 통하지 않는다"고 강조하고 있다.

입학사정관제 실시 초기에는 외국의 사례를 도입한 경우가 많았지만 이제는 우리나라 실정에 맞는 '한국형 입학사정관제' 운영 기준이 분명히 정해져 있는 상태이다. 따라서 학생들의 현 실정에 맞게 학교 교육과정 범위 내에서 활동한 내용들을 중심으로 평가를 하지 '화려한 스펙 쌓기'가 중요한 변수는 아니라는 것이다.

서울대 입학사정관제 선발기준에서도 "학교에서 자신의 능력을 발전시킬 수 있는 기회가 있다면 최대한 활용해야 하며 새로운 무엇을 하고자 한다면 먼저 학교 안에서 그 방법을 찾아봐야 한다. 무분별한 스펙 쌓기는 불성실한 고교생활로 보일 수 있다"고 명시하고 있다.

고등학생 수준에 맞는 노력 통해 우수한 성취 보여라

서울대는 학교생활을 성실하게 수행하고 학업능력이 우수한 학생, 교내외 생활에서 적극적이고 진취적인 태도를 보인 학생, 다양한 교육적 사회적 문화적 배경과 경험을 지닌 학생, 사회적 약자에 대한 배려와 공동체의식을 가진 학생, 글로벌 리더로 성장할 수 있는 자질을 지닌 학생 등을 입학사정관이 선호하는 학생으로 정의한 바 있다. 고등학생 수준에 맞게 주어진 여건 속에서 스스로 노력해 우수한 성취를 보인 학생을 선호하며 노력과 성취를 이룬 영역이 다양하다면 더 좋다고 밝혔다.

실제로 2011학년도 서울대 수시 특기자전형에 합격한 학생의 경우 충실한 학교생활을 통해서 올린 성취도를 자기소개서에 강조했다고 한다. 교내 영어말하기 대회 수상, 내신 우수상 및 모의고사 우수상 등을 통해 기본적으로 학업능력의 우수성을 보여주었고 그 외의 활동 역시 전공 관련 동아리 회장과 학급 회장 경력에서 리더십을 보여주는 식으로 공교육 내에서의 활동 위주로 부각을 시켰다. 교사의 추천서 역시 학생의 성실성과 희망 전공에 대한 오랜 열정을 담아 각 서류의 전체 내용이 잘 어우러지도록 한 것이다.

자기소개서와 추천서에 진솔한 모습을 담아라

지원서를 통해 자신이 어떻게 살아왔고 어떤 꿈을 가지고 있는지 진솔하게 보여줄 수 있어야 한다. 과장된 서류로 입학사정관의 마음을 움직이려고 애쓰는 것은 오히려 진실하지 못하게 비칠 수 있으므로 있는 그대로의 모습을 담으면 된다.

자기소개서, 추천서는 서류평가뿐만 아니라 면접의 기초자료로도 활용되기 때문에 일관성 있게 유기적으로 연관되도록 내용을 구성하는 것이 중요하다. 학생부와 전혀 관련도 없는 새로운 내용으로 추천서를 작성하거나 자기소개서와 추천서의 내용이 서로 일치하지 않을 때에는 좋은 평가를 기대할 수 없다. 자기소개서는 고교 생활을 중심으로 기술하는 것이 효과적이며 학생부나 수능 성적과 같은 전형자료로는 알 수 없는 지원자의 숨겨진 특성이나 자질 등을 부각시켜야 한다. 다만 타당한 근거나 일화 등 객관적인 자료를 중심으로 논리적이고 일관성 있게 내용을 전개해야 한다. '봉사성이 우수하다' '열심히 노력하겠다' 등의 상투적이거나 추상적인 문구보다 구체적인 내용 중심으로 작성해야 설득력을 높일 수 있다.

진심을 다한 활동 통해 리더십과 봉사성 보여라

리더십은 흔히 생각하는 것처럼 단순히 반장이나 부반장 임명장만으로 보여줄 수 있는 것은 아니다. 서울대는 수업 중 그룹 과제 수행을 성공으로 이끌 수 있는 능력, 토론 모임에서 함께 결론을 이끌어가며 설득력 있게 자기 의견을 주장할 수 있는 능력, 모두가 주저할 때 나서서 청소를 주도하는 능력, 동아리 활동에서 부원들과 조화롭게 활동하는 능력, 주변을 돌아보며 이웃과 사회를 위해 할 수 있는 일을 찾아보려는 노력 등을 통해서도 리더십을 보여줄 수 있다고 밝혔다.

또한 봉사활동 확인서에 의미 없이 채워진 수백 시간의 봉사실적이나 그럴듯해 보이는 해외봉사보다는 가까이에서 진심을 다한 활동에 더 큰 의미가 있다고 강조했다. 주변의 이웃이나 교내 친구들을 위해 꾸준한 도움을 주는 활동, 전공 분야와 관련해서 자신에게 도움이 될 수 있는 봉사활동을 찾아서 실천하면 된다는 것이다. 처음부터 봉사성이 우러나와서 실천한 활동이 의미가 더 크겠지만 별 생각 없이 시작한 봉사활동을 통해서도 자신이 성장해가는 것을 경험할 수 있다고 전하기도 했다.

> 너무 어렵게만 생각하지 마시고 스펙은 쌓되 입학사정관들이 납득할 수 있고 인정받을 수 있도록 하면 된다는 점을 꼭 기억하시기 바랍니다. 입학사정관들이 지원서류를 읽다 보면 꼭 한 번 만나보고 싶은 생각이 드는 학생이 있다고 합니다. 그런 학생이라면 일단 합격 가능성이 높을 수밖에 없겠지요. 결론은 고교 교육과정을 성실하게 이수하면서 학생다운 활동을 도전적으로 해나가는 것, 그것이 바로 입학사정관제 대비의 기본입니다.

국어세상

연 락 처	전화 02-565-4564, 02-567-4564
홈페이지	www.naramal.net
위　　치	서울시 강남구 대치동 은마사거리에서 한티역 방향 강남면옥 2층
대　　상	초5~6, 중·고등부
과　　목	국어(언어)

강좌소개

▶고1·2(정규반) ▶고2(최상위반 EBS선행학습, 수능언어, 문주식고전시가 특강) ▶고3(EBS요약강의, EBS실전모의, 언어Clinic, 김재욱언어, 권대승논술) ▶중등부 정규반 ▶중등부 특강 ▶초등부

학원소개 및 특징

수능언어·내신·논술을 위한 시스템이 체계적이고 시간대도 다양해 선택의 폭이 넓은 학원이다. 국어(언어)공부의 시작과 끝은 '독해'라고 강원장은 말한다. 문학이든 비문학이든 독해의 원리는 똑같이 적용된다. 글 속에 담겨있는 내용과 정보의 관계(상위-하위, 유사-차이, 원인-결과, 개별-보편, 본질-현상 등)를 알아내는 것이다. 독해력이 강한 학생들은

과도한 선행은 안하느니만 못하다

고등부 수학은 이론의 갯수가 훨씬 많고 한번에 커버해야 하는 내신범위 또한 넓다. 그렇다면 10가·나를 좀더 다진 후에 수학Ⅰ을 시작해야 하는 것은 아닐까?

마음이 급해지면 누구나 이런 생각이 먼저 들 것이다. 그러나 10가의 앞부분은 식에 대한 연산을 배우는 파트이다. 10가 자체를 다시 공부하는 것보다는 수학Ⅰ에서 출제된 문제에서 10가·나를 써먹는 법을 배워야 한다. 이것이 훨씬 더 효율적인 학습방법이다.

중등 때 수학 점수 80점대 초반인 학생이 급한 마음에 10가, 10나를 한꺼번에 준비하면 내신 점수도 안 나온다. 차라리 10가부터 올인하라. 수학Ⅰ은 95점 이상 나오는 학생들이나 선행하는 것이다. 수준에 맞는 준비가 더 나은 점수향상으로 돌아온다.

무엇을 위한 선행인가? 이론을 들었으면 머릿속에 남아있도록 빡빡 외워야 한다. 이론을 토씨 하나 빼먹지 않고 반복적으로 말이다. 모르면 그것에 대한 정의가 있지 않는가? 그것을 찾아보고 정의에게 물어봐야 한다. 충분한 훈련을 거친 다음 진도로 나가자. 그것만으로도 충분한 선행이지 않은가.

－김강용 선생님 설명회 중에서

이미 그러한 안목과 이해의 메커니즘을 갖추고 있다. 국어세상은 독해의 바탕이 약한 학생들에게 독해 메커니즘이 형성되도록 학습커리와 교수방법을 연구하며 지도하고 있다.

김재인논술

연 락 처	전화 02-5585-369
카 페	http://cafe.daum.net/nonhara
위 치	서울시 강남구 대치동 대치사거리에서 휘문고 방향 1층
대 상	고등부
과 목	논술

강좌소개

▶고등부 정규반 논술 ▶고3 수시논술특강 ▶ 고3 서울대 수시대비반(특기자, 지균)

학원소개 및 특징

수시의 비중이 커지면서 완벽한 논·구술을 준비하지 않고서는 가고 싶은 대학문을 뚫기 어렵다. 특히 인문계 논술은 하루아침에 되는 것이 아니기에 단기 전략은 불가능하다. 외모로 보기엔 논술보다 아트적인 성향이 짙어 보이지만 인문계 논술의 종결자라 할 만큼 그동안 직접 가르친 학생 중 유명대학 합격자 명단만도 B4용지에 빼곡이 나열되어 있음은 지금까지의 실적을 말해주고 있다.

김재인 원장이 말하는 통합논술이란 곧 철학이다. 인문계 통합논술을 통하여 세상을 보는 눈과 세상을 만드는 힘을 길러주고 있는 김재

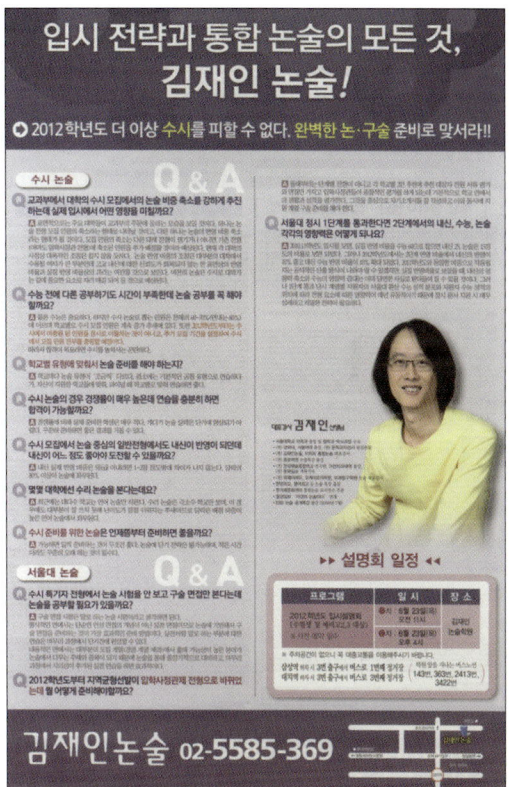

인 원장의 논술에 대한 생각은 다음과 같다. ❶수능도 중요하지만 2012학년도부터는 수시에서 미충원된 인원을 정시로 이월하는 것이 아니고 추가모집 기간을 설정하여 수시에서 모집인원 전부를 충원할 예정이다. 따라서 합격이 목표라면 수시를 놓쳐서는 곤란하다. ❷학교마다 논술 유형이 '조금씩' 다르다. 평소에는 기본적인 공통 유형으로 연습하다가 자신이 지원한 학교들에 맞춰, 파이널 때 학교별로 맞춰 연습하면 좋다. ❸내신 실제 반영 비중은 5등급 이내라면 1~2점 정도밖에 차이가 나지 않는다. 당락의 80% 이상이 논술에 좌우된다. ❹가능하면 일찍 준비하라. 적은 시간이라도 꾸준히 오래 하는 것이 필수다.

김유동 선생님의 '논술 실력을 기르기 위한 방법'

대학 수시 모집에서 합격의 변수로 크게 작용하는 것이 바로 논술과 토론입니다. 그러므로 뛰어난 논술, 토론 실력을 갖추는 것이 수시 전형에서 성공하는 지름길이라고 할 수 있죠. 자 그럼, 논술 준비는 고등학교 1학년 때부터 어떻게 해야 하는지 한번 알아볼까요?

❶ **신문을 매일 읽자.** | 신문 읽기는 사고력과 논술 실력 향상에 도움을 준다. 배경지식이 필요한 어려운 사설보다는 신문 섹션 란에 실려 있는 재미있는 칼럼이나 영화 분석 기사, 책 소개 글 등을 읽으면서 자신이 모르는 단어는 꼭 사전을 찾아 숙지하고 신문의 논지를 비판해 보는 훈련을 해야 한다. TV 뉴스를 매일 보고 부모님과 대화를 나누는 것 역시 생각을 기르는 데 도움이 된다.

❷ **교과에 충실하자.** | 2011학년도 대학 논술 시험에서 교과서 지문이나 교과와 관련된 내용이 다수 출제되었다. 특히 자연계 논술의 경우 수학, 과학 등의 교과 내용을 심화하여 출제한 것으로 봐도 무방하다. 그러므로 수리, 사회탐구, 과학탐구 영역 등 학교 수업 시간에 배우는 주요 개념 등을 놓치지 않고 자신의 것으로 만드는 것이 중요하다. 논술에 있어서 필요한 창의력이란 새로운 상상력이 아니라 기존에 배운 개념 등을 확장하여 적용하는 것뿐이라는 것을 명심하자.

❸ **요약을 생활화하자.** | 논술은 쓰기보다는 오히려 읽기를 측정하는 시험이다. 학생이 논지를 정확히 이해했는가를 평가하기 위해 논술 시험에서 첫 번째로 논지를 요약하는 문제가 출제된다. 그러므로 신문 등을 읽고 난 후 문단을 중심으로 글의 내용을 원인과 결과로 나누어 분석하고 핵심어를 포함한 한 문장으로 요약하는 훈련을 꾸준히 한다면 논술의 기본 실력을 키울 수 있다. 글쓰기가 힘들다면 먼저 말로 요약 훈련을 하는 것도 좋은 방법이다. 예를 들어 영화를 보고 난 후 그 줄거리를 친구에게 설명해 보자. 친구가 내용을 잘 이해했다면 알맞게 요약했다고 할 수 있다.

❹ **고전(古典)을 친숙하게 접하자.** | 인문계의 경우 국내·외 고전(古典)이 자주 출제된다. 고전을 청소년들에게 맞게 풀이한 책들이 시중에 많이 나와 있다. 학교 도서관을 자주 이용하고 인터넷을 통해 좋은 책 정보를 접하면서 부지런히 독서를 해야 한다. 또한 고전을 읽고 난 후 현실과 관련시키는 연습을 해야 한다. 사극 드라마 내용을 사람들이 현실 정치와 연결시키는 것과 같이 고전의 내용을 주변 상황에 연결시켜 생각하는 연습을 한다. 논술은 추리와 적용을 측정하는 시험이다.

❺ **자주 쓰고 남들에게 보여주자.** | 쓰는 것에 대한 두려움을 없애고 정확하게 쓰는 연습을 해야 한다. 문장력은 논술에서 가장 기초적인 능력이다. 그러므로 많이 써보는 것이 최선이다. 학교에서 배운 교과의 내용을 매일 요약하기, 하루의 일 중 특징적인 부분을 정리하여 일기 쓰기, 친구에게 편지 쓰기 등은 글쓰기의 두려움을 없애는 좋은 방법이다. 그리고 자신이 쓴 글을 부모님이나 선생님에게 수시로 점검을 받아서 잘못된 글쓰기 습관을 고쳐야 한다.

이상 논술 실력을 기르기 위한 방법을 알아보았습니다. 논술 실력은 하루아침에 이루어지지 않습니다. 1학년 때부터 스스로 생각하는 훈련을 하고 독서를 생활화한다면 대학 논술 시험에서 좋은 결과를 얻을 수 있습니다. 열공!

푸른하늘학원

연락처	전화 02-566-8545
위 치	서울시 강남구 대치동 은마사거리에서 한티역 방향 던킨도넛츠골목 미소야건물
대 상	고2~3
과 목	언어

강좌소개
▶ 언어

학원소개
언어영역에 대한 논리적, 분석적 접근법을 제시해 주는 이정재 원장의 수업은 고2 여름방학이 되어서야 들을 수 있다. 언어의 기초를 가르치는 것이 아니라 지금까지 쌓아온 언어영역 학습을 논리적으로 접근하여 실전적용을 해 봄으로써 언어의 본질을 깨닫게 해주는 학원이다. 수업은 1주일에 1번 2시간. 한 반 인원은 100명. 어떤 학생들이 효과를 볼 수 있을까?

❶언어에 대한 모든 것을 마치고 문제까지 많이 풀었지만 점수가 나오지 않는 학생 ❷수능 준비는 완벽히 되었다고 생각했지만 마음대로 등급이 나오지 않는 학생 ❸새로운 유형만 나오면 틀리는 학생 ❹수능문제의 테크닉을 익히고 싶은 학생이다. 이정재 원장은 말한다. '질'적으론 선생님이 채워줄 테니 '양'으론 학생들이 채울 수 있어야 한다고…. 그래야 수업시간 습득한 것에 대해 충분히 자신의 것으로 정착될 수 있는 느낌이 들 것이라고….

효성수학

연락처	전화 02-553-7079
홈페이지	www.효성수학.kr
위 치	서울시 강남구 대치동 은마사거리에서 한티역 방향 쌍용자동차골목
대 상	중·고등부
과 목	수학

강좌소개
▶ 중·고등부 전 강좌

학원소개
15년을 한결같이 묵묵히 걸어온 효성수학은 개념학습, 자기주도학습, 개별첨삭에 강한 학원이다. 책상 앞에만 앉아 있는 '바보'를 모집

해 '아름다운 바보'를 만들기 위해 철저하게 준비하고 가르친다고 한다.

▶효성중등학습 시스템 ❶개념수업(단원별 완벽한 개념정리 및 원리학습) ❷문제풀이(매 시간 응용, 서술형 문제풀이 및 개별첨삭) ❸오답정리 ❹월례고사(일정범위 학습후 정규 Test 실시) ❺개별보충(보충으로 능력향상) ❻학습상담

▶효성고등학습 시스템 ❶도입학습단계(과제점검 및 전시간수업 내용확인 단계) ❷개념원리학습단계 ❸적용·응용학습단계(매 차시 강의내용 서술형 문제풀이 및 개별첨삭 수능대비 심화문제포함) ❹클리닉단계(학습자 개인별 취약문제 개별첨삭 점검후 귀가) ❺학습평가단계(매월 정기평가 실시 및 학부모 상담) 등을 볼 수 있다. 확실한 개념의 본좌 최장승 원장의 지독하고 고집스런 수학사랑을 엿볼 수 있다.

가람국어전문학원

연락처	전화 02-554-4201
위　치	서울시 강남구 대치동 대치역 1번출구 남서울상가 2층
대　상	고등부
과　목	언어

강좌소개
▶고1·2·3 정규반

학원소개
학년별 교과 계획표가 있어 수능을 위해 차근차근 준비하며 높이나는 새가 될 수 있도록 함께하는 학원이다. 고1 정규반에서 16종 국어교과서의 주요 문학작품 감상 및 비문학 지문 독해 훈련을 하다가, 방학이 되면 수능언어영역으로 돌아가 1~4단계 중 단계별로 마스터하게 된다. 고2의 18종 통합문학은 내신대비이면서 수능 대비의 이중의 가치가 있다. 방학이 되면 언어영역과 어휘를 하게 된다. 고3은 6종으로 개편된 EBS교재에 수록된 모든 문학작품과 비문학 작품을 분석한 자체교재로 강의하고 매주 기출문제 및 예상문제로 이루어진 실전모의고사를 치른다. 언어영역의 전 과정을 응용→심화→완성→파이널 단계를 거치면서 언어에 대한 자신감을 얻게 된다.

| 신명제과 |

도성초교 사거리에 있는 신명제과. 10시부터 오픈하며, 특징이라면 원없이 먹을 수 있는 케익 뷔페집이라는 것. 물론 다른 빵들도 즐비하다. 케익뷔페일 경우 2만원에 보증금 포함되며 케익을 안 남기면 3천원을 돌려준다. 커피 한 잔도 무료로 제공된다. 진선여중·고 여학생들이 삼삼오오 드나들기도 하고, 빵집의 특성상 먹성 좋은 학생들이 아주 좋아한다. 겉으론 넘 평범한 작은 빵집이라 대수롭지 않게 지나치기 쉽다. 그런데 30~40년 된 곳(옛이름은 여명제과)이란다. 테이블이 몇 개 없으므로 케익파티(?)를 원한다면 꼭 예약해야 한다. 02-567-7117

대치우리학원

연락처	전화 02-538-4469
위 치	서울시 강남구 대치동 1023-11 2~3층
대 상	고등부
과 목	언어, 수학, 영어, 사탐, 과탐, 인문논술, 수리논술, 과학논술

강좌소개

▶고등부 수능을 위한 전 강좌

학원소개

수능을 위한 고등부 연합단과학원이다. 강사를 소개해 본다. ▶언어 : 최선묵선생, 이은미선생, 권오성선생, 이경열선생, 지덕상선생 ▶수학 : 최호영선생, 이상익선생, 남승진선생, 김현선생, 권재웅선생 ▶영어 : 유호석선생, 윤혁선생, 이명학선생, 김기찬선생, 제프리선생 ▶사탐 : 박건호선생(국사), 강민성선생(근현대사), 서만재선생(윤리), 김선옥선생(한국지리), 박장희선생(한국사) ▶과탐 : 배진철선생(물리), 권승구선생(화학) ▶스페인어 : 윤사라선생 ▶TEPS : 이슬기선생 ▶인문논술 : 박기호선생 ▶수리논술: 문기영선생 ▶과학논술 : Expert팀 등.

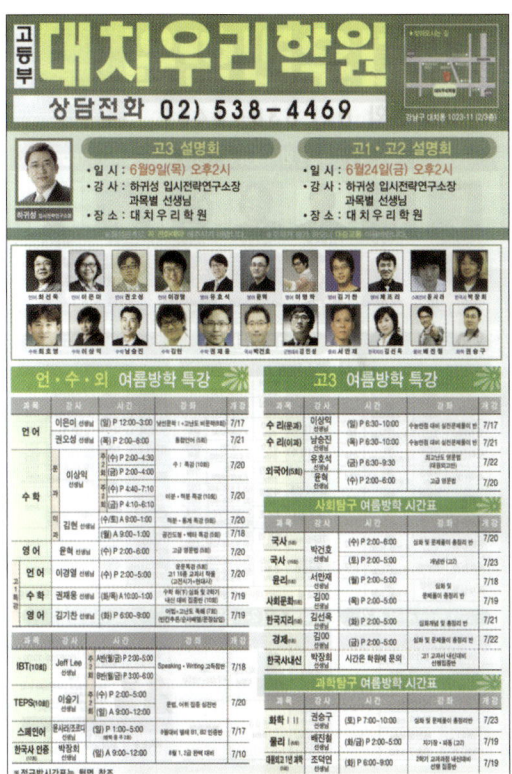

마선일 영어학원

연락처	전화 02-557-9124
이메일	100english@naver.com
블로그	http://blog.naver.com/masunil100
위 치	서울시 강남구 대치동 대치역 1번출구 청실아파트 12동 앞 제일상가 2층
대 상	중·고등부
과 목	영어

강좌소개

▶고3 Rainbow : 수능 2등급을 7주만에 1등급으로, 주1회 강의+주6회 학습지+개별 클리닉 ▶고 1·2 정규반 : 독해/문법/듣기(주2회 수업) ▶중등부 정규반 : 중 1·2 레벨별 반편성(SP/FP/XP), 중3 레벨별 반편성(SP/FP/XP)

학원소개 및 특징

결과와 과정을 모두 중요하게 생각하여 학생들의 영어 능력을 극대화시킴을 교육목표로 한다. 수업의 특징으로는 학년별, 레벨별, 개인별 차이점을 두었다. 예를 들어 수능외국어영역의 경우 등급에 따른 최적의 프로그램을 만들어 어휘, 구문, 독해법, 유형실전 등 각 등급에서 우선적으로 정복되어야 할 부분부터 진행한다. 중등부의 경우도 레벨별로 어휘, 문법, 독해, 듣기, 쓰기, 말하기까지가 효율적으로 배치되어 학생들을 위한 레벨로 발전해 가도록 구성되어 있다. 예를 들어 같은 학년의 같은 레벨이어도 어휘가 개인별로 관리되도록 한다.

고구려와 허박사

연 락 처	전화 02-5577-797
카 페	http://cafe.naver.com/taoreum.com/
위 치	서울시 강남구 대치동 대치역 2번 출구 은마사거리방향 꽃가마건물 206호
대 상	중·고등부
과 목	언어

📖 강좌소개

▶국어기본(고1) ▶비문학이론(고등) ▶비문학심화(이론심화+EBS분석 강의→고3·N수), ▶비문학이론특강(고등) ▶문학이론과 분석특강(고등) ▶논술(고등) ▶국어입문(중학1·2)

📋 학원소개 및 특징

고구려와 허박사는 국어·언어·논술학원이다. 언어영역에서 만큼은 대치동에서 손꼽히는 곳이라 자부하지만, 의견이 분분하다. "언어영역은 지문에 답이 있는데 학생들이 지문 해석은 하지 않고 문제풀이만 한다"고 원장은 토로한다. 이론을 바탕으로 지문 해석을 할 수 있어야 성적이 오른다고 한다. 그것도 지문 해석 70~80% 문제에 20~30%를 투자하는 집중 강의로 말이다.

원리는 간단하다. 운동을 하여도 자세가 나쁘면 실력이 빨리 늘지 않듯이, 공부도 올바른 원리를 모르고 공부를 하면 노력에 비해 효과가 없다는 얘기다. 글 읽기 원리를 제대로 배우면 된다고 하지만 글쎄. 읽을 시간이 없어 읽는 것에 익숙지 않는 우리 아이들. 한 지문을 놓쳐 10점을 버리는 일이 허다하지 않는가. 그래도 끝까지 시간이 부족해서라고 우기기 일쑤다. 그 말에 깜빡 속다보면 어느새 고3. 언어란 과목이 우리말이라 금방 치고올라 갈 것 같지만 속수무책으로 시간은 흐르고 이미 발목은 잡혀 있다.

이 학원의 특징을 알아보자. ❶이론 중심의 강의를 하기 때문에 단계성이 있다. 따라서 대부분의 강좌는 수업 후 중간에 들어오기가 어렵다. ❷상위권 학생이 오는 학원이다. 일반적인 강의는 수준이 높은 강의를 한다(중위권은 별도의 반 운영). 3학년 6월에 가서야 문제점을 발견하면 늦다. 언어영역에 문제가 없어 보이지만 작은 구멍이 있어 등급이 흔들리는 최상위권 학생을 기다리고 있는 곳이다.

Dr.EM (동현수학)

연 락 처	전화 02-501-4124
이 메 일	math7714@naver.com
위　　치	서울시 강남구 도곡동 527-3 도곡렉슬상가 308호
대　　상	중·고등부
과　　목	수학

📖 강좌소개

▶수능만점반 ▶내신대비반 ▶주말수능모의고사반 ▶중3반 ▶고등수학(상·하) ▶고1반→고등수학(상·하) ▶수Ⅰ·수Ⅱ ▶고2반→수Ⅰ·수Ⅱ, 미분적분과 통계(문과), 적분과 통계(이과), 기하와 벡터, 모의고사 풀이반 ▶고3반→수Ⅰ·수Ⅱ, 미분적분과 통계, 적분과 통계, 기하와 벡터, 모의고사 풀이반

📋 학원소개 및 특징

"소수정예반으로 학생 개개인의 학습수준과 성향을 고려한 맞춤형 1:1수업"을 지향한다. 대형강의의 함정과 단점을 커버하는 수업이다. 사교육의 현장에서 자녀가 교육중심이 아닌 변방에서 소외되어 있는 것은 아닌지 되묻는다. 아이마다 성향도 수준도 다르기 때문에 수업의 방식도 달라야 한다는 게 학원측 주장이다. 틀린문제에 대해서는 100% 1:1첨삭지도를 진행하겠다고 한다. 특징은 ❶클리닉 수업은 원장이 지도관리하고 1:1첨삭지도 ❷주3회수업 : 정규수업2회+클리닉수업1회 ❸수능기출, 평가원, EBS문제 분석과 1+1첨삭지도 ❹학습분량을 통과할 때까지 무한책임관리

단어암기를 죽도록 싫어하는 이과성향 학생 어휘학습 방법

첫째, 영어 단어를 한꺼번에 철저하게 암기하려는 완벽주의를 버릴 것!! 천천히 그리고 완벽하게 한 번 어휘책을 공부하는 것보다는 빠르게 3회 반복하는 것이 훨씬 효과적이다. 구체적인 방법론을 들어보면, 처음 1회독을 할 때는 무조건 표제어만 암기하자. 어휘교재는 넘어가는 재미가 붙어야 하기 때문이다. 예문을 중심으로 문맥에서 추론하는 것과 동의어 반의어를 함께 암기하는 것은 절대 피해야 한다. 그리고 복습을 할 때는 잘 암기되지 않는 표제어를 중심으로 항상 첫 페이지부터 읽어야 한다. 이때 부모의 도움이 조금 필요하다. 2회독을 할 때는 어휘책에서 제시된 예문을 중심으로 해당 단어를 추론해 내는 연습을 하자. 예시문이 해석되면 절대 미련두지 말고 넘어갈 수 있어야 한다. 그러면서 1회독 때 암기했던 표제어들이 어떻게 문장에서 사용되는지를 직접 느낄 수 있어야 한다. 3회독 할 때는 동의어와 반의어를 같이 암기하자. 단어 학습을 할 때는 절대 처음부터 동의어와 반의어를 같이 암기하지 말자. 지속적으로 어휘 학습을 할 수 없기 때문이다.

둘째, 어휘는 무조건적인 암기가 아니라, 단어에 내재된 서양인들의 철학과 결부된 이해가 전제되어야 한다. 즉 어휘 학습이야말로 무조건적인 암기가 아니라 이해가 전제되어야 한다는 것이다. 이과 성향의 학생일수록, 그리고 논리적인 학생일수록 영어가 단순 암기과목이 아닌, 철저한 합리성을 바탕으로 수천년의 역사를 가진 철학과 배경지식의 산물임을 느끼고 이해할 수 있도록 하는 것이 중요하다.

-정지일 선생님

| 민준호 선생님 |

자연계 통합논술의 대비법

통합논술은 기존의 시험과는 다른 독특한 형태와 성격을 지니고 있다. 따라서 이를 준비해야 하는 학생들에게 많은 어려움이 있을 수밖에 없다. 그러나 어렵다고 해서 준비를 포기할 수는 없는 것이 현실이다. 오히려 이런 시험일수록 새로운 기회가 될 수도 있다는 발상의 전환이 필요하다. 대비하기는 참 어렵지만 그래도 통합논술을 대비하기 위해서는 학생들이 평소에 공부를 하면서 꼭 지켜야 할 몇 가지 사항이 있다.

❶ 수학 공부 시에 증명 과정을 철저하게 따라가고 숙지할 필요가 있다. 수능에 익숙해져서 요사이 학생들은 수학증명과정을 우습게 여기는 경향이 있다. 하지만 연대 모의고사에서 볼 수 있듯이 개념을 정확히 파악하고 공식의 증명과정을 정확히 숙지하는 것이 수리논술을 대비하는 가장 기초적인 공부방법이다.

❷ 수학 문제를 풀 때 풀이과정을 정리하는 습관을 들여야 한다. 객관식인 수능을 보다 보면 수학의 풀이과정이라는 것은 무시될 경우가 많다. 그러나 통합논술을 준비하기 위해서는 단순히 문제를 풀고 생각만 하면 그만인 것이 아니라 그것을 수학적으로 엄밀하게 풀이할 수 있는 능력도 필요하다. 공부할 때에는 귀찮고 시간이 걸리더라도 항상 풀이식을 엄밀하게 구성하는 습관을 들여야 한다.

❸ 수학 교과진도를 나갈 때 단순히 공식만을 암기하고 문제를 많이 푸는 것만을 생각하지 말고 각 단원의 내용을 정확히 이해하고 개념을 숙지한 후 심화학습을 미리 할 것을 당부한다.

❹ 과학논술은 대비하기가 참 어렵다. 수리논술도 마찬가지지만 예상문제를 풀어본다고 해서 그 비슷한 문제가 나온다고 확신할 수도 없는 노릇이고 그런 문제를 다 풀어보기에는 시간이 너무 부족하기 때문이다. 과학논술을 설명하면서 가장 많이 하는 말들이 일상생활의 현상들

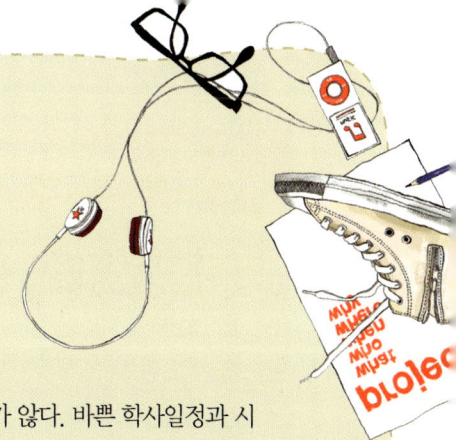

과 관련된 내용들을 생각해 보라는 것이다. 그러나 이 역시 쉽지가 않다. 바쁜 학사일정과 시험에 대한 대비로 교과과정 이외의 내용에 신경을 쓰기가 어려운 것이 현실이고 또한 자연현상을 고민하고 생각하기에는 자신의 지식이 일천한 것도 문제이다. 이런 어려움을 조금이나마 해결할 수 있는 방법으로 신문에 나오는 과학상식을 활용할 것을 권장한다. 인터넷에 들어가면 주요 포털사이트들에는 각 신문사의 기사를 각 분야별로 나누어 놓았다. 과학과 기술 분야에 들어가면 각 신문사에서 과학상식과 관련된 칼럼이나 기사를 올려놓은 것이 있다. 이를 보면서 아주 잠깐씩 이에 관해서 생각해 보고 괜찮은 내용이다 싶으면 교과서에서 관련된 내용들을 찾아보고 확인해 보자. 문제를 스스로 생각하기도 어렵고 그 문제를 해결하기도 어려운 학생들에게 이런 칼럼은 정말 많은 도움이 될 것이다. 이런 과정들이 조금씩 쌓이면 실제 시험장에 들어갈 즈음에는 다른 그 누구보다 많은 준비가 되어 있을 것이다.

❺ 과학논술을 보면 기본적으로 물리·화학·생물·지학 I의 내용을 파악하고 있어야 풀 수 있는 내용들이 많다. 따라서 자신이 수능에서 선택하지 않은 과목이라 하여도 일정 이상의 소양을 쌓아두어야 통합논술에 대비할 수 있다. 또한 자신이 선택한 과목의 경우에는 자세하게 심화학습할 것을 권한다.

❻ 서울대, 연세대, 고려대 과학논술을 보면 일정부분 이상 수식을 이용하여 정리를 해줘야만 하는 부분들이 있다. 모의고사 채점 결과에서도 말했지만 통합논술에서는 자수가 제한되어 있지 않은 이상 수식과 표, 그림 등을 적절히 사용하여 자신의 논리를 전개해야 한다. 특히 물리나 지구과학과 관련된 내용들은 이런 경우가 많다. 비록 제시문에서 대다수의 문제풀이를 위한 내용들을 제시하여 주지만 현실적으로 그 내용과 공식을 모르고 있었다면 문제풀이에 많은 어려움을 겪게 된다. 조금은 힘들더라도 수학, 과학의 공식들은 기본적으로 공부를 철저히 하고 공식과 그 증명과정을 암기하고 있는 것이 좋다. 이런 점에서 권장하는 것이 꼭 기본서를 중심으로 공부하라는 것이다. 기본서를 정확히 숙지하고 그 내용을 익히는 것이 과학논술에서 훌륭한 답안을 작성하는 지름길이 될 것이다.

거인사탐

연 락 처	전화 02-539-1496
위 치	서울시 강남구 대치4동 940-6호 5층
대 상	고등부
과 목	사탐, 경제경시, 한국사인증

강좌소개
▶고1 사회·한국사 집중이수반 ▶고2·3 사탐특강 ▶경제경시·한국사인증

학원소개
메가스터디 온라인 강사들이 모여 만들었다. 자리를 이전하면서 예전 거인의 색깔은 흐려졌지만 다시 체제를 정비, 대치동 대표적인 사탐학원으로 자리매김하고 있다. 언·수·외 동일한 점수에서는 사탐의 영향력을 무시할 수 없기에 버릴 수 없는 과목이다. 때에 맞춰 집중적으로 해놓지 않으면 안 된다. 그래서 보다 뿌리깊은 선생님을 찾는다는데…. 사탐의 절대강자를 키우겠다는 모토의 학원. 강사진을 살펴보면, 김종원선생(정치), 권용기선생(국사·근현대사), 이기상선생(한국지리), 이창훈선생(경제경시), 김성묵선생(윤리), 이승헌선생(한국지리), 정재혁선생(사회문화), 강응범선생(사회문화), 김창겸선생(세계사), 장유리선생(한국사인증·고1사회내신 한국사), 설재훈선생(법과사회), 이종길선생 등.

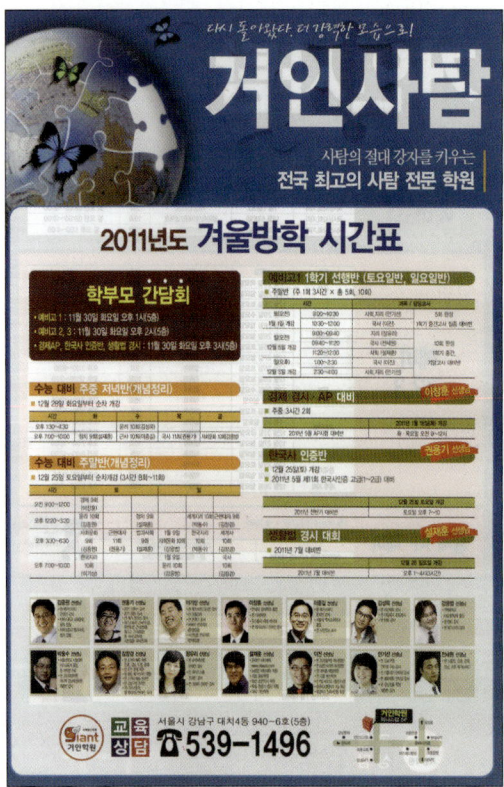

닥터K 김영영어

연 락 처	전화 02-501-9363
위 치	서울시 강남구 대치동 은마아파트 한티역방향 던킨도넛츠골목 미소야건물
대 상	중·고등부
과 목	영어

강좌소개
▶고3·N수생을 위한 2012수능 난제공략집중반, 고2 선행수능 및 독해 난제공략반 ▶고1 선행수능 및 내신1등급공략반 ▶TEPS 990 난제공략반 ▶중3 선행고등영어+TEPS 기초실전반 ▶중2 선행고등영문법+TEPS·NEAT 기초실전독해반

학원소개

한때 일본만화계를 떠들썩하게 했던 만화책 제목과 같다. 닥터K! 바람처럼 나타나 순식간에 해결하고 전설이 되어 사라지는 외과의사. 학생들의 힘든 공부에 마법의 손과 같은 티칭 기술로 죽은 문법이 살고 시든 독해가 생기를 얻을 수만 있다면….

16년 영어점수 상승률 전국 1위라고 자부하는 닥터K 김영 선생은 TEPS 900점 접근은 그리 어려운 일이 아니라고 자신한다. 영어의 두려움을 단기간에 없애주는 압축실전강으로 특목고, 재수생이 듣고 싶은 추천강좌라는 소문도 은연중 들리는 곳이기도 하다. 반신반의 하는 부모들도 상당히 있다. 다음은 학원에서 보내준 압축영문법에 대한 Q&A다.

❶ 갑자기 왠 영문법? 영문법의 의미는 문장구조를 만드는 방법론이다. 영어를 하면 할수록 영어점수는 늘 제자리. 그리고 수능·텝스 900점 이상 고득점자들이 최후에 영문법에 매달리는 이유는 무엇일까? 그 대답은 하면 할수록 영문법이 영어를 이해하는 가장 빠른 수단이기 때문이다.

❷ 영문법을 무시하고 Reading, Writing을 한다고? 대다수의 수험생들이 내신 대비를 할 때 교과서를 몽땅 외우는 것이 유일한 방법이라고 한다. 그러면 외우지 않고 5~6회 정도 읽고서도 1등급이 나오는 학생은 무엇으로 설명할 수 있겠는가? 차이점은 근본적인 영문법 이해력에 대한 차이가 아닐까 한다. 조금만 관심을 가지고 내신, 수능, 텝스 지문을 보면 문장구조에 대한 이해력 테스트라는 것은 누구나 조금의 영어적 상식이 있다면 알 수 있다.

❸ 왜? NEAT(국가영어능력평가)에서 영문법은 사라지는가? 영문법에 대한 이해도를 측정하는 방식은 다양하다. 특히 Writing은 대표적인 영문법 실력을 측정하는 간접대체수단이다. 영문법을 모르고 고급 Writing이 가능할까? 그리고 내신형·서술형 문제가 과연 가능할까? 언제까지 외우기에만 주력할 것인가? 영문법은 영문장에 대한 논리이다. 논리가 없는 영어… 과연 1등급에 성공할까?

결론은 외관상으로 문법지식을 묻는 문제는 없어지겠지만 Reading, Writing을 잘하기 위해선 문법공부는 필수적이라는 말씀.

길벗국어전문학원

연 락 처	전화 02-538-8677
위 치	서울시 강남구 대치동 은마사거리 한티역방향 밀사랑 건너편 3~4층
대 상	고등부
과 목	언어

📖 강좌소개
▶고1·2 내신반에서 방학 중에는 수능반으로 전환 ▶고3 수능 최종 마무리반 ▶특강반

📚 학원소개
입시제도의 변화 속에서도 언제나 그 자리를 지켜오며 수능의 흐름을 가장 정확히 분석한다는 길벗학원의 박세환 원장은 언어영역이 약한 만성 2·3등급학생도 충분히 1등급이 가능하다고 한다.

1단계 영역별 총정리, 2단계 최종점검 및 문제풀이로 말이다. 학사일정에 따른 체계적 수업배치로 수능과 내신을 효과적으로 준비할 수 있는 길벗의 수능 최종 마무리 15강의 진행은 ▶1단계 : 영역별 총정리(10주)→모의고사 문제풀이, 교육청 평가원 우수 문항 총정리, 수능 쓰기 연습 ▶2단계 : 최종 점검 문제 풀이(5주)→수능 출제 가능성 높은 필수지문 정리, 방송교재 낯선 지문 정리, 수능 출제 유형 정리, 종강 이후 수능 직전까지 관리 및 보충수업 실시.

경제 관련 시험, 어떤 것들이 있을까요?
경제한마당, TESAT, TEST, 증권경시

요즘 대학입시에서 수시 비중이 점차 확대되고 있죠? 추가등록기간까지 주어져 수시는 더 이상 선택이 아닌 필수가 되었다고 하네요. 수시에는 학생부의 영향력이 큰 전형도 있지만, 차별화된 스펙의 영향력이 큰 특기자나 특별 전형 등이 있습니다. 특히 명문대 경제, 경영학과 등을 희망하는 문과 엘리트 학생들은 스펙을 위해 한번쯤 경제관련 시험에 도전하는 것 같습니다. 꼭 스펙 준비가 아니더라도 경제적인 상황이 급변하는 미래사회에서 경제에 관한 해박한 지식을 갖춘다면 앞으로 아이들이 살아가는 데 큰 힘이 되겠죠? 공인된 경제관련 시험에는 어떤 것들이 있는지 소개합니다.

❶ **한국개발연구원(KDI) · 기획재정부 공동 주최 '경제한마당'** : KDI는 경제에 대한 청소년들의 흥미를 유발하고, 경제교육에 대한 사회적 관심을 높이기 위해 2004년부터 해마다 한번씩 '경제한마당'을 개최한다. 2011년 1월 실시된 제8회 경제한마당에는 9,600여 명의 고교생이 지원해 높은 관심을 반영했다. '경제한마당'은 다른 경제시험과 달리 주관식 문항이 포함돼 출제된다. 대상을 비롯해 금, 은, 동상에 61명을 시상하며 응시인원 5%의 학생에게 장려상을 시상한다.

❷ **한국경제신문사 주최 'TESAT(Test of Economic Sense And Thinking)'** : TESAT은 단편적인 경제지식을 묻는 시험이 아니라 복잡한 경제 현상에 대한 이해도를 객관적으로 평가하는 종합경제 시험으로 연 4회 실시한다. TESAT은 경제 마인드가 향상될 수 있도록 경제학 기초지식과 시사 · 경제 · 경영 상식과 관련된 문항이 출제돼 교육적으로 활용 가치가 높다. TESAT은 입시는 물론 기업의 인재채용 지표로도 활용된다.

❸ **매일경제신문사 주최 'TEST(Test of Economic & Strategic business Thinking)'** : TEST는 경제 · 경영의 기초적인 개념과 지식은 물론, 응용력과 전략적인 사고력을 입체적으로 측정하며 연 4회 실시한다. 매경 박사급 기자들과 경제 · 경영 전문가들이 출제하며 국내 · 외 최고의 대학 교수진이 감수위원으로 참여한다. 한경의 TESAT에 비해 경영부분의 비중이 높아 경영 전공자들이 준비하면 좋다.

❹ **전국투자자교육협의회 주최 증권경시대회** : 미래의 증권 산업을 이끌어갈 인재양성을 위해 전국 고교생을 대상으로 실시한다. 가계 · 기업 · 증권시장의 상호관계, 주식 · 채권 및 금융상품의 이해, 합리적인 경제생활 및 건전한 투자문화 형성과 관련된 내용을 출제하며 금융위원장상을 비롯해 60여 명을 시상한다.

원인학원 천지원 원장과의 미니 인터뷰

Q 각종 경제관련 시험 어떻게 준비하면 좋을까요?
A 경제 개념서로 먼저 경제 전반에 관한 이론적 바탕을 쌓은 후 각 시험의 기출문제에 근거한 이론정리 및 문제풀이를 통해 시험별로 시기에 맞춰 대비하는 것이 좋습니다. 또한 최근 경제관련 시사자료 해석과 글쓰기를 병행해 주관식 문제에도 대비하는 것이 좋습니다.

명인학원

연락처	전화 02-552-0484, 02-552-3118
홈페이지	www.myunginedu.co.kr
위 치	서울시 강남구 대치동 묘동교회 옆 2층
대 상	고등부
과 목	언어, 수학, 영어, 사탐, 과탐, 비교과

📖 강좌소개
▶고등부 전 강좌

🏫 학원소개

2003년 최상위권 학생들을 대상으로 학원을 설립하여 수능을 대비하는 학생들이라면 한 번쯤 거쳐야 하는 학원으로 알려져 있다. 대학을 가기 위해선 3가지가 필요하다고 이원장은 말한다. ❶강사의 노력. 자신이 원하는 대학으로 한 발 가까이 갈 수 있게 한다. ❷엄마의 노력. 지친 자녀에게 정서적 버팀목이 되어주고 급변하는 입시제도의 동향을 파악하여 최선의 선택을 제시할 수 있어야 한다. ❸학생의 노력. 앞의 두 가지 노력이 선행되지 않는다면 학생 혼자의 노력만으로는 좋은 결실을 맺을 수 없다. 다음은 명인학원과 함께 하는 강사들을 알아본다. ▶언어 : 이은미선생, 권규호선생, 윤재웅선생, 이성수선생, 이은영선생, 신혜진선생, 최선묵선생 ▶수리 : 박효신선생, 양신모선생, 김현선생, 고광민선생, 문정규선생, 김세기선생, 황송록선생, 김대희선생, 김영랑선생 ▶영어 : 이종민선생, 김재형선생, 윤혁선생, 박홍근선생 ▶사회탐구 : 이창훈선생, 이승헌선생, 김정현선생, 이상대선생, 유승재선생, 박종범선생, 김현중선생 ▶과학탐구 : 이상조선생, 강화연선생, 손병정선생, 김영범선생, 김도현선생 ▶비교과 : 김태희선생(TEPS), 김정현선생(한국사인증반), 박영규선생(한국사인증반), 윤종선선생(수리논술), 이창훈선생(수능경제, 경제경시, AP, TESAT)등.

좋은 논술학원을 고르는 법
❶ 강사들의 팀 세미나가 항상 존재하는가?
❷ 입시논술의 종합 버전인 서울대 논술을 모두 연구하는가?
❸ 우수한 고정첨삭진이 담임제로 존재하는가?
❹ 입시에 최적화된 일년치 커리큘럼을 보유하고 있는가?

프로세스 논술

모아학원

연락처	전화 02-3288-5575
위 치	서울시 강남구 대치동 992-2 2층(대치2동 성당옆)
대 상	고등부
과 목	수학

강좌소개
▶고1·2 수학 정규반 ▶고등부수학 특강반 ▶수능4개월 완성 특강 ▶심층수학 10주 완성

학원소개
모아학원의 프로그램은 누구도 모방할 수 없다고 단정한다. H학원에서 뵌 듯한 현병철 원장의 새롭게 시작하는 굳은 각오가 반드시 대입합격의 문을 열어주겠다고 한다. MOA 고등부 정규반의 특징은 고1·2학년 ▶내신심화Print+시중교재(일등급수학, 일품, 특작 포함 5권)로 반복하여 중간고사 만점을 목표로 강의한다. 과고반의 특징은 ▶과고의 특성상 진도가 빠르고 난이도가 높다. ▶심화문제와 예상문제를 빨리 풀 수 있도록 최상의 풀이를 강의한다.

바로速成한문

연락처	전화 02-451-1909
위 치	서울시 강남구 개포동 개포종합상가 5층
대 상	초3~고등부
과 목	한문

강좌소개
▶정규반 ▶귀국학생 및 초중고 한자 속성특강반

학원소개
한자는 과목이 아니라 공부의 바탕이다. 한문공부, 마냥 쓰니까 어렵고 지겨운 공부였다. 하지만 가르치는 방법이 다르면 쉬워진다. 오랫동안 연구하고 현장에서 가르쳐왔던 학습법으로 공부의 바탕을 튼튼히 키워준다는 바로속성한문. 한문공부를 한 학생은 뿌리가 튼튼해 어떤 공부를 하더라도 더 큰 효과를

가질 수 있다는데, 한자공부가 필요하다고 생각하지만 언제 해야 할지 고민하는 엄마들이 많다. 바로 지금이 가장 좋은 시기라는 이 학원은 축적된 노하우로 시간과 실력 모두 잡을 수 있다고 자부한다. 이 학원의 특징은 다음과 같다. ❶바르고 빠르게 키우는 '速成 漢字'이다. ❷특수 교수법으로 '설명을 듣고 이해하는 순간' 글자는 외워진다. ❸한자의 의미와 원리를 공부하면 복잡한 글자도 단순하게 된다. ❹특수한 교수법으로 학습력을 극대화시킨다. ❺단순히 외우는 것이 아니라 '왜? 그렇지' 라는 생각으로 이해하기 때문에 스스로학습의 핵심이 된다.

블루스카이

연락처	전화 02-501-1631 / 팩스 02-501-9460
홈페이지	www.bluesky.co.kr
위 치	서울시 강남구 대치동 대치사거리 휘문고방향 기준어학원 건물
대 상	중·고등부
과 목	수학

학원소개

대치동 밖에서도 이름이 널리 알려져 있는 수학학원이다. 외부에서 대치동의 수학학원을 찾을 때는 대체로 두 가지 목적에서다. 경시와 특목고 전문학원과 심화학습 때문이다. 후자의 경우는 굳이 대치동 학원을 찾지 않고도 해당지역 좋은 학원이 많은데 그래도 대치동엘 온다면 더 좋은 선생, 더 나은 시스템 때문일 것이다. 블루스카이는 그 시스템이 남다르다. 무학년으로 한 교실에 10~20명 내외의 학생을 두고, 한 분의 선생님이 개별로 학생을 봐주는 것이다. 과제물은 학원에 등원하기 전 팩스로 학원에 보내어 채점을 받고, 채점 후 오답까지 해가서 질문을 통해 터득하는 방식이다. 선생님은 열강을 토하거나 대단한 걸 가르치지는 않는다. 칠판수업을 열정적으로 하지 않는다고 해서 실력을 묻지 말라는 뜻이 아니다. 무학년 학생들의 어떤 질문도 받아내려면 실력짱짱은 당연.

수학학습에 대한 철학과 특징은 다음과 같다. ▶수학에 어려움을 느끼는 학생들이 갖는 공통적인 문제점은 학습 습관이 잘못된 경우가 대부분이다. 이러한 경우 많은 문제를 다루고 경험을 쌓는 것보다는 올바른 학습방법을 배우고 스스로 공부할 수 있는 힘을 키우는 것이 급선무다. 이러한 관점에서 볼 때 블루스카이는 하나하나의 문제해결에 급급하지 않고 학습습관을 수정해 주어 올바른 학습방법을 가르침으로써 나중에 학원을 다니지 않더라도 스스로 공부할 수 있는 힘을 키워주고자 주력하고 있다. ▶수업방법은 그룹과외와 개인지도의 절충형이라 할 수 있다. 스스로의 힘으로 문제를 해결하도록 유도하는 것을 통해 단순한 문제해결에 그치는 것이 아니라 사고력을 증진시켜 수학을 비롯한 모든 교과의 학습효율을 향상시키는 교육을 하고 있다. 반에 따라서 선생님이 매우 무섭다. 숙제를 몇 번 해오지 않으면 못 다닌다. 개념은 스스로 연구하여 알 때까지 적어야 한다.

새본아카데미

연 락 처	전화 02-555-4001 / 팩스 02-555-7242
홈페이지	www.saebon.com
위　　치	서울시 강남구 대치동 은마사거리 한티역방향 청은빌딩 4층
대　　상	초·중·고등부
과　　목	수학, 과학

강좌소개

▶초등부(4-1심화·선행부터~올림피아드 지름길 초급 상·하) ▶중등수학(중1부터~수학 하 실력정석까지) ▶중등KMO반 ▶고등수학 일반 ▶특강반 ▶고등KMO반 ▶과학속성반 ▶한국중학생물리대회 실전 Final ▶과고대비 실전 Final.

학원소개

대표적인 특목 학원 가운데 하나다. 과거 수학 올림피아드 전문 학원 '위슬런'으로 알려진 새본아카데미는 2006년 과학교육을 시작으로 현재에는 영재, 선행, 발전, 응용, 심화, 내신, 올림피아드 각 부문을 가르치고 있다. 초등학생 영재교육부터 특목고·대입 교육까지 다양한 목적에 따른 차별화된 프로그램과 학사관리를 통해 학생과 학부모들로부터 든든한 호응을 얻고 있다. 특히 X-file, E-note, H-note, EX-program을 통해 학생들 스스로 자율적인 학습능력을 갖추도록 하고 있다. 강한

수학만이 해법이라는 새본아카데미는 초등수학, 중등수학, 중·고등 KMO, 영재학교, 고등수학을 체계적인 단계별로 진행하고 있다. ▶초등수학은 내신, 선행, 심화, 경시, 영재원 대비, 사고력 등 목표에 맞춘 맞춤교육을 한다. ▶중등수학은 내신, 선행, 심화, 영재경시, 과고, 특목고 등 다양한 교육시스템으로 구체적 목표 설정과 진학플랜을 제시한다. ▶중등KMO, 고등KMO를 준비할 수 있다. 영재학교 수업(수학+과학)도 준비돼 있다. ▶고등수학은 성공적인 대입을 위해 내신+수능+수리논술의 조화로 서울대, 연고대, 카이스트, 포항공대 준비반이 있다. 올바른 공부습관과 효과적인 공부 방법으로 학습능력을 키울 수 있도록 인터넷강의까지 선보이고 있다.

생각하는 황소

연락처	전화 02-568-5496
위 치	서울시 강남구 대치동 921-7(강남중앙교회 건너편 은성사우나 4층)
대 상	초·중등부
과 목	수학

강좌소개

▶초등과정(4·5·6) ▶중등과정 ▶KMO과정

학원소개

한때 경시공부를 한다는 아이들이 많이 몰려갔던 곳이다. 선행이 되었다고는 하나 엄마 힘에 못 이겨 떠밀려왔던 친구들, 혹은 새로운 개념을 받아들이는 데 거부감이 있는 학생들은 견디기 힘든 곳이다. 하지만 정보를 소화할 수 있는 역량이 되고, 내것으로 만드는 능력이 있는 친구들이라면 좋다. 수학적 사고의 깊이와 넓이를 확장해 나갈 수 있는 곳이다. 내신을 위해서라면 여기는 아니라는 평. 반에 따라서는 진도가 엄청 빨라 도중에 들어가려고 하면 과정이 맞지 않아 헛걸음 치기도 한다. 학습과정에서의 과제해결이 다소 부담스럽지만, 많은 시간을 들여 스스로 해결하려고 하고, 노력한 시간이 길면 길수록 학습역량은 증가된다.

| 남원추어탕 |

학원 갔다 나온 아이의 영양 보충을 위한 곳! 넙죽넙죽 잘 받아먹기만 한다면 이보다 좋을 순 없지만, 패스트푸드에 익숙한 아이들의 입맛을 돌려놓기엔 부모의 노력이 좀 필요할 듯 싶다.
은마사거리에서 한티역 방향 정관장 옆 삼성아파트 입구에 위치해 있다. 별 5개는 안되지만, 땀 많이 흘리는 무더위, 원기회복에 좋고, 겨울엔 따끈한 보양식으로 더 좋다. 주차가능. 02-558-4252

깊은생각 ERS 어학원
한민우 원장의 영어 학습전략

다른 과목에 비해 영어는 공부 방향잡기가 쉽지 않습니다. 2014학년도부터 A, B 두 가지 유형으로 본다는 수능에서도 영어는 문·이과 계열구분 없이 어려운 B형에 응시할 수 있고, 2013학년도부터는 국가영어능력평가시험(NEAT)을 수시에 반영한다고 합니다. 게다가 텝스, 토플, 토익 등 공인 시험도 다양하죠. 아이를 유학 보낼 것이 아니라면 아무래도 입시에 맞춰 공부해야겠죠? 깊은생각 ERS 어학원 한민우 원장의 영어 학습전략을 살펴봅시다.

❶ Grammar를 제압하라!

어릴 때부터 생활의 일부로 영어를 접하면서 자연스럽게 체득한 직관이나 막연한 감(感)에 의존해 왔던 영어 실력만으로 고등학교 영어 성적을 장담할 수 없다. 고등학교 내신을 비롯한 수능, 공인 시험 등은 정확한 영어의 이해 능력과 표현 능력을 요구한다. 우리말과 다른 영어의 구성 원리를 제대로 이해할 때 목표하는 점수를 기대할 수 있다.

❷ 내신 기간을 적극 활용하라!

1년에 최소 4개월에서 5개월이 내신 기간이다. 1년의 거의 절반을 내신 공부로 보내고 있는 셈이다. 학생들도 그 어느 때보다 긴장하고 집중해서 공부한다. 그러나 이 기간이 끝나고 나면 여전히 실력은 제자리다.

중학교 때의 영어내신 대비방법으로는 고등학교에서 만족스러운 내신 성적을 기대할 수 없다. '막연한 본문 암기'와 '기계적인 문제풀이'만으로 대처할 수 없다. 그 어느 때보다도 철저하고 집요하게 영어 공부를 할 수 있는 시기가 내신 기간이다. 이 기간이 끝나고 나면 기대한 성적뿐만 아니라 영어 실력 자체가 늘 수 있는 공부를 해야 한다.

❸ Writing을 잡아라!

국가영어능력평가시험에서는 표현 영역(말하기, 쓰기)을 평가한다. 시험에 임박해 준비하는 단기 처방이 아니라 장기적인 안목에서 학생의 수준과 실력에 맞는 체계적인 Writing 수업을 통해 시험에 대비해야 한다.

❹ 제대로, 꾸준히 Review 하라!

최고의 선생님, 최상의 수업만으로 대학이 결정되는 것이라면, 이미 대학 하늘(SKY)을 뒤덮고도 남았을 것이다. 문제는 학생들이 자기의 공부를 돌아보지 않는 것이다. 제대로 복습하고 있는지 꾸준히 체크하고 올바르게 지도해야 한다. 윽박지르거나 복습의 중요성을 막연히 강조하는 것을 넘어서 강사들 또한 자신의 수업을 철저하게 복습할 때, 복습을 중심으로 한 올바른 학습 습관을 기를 수 있다.

수학의 눈

연 락 처	전화 02-501-6808
홈페이지	www.matheyes.co.kr
위　　치	서울시 강남구 대치동 한티역 삼환아르누보II 빌딩 3층
대　　상	초등부(초5과정부터), 중등부, 고1
과　　목	수학

강좌소개

▶초등부 대상(초5~중3과정까지의 강좌) ▶중등부 대상(전학원 심화및 선행반) ▶고등1학년(~수Ⅱ까지의 모든 강좌)

학원소개

❶차별화된 클리닉 프로그램 도입으로 학생이 학원 수업을 잘 따라가는지를 보고 부족한 부분을 찾아 꼼꼼하게 고쳐준다. ❷수학공부에서 가장 중요한 오답정리. 학생이 가지고 있는 오답유형을 완벽하게 분석. 근본적인 개선이 가능하다. ❸+1(플러스원)시스템. 정규수업시간 이후에도 계속되는 자기주도학습으로 학생의 일일학습성취도가 더욱 높아질 수 있다. 특징을 보면 ❶중고등 수학의 연계학습이 효과적으로 이루어질 수 있도록 구성된 자체개념교재는 최고의 연구진으로 구성된 수학교재 개발팀에서 집필하였다. ❷개념노트, 풀이노트, 오답노트 사용방법을 습관화할 수 있도록 끊임없이 지도관리하고 있다. ❸수업 후에도 자습실에서 직접 오답을 관리 지도하는 오답클리닉을 진행하고 있다. ❹내신심화클래스와 선행+내신심화클래스로 구분되어 항상 내신의 중요성을 잊지 않도록 하고 있다. ❺홈페이지를 통해 학생의 수업진도, 일일평가, 과제평가, 가정통신문, 또한 학생의 취약영역을 확인할 수 있다.

세계로학원

연 락 처	전화 02-501-3231
홈페이지	www.sechool.co.kr
위　　치	서울시 강남구 대치동 1023-5 단우빌딩 3~4층
대　　상	초4~중2

강좌소개

▶리딩클럽(정규프로그램) ▶투어캠프

학원소개

대치동 밖 먼 곳에서도 수업을 받으러 오고, 등록을 위해선 몇 개월도 웨이팅을 불사하는 곳이다. 역사, 문화, 세계사 등의 다양한 책읽기를 통해 시야를 넓고 깊게 만들어준다. 사회 학원이 아니다. 국어학원은 더더욱 아니다. 바른 책 읽기와 토론, 글쓰기를 통해 올바른 독서습관을 가지도록 하는 독서토론 전문 프로그램이다. 독서토론 수업방식으로 많은 인물과 사건들이 등장하는 역사와 인문, 사회과학 분야의 여러 책들을 읽고 공부하게 된다.
▶리딩클럽의 특징은 한국사, 중국사, 서양사 등의 역사적 이벤트를 멀티적 사고가 요구되는 정치, 경제, 사회, 문화, 사상, 예술 등의 다양한 도서와 자료를 통해 문제를 제시하고, 그 문제의 해결점을 찾아가는 노력을 통해 문제의 기본 원리를 이해할 수 있도록 한다. 운영방식은 각 팀 4~6명의 팀제로 나누어 주1회 해당요일, 해당시간에 수업이 진행된다. 특강평가를 기준으로 독서력과 개인 성향을 반영하여 편성하고 학기중 평가를 통해 수준별 학습을 진행한다. ▶수업내용은 역사를 중심으로 인문·사회 과학 분야의 도서들을 다룬다. 동영상 자료를 통해 다양한 관점으로 접근한다. ▶수업방식은 토론 중심으로 발표와 강의, 글쓰기 수업을 병행한다. ▶학년별 커리큘럼을 보자. ❶초4학년 : 기본지식습득과정(문화, 지리, 인물, 경제 등 인문·사회과학 분야 공부의 기본이 되는 지식들을 습득하는 과정) ❷초5학년 : 한국사 탐구과정(한국사의 이해를 위해 인물, 사건 등의 주제에 맞추어 다양한 과정으로 탐구하는 과정) ❸초6학년 : 세계사를 고대, 중세, 근대, 현대로 나누어 체계적으로 탐구하는 과정 ❹중등부 : 기본지식습득과정 (한국사, 동양사, 세계사 등 역사적 지식들을 통합하고 활용하는 심화 과정. 정치, 경제, 문화와 시사 자료를 중심으로 역사적 사실이나 인물 등을 재조명하는 통합과정). 즉, Reading Club=독서력+사고력+글쓰기+발표력+팀플레이로 이루어진다고 말할 수 있다.

| 제일모직 outlet |

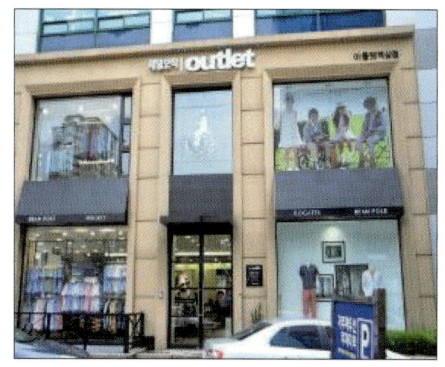

아이를 학원에 집어넣고 남는 시간을 어떻게 보낼 것인가? 멀리 수원이나 평촌, 영통, 목동에서 주말이면 대치동으로 아이를 실어나르는 맘들의 고민은 한결같다. 대치맘들 10여분에게 물었더니, 1시간 코스, 2시간 코스, 3시간 코스…. 킬링타임용 코스가 쭈르륵 쏟아져 나왔다. 개인마다 취향과 소요시간이 달라 표로 그려 보여드리긴 뭣하지만 책 구석구석의 팁들을 잘 엮어보시면 약소하나 답이 나오지 않을까. 역삼동 E마트 인근 동영문화센터 옆에 있는 제일모직 아울렛은 굳이 구로동까지 가지 않더라도 제법 실속챙길 수 있는 아울렛 매장이다. 빈폴, 갤럭시, 로가디스 등 남녀노소 캐주얼과 정장을 두루 고를 수 있다. 카운터에 전화번호를 입력해 두면 추가할인 정보를 꼬박꼬박 문자로 넣어준다. 거의 연중무휴. 02-554-7902

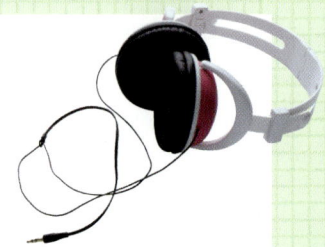

창의적체험활동 종합지원시스템

교과 이외의 활동을 온라인상에서 기록해 입학사정관전형 자료로 활용할 수 있는 '창의적체험활동 종합지원시스템(에듀팟 www.edupot.go.kr)'이 구축돼 실시되고 있습니다. 비록 각 학교들마다 적극적인 시행 여부에 차이는 있지만 한국대학교육협의회가 '입학사정관제 운영 공통기준' 발표에서 창의적체험활동 종합지원시스템에 기록된 내용을 반영하겠다는 입장을 밝힌 바 있기 때문에 학생과 학부모들은 이 시스템에 대한 이해가 필요한 실정입니다.

 ## 자신만의 스펙 창고 역할

학교생활기록부는 교사가 학생의 교과학습 중심의 학교생활 결과를 작성하지만, 창의적체험활동 종합지원시스템은 학생 스스로 기록하고 교사가 승인 또는 보완하는 과정으로 진행된다. 학생이 온라인으로 접속해 자신의 창의적체험활동 내용을 입력한 후 완료를 누르면 담임에게 전송된다. 담임교사는 학생이 작성한 것을 읽고 승인을 해주게 되지만 내용이 부실하거나 적합하지 않을 경우에는 반려할 수도 있다. 일단 담임이 필요한 조언을 달아 반려하게 되면 학생이 부족한 내용을 보완하는 과정을 거치게 된다. 에듀팟의 목적 중의 하나로 교사가 학생들 스스로 기록, 관리한 창의적체험활동 내용을 기초로 하여 구체적으로 학생들의 진로, 인성, 상담에 관한 전문적인 컨설턴트의 역할을 할 수 있다고 밝히고 있다. 학생의 기록을 바탕으로 교사는 학생이 어떤 활동에 관심이 많은지 여부를 파악할 수 있어 진로 카운슬링이 가능하다는 것이다. 또한 학생은 자신의 창의적체험활동 이력을 한눈에 볼 수 있어 진로에 대한 설계나 바른 인성을 갖추어 나가는 데 도움이 된다. 서울시교육청 관계자는 "창의적체험활동 종합지원시스템은 자신의 스펙 창고라고 볼 수 있으며, 지금까지 어지럽게 모아두고 있던 자료들을 온라인상에서 정리하는 셈이다. 입학사정관에게 자신의 진로에 대해 어떤 노력을 해왔는지를 보여줄 수 있는 진로이력 관리시스템이다"라고 강조했다. 학부모도 각 영역별 정보를 열람하기 위해 자녀의 학교, 학년, 반 등의 정보를 입력한 후 회원으로 가입해야 하며 학생이 승인 처리를 하게 된다. 학부모는 자녀가 작성한 기록을 확인할 수는 있지만 수정할 수는 없다.

실적 나열보다 무엇을 얻었는지가 중요

창의적체험활동 종합지원시스템은 자기소개서를 비롯해 자율활동, 동아리활동, 봉사활동, 진로활동, 방과후학교활동 등의 항목으로 구성된다. 독후활동의 경우 독서지도와 다양한 독후활동 지원 기능을 보유하고 있는 '독서교육종합지원시스템'이 구축돼 내용을 기록할 수 있다. 커리어넷과 연계해 직업적성, 직업흥미, 직업가치관, 진로성숙 검사를 활용할 수 있다. 중학생의 경우 자기소개서 내용은 '자신의 장점 3가지', '존경하는 사람', '가족소개' 등으로 항목을  나누어 쓰기 편하도록 했다. 진로활동 항목 중 자격증 및 인증(고등학생 기술자격증)은 인증기관에서 발행한 것을 모두 넣을 수 있으며, 방과후학교활동은 교과활동 외의 특기적성 영역만 기록해야 한다. 물론 방과후학교활동은 하나의 과정을 다 마쳤을 경우에만 넣을 수 있다. 모든 활동 기록에는 동기와 목적, 그리고 구체적인 활동 내용과 소감을 적도록 되어 있다. 각 활동을 하게 된 동기와 느낀 점을 통해 학생의 관심사는 물론 활동의 진정성 여부를 파악할 수 있게 한 것이다. 활동 관련 증빙자료는 스캔을 해서 올려야 하며 자신이 활동하고 있는 모습을 담은 사진도 올려야 한다. 사진은 전체용량에 제한이 있어 가장 핵심적인 사진 위주로 용량을 최대한 작게 해서 올리는 것이 좋다. 포트폴리오 생성은 10개까지 가능하며, 생성된 포트폴리오는 pdf 형태로 e-book 뷰어를 통해 열람할 수 있다. 또한 본인이 원하는 배경이미지를 추가할 수도 있다.

나만의 이야기를 진솔하게 보여주면 돼

최종 포트폴리오는 학생의 잠재력과 소질, 인성, 적성 등을 종합적으로 평가할 수 있는 자료로 학교생활기록부와 연계해 체계적인 진로 및 진학지도에 활용된다. 특히 입학사정관이 학생의 교과 이외에 학교생활의 과정과 결과를 이해할 수 있는 자료가 되기도 한다. 고등학생들의 경우 각 학교방침에 따라 입학사정관제 대비에 차이가 있을 수 있기 때문에 창의적체험활동 종합지

■ 에듀팟 주요 메뉴

영역		기록내용
자기소개서	중학교	인생의 좌우명, 가족소개, 나의 장점 3가지, 좋아하는 과목, 존경하는 사람, 장래 희망 등
	고등학교	인적사항, 성장과정, 가족환경, 역경극복 사례 지원동기, 향후 학업 및 진로계획 장단점(진학용, 취업용)
자율활동		적응활동, 자치활동, 행사활동, 창의적특색활동(범교과학습 등)
동아리활동		학술활동, 문화예술활동, 스포츠활동, 실습노작활동, 청소년단체활동 등
봉사활동		교내봉사활동, 지역사회봉사활동, 자연환경보호활동, 캠페인활동 등
진로활동		진로상담, 진로탐색 및 체험활동, 자격증 및 인증(고등학교 기술자격증)
방과후 학교활동		지속적으로 참가한 특기적성 중심의 방과후학교 활동 내용
진로심리검사		커리어넷과 연계하여 직업적성, 직업흥미, 직업가치관, 진로성숙검사
부가서비스		쪽지보내기, 개인일정관리

원시스템으로 모든 학생들에게 균등하게 기회를 주자는 취지에서 마련된 시스템이라고 볼 수 있다. 막상 기록을 하려고 해도 아직까지 너무 막연하다는 학생들이 많다. 에듀팟 안내에서는 무엇을 이루었는가 하는 자기 실적의 나열이 아닌, 그것을 위해 어떤 노력을 해왔는가를 중심으로 서술하고 다양한 활동도 중요하지만 그것을 통해 자신이 무엇을 얻었는지를 보여주는 것이 중요하다고 밝히고 있다. 또한 위기를 맞거나 실패를 한 경험도 소중하며 그것을 통해 자신의 내면이 성숙한 과정을 구체적으로 기술한다면 그 사람에 대한 공감은 물론 신뢰감을 줄 수 있다고 했다. 자신만의 특별한 이야기를 진솔하게 보여주면 되는 것이다.

스스로 스펙을 기록하고 관리할 기회로 활용할 수 있는 창의적체험활동 종합지원시스템에 대해 학생이나 학부모들 모두 혼란스럽다는 반응이 많습니다. 특히 대입을 앞두고 있는 고등학생들의 경우 시간은 부족하고 특별히 올릴 만한 비교과 활동도 없는데 어떻게 관리해야 좋을지 문의를 해오기도 합니다. 너무 어렵게 생각하지 마시고 입학사정관 전형이 확대되고 있는 상황에서 개인 포트폴리오를 대신할 수 있다는 면에서 접근하시면 됩니다. 일종의 진로이력 관리시스템이라고도 볼 수 있기 때문에 스스로 진로를 찾아가는 과정을 보여줄 수 있으면 좋겠지요.

스터디코드

연 락 처	전화 1588-2759
홈페이지	www.studycode.net
위 치	서울시 강남구 대치동 목빌딩 B1(은마사거리에서 한티역방향 200m지점 개념상상 지하 1층)
대 상	중·고등부
과 목	학습법·동기부여

강좌 및 학원소개

공부법 교정 프로젝트, 교과목 강의, 공부법 코칭 등의 강좌가 있다. "사교육 시장에는 모두가 쉬쉬하는 불문율이 있다. 1등 학생을 모아 성공사례를 만들고, 이를 바탕으로 인지도를 높인 다음, 보통 학생들을 통해 수익을 추구하는 사업전략이다. 이는 많은 학부모들과 학생들은 이미 어느 정도 느끼고 있는 부분이었지만, 달리 대안이 없었기에 알고도 그냥 받아들일 수밖에 없었던 불편한 진실이었다. "스터디코드 조남호 원장의 독설은 거침이 없다. 일부 학원들에서는 황당하겠지만, 찔끔할 수도 있는 발언이다. 사업도 아니고 교육은 더더욱 아닌 학원들의 쇼맨십에 반기를 들고 나선 그가 자랑하는 것은 3~20등의 보통 학생도 명문대에 도전할 수 있는 방법(Tool)을 스터디코드가 연구·개발하였다는 것이다. 모두에게 명약인 단 한가지의 약은 없다. 특히나 질풍노도기의 우리 청소년들에게는. 그러나 고1 무렵 정신무장을 위해서라도 한 번쯤 들어두면 나쁘지 않다는 부모들도 많다.

STREETS TIPS

| kring |

겉만 보면 도저히 속내를 짐작할 수 없다. 아파트 모델하우스 같기도 하고 갤러리 같기도 하다. 그래서 이곳이 아주 착한 가격에 커피와 예술영화까지 감상할 수 있는 곳이란 걸 알지 못하고 지나치는 건 당연하다. 커피값은 2,000원. 너무 넓어 대화의 소리가 약간 웅웅거리는 불편만 참을 수 있다면 고급 미술관에 와 있는 것 이상의 호사가 가능하다. 예약만 하면 세미나실도 무료로 사용할 수 있다. 휘문고 사거리에서 우성2차아파트 쪽으로 내려오다 보면 있다. 주차도 가능. 02-557-8898

신양재학원

연락처	전화 02-562-8782~3, 02-2051-8783
위치	서울시 강남구 대치동 은마사거리 농협건물 4층
대상	고등부
과목	언어, 수리, 외국어, 과탐, 사탐, 논술, TEPS, NEAT

강좌소개

▶고1(국어, 영어, 수학, 과학) ▶고2(언어, 수리, 외국어, 물리 정규반) ▶고3(언어, 수리, 외국어, 과탐 정규반) ▶고3(과탐·사탐특강, 일류대 지망 통합논술반) ▶TEPS(진영규선생)

학원소개

수능을 위한 고등부 연합단과학원이다. 강사진을 보면 ▶언어 : 함재홍선생, 이호정선생, 김병태선생 ▶수리 : 최호영선생, 정상모선생, 김주성선생, 권경렬선생 ▶외국어+TEPS : 전의산선생, 이민규선생, 진영규선생, 박영찬선생 ▶통합논술 : 임정훈선생, 배진선생, 호정원선생 ▶사탐 : 박건호선생, 강민성선생, 강찬경선생, 이승헌선생, 김성묵선생, 이지영선생, 이두희선생, 김정현선생 ▶과탐 : 강화연선생, 박정환선생, 서태석선생, 한필규선생 등.

현재 이슈가 되고 있는 프리미어 NEAT강좌를 알아보자. 에듀조선 NEAT 시리즈 저자 박영찬선생, 진영규선생 직강으로 진행되고 있

다. 장점은 ❶조선일보・에듀조선과 실시간 연계된 실전 NEAT 모의고사를 통한 적응 능력 배가 ❷실전 NEAT 시험 환경과 동일한 iBT(컴퓨터실)시설 완비(소수정예) ❸입시 합격의 열쇠인 Speaking Writing 영역의 신속한 합격 등급 획득(A등급) ❹One Stop 프로그램(NEAT+내신+수능 동시해결) ❺저렴한 수강료로 누구나 시작하여 일류대 합격 초석을 다질 수 있다.

언어의 혼이 깃든 문항분석 전문가인 함재홍 선생의 만점 목표 일류대 합격신화의 수업을 살펴보자. 고2는 언어영역 학습의 본질에 중점을 두는 교수-학습을 하고 문항 풀이에 초점을 두지 않으며 '어법 지식의 확보, 문학작품의 해석 능력, 비문학 지문의 읽기를 위한 인지 과정'에 초점을 두면서 교수-학습이 이루어진다. ❷고3은 자료해석, 작품읽기, 지문독해 본질인 학습자의 인지과정과 이해과정에 초점을 둔 강의이다. 또한 수학능력시험 언어영역에 최적화된 자료, 작품, 지문, 문항을 바탕으로 한 강의이다. 문학 출제와 검토의 전문가로서 언어영역의 필수 문항과 직접 출제, 수정한 문항을 바탕으로 교수한다. 기존 사설 문제집을 짜깁기 하거나 다른 사람의 문항을 구매하여 교재로 만들어 가르치는 강의와는 질적으로 차별화된다.

STREETS TIPS | 광양불고기 |

불고기집이니까 불고기는 당연하다. 대개의 '광양' 상호가 그렇듯 원조를 내건 것도 똑같다. 고객이 진위를 가릴 필요는 없지만, 입맛이 당기는 곳은 분명 따로 있는 것 같다. 점심시간에 맞춰서만 가면 주머니 사정이 넉넉지 않다고 망설일 필요도 없다. 주메뉴야 말할 것도 없지만, 점심단품으로 내놓는 알밥정식이나, 오삼불고기, 국밥정식은 집에서 먹는 밥처럼 알차고 반찬 하나하나가 믿음직스럽다. 올여름 출시한 단호박 밀면은 서울에서 잘 찾아보기 힘든 부산고유의 음식이다. 사람들의 향수를 울컥~ 불러일으킬 만하다. 02-567-8494

엠솔학원

연락처	전화 (영재관)02-558-7440 (중등관)02-569-7440 (경시관)02-552-7441 (영재150)02-556-8150
홈페이지	www.msol.co.kr
위 치	서울시 강남구 대치동 988-17 대진빌딩 4층
대 상	초・중등부
과 목	수학

강좌소개

▶영재관(교과선행심화, 올림피아드 수학의 지름길반, 디딤돌 3%반, 초등과정 영역특강)
▶중등관(정규과정, 2학기내신대비특강, 중등기하완성특강, 선행심화특강)

학원소개

대치동의 대표적인 수학경시학원 중 하나다.

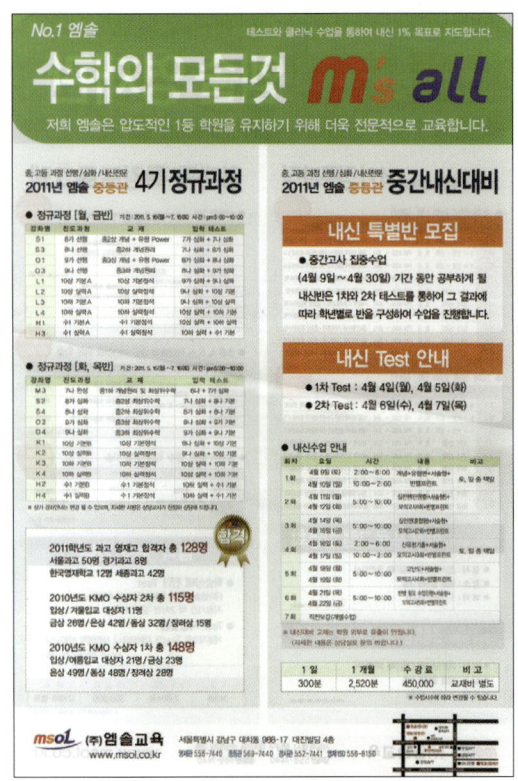

1994년부터 현재에 이르기까지 경시에서만 수상자 약 2,000명을 배출했다. 초등과정의 영재관, 중등과정의 중등관, 경시 및 영재고·과학고 과정의 경시관, 초등우수자 과정의 영재150으로 이루어져 있다. ❶영재관은 초등학생을 중심으로 학교 수학과 사고력 수업을 바탕으로 수학적 사고 능력을 배양하며 고급 수학으로 발전시킬 토대를 쌓고 서술능력을 키운다. ❷중등관은 현재 예비중1, 중1~3 재학생을 대상으로 학교 내신 수학과 선행 심화수업을 동시에 진행하며, 나아가 자사고, 자율고 등 특수 목적 고등학교 입시에 선정할 수 있는 수학능력 배양을 목적으로 한다. ❸경시관은 초·중등학생을 중심으로 영재고, 과학고, 경시를 희망하는 학생들에게 각 영역별 이론을 기초부터 심화까지 학습하도록 하며 창의적 사고를 끌어낼 수 있도록 도와준다. 이를 통해 여러 경기대회에서 우수한 성적과 영재고, 과학고 입시에서 유리함을 갖는다. ❹영재150은 초등 4·5·6년 대상으로 다중지능검사와 창의성 검사를 통과한 최우수 영재 학생을 대상으로 심화수업을 한다. 경시관 입학 교육시간의 단축. 자기 주도적 학습습관 배양. 영재 특성에 맞는 수업방식을 채택하여 초등 최우수 영재 육성을 지향한다.

엠피쿨 수학학원

연 락 처	전화 02-569-7865
위 치	서울시 강남구 대치동 한티역 롯데백화점(옆) 던킨도넛츠 2층
대 상	초등부(중등선행), 중·고등부
과 목	수학

강좌소개

▶중·고 KMO준비반 ▶과고·국제고·외고 준비반 ▶고등 전 과정 질의응답(Q&A)반 ▶중·고등집중(Clinic)반 ▶중·고등정규반 ▶초·중등 수학 정규반 ▶선행반

학원소개

대치동15년 경력의 서울대 수학과 원장이 지도하는 중·고 내신대비 및 선행, 과고·영재고 준비, KMO 실전 강좌가 개설되어 있는 학

원이다. 많은 학생들이 가지고 있는 수학의 모든 문제점을 쉽게 해결해 준다고 한다. ❶최적화된 시스템을 통한 대치동 최강의 내신대비 지도→기존 타 학원에서 부족했던 부분을 내신기간 내에 모두 채워준다. ❷심도 있는 명강의로 진행되는 대치동 최강의 선행대비 지도 ❸입시. KMO 원장 직강. 수학의 자생력을 키워주며 자기주도학습을 배양시키는 학원이다. 엄숙하면서도 자율적인 지도 학습과 가족 같은 친밀감 있는 학습 분위기. 자녀들의 비전을 제시하고 꿈을 키워줄 수 있는 학원으로 처음부터 끝까지 책임을 다하여 수학의 자신감과 실력향상을 반드시 이루어주겠다고 다짐한다. 상위권을 최상위권으로 중위권을 상위권으로!

올댓매쓰학원

연락처	전화 02-567-8984
위 치	서울시 강남구 대치동 1022-1 청운빌딩 4층 (은마사거리에서 롯데백화점방향)
대 상	중·고등부
과 목	수학, 수리논술

강좌소개

▶중·고등부 개별 클리닉수업 ▶중등정규반
▶수리논술 소수정예반 ▶고등부수리영역소수정예반(8명)

학원소개

올댓매쓰는 개념과 실전에 강한 중·고등 수학전문학원이다. 정규반은 물론 개별 클리닉 수업을 접목시켜 칠판강의가 자신과 맞지 않는학생(진도를 빨리 나가고자 하는 경우/1:1 과외식으로 확실한 개념정리 및 질의 응답이 필요한 경우)이나 자신에게 필요한 강좌를 찾지 못하는 학생(외국유학 준비학생/ 특례대상학생/AP준비학생/대학별논술 및 준비학생)들의 수업이 있다. 수리논술은 이상준 원장이 진행한다. 논술기초부터 심화응용까지 일대일 밀착지도가 가능하다. 실력과 열정으로 뭉친 올댓매쓰 강사진은 이상준선생(원장), 안대근선생(원장), 이장원선생(대성), 권경렬선생(대성), 임형론선생(미래탐구), 조상현선생(개념의발견), 이경환선생(미래) 등이다.

| 민성원 칼럼 |

목표란 무엇인가?

똑같은 환경에서 공부를 해도 어떤 때는 집중이 안 되는 반면, 어느 순간에는 집중이 잘되고 공부한 내용이 100% 머릿속에 쏙쏙 들어오는 느낌이 들 때가 있습니다. 바로 시험을 코앞에 두고 공부할 때입니다. 왜 그럴까요? 그 이유는 시험을 잘 봐야 한다는 목표의식이 있기 때문입니다. 평상시에는 그저 막연히 학생의 본분이니까 공부를 하는 거고, 아직 시간적으로 여유가 있는 입시 준비를 슬슬 해두기 위한 거라 긴장감이 생기지 않습니다. 평상시에도 시험 때처럼 공부할 수 있는 방법이 목표 설정입니다.

| 목표는 왜 세워야 할까? |

❶ 목표는 행동하게 만들어줍니다

학생들을 만나 상담할 때, 경시대회 같은 비(非)교과 시험에 응시해 보라고 추천하는 경우가 많습니다. 하지만 많은 학생들은 "아직 준비가 되지 않아서 할 수 없다"고 대답합니다. 이건 크게 잘못된 생각입니다. 먼저 목표가 생겨야 그 시험을 준비하겠다는 마음이 생기고 실제로 실행에 옮기게 되는 겁니다.

❷ 목표는 에너지를 집중시킵니다

어린 시절 양지바른 곳에 앉아 돋보기로 실험한 적이 있을 겁니다. 하얀 종이를 바닥에 놓고 돋보기로 초점을 모읍니다. 그러면 얼마 후 하얀 종이 위에서 가느다란 연기가 피어오릅니다. 돋보기로 모은 햇빛이 종이를 태운 거죠. 이처럼 목표에 초점을 맞추면 강한 에너지가 생깁니다.

| 목표는 어떻게 세워야 할까? |

❶ 명확하게 기록한다

명확한 목표를 기록한 하버드 졸업생의 수입은 나머지 졸업생보다 평균 10배 높았습니다.

막연한 생각으로 세운 목표는 단지 꿈에 지나지 않습니다. 1979년 하버드 경영대학원 졸업생들을 대상으로 '명확한 장래 목표를 설정하고 기록한 다음 그것을 성취하기 위해 계획을 세웠는가?'라는 질문을 던졌습니다. 이 질문에 졸업생의 3%만이 목표와 계획을 세웠으며 그것을 기록해뒀다고 응답했고, 13%는 목표는 있지만 그것을 종이에 직접 기록하지는 않았다고 했으며, 나머지 84%는 졸업 후 즐길 여름휴가 계획 외에는 아무런 계획도 없다고 대답했습니다.

그로부터 10년 후인 1989년 연구자들은 10년 전의 그 졸업생을 대상으로 다시 한 번 인터뷰를 했습니다. 그 결과 놀라운 사실을 하나 발견했습니다. 우선 목표는 있었지만 그것을 기록하지 않았던 13%는 목표가 전혀 없었던 84%의 학생들에 비해 평균적으로 수입이 2배 이상이었습니다. 뿐만 아니라 명확한 목표와 계획을 수립하고 그걸 구체적으로 기록했던 3%의 졸업생들은 나머지 97%의 졸업생에 비해 수입이 평균 10배 이상 많았습니다. 단지 얼마나 명료하게 목표를 세우고 기록했느냐 하는 점만이 그들간의 유일한 차이점이었습니다.

❷ 목표 달성을 이미지화한다

자신이 원하는 대학 교정에서 입학식을 치르는 모습, 지난 시험보다 성적이 오른 성적표를 들고 기뻐하는 모습 등을 미리 머릿속으로 그려봐야 합니다. 자신의 목표를 강렬한 이미지로 그려보면 열정이 솟고 행동할 수 있는 힘이 생깁니다. 이러한 이미지화의 효과는 이미 의학적으로도 증명되었습니다. 즐거운 이미지를 떠올릴 때의 뇌파는 알파(a)파가 되면서 베타엔도르핀이라는 물질이 분비되고, 공부가 잘되게 도와준다고 합니다.

❸ 목표를 세분화한다

목표는 크게 장기적이어야 합니다. 목표를 크게 잡아야만 자신과 경쟁하고 싶은 욕망이 생깁니다. 만일 단기적인 목표만 있다면 필수적으로 발생하는 어려움을 극복하기 쉽지 않습니다. '큰 목표로 향하는 과정'이라는 여유가 있어야 과정의 어려움을 참아낼 수 있는 겁니다. 하지만 큰 목표는 행동을 곧바로 유발시키지 못합니다. 시간적으로 오랜 뒤의 일이라고 생각하기 때문에 현실감이 떨어지는 겁니다. 중요한 건 이것들이 제각각 따로 있어서는 안 된다는 겁니다. 장기목표, 중간목표, 단기목표가 하나의 연장선에 있어야 합니다. 성공은 언제나 한 계단 한 계단 올라가는 겁니다. 차를 마시고 싶다면 물이 끓기 전까지 열을 가해야 합니다. 성공을 위한 변화는 갑자기 나타나지 않고 자신도 모르는 사이에 천천히 나타납니다. 물이 끓기 전까지 겉으로는 아무런 변화가 없지만 물은 점점 뜨거워지다 어느 순간부터 펄펄 끓어오릅니다. 일단 갈 수 있고 볼 수 있는 곳까지 가보세요. 그곳에 도착하면 더 먼 곳을 바라볼 수 있을 겁니다.

예섬유레카

연 락 처	전화 02-558-8822, 02-562-3676
홈페이지	www.yesumeureka.co.kr
위　　치	서울시 강남구 대치동 은마사거리 한티역방향 던킨도넛츠골목 세븐일레븐건물 2층
대　　상	고등부
과　　목	언어, 수리, 외국어, 사탐, 과탐, 논술, TEPS

강좌소개
▶고1·2·3 정규반 ▶고등부 전 과목 단과특강 ▶한국사인증반 ▶TEPS실전

학원소개
Better Teaching, Better Managing, Better Guiding의 새로운 Paradigm은 예섬유레카를 찾는 이들을 위한 차별화된 혜택이다. 변화(變化)와 반전(反轉)을 위한 강사들을 알아보자. ▶언어 : 김병태선생, 김동욱선생, 김봉소선생, 한정민선생, 박성영선생, 김진억선생, 이정원선생, 이승훈선생, 이은직선생 ▶논술 : 홍영용선생, 이호범선생 ▶수리 : 강호길선생, 장홍석선생, 정상모선생, 박인해선생 ▶외국어 : 정호선생, 강태경선생, 김부식선생, 서성원선생, 배시원선생 ▶사탐 : 강민성선생, 강찬경선생, 이종길선생, 이승헌선생, 김성묵선생, 조범희선생, 박근수선생, 이진선생, 안기선선생 ▶과탐 : 최헌호선생, 이상희선생, 임동호선생, 최지혁선생 등.

올림피아드영재센터

연락처	전화 (영재센터)02-3453-3366 (대입전문)02-567-0041
홈페이지	www.olympiad.ac
위 치	서울시 강남구 대치동 903-12(대치사거리에서 개나리아파트 방향)
대 상	초·중등부
과 목	수학, 과학

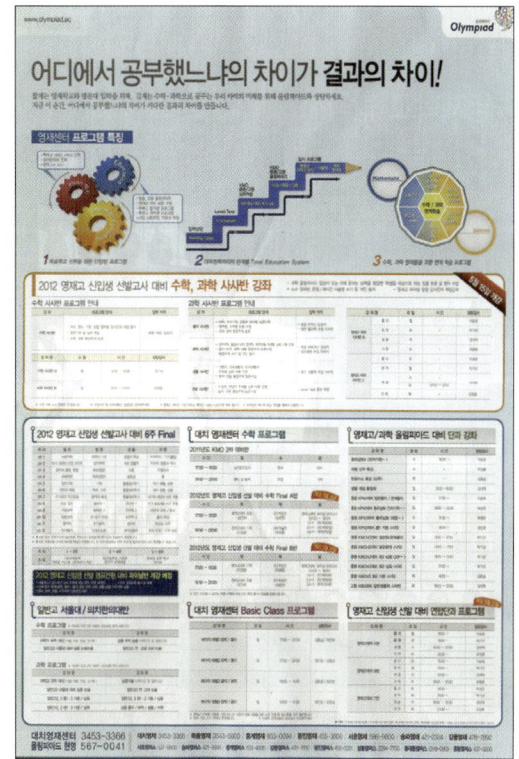

강좌소개

▶초등부수학(정규반, 단과반, 중등선행반 특강) ▶중등부수학(전교 1%특강반, 고등 선행반, 중등 선행반) ▶중등과학 Basic Class ▶수학경시(2013 영재학교대비, KMO 대비, 선행대비경시종합) ▶심층과학연구소(수능, 심층논술, 심층면접대비, 과학고 캠프전형대비, 영재학교신입생 선발대비, 중학생물리대회 대비, KMChC 대비, KPhO 고등부 대비, 과학고 내신, 영재학교 합격생강좌) ▶프리미엄특강 ▶일반고수학프로그램

학원소개

올림피아드 영재센터는 발표식 토론수학을 기초로 수학·과학 영재센터가 운영되고 있다.

▶OLYMPIAD MATH는 온오프라인이 유기적으로 결합된 블랜디드교육시스템을 바탕으로 발표식 토론수업과 자기주도적 학습습관의 확립 및 학년별·레벨별 체계적인 학습관리를 한다. 영재교육원, 올림피아드대회, 각종 경시대회, 과학고, 영재고 등 수학·과학영재교육을 위한 커리큘럼을 제공하는 전문학원이다. 또한 영재센터를 운영, 수학·과학 영재를 조기에 육성하여 과학고 및 영재고 입시에 대비하고 있다.

▶OLYMPIAD Science는 수학·과학 영재를 조기에 발굴하여 대한민국 상위1% 영재로 육성하기 위한 전문기관으로 초등학교 때부터 과고, 영재고 입시에 적합한 커리큘럼을 통한 학습을 진행한다. 프로그램 특징을 살펴보자. ❶초등부수학 프로그램 : 4학년부터 어려워지는 수학. 개념과 원리 중심의 정통수학, 개인의 수준에 따른 맞춤 학습과 학습 분석 데이터를 통한 과학적인 수업으로 개개인의 목표를 관리한다. ❷중등부수학 프로그램 : 개념부터 응용까지 즐거운 수학학습이다. 내신

경제경시와 AP 준비로 상경계열 진학의 꿈을 현실로!

상경계열 진학을 희망하는 학생들은 경제경시나 경제 AP를 준비하는 것이 진학에 유리하다는 것을 잘 알지만 다른 입시 준비에 손해를 볼 수도 있기 때문에 섣불리 시도하지 못한다. 경제는 기본부터 심화까지 체계적인 공부를 해야 좋은 성적을 받을 수 있다. 고등학교 3년 동안 학습계획을 체계적으로 세워 공부해야 성공할 수 있을 것이다. 고3 이전에 경시대회 준비는 끝내야 한다.

경제경시와 AP까지 시험을 치를 수 있는 최단기 과정은 예비 고1 겨울방학에 '경제 개념과정' 공부를 시작으로 고1 5월에 AP 경제에서 좋은 성적을 얻은 후에, 여름방학부터 11월까지 경제경시를 준비한다. 이후 겨울방학에 경제경시 마무리 과정을 마치고, 1월에 경제경시에 도전하면서 일단락을 짓는 것이다.

일반적인 과정은 고1 겨울방학부터 경제 개념과정을 시작해 고1이나 고2 5월에 AP를 응시해 점수를 얻고, 경제경시 역시 고2나 고3 겨울방학에 응시하는 경우다. 기간은 2년이지만 내신기간을 빼면 실제 많은 시간을 공부하는 것은 아니다.

AP나 경제경시가 각각 5월과 1월에 있어 시기별로 통과할 수 있도록 계획적으로 준비한다면 확실한 대입 보너스가 보장된다. 물론 늦어도 고2 겨울방학까지는 끝내야 수능 준비에 차질이 없다.

-문중식 선생님 설명회 중에서

100점을 목표로 한 특강수업과 고등선행 수업으로 미리 수능을 대비하며 초6, 중1을 위한 과학 집중수업을 진행한다. ❸수학경시 프로그램 : KMO에서 영재고·과학고 입시까지 올림피아드 최고의 수학전문 멘토들이 최상의 결과를 만든다. ❹심층과학연구소 프로그램 : 열정이 살아있는 과학전문 강사들의 수업이다. 중·고등의 KPhO에서 영재고, 과학고 입시뿐 아니라 수능대비, 심층논술을 집중적으로 수업한다. ❺영재센터 영재학교 캠프 대비 프로그램 : 영재학교 마지막 관문인 캠프전형, 준비된 전문 강사진과 축적된 노하우, 맞춤 설계식 캠프 프로그램으로 구성돼 있다.

이산 사회탐구 전문교실

연 락 처	전화 02-6247-8565
위 치	서울시 강남구 도곡동 타워팰리스타운 내 현대비젼 21
대 상	고등부
과 목	사회탐구

강좌소개
▶수능대비 사회 탐구반

학원소개
사회탐구 과목은 탐구형 시험이므로 개념의 흐름을 이해하지 못하면 좋은 점수를 받을 수 없다. 특히 'EBS교재 70% 연계' 의지가 그 어느 때보다 강한 만큼 사회탐구에서의 연계 교재인 수능특강과 수능완성을 심도있게 검토해

야 한다. 2011년 6월 평가원 모의고사 결과 사회탐구 영역에서는 변형된 문제들이 많이 나왔다. 이에 단순히 푸는 것이 아니라 학생과 선생님과의 양방향 검토가 요구된다. 이를 실현하기 위하여 이산사회탐구에서는 소수 정예(최대 정원4명)로 수업을 진행하고 있다.

창의융합과학원

연 락 처	전화 02-553-7814
위 치	서울시 강남구 대치동 은마사거리 한티역방향 크라제버거옆건물 2층
대 상	초3~중등부
과 목	창의융합과학

강좌소개
▶창의융합과학 프로젝트 수업

학원소개
관찰추천제, 입학사정관제도, 서술형평가에 앞서가는 두뇌기반교육시스템을 갖추고 있다는 창의융합과학원은 과학자의 꿈을 이루어가는 곳이라 자부한다. ❶경시대회와 올림피아드 실적이 반영되지 않는 과학고 · 영재고 입시대비를 위해 프로그램을 준비하고 있다. ❷과학적 상상력, 창의성을 해치지 않으면서 과학적 사고력과 문제해결능력을 키워준다. 우리아이들을 입학사정관 제도가 원하는 인재상으로 키우는 가장 확실한 방법이다. ❸과학적 글쓰기, 포트폴리오 훈련, 프로젝트 수업으로 관찰추천제를 대비한다.

수업진행과정을 살펴보자. ❶수업 전 책읽기로 커리큘럼에 정해진 한 권의 책을 읽어온다. ❷저자의 사고구조 분석수업으로 책을 분석하기 위해 필요한 과학적 지식을 찾아내게 하고 이를 정리하도록 유도한다. 요약하여 말하기나 해결책 찾기 적용으로 인해 Speech와 Debate가 강화된다. ❸교과연계 수업으로 과학이론 학습과 서술형 대비 문제풀이를 한다. ❹프로젝트형 창의 융합 발표수업으로 새롭게 알게 된 과학지식을 정리하고 창의적으로 융합하는 발표를 진행한다. ❺수업 후 과제시간으로 분석한 내용이나 프로젝트에서 토론된 내용을 정리하여 레포트를 제출하면 이를 첨삭 지도하여 독서이력자료로 손색이 없게 한다.

STREETS TIPS | F/X 매장 |

은마사거리에서 우성2차아파트 사이 대치순복음교회 옆에는 많지는 않지만 유명 메이커 할인매장이 들어서 있다. 할인매장이니까 일단 부담없이 함 가보자. 아이잗바바, 지오트…. 좀더 많은 편집매장이 보고 싶다면 명가원 옆에 F/X매장도 가볼 만하다. 시스템, 타임, Chole 등 국내외 유명 브랜드가 입점해 있다. 70~80% 할인에 눈이 번쩍? 하지만, 그토록 할인해도 금액이 만만치 않아 또 눈이 번쩍 뜨인다. 4층에는 미용실과 피부샵도 있다.
02-569-8747

자기소개서 작성법

다음은 2012학년 영재고 입시를 준비하며 기준삼았던 〈자기소개서 작성법〉입니다. 영재고입학설명회, 영재고·과고 입시전문 학원에서 말한 자기소개서의 원칙을 종합해 정리한 것입니다. 모든 입시에서 필수적인 자기소개서를 쓸 때 보편타당하게 요구되는 일반적인 원칙이기도 하니 참고하세요.

❶ 단문으로 쓴다.
짧은 문장으로 쓰고 주어와 종결형 어미를 통일하여 일관성 있게 한다.
존대어를 사용하며 정중한 표현 문체를 사용한다.
학교생활기록부에 게재된 사례를 바탕으로 육하원칙에 맞추어 쓴다.
'―인 것 같다.'라는 식의 표현은 피하고 자신의 생각을 명료하게 보일 수 있도록 '―다.'라고 단정적으로 쓴다.

❷ 두괄식 구성을 쓴다.
문단의 처음에 강조하고 싶은 부분을 기술하고, 그 다음에 그에 대한 구체적인 이유 또는 사례를 기술한다.

❸ 솔직하게 쓴다.
장점을 여러 가지 나열하는 것보다 단점을 바람직한 방향으로 고치려고 노력한 점이 더 좋은 인상을 줄 수 있다.

❹ 내용은 간결하면서도 쉬운 문체로 자신의 포부를 담는 것이 기본이다.
인상적인 경험과 모두가 인정하는 사건을 중심으로 기술한다.

❺ 중학교 때를 중심으로 서술한다.
대입의 경우는 고등학교 시기에 포커스를 맞추면 되겠지요?

❻ 지나치게 미화하거나 비하하지 않는다.

❼ 다른 서류와의 통일성을 갖추도록 노력한다.
생활기록부나 추천서와 내용이나 논지의 흐름이 통일성과 일관성이 있어야 한다.

❽ 한두 가지만 강조한다.
분량의 제한이 있고 에피소드 중심으로 가다 보면 많은 것을 쓰기가 어렵다. 강조하고 싶은 한두 가지만 남기고 나머지 부분은 생략하거나 가볍게 언급한다.

❾ 가능하면 국어선생님의 감수를 받는다.
한자 및 외래어 사용의 오류나 오탈자 및 어색한 문장을 최소화할 수 있다.

영재고·과고 입시전문 〈타임에듀〉 상담실

인덱스학원

연 락 처	전화 02-2051-3395~7
홈페이지	www.indexedu.co.kr, www.인덱스에듀.com
위 치	서울시 강남구 대치동 은마상가 A블럭 3층 319호
대 상	중·고등부
과 목	과학, 수학

강좌소개

▶고3 논구술대비 실전반 ▶고3 이과과학 수능반 ▶고2 이과과학 정규반·특강반 ▶고1 이과과학 정규반·특강반 ▶고등부 수학정규반 ▶중·고등부 수학특강반 ▶중등부 수학정규반 ▶중등부 과학정규반 ▶특강반

학원소개

미래탐구에서 이름을 날리던 강사 몇명이 나와 만든 과학전문학원이다. 주요 강사진으로는 ▶과학 : 백철기원장, 김형회선생, 배기범선생, 권정미선생, 김효선선생, 김정연선생, 김유성선생, 이형용선생, 김태영선생, 이병년선생, 변지선선생 ▶수학 : 김현욱선생, 김원태선생, 심동민선생 등이 있다.

전국학부모지원센터 www.all parents.go.kr

정부에서 운영하는 교육관련 정보사이트다. 정부에서 운영한다 하면 고리타분하고 재미 없을 것 같지만 상당히 유용하다. 꼭 이용해 보시길 큰 흐름의 교육정책의 변화도 살필 수 있고, 일반대 및 전문대 입학정보, EBS 입시정보, 고교입학정보 등 유아부터 대입에 이르기까지 다~ 걸쳐 있다. 전국 지역별로 따끈따끈한 학부모교육 강좌도 많다.

체이스아카데미

연 락 처	전화 02-578-9550
위　　치	서울시 강남구 대치동 은마사거리 한티역방향 단우빌딩 5층
대　　상	초·중·고등부
과　　목	영어

강좌소개

▶Reading&Writing ▶SAT ▶College Application Essay

학원소개

Listening과 Speaking이 가능한 학생들이 문학, 철학, 역사 등의 다양한 책을 읽고 토론하며 영어논술수업으로 사고력까지 넓힐 수 있는 학원이다. 독서와 토론을 통해 자신감과 논리적·비판적 사고능력까지 향상되고, 어휘와 독해능력은 덤으로 자연스럽게 얻어진다. 수업에 있어서도 학생들에게 답을 주지 않고 답을 찾도록 유도하는 수업을 한다. 당연히 생각을 많이 하는 학생들이 좋아하는 수업이다. 최고의 학생은 책을 좋아하는 학생이고, 책을 읽는 학생이다. 또한 '하고 싶다'는 마음이 있어야 하며 생각을 '발표' 할 줄 알아야 한다.

인증시험을 위해 따로 공부하고 있는가? 토플을 따로 하지 않아도 체이스의 커리대로 차근히 따라오다 보면 실력은 어느새 궤도에 오를 것이라는 체이스아카데미. 이것이 바로 효과적이고 바람직한 영어공부라고 주장한다. 국내 특목고 재학생 및 미국유학중인 학생, International School 재학생, 국제학부 또는 글로벌 전형을 준비하는 고등학생, 독서를 통해 영어실력을 향상시키고자 하는 국내 초등학교 5학년~중학생을 대상으로 한다. 체이스아카데미는 영어를 공부라고 생각하지 않고 공부를 잘 할 수 있는 학생이라면 적합한 학원이다. 원장은 말한다. 영어에 절대 굶지말라고….

STREETS TIPS | 가배 두림 |

이런 커피집이 여기 왜 숨어있는 걸까. 대치동엔 학원만 많은 줄 알았더니 은근 회사도 많단다. 점심 후 찻집에 진치고 앉은 것은 아줌마들뿐이 아니었다. 은마사거리나 한티역사거리만 벗어나면 아저씨 군단도 심심찮게 만날 수 있다. 휘문고등학교 정문 건너편, 대현초등학교 후문에 붙어있다시피 한 가배는 위치상의 약점을 제외하고는 매우 유명한 곳이다. 드라마 '커피프린스'에도 등장하였고, 바리스타 교육이 실시되는 세미나실도 있다. 간간히 촬영까지 해가는 것을 보면 누군가가 '장인'인가 보다. 블루마운틴, 에티오피아, 콜럼비아 등 커피마니아들도 인정한 정통 드립커피, 더치커피 등을 다양한 원산지별로 맛볼 수 있다. 커피를 사랑하는 인근 직장 샐러리맨들도 즐겨 찾는 곳~.
02-562-8268

컬럼비아 & 패러다임

연락처	전화 02-565-0533, 02-558-8556
홈페이지	www.ptoefl.com
위 치	서울시 강남구 대치동 해암빌딩 7층(우래옥 옆 광양불고기 건물 7층)
대 상	중·고등부
과 목	영어

강좌소개

▶컬럼비아코스 : 중·고등부 TOEFL, 고등부 TEPS ▶패러다임코스 : 중등부, 대입수시·특례 TOEFL/TEPS Program

학원소개

영어의 기본기에 중요성을 둔 패러다임어학원과 토플 실전대비에 효과적인 컬럼비아어학원이 만나 하나가 되면서 수준 높은 수업으로 토플고득점 학생들을 배출하고 있다. 이 학원은 ❶원칙을 지킨다.(모든 수업은 최정예의 검증된 선생님들로 구성) ❷기본을 중요시한다.(토플점수를 얻는 것이 목적이지만 시험을 보기 위한 기본다지기는 필수다) ❸확실한 실력.(기본기부터 다지기 때문에 토플을 한다고 해서 내신이나 수능을 걱정해 본 적 없다) ❹학생관리의 철저함.(매 수업마다 있는 테스트 결과에 따른 관리는 이 학원의 또 다른 전문분야라고 할 수 있다) ❺학생들과의 유대감.(스파르

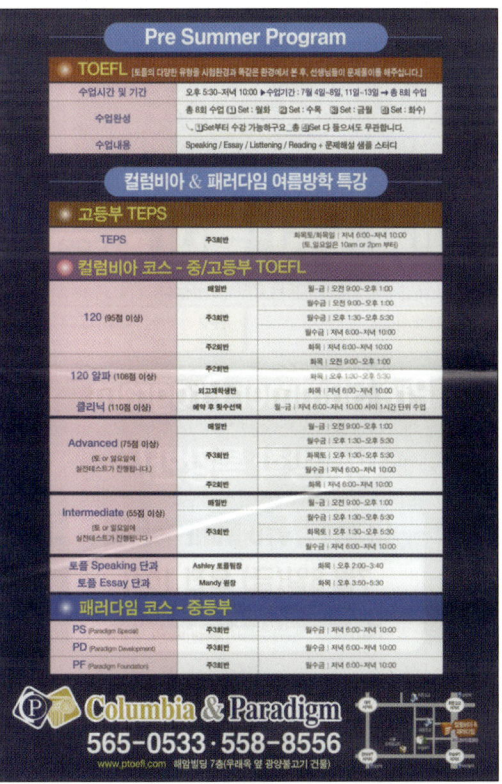

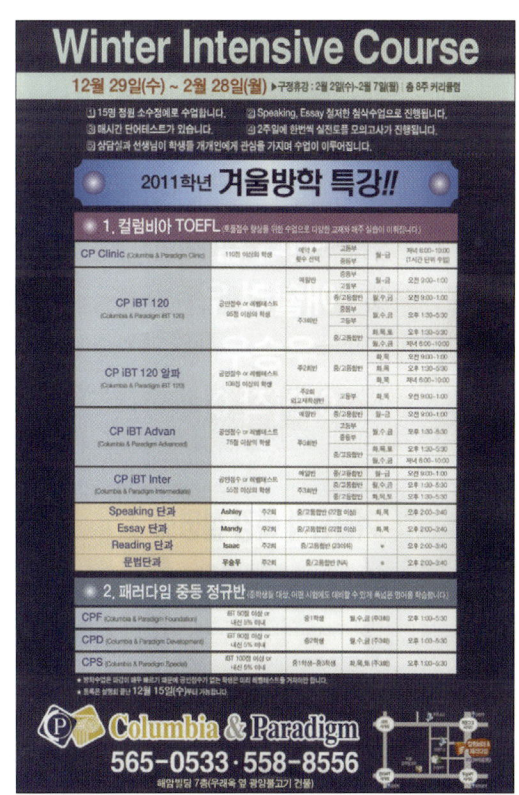

타 학원이라는 소리를 듣기도 하지만 학생들은 선생님들을 잘 따른다) ❻책임감.(기본기부터 다지기 때문에 학생들의 실력에 책임감을 갖는다) ❼최고의 시설.(iBT 랩실을 갖춰 1~2주에 한 번씩은 모의고사를 본다)

법을 배운 뒤 아주 짧고 쉬운 글에서부터 복잡한 글까지 한 단계 한 단계 직접 영작하게 함으로써 문법을 마스터하게 한다. 그 결과 내신이 훌륭한 것은 당연. 더불어 확실한 어휘 익히기와 다양한 책들을 빠른 템포로 읽음으로써 독해력 및 독해속도를 크게 향상시킬 수 있는 학원이다.

코아 잉글리쉬 아카데미

연 락 처	전화 02-557-5663
위　　치	서울시 강남구 대치동 1014-3 삼성래미안상가 210호
대　　상	중·고등부
과　　목	영어

📖 강좌소개

▶어휘, 독해, 문법, 듣기와 작문을 통한 중학 실력향상반 ▶고교 수능준비반 ▶TEPS준비반

📋 학원소개 및 특징

미국 퍼듀대(Purdue U.)를 졸업하고 미국 대기업에서 다년간 근무한 후 대형학원에서 TOEFL과 TEPS를 강의해 온 제임스(James Huh)선생이 대치동에 자리잡은 학원이다. 외국물에 오래 젖고, 토플과 텝스 강사를 하였다 하여 학교 내신을 무시하지는 않는다. 현재 학교 영어 내신을 크게 좌우하는 것은 서술형 문제들이다. 서술형이라 함은 괄호 채우기나 한글을 영어로 영작하기, 같은 내용의 글을 다른 방식이나 어순으로 다시 쓰기 등과 같은 궁극적으로는 영어문법을 이용한 영작이 주를 이루고 있다. 따라서 영어문

| 나폴레옹 제과점 |

 STREETS TIPS

어떤 할머니 얘기다. 미국에 이민가며 나폴레옹제과점의 통단팥빵을 심지어 얼려서까지 가져갔단다. 누구는 바삭바삭한 애플파이 한 조각을 사이에 두고 수줍게 미팅했던 그 시절을 잊지 못한다. 나폴레옹제과점의 명성에 대한 추억이다. 도곡동에도 분점이 있다. '형 만한 아우 없다'고 이상하게도 여기의 맛은 거기의 맛과 다르다. 똑같은 것도 장소와 시간대에 따라 맛과 향이 다르다. 이걸 단순히 예민함 탓으로만 돌릴 것인가? 그러고 보니, 아~~ 이미 우리 아이들이 마냥 즐겁게만 뛰놀던 어린시절을 지나 중고딩에 와있구나! 통팥아이스케키도 그 맛이 아니고, 달디달던 슈크림도 제맛이 느껴지지 않는 걸 보니, 내가 정말 입시가 코앞인 고딩 학부모이구나~. 도곡점의 맛이 원인이 아니라 내 쓴 입맛이 원인이라는 얘기다. 02-556-2434

자소서 양식에 맞는 세부서술 원칙

다음 내용은 지난해 한국영재학교 자기소개서 양식에 맞춘 세부서술 원칙입니다. 다른 학교의 경우는 조금씩 제시되는 항목이 다를 수 있습니다. 뼈대에 해당하는 부분은 같을 것이므로 참고하시되, 각 학교별로 달리 제시되는 양식이나 글자 수에 맞추어 변형해서 작성하면 됩니다.

❶ **지원동기 및 선발되어야 하는 이유** | 자신의 꿈과 연결시켜 지원하고자 하는 분명한 이유와 합격하면 어떤 식으로 학교 생활을 하겠다는 계획, 각오를 짧고 강하게 보여줘야 한다. 지원하는 학교의 여러 환경과 특징을 파악하고 있고 그 특징을 선호한다는 것을 호소하는 것도 도움이 된다.

❷ **자기소개-가정환경, 학교 및 지역환경** | 자신의 가치관과 인생관에 영향을 준 인상적인 사건이나 경험을 기술하면 됩니다. 수험생이 가지고 있는 가치관이나 인성은 수학과정에서 적응과 성취, 대인관계 등에 많은 영향을 미치므로 체험 속에서 자연스럽게 형성된 자신의 가치관을 드러나도록 쓰면 된다.(어려운 가정환경이나 형제관계의 특이한 점이나 부모 형제 사이의 갈등 등등)

❸ **수학·과학적 재능 기술** | 관심 있는 분야와 관련된 축척된 경험과 노력을 중심으로 서술하고, 관심을 갖게 된 계기와 앞으로 풀고 싶은 의문점 등을 서술하면서 기초지식을 가지고 있음을 나타내 보이는 것도 좋은 인상을 줄 수 있다. 수상실적이나 활동상황을 작성할 때는 단순히 나열하기보다 학교가 원하는 인재상이나 내세우고 싶은 점을 중심으로 필요한 부분만 작성한다.(한과영 설명회에서 경시대회수상실적을 쓴 경우 감점은 없다고 분명히 언급함) 사설기관이 주최한 대회는 심사위원이 알 수 있는 간단한 설명을 곁들입니다. 수료한 교육과 취득한 자격증, 수상경력이 진학 후 학습하는 데 어떤 도움을 줄 수 있는지 구체적으로 적는 것이 필요하다.

❹ **수학, 과학외 관심분야의 활동, 경험 기술** | 클럽동아리 활동, 임원활동, 취미, 특기 등의 내용을 서술하고 그 과정에서 느끼고 배운 점을 기술합니다. 남과 다른 독특한 경험이나 기억이 있다면 일화형식으로 소개하면 좋은 인상을 남길 수 있다. 가급적이면 희망진로와 관련이 있거나 학업을 수행하는 데 필요한 능력과 관련 경험이면 더욱 좋다.

❺ **교육관계, 사제관계, 봉사활동 등 기술** | 학교생활 또는 봉사활동 중의 사례를 들어 본인의 책임감, 성실성, 능동적이고 적극적인 활동 등을 부각시키면 된다. 바람직한 인성, 리더십 등과 자연스럽게 연결되도록 쓴다.

원서작성은 학교별 홈페이지에서 직접 작성하게 되어 있습니다. 하지만 학생들은 컴퓨터에서 문서 작업을 미리 해두고 붙여넣기를 하는 게 좋습니다. 왜냐하면 홈페이지에 로그인 한 후 일정시간 입력이 없으면 자동 로그아웃 되도록 설정한다고 합니다. 아깝게 쓴 글 자칫 실수로 날려버려 낙담하는 일이 의외로 빈번하답니다. 꼭 컴퓨터에서 먼저 작성하는 것 잊지마세요~

포스학원

연 락 처	전화 02-554-6555
위 치	서울시 강남구 대치동 은마사거리 송파방향 세듀어학원건물 2층
대 상	고등부
과 목	언어, 수학, 영어, 논술

강좌소개

▶언어(고1직강반, 고2정규반 및 수능특강반, 고3강좌) ▶수학(고1예비이과반, 고2문과반, 고3문과반) ▶영어(영어구조마스터반, 명연설문 통째 암기반) ▶포스논술(고1·2·3 소수정예논술반)

학원소개

고등부전문학원이다. 고1부터 고3까지 수능 언어 정복을 위해 3년 프로젝트가 서 있다는 김경진 원장(논술담당)은 물수능의 시대를 대비하는 전략, 그것은 오로지 언어영역의 기본에 충실하라고 한다. 수학은 대충해서는 절대로 성적이 오르지 않으며 완벽함을 추구해야 한다는 하지연 선생(수학 담당)의 수업은 ❶수능 출제원리를 기초로 명쾌한 이론수업 ❷체계적이고 반복적인 문제풀이를 통한 자기것으로의 체화과정 훈련 ❸개념노트+숙제노트+오답노트를 학생 스스로 정리 ❹충분한 질문시간을 제공하는 소수정예 개별관리 ❺매

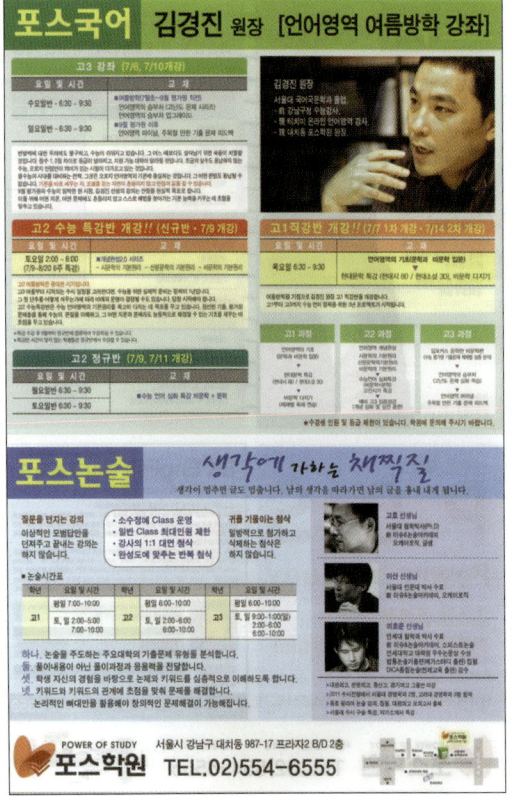

수업 후 피드백 테스트를 통해 수업내용의 이해도를 평가 ❻일주일에 한 번 복습용 모의고사 실시. 논술의 경우, 주요대학의 기출문제 유형을 분석 ❷풀이내용이 아닌 풀이과정과 응용력을 전달한다. ❸학생 자신의 경험을 바탕으로 논제와 키워드를 심층적학습. ❹키워드와 키워드의 관계에 초점을 맞춰 문제를 해결하고 논리적인 뼈대만을 활용해야 창의적인 문제해결이 가능해진다. 고호선생, 이산선생, 이호준선생이 함께한다.

CNA Academy

연 락 처	070-8283-1699
위　　치	서울시 강남구 대치동 베스티안 병원에서 롯데백화점 방향 20m
대　　상	중·고등부
과　　목	영어

강좌소개
▶수능 및 내신

학원소개
평상시에는 고급 Reading, 단어, 문법 중심의 공부를 하고 내신기간에는 원할 경우 내신수업을 진행한다. 문법을 따로 외우기식으로 학습하는 것은 지양한다. 고급독해를 통해 문장 속에 녹아있는 살아있는 문법을 학습시킨다. 고전적이면서 학문적인 학습을 바탕으로 실용영어에서부터 영어공인시험까지 아우르는 고급영어를 교육한다.

EMS(이엠에스)학원

연 락 처	전화 02-555-0202, 02-555-6541
홈페이지	www.emsschool.co.kr
위　　치	서울시 강남구 대치동 미도아파트 상가 3층 (대치역 5번 출구)
대　　상	중·고등부, 재수생
과　　목	영어

강좌소개
▶고3, 재수생 Final 문제풀이 반 ▶원장직강 고1·2, 중3 정규반 ▶중1·2·3 소수 정예반 ▶원장직강 영문법 총정리반 ▶중·고등부 최우수 Team반

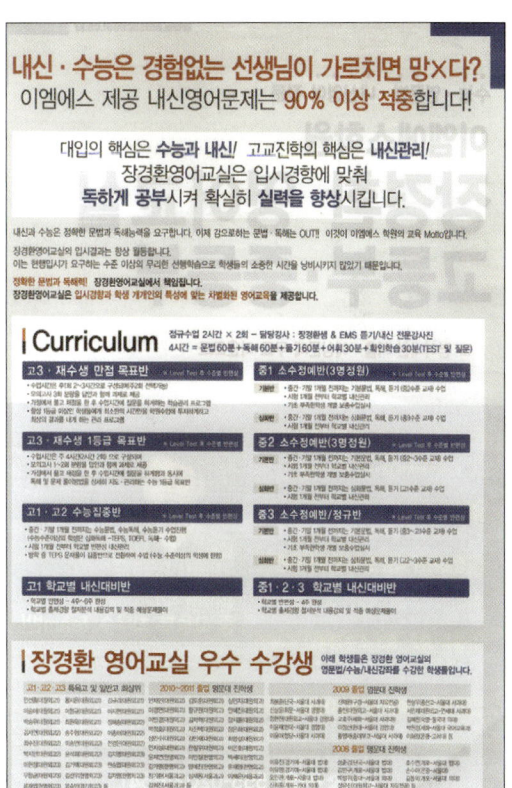

학원소개

1992년 대치동에서 개원한 이엠에스 학원은 급격히 변화하는 입시환경 속에서 교육의 핵심 패러다임을 정확히 분석·전망하여 정확한 입시정보로 정직한 교육을 추구하는 학원이다. 한때는 고등 최상위 학생들이 몰래 다니는 학원으로 자리했을 정도로 입시영어전문가의 손길을 타기 위해 북적였던 곳이기도 하다. 15년 동안 기초·기본과정과 학교교과과정이 요구하는 내용을 충실히 교육시킨 것이 뛰어난 입시결과를 내는 비결이라고 장원장은 말한다. 기본이 부족한 학생에게 절대로 무모한 선행학습을 시키지 않는다. 소중한 시간을 낭비시키지 않는다는 말이다. EMS는 수능·영문법·내신영어전문학원이다. 입시의 핵심은 수능·NEAT·내신이다. 입시경향에 맞춰 독하게 공부시켜 확실히 실력을 향상시키는 곳이다. 내신과 수능은 정확한 문법과 독해능력을 요구한다. 입시경향에 맞는 차별화된 영어교육을 장원장이 책임지겠다고 한다. 이제 감으로 하는 문법과 독해는 Out. 이것이 이엠에스의 영어교육 방침이다.

대학 입학사정관들이 말하는 면접에 실패하는 수험생 유형
① **동문서답형** : 질문의 속뜻을 파악 못한 '사오정'
② **선언형** : 근거 없이 주장만 하는 '밑 빠진 독'
③ **청산유수형** : 말만 유창한 '속 빈 강정'

폴스터디(강남원세학원)

연 락 처	전화 02-3453-8877
이 메 일	wonseap@hanmail.net
블 로 그	http://blog.naver.com/wonseap
위 치	서울시 강남구 대치동 316 은마상가 3층
대 상	재수생, 고등부
과 목	수학, 언어, 외국어

강좌소개

▶단 한시간만 들어도 수학에 자신감이 생긴다는 이기홍선생(폴수학 저자/애니스터디 인강강사/EBSi강사) ▶대한민국 대표브랜드 '상감언어'의 임기문선생(강남구청 인강강사/애니스터디 인강강사) ▶수능영어의 절대 강자! No1 강사! 노선구선생(강남구청 외국어 저자/애니스터디 인강강사) ▶수학 클리닉의 귀재 홍성현선생(폴수학 연구실장) 등 수능 사이트에서 이미 검증된 유능한 강사들이 현장에서 직접 강의하는 학원.

---

iREAD

연 락 처	전화 02-2088-0543
홈페이지	www.iread.or.kr
위 치	서울시 강남구 개포동 186-4 세종빌딩 5층
대 상	초·중등부
과 목	영어

강좌소개

▶영어독서

학원소개

다양한 영어 원서를 통해 사고력과 창의력을 가진 글로벌 인재로 키우겠다고 한다. 자연스런 영어 노출 환경 속에서 다양한 읽을거리들을 통해 영어 실력이 향상되고 생각이 깊어지며 인식의 폭도 키울 수 있다. 마음껏 영어로 책을 읽고, 자유롭게 영어로 말을 하고, 멋지게 영어로 글도 쓰면서 리더의 꿈을 키울 수 있는 곳이다. 단순히 책만 읽는 곳은 아니다. 자기주도적 영어 원서 읽기와 단계별 온라인 심화학습을 통해 체계적인 영어 독서 습관을 만들어준다. 즉, 학습의 차이, 생각의 차이, 표현의 차이를 경험할 수 있다. 아이리드 정규학습 프로세스는 총 5단계로 나뉘어진다.

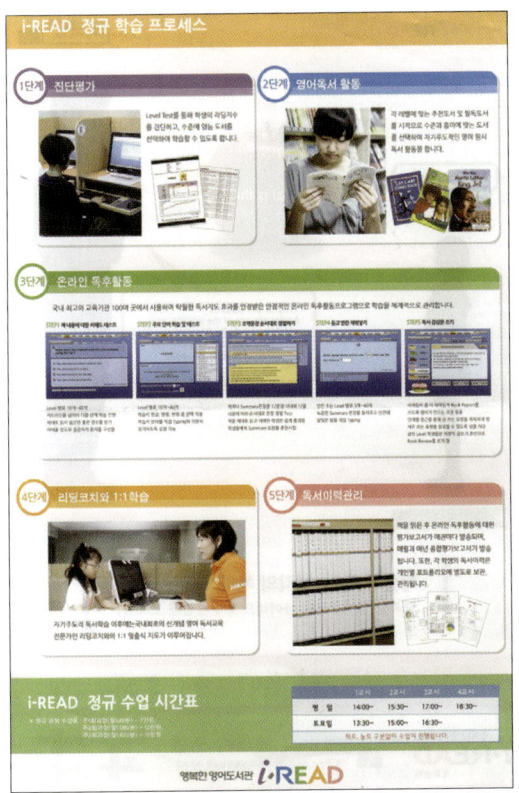

입학사정관전형 면접 신경 써야 할 5계명

❶ 첫인상
'첫인상이 끝 인상'이란 말이 있다. 밝고 자신감있는 표정은 긍정적 인물이란 인식을 심어준다.

❷ 답변내용
면접관이 하나를 질문하면 그 질문에 대해서만 구체적·논리적으로 답해야 한다. 주저리주저리 늘어놓으면 No~.

❸ 말하기 습관
"그건 그렇구요~" 하는 '애교형', "그렇죠? 이거 맞지 않나요?" 하는 '확인형', "음, 어, 그러니까요~" 하는 '버벅거리형' 모두 듣는 면접관으로선 거슬린다.

❹ 표현 방식
"리더십전형에 지원한 동기가 뭔가요?" (면접관)
"저는 리더십이 있기 때문입니다." (수험생)
"…" (면접관)
질문한 내용을 고스란히 반복하거나 판에 박힌 뻔한 말은 꽝~.

❺ 태도
일단 '눈치' '코치' 있어야 한다. 면접관과 의견이 다를 땐 고집 파우지 말고 면접관의 의견을 아우르는 센스, 난감한 질문엔 솔직한 임기응변도 필요하다.

Proud 7

연락처	전화 02-566-0505
위 치	서울시 강남구 대치동 은마사거리 롯데방향 밀사랑 건물 6~7층
대 상	초1~중3
과 목	영어

강좌소개

▶Proud 7 정규과정 Prep~Apprentice Level (초3~중3) ▶Proud 7 정규과정 Interm-ediate, Advanced, Master's Level (초5~중3) ▶미국교과서반

학원소개

리딩타운과 함께 하는 영어학원이지만 색깔은 다르다. 리딩타운이 인풋을 강조하는 반면 Proud 7은 아웃풋에 강한 학원이다. 4가지 영역을 고루 다루며 시간이 지나면 자신도 모르는 사이 실력이 많이 향상되어 있는것을 볼 수 있다. 강화된 Critical Reading 프로그램, 더욱 꼼꼼해진 Essay 첨삭프로그램, 심도있는 다양한 시사 주제로 배우는 Power Listening & Speaking 프로그램으로 강사진이 우수해 인정받는 영어실력을 키우는 데 부족함이 없을 것이다. 미국교과서반의 특징을 보면 ❶미국학교 교과과정을 통해 진정한 언어로서 영어실력 확립 ❷Reading을 통한 어휘력, 독해력, 표현력 향상 ❸Science와 Social Studies 과목을 통한 언어 사용능력 및 지식의 확장이라 할 수 있다.

S수리논술연구소

연락처	전화 02-552-6005
홈페이지	www.ssuri.co.kr
위 치	서울시 강남구 대치동 은마우체국상가 3층
대 상	고등부
과 목	수학, 수리·과학논술

강좌소개

▶수리가·나형 모의고사 100점반 ▶고2 자연계 최상위권을 위한 수리논술반 ▶고2 수학 최상위반 ▶연세대 과학논술 특강반 ▶과학논술 12회 순환반 ▶고2 문과를 위한 미·적분

집중코스반 ▶고2 문·이과생을 위한 수Ⅰ 심화총정리 집중코스반 ▶고2 한영외고반 ▶연세대 수리논술 특강 ▶서울대 특기자전형 특강 ▶수리논술 실전이론+문제풀이반

학원소개

서울대 수학과 출신 최강 수리논술팀으로 구성. ❶수리논술교육이 반드시 팀티칭으로 이루어져야 한다는 연구소 설립취지에 따라 가장 효과적인 수리논술 교육방법에 대한 끊임없는 연구와 팀 토론, 연구수업발표, 팀스터디, 대학교수초청 콜로키움, 수리주제 세미나 등 매주 새로운 문제들을 계발하고 창작하면서 기출문제 답안의 타당성 검토 및 분석을 하고 있다. ❷개인의 독단적 풀이방법과 암기위주의 지식쌓기에서 벗어나 전문가 집단에서 수많은 스터디와 세미나를 통해 탄생된 순수창작문제와 엄선된 기출문제를 가지고 제작한 자체교재를 이용하는데, 서울대 수학과 출신의 고정 첨삭진이 1차첨삭을 한 후 강의를 맡은 강사진이 직접 2차첨삭으로 그 학생의 사고의 흐름, 개선점, 논리의 타당성과 취약점 등을 다시 분석하는 과정을 거친다. ❸수학에서 좋은 문제는 학생들에게 매우 중요한 의미를 갖고 있다. 수능이든 논술이든 최상위권 학생이 틀리는 한두 문제는 늘 보던 문제가 아닌 새로운 유형의 문제이다. 틀리게 될 문제에 대한 적응력을 미리 키우는 것만이 다른 최상위권 학생들을 이길 수 있는 유일한 길이다.

"잘고른 과외선생 열 학원 안 부럽다"

이랬으면 얼마나 좋을까 싶지만, 이래저래 고르다 보면, 혹은 우연히라도 아주 괜찮은 과외선생님을 만날 때가 있다. 또 그러기를 간절히 바란다. 학원수업에서 구멍난 곳을 메우는 역할, 혹은 뛰어난 인강의 프로그램으로 집에서 잘 활용하긴 하지만 이해 안되는 부분을 묻고 싶을 때, 심지어 수준높은 족집게 선생에 이르기까지 과외를 시키는 목적은 집집마다 다 르다. 신문속에 끼어 들어오는 과외전단지들을 모아보았다. 설마 하며 망설일 때 현재 고2 이과생 엄마가 "이런 정보들도 은근 괜찮다" "아쉬울 때 찾게 된다"며 추천하였다.

- THE SSAEM(THE 쌤)　서울: 02-553-7889 / 부산: 051-867-6336
- 정상과외　http://studystudy.co.kr
- 전문과외　1588-6895
- 맑은소리샘　02-3270-3899(전국)
- 엘리트과외　02-537-2722

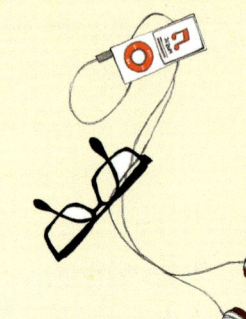

과외 효과 높이려면 신중하게 선택하세요

대치동 리포트

> 아이가 학원에 다니는 것을 싫어하거나 학원 상위반에 들어가기 위해 집중 선행이 필요한 경우, 부족한 과목을 1:1로 맞춤 보완할 경우 등 여러 가지 목적으로 과외를 하게 됩니다. 하지만 학원을 선택할 때와 마찬가지로 단순히 남들이 좋다고 하는 말만 믿고 시작했다가는 후회하게 되는 경우가 많습니다. 이왕 큰맘먹고 선택한 과외에서 최고의 효과를 올리기 위해서는 몇 가지 고려해야 할 점이 있습니다.

멘토 역할까지 해줄 수 있는 교사가 최고

엄마들 사이에서 잘 가르친다고 소문난 유명 강사에게 영어 고액 과외를 시켰던 한 엄마는 한 달을 겨우 채우고 그만둘 수밖에 없었다. 안 그래도 아이가 수학에 비해 영어 실력이 부족했던 터라 비싼 비용을 지불하더라도 영어에 재미를 붙일 수 있게 해주길 바랐는데 아이가 전하는 말을 듣고 충격을 받았기 때문이다. "네가 이렇게 실력이 없는 줄 몰랐다. 이래서야 어디 고등학교 가서 중간은 하겠니"라며 계속 면박을 주었다는 것이다. 그 강사는 비록 가르치는 기술이 뛰어날지는 몰라도 다소 실력이 부족한 학생에게 동기부여를 해줄 만큼의 능력은 없었던 것이다.

이렇게 오히려 역효과를 보지 않기 위해서는 내 아이의 성향에 맞는 과외 교사를 선택하는 것이 중요하다. 과외 교사는 더 높은 목표에 도전할 수 있도록 격려해 주거나, 칭찬을 통해 공부하고 싶은 마음이 생기도록 동기부여를 해주는 등 아이의 성향이나 실력 등 전반적인 상황을 고려해서 지도를 해줄 능력이 있어야 한다. 가르치는 실력도 중요하지만 학원수업을 통해서는 쉽게 발견할 수 없었던 학생의 잠재력이나 한계를 정확하게 파악해 이끌어줄 수 있어야 하는 것이다.
게다가 아이와의 유대감을 바탕으로 진학이나 진로에 대한 멘토 역할까지 해줄 수 있다면 더할 나위 없이 좋은 교사인 셈이다.

목적에 맞게 소신껏 선택해야 효과 기대할 수 있어

2년간의 조기유학을 마치고 귀국한 아이의 영어 학원 문제로 고민을 하던 한 엄마는 과감하게 Reading 위주의 과외를 선택했다. 아이가 평소 좋아하던 책을 읽을 여유도 없이 너무 과중한 학원 숙제와 단어 암기에 시달리는 것을 보다 못해 내린 결정이었다. 하지만 주변에서는 모두 Reading 위주로만 해서는 결국 후회하게 될 거라는 말만 했다. 그런 우려에 다소 불안하기는 했지만 과외 교사에 대한 믿음이 있어 소신껏 주 2회씩 2년 동안 계속시켰다. 그 결과 중학생이 되면서 어학원으로 옮겼지만 레벨 테스트에서 읽기나 쓰기는 물론 듣기 영역 점수까지 잘 나와 안심을 했다고 한다. 결국 내 아이에게 맞는 더 나은 방법을 고민하고 선택하는 것은 엄마의 몫이라는 얘기다.

개별지도의 필요성은 저학년의 경우 더 크다고 할 수 있다. 수학 과목은 실력이 뛰어난 것처럼 보이는 학생들도 원리를 제대로 체득하지 못하는 식의 공부로 고학년이 되면 한계를 보이는 경우가 있다. 따라서 이럴 경우 개별과외나 소규모 그룹지도로 잘못된 공부법을 교정하고 약점을 보완하는 것이 좋다. 과외를 시킬 것인지, 과외 효과를 볼 수 있는 소규모 학원을 선택할 것인지, 기간은 어느 정도로 할 것인지 여부를 결정하는 데에는 부모의 소신이 중요하다.

아이의 의지와 자세가 관건

입시를 앞두고 있는 고등학생들의 경우 주요 과목에서 부족한 부분이 보이면 부모들은 마음이 급해 입소문이 난 과외교사를 찾게 된다. 하지만 아이들마다 공부를 못하는 원인이 각양각색이기 때문에 일방적인 수업을 진행하는 과외교사보다는 각 학생별로 부족한 부분을 파악해 효과적으로 보완해줄 수 있는 교사를 찾아야 한다. 특히 수학의 경우 문제점을 꼼꼼하게 짚어주고 아이가 정확하게 모르고 넘어갔던 부분까지 충분한 설명으로 이해시켜 자신감을 갖게 해줄 수 있어야 한다. 바로 이런 점이 1:1 과외의 장점이기 때문이다.

과외를 시켜본 부모들이 공통적으로 말하는 단점도 눈여겨볼 필요가 있다. 일단 혼자 수업을 하다 보니 다른 아이들과 실력을 비교해 볼 기회가 없다는 점이 문제다. 또한 과외교사들은 학원 강사들보다 전반적인 교육 정보나 변화의 흐름을 잘 읽지 못할 수도 있다. 게다가 서로 너무 친해지면 긴장감을 잃고 늘어질 수도 있기 때문에 1:1 과외를 오래 계속할 때에는 장단점을 잘 따져보고 결정하는 것이 좋다.

과외를 통해 만족스러운 결과를 이끌어내려면 좋은 교사를 선택하는 것도 중요하지만 무엇보다도 기본적으로 아이 자신이 공부할 자세와 의지가 갖춰져 있어야 최적의 효과를 볼 수 있다.

학원수업만으로 부족한 부분이 보일 때 부모들은 내 아이만을 위한 맞춤 과외의 필요성을 느끼게 됩니다. 여러 명이 함께 수업을 하는 학원과는 달리 1:1 또는 소규모 그룹과외로 단기간에 성적향상 효과를 기대하기 마련입니다. 하지만 그런 효과를 보기 위해서는 엄마의 의지가 아닌 아이의 의지와 학습동기를 북돋아주는 교사의 역할이 무엇보다 중요합니다. 과외교사들 중에는 상위권 학생들에게 맞는 교사가 있고 중하위권 학생들의 마음을 변화시키는 능력을 갖춘 교사들도 있습니다. 주변 엄마들이 권하는 교사는 일단 실력이 있다는 얘기입니다. 하지만 그 교사가 내 아이에게도 최적이라는 법은 없기 때문에 신중하게 고민해서 선택하시기 바랍니다. 멘토가 될 수 있는 과외교사를 만난다면 기대했던 것 이상의 효과를 볼 수 있어 그야말로 투자한 비용이 아깝지 않겠지요.

케이에듀교육컨설팅

연 락 처	전화 02-1544-9811 / 팩스 02-555-0811
이 메 일	keduct@naver.com
홈페이지	www.kedu21.net
위 치	서울시 강남구 대치동 903-4 하나빌딩 2층 (대치사거리 하나은행 앞 개나리아파트 쪽으로 5~60m 하나빌딩 2층)
대 상	중고등학생 및 학부모
과 목	교육컨설팅

강좌소개

크게 '포인트 컨설팅'과 '멤버십 컨설팅'으로 구분돼 있다. ▶'포인트 컨설팅'은 말 그대로 원포인트 레슨이다. 종류로는 가이드 컨설팅, 학습 컨설팅, 수시 컨설팅, 정시 컨설팅 등이 있다. ▶'멤버십 컨설팅'은 회비의 규모에 따라 컨설팅의 범위가 달라진다. 아래 표는 케이에듀교육컨설팅의 것이긴 하나 대치동 인근에서 만날 수 있는 대부분의 교육컨설팅도 약간의 차이를 두고 비슷한 항목을 보인다. 참고하기 바란다.

학원소개 및 특징

1:1 전문 교육컨설팅 회사이다. 희망 대학에 대한 합격전략을 소개하고, 대학 입시 성공을 위한 교과학습뿐만 아니라 비교과영역의 학습

포인트 컨설팅

프로그램	내용
1. 가이드 컨설팅	1) 대입제도 경향 분석 2) 모의고사 분석 3) 학생부 분석 4) 목표 대학 / 학과 결정 5) 목표 대학 / 학과(수시 / 정시) 합격 전략 제시 6) Holland 진로탐색검사 7) MLST 학습전략검사
2. 학습 컨설팅	1) 영역별 학습방법 점검 및 제시 　① 교재 및 학습량 점검 　② 학업 목표 설정 　③ 학습계획표 작성 　④ 오답노트 작성법 지도 　⑤ 학업 계획 수행 확인 및 수정 　⑥ 학습량 확인 및 질의 응답 2) 비교과 안내 및 제시 　① 목표 대학 / 학과 지원 가능 여부 분석 및 제시 　② 비교과 활동 계획 안내 및 제시 　③ 자기주도적 학습능력 계발 　④ 학생의 적성, 소질, 열정 반영 활동 탐색 　⑤ 독서활동 지도 　⑥ 창의적 체험 활동 종합 지원 시스템(edupot) 운영 지원 　⑦ 서류 준비 지원
3. 수시 컨설팅	1) 평가원 모의고사 분석 2) 학생부(교과 / 비교과) 분석 3) 대학별고사(논술 / 면접 등) 분석 4) 목표대학 / 학과 / 전형 분석 5) 수시1차 / 2차 / 전형 분석
4. 정시 컨설팅	1) 수능 성적 분석 2) 학생부 분석 3) 모집군별 전략 분석

멤버십 컨설팅

회원	내용
일반회원	(1) 월1회 학생 및 학부모 대면 컨설팅 (2) 월 종합 학습계획서 컨설팅 (3) 매주 1회 학습 확인 전화 컨설팅 (4) 입시 종합 정보 제공
특별회원	(1) 월 2회 학생 및 학부모 대면 컨설팅 (2) 월 2회 종합 학습계획서 및 수정 관리 컨설팅 (3) 매주 2회 학습 확인 전화 컨설팅 (4) 입시 종합 정보 제공 (5) 학습 지도법 및 맞춤전략 학습 컨설팅 (6) 창의적 체험활동(자율, 동아리, 봉사, 진로 활동) 컨설팅 (7) 독서활동 지도 컨설팅 (8) edupot 운영 지원 컨설팅
VIP회원	(1) 월 특별 대면 컨설팅 　① 학생 개별 컨설팅 　② 학부모 개별 컨설팅 　③ 학생 및 학부모 특별 컨설팅 (2) 월 2회 종합 학습계획서 및 수정 관리 컨설팅 (3) 매주 2회 학습 확인 전화 컨설팅 (4) 온라인 일일 학습 체크 (5) 입시 종합 정보 제공 및 특별 상담 (6) 학습지도법 및 특별 상담 (7) 창의적 체험활동(자율, 동아리, 봉사, 진로 활동) 컨설팅 (8) 독서활동 지도 컨설팅 (9) edupot 운영 지원 컨설팅 (10) 포트폴리오 / 자기소개서 / 학습계획서 작성지원 컨설팅 (11) 대입 논술 및 구술심층면접 대비 학습 컨설팅 (12) 기타 VIP 서비스 제공

계획까지 함께 지원하며, 진로에 대한 컨설팅을 제공한다. 또한 수시와 정시 기간 수험생들의 최적의 합격 전략을 위한 대입가이드 컨설팅도 있다. 특징으로는, ❶정확한 학습습관과 진로 ❷다양한 대학 입학 관련 정보의 신속한 전달 ❸자기주도적 학습관 확립 및 학습 안내 ❹입사전형을 위한 충실한 학교생활과 창의적 체험활동의 지원 ❺희망 대학 진학을 위한 학습전략 제시 ❻수시 및 정시의 최적 대학과 학과 진단 등이다.

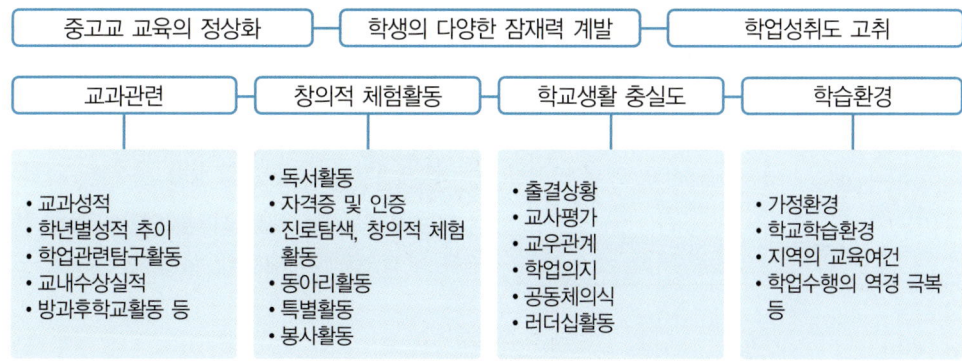

A

- 마선일영어학원
- 이선생수학
- Summit영어
- 형진영어
- 조시현과탐
- 위종욱위너스
- Two Top 수학
- 원건일수학
- 동아학원
- 함영원영어
- 한국스카이
- 더프라임
- 대치왕수학보습학원
- 좋은나무성품학교
- 뉴욕엘리트아카데미
- 조동기국어논술
- why수학전문학원
- 잉카영어
- I˚MATH
- PG영어
- 가우스학원
- 유원학원

B

- 솔밭언어논술
- 손창연영어
- 홍익학원
- 신어지
- su과학
- 김경희영어
- 선경어학원
- 김남일큰수학
- 아이비과학
- 심지학원
- 류창성의GMS
- 조앤박수학
- 폴라리스
- 김미성수학
- 강남메가스터디
- 파르테논
- DYB수학학원
- 브레노스창의영재수학
- 예인학원
- 김응만상위권수학
- 정찬호학습클리닉
- 김채경수학

E

- 아토수학
- 삼보상상
- 파라투스수학
- 리틀팍스어학원
- 유수하수학
- 올리브수학.과학
- 서현학원
- Top Reading
- 뉴러다임영어
- S&C과학
- 수학전문마토
- 크레머수학
- 최선프리머스
- 하버드수학
- 프리모수학
- 산마루국어논술
- 연세학원
- 주인공트레이닝센터
- CHRIS영어
- 가람국어
- M&J국어
- 이미옥수학교실
- 하버드영재수학

개념의 힘

연락처	전화 (고등관)02-569-1109 (중등관)02-539-8809 (강동관)02-428-1109
홈페이지	www.f-power.co.kr
위 치	서울시 강남구 대치동 은마사거리 대치사거리 방향 현대아파트건너편 4~5층
대 상	중·고등부
과 목	언어, 수학, 영어, 논술

강좌소개

▶중·고등부 수학 전강좌 ▶수학외고반 ▶수학자사고반 ▶수능언어·수능영어 ▶언어논술 ▶수리논술 ▶과학논술 ▶한국사인증 ▶한국지리 ▶물리Ⅰ ▶경제경시 ▶수학클리닉 ▶내신대비 팀수업(사회, 과학)

학원소개

영동고 수학교사 출신의 김영제 원장이 고등부 수학으로 시작한 학원이다. 학교별 내신수업이 알차고, 특정선생의 팀수업은 대기를 해야 한다. 입소문으로 알음알음 찾아가는 곳이기도 하다. 강사소개를 하자면 ▶수리 : 김영제선생, 박정수선생, 유재원선생, 김옥균선생, 양진엽선생, 이상길선생, 홍성준선생, 하재형선생, 조상선생 ▶언어 : 손관길선생, 태준건선생, 배솔지선생 ▶영어 : 이명학선생 ▶과학 : 허경태선생, 김유섭선생 ▶한국지리 : 이승헌선생 ▶언어논술 : 태준건선생 ▶수리논술 : 양진엽선생, 이상길선생 ▶과학논술 : 토이과학논술팀 등.

김은실7mentor

연락처	전화 02-2052-7778~9
이메일	7mentor@paran.com
블로그	http://blog.naver.com/ddaezzi
위 치	서울시 강남구 대치동 66-4 3호선 학여울역 5분 거리(Snk어학원 2층)
대 상	유아, 초·중·고등부(입시 학습 자녀지도 등 종합컨설팅)

프로그램소개

기본프로그램(심층상담-심리 적성 및 국영수 진단-1:1맞춤전략 수립-최종 상담) ▶1회 상담(이사, 유학, 학교 선택, 성적 저하 등 특정 정보 관련 상담) ▶1년 관리(심층상담 후 결정, 월 1회 직접 상담 및 수시로 솔루션 제공, 이메일 및 문자 발송) ▶1년 집중관리(심층상담

후 결정/월 2회 이상 직접 상담 및 비교과 1:1 밀착관리, 솔루션 수시 제공 및 관리) ▶국제학교 대비 프로그램(제주 송도 등 국제학교 선택 여부, 학교 선정, 입학원서 및 시험대비) ▶키즈 상담(유아~초등 2학년 대상 : 유아기 및 초등기에 꼭 해야 할 것 집중 지도 및 초등 6년 로드맵 제공)

강좌소개

▶학부모 대상 정기 세미나 및 컨설팅(평균 월 1~2회 개최, 문자 메시지 발송, 원하는 학부모는 학원상담실에 휴대폰 번호를 남기면 된다)

학원소개

김은실7멘토는 대치동에서 가장 오래된 유아~중등 전문 컨설팅기관이다. 상담은 김은실 소장이 직접 담당하며, 교육전문작가이자 강연가인만큼 '학교-사교육기관-교육당국-언론매체' 등에서 정신없이 쏟아져나오는 교육정보를 학부모의 입장에서 신뢰감있게 걸러 전해준다.

정보홍수시대에 내 자녀에게 꼭 맞는 정확한 정보를 가져가는 것만이 최고의 경쟁력이다. 과장되거나 허황된 상담은 일체 하지 않는다는 소신으로 지금껏 대치동에서 일하고 있다. 굳이 광고를 하지 않아도 입소문으로 찾아가는 곳으로도 유명하다. 최근 김은실 소장이 '대치동 엄마들의 입학사정관제 전략'과 '비교과 전략'(근간)을 출간한 이후 중고등학생 대상의 입학사정관제 및 비교과 대비 프로그램도 있다. 국제중, 특목고, 대입 자기소개서 관련 상담은 이미 입소문이 상당히 나 있다. 블로그에 김은실 소장의 교육칼럼과 강연 동영상, 강연 정보 등이 수시로 업데이트되니 자주 들어가서 필요한 정보를 가져오는 것도 한 방법.

네이쳐사이언스

연 락 처	전화 02-567-6733
위 치	서울시 강남구 대치동 대치역 은마상가 3층 B블럭
대 상	초·중·고등부

강좌소개

▶초등 1~2학년 : 체험관찰 ▶초등 3~4학년 : 기초실험 및 응용실험, 미국교과서 맞춤교육 ▶초등 5~6학년 : 중등과정 집중실험 및 미국교과서 맞춤교육 ▶중등 1~3학년 : 중등과정 집중 실험 외 생물원서실험 및 화학원서실험 등

학원소개

'체험이 진정한 과학이다'라는 슬로건을 중심으로 최근 수년간 생명과학 지도경험이 많은 젊은 연구원들이 모여 만든 곳이다. 실험 및 실습교육을 진행하고 있는 과학실험 전문 교육원이라고 보면 된다. 명륜동에 본원을 두고 목동, 최근 대치동에 분원을 연 우리나라 과학실험교육의 산실이라 불리는 한국생명과학연구소 연구원이 독립하여 차린 곳이라는 얘기도 있다.

교육목표는 다음과 같다. ❶청소년 과학 실험 교육의 활성화 및 인재육성, ❷수준높은 과학 지식의 쉬운 접근 및 인식의 저변확대, ❸자연친화적 사고 고취, ❹과학적 논술, 토론, 분석능력 강화, ❺과학영재와 유학생을 위한 맞춤교육 등이다. 동물발생학, 식물생태학, 곤충분류학, 고분자화학, 유전학, 동물유전학, 미생물유전학 등의 세부전공을 가진 석박사급 교수진들의 전문적인 실험지도로 생명과학에 관심이 있는 청소년들이 생명과학자로서의 꿈을 조기에 키워갈 수 있도록 도와준다. 특히, 기초를 탄탄히 다질 수 있는 정규과정 외에도 집중탐구, 생태탐사, 국내외 박물관 및 대학연구소 방문 등의 프로그램에 참가함으로써 체험을 통하여 생명과학을 친숙히 느끼게 한다.

대오교육

연락처	전화 02-566-7785
카 페	http://cafe.daum.net/daeoedu
위 치	서울시 강남구 대치동 대치사거리방향 사까나야 길 건너편 건물

강좌소개
▶초·중등 특목고·영재원 컨설팅 ▶학습컨설팅 ▶진로컨설팅 등

학원소개
'대치동 오선생'으로 불리며 유명세를 톡톡히 치르고 있는 오선생의 컨설팅 사무실이다. 한때 초등학생 대상 영재원 입시에서 좋은 성과를 보였고, 청심국제중, 대원국제중 입학대상 컨설팅으로 유명하다. 평가가 다양하게 갈리고 있어 선택은 부모님들이 직접 만나보고 결정할 일이다. 모든 일의 성과에는 평이 따르게 마련. 좋은 결과를 낸 부모는 호평을, 결과가 시원치 않으면 들인 돈과 시간이 아까

워서 혹평을 퍼붓기도 한다. 도움을 받았다는 분도 있고, 아니라는 분도 있다. 이는 어쩔 수 없는 부분이다. 그것은 어떤 컨설팅이든 마찬가지다. 아이에게 알맞은 학원, 커리큘럼도 짜준다고 하니 면밀한 검토 후 판단은 전적으로 학부모의 몫이다. 소문에 선입견을 가질 필요도 없다. 선입견 때문에 혹시나 필요할지 모르는 입시 흐름과 좋은 정보를 놓칠 수도 있다.

대치스카이

연 락 처	전화 02-557-6003
홈페이지	www.mydsky.com/
위 치	서울시 강남구 대치동 은마사거리 한티역 방향 아이플러스빌딩 4층
대 상	중·고등부
과 목	언어, 수리, 외국어, 논술, 대입컨설팅

강좌소개

▶특목고대비 ▶입학사정관제도 및 면접대비 ▶재외국민특별전형 ▶경시대회 ▶논술 ▶중·고등 단과 ▶중·고등 준 기숙사반

학원소개

학생들의 어두운 표정을 밝고 행복하게 만드는 것이 목표라는 대치스카이 논술&수능. 정직한 정공법으로 아이들의 자기주도적 학습을 완성시키겠다고 한다. 학원은 학습에 있어 보조수단이다. 아이들이 '자기주도적 학습'을 할 수 있는 단계에 빠르게 도달할 수 있게 하여 둥지를 떠나도 홀로 날 수 있도록 만들겠다고 한다. 소속강사 전원이 곰TV 인터넷 강의를 통해 검증받은 강사들이다. 수능팀 강사들은 등급대별, 수준별 학습커리큘럼과 학습방향을 제시해 빠른 시간에 성적향상을 이룰 수 있는 시스템을 구축했다. 논술팀은 대학별 출제경향을 정확하게 파악하고 거기에 맞는 유형의 문제개발 및 실전적응력을 키울 수 있도록 한다.

대치스카이 수업시스템은 ❶'타겟팅' 수업이다. 사전 컨설팅과 실력평가를 통해 아이들의 현재 성적과 성취도에 따라 철저한 타겟팅 수업을 진행한다. ❷'쌍방향성 소수정예' 수업을 한다. 강사들은 질문과 확인을 통하여 수업내용을 확인하고 주지시킨다. ❸ '자기주도적 학습' 이다. 학생들의 상황과 수준에 맞게 수업을 진행하고 수업이 없는 날에 해야 할 과제와 공부 분량을 요일별로 플랜을 짜고 점검한다. ❹ 철저한 관리와 관심이다. 아이들의 고민과 문제점을 함께 공유하고 해결하려고 노력한다. ❺ 최고의 프로강사들의 열정도 자랑거리이다. 공부를 싫어하고 못하는 아이들을 잘하고 흥미를 느끼게 만드는 것이 '프로강사' 다. 스스로들을 티칭 및 동기부여 전문가라고 말한다.

듀얼스페이스

연락처	전화 02-538-5015
위 치	서울시 강남구 대치동 은마사거리에서 삼원가든방향 맛자랑건물 2층
대 상	중·고등부
과 목	수학

학원소개

수능과 내신을 철저한 관리식 수업을 통하여 수학을 잘하게 하는 학원이다. 많은 문제풀이, 계속된 오답관리, 주고 또 주는 취약파트 문제들…. 듀얼스페이스가 부모들에게 신뢰받는 이유다. 학생들은 질려 하며 얼굴이 백짓장이 되어 나올 때도 있다. 단순 무식해 보이는 방법이지만, 중등의 경우 이 시스템에 2년만 버티면 중3에서 고등으로 가는 겨울방학 고등부학원 Level Test시 최고반은 따논당상이라고도 한다. 물론 모든 친구가 다 그런 건 아닐 테다. 열심히 구멍을 메우고 다지고 다진 친구들에게나 가능한 일이다. 고등부에서도 수능 점수가 잘 나오는 학원으로 알려져 있다. 문제는 여기를 버티고 견디기가 쉽지 않다는 점. 눈·귀 딱 틀어막고 2년! 대치동에서 이 일이 어디 쉬운가? 인내심을 갖기엔 '단기' '속성' '효과' '족집게' 용어가 난무하며 의지력을 약화시킨다. 오답풀이 질문시 어수선하거나 질문자가 많을 땐 기다리는 시간의 지루함도 견딜 수만 있다면, 가끔씩은 끝장보듯 알 때까지 풀리는 악착같은 오더를 진저리치면서 견디기만 한다면 인내의 보상은 분명히 있다.

ENS브레인맵

연락처	전화 02-562-4888 / 팩스 02-562-0401
이 메일	brain15@naver.com
위 치	서울시 강남구 대치동 은마사거리 1001 안경점 건물 2층
대 상	초·중·고등부, 재수생
과 목	뉴로피드백, 행동수정훈련, 학습코칭(국, 수, 사, 과)

강좌소개

❶뉴로피드백 : 정서 안정이 필요한 학생, 긴장에 의한 시험불안이 있는 경우, 우울감을 동반한 감정 기복이 있는 경우, 스트레스가 높고 잡념이 많은 경우, 사회성이 낮아 주변 친구들과의 관계가 원만하지 않은 경우, 특목고에 진학했으나 경쟁 상황을 견디지 못하는 경우, 학습능력 향상이 필요한 학생, 단기기억력이 낮

아 단순암기가 안 되는 경우, 집중력이 낮아 과제 완성률이 낮은 경우, 주의력이 낮고 산만한 경우, 계획한 것을 실행하지 못하는 경우, 공부는 열심히 하지만 성적이 안 나오는 경우, 언어표현능력이 낮은 경우, 학습부진을 극복해야 할 학생, 학습무기력 또는 동기를 상실한 경우, 과잉행동·주의집중력이 현저히 낮은 경우, IQ가 평균 이하인 경우 등의 학생을 대상으로 뇌의 전체적인 발달과 활성을 이뤄내는 최첨단 두뇌훈련프로그램이다.

❷ 행동수정훈련 : 뇌가 아무리 행동명령을 내려도 손발이 응답하지 않으면 행동은 바뀌지 않는다. 머리와 몸을 일치시키는 훈련이다.

❸ 학습코칭 : 기억력, 이해력, 읽기, 수학학습능력 등을 향상 시키는 프로그램이다. 구체적인 공부방법을 배워서 실천하는 학습전략 프로그램. 자신의 역량을 파악하는 자기평가로 시작하여, 기본학습능력 배양과정을 거쳐 자신만의 공부법을 완성하는 과정이다.

학원소개 및 특징

검사를 통해 정확한 학습능력, 정서상태, 자기조절능력 판별 심층상담을 통한 아이의 환경파악 및 부모상담 진행, 개인별 맞춤훈련코스제공, 개인 학습코칭으로 부족한 학습능력을 보완해 준다.

대치동 리포트

영어 3, 4, 5등급 받는 고등학생들에게!

아무리 노력해도 성적이 오르지 않는 3,4,5등급 학생들은 실력과 점수 향상을 위해 당장 무엇부터 시작해야 할까?

우선, 수능의 본질부터 파악해야 한다. 1994학년도 이후 수능 출제 원리는 언어학적 지식에 대한 평가에서 의사소통능력에 대한 평가로 전환되었다. 따라서 단어 좀 외우고 해석 좀 하면 문제는 풀 수 있다는 착각에서 하루빨리 벗어나야 한다. 영어점수가 오르지 않는 이유는, 한국어는 잘 하는데도 언어영역 점수는 나오지 않는 것과 같은 이치이다. 영어도 언어영역과 마찬가지로 종합적 사고력과 논리적 이해를 바탕으로 한 고차원적인 사고능력을 요하는 과목이다. 상대방이 전달하고자 하는 내용 즉, 지문에서 전달하고자 하는 주제를 정확하게 파악해야 한다. 2008학년도 이후 영어지문의 난이도가 높아지고 있다. 지문에 제시된 어휘가 어렵고 구문이 길어지면서 문장이 길어졌지만 문제는 쉽게 출제되어 왔다. 어려운 지문이라도 제대로 읽기만 하면 매력적인 오답을 고를 가능성은 떨어진다는 얘기다. 한 지문당 한 문제가 출제되는 원리를 파악하여, 각 지문마다 전달하고자 하는 주제를 파악하면 된다. 주제는 드러나 있는 경우도 있고, 내포돼 있거나 추론해야 하는 경우도 있다. 어떤 경우이든 제대로 읽고 주제만 잘 파악할 수 있다면 점수는 오른다. 점수가 올라주면 신이 나서 실력은 덩달아 쌓이기 마련이다.

– 김기훈 선생님 설명회 중에서

대치동 리포트

| 김은실 선생님 |

대입 수학능력시험의 기본기는 초·중등 시기에 다져야 한다!

대학입시는 해방 이후로 15회 이상의 변화를 거쳐 왔다. 본고사, 예비고사, 학력고사…
현재의 수학능력시험은 1994년에 시작되었다. 16년의 역사를 자랑하는 수학능력시험은
그 전 단계였던 학력고사와 비교가 된다. 대부분 학력고사 세대인
초·중등 학부모들은 두 시험의 차이를 알아야 학습지도가 제대로 이뤄질 수 있다.

학력고사 vs 수학능력시험, 어떻게 다를까?

수능 이전의 학력고사는 '단순암기형' 시험이었다. 정해진 범위 내의 교과서를 충분히 공부하면 단기간 내에도 고득점을 올릴 수가 있었다. 당시에는 내신과 면접 등은 형식적인 과정이었고 학력고사 점수로만 평가를 해서 대학에 진학했다.
따라서 당시에는 '전설 속의 서울대 합격생'들이 지역마다 있었다. 고등학교 1, 2학년 내내 평범하던 학생이, 1년여 죽어라고 공부해서 고득점을 획득, 서울대에 합격한 사례들이다. '개천에서 난 용'들도 많았다. 딱히 사교육이 필요없이 자신의 능력껏, 성실히 공부하면 고득점은 가능하기 때문이었다.
학력고사 세대에는 '4당5락'이라는 말이 통용되었다. 즉 '4시간 자면 합격하고, 5시간 자면 떨어진다'는 것이었다. 왜? 언어고 수학이고 영어고 그저 스캔하듯이 머릿속에 넣으면 풀 수 있는 문제들이기 때문에, 잠 1시간 줄인 만큼 정답률이 높아질 수 있었기 때문이다.
그러나, 수학능력시험은 다르다. '4당5락'은 수능 세대에서는 사라진 과거의 유물이다. 요즘은 모의고사나 수능 전날엔 6시간 이상 충분히 자야 한다는 것이 불문율이다. 흐리멍텅한 머리로는 단순암기형 문제는 풀 수 있지만, 수학능력시험은 그럴 수가 없기 때문이다.
수학능력시험은 '문제해결능력', '통합적사고능력', '지문독해력 및 해석능력' 등을 요구하는 문제들로 출제된다. 범위도 교재도 따로 정해진 것이 없다. 교과서와 참고서는 기본 원리 개념만 이해하는 데 필요할 뿐이지, 학교에서 배운 내용을 달달 외운다고 해도 똑같은 문제가 출제되지 않는다. 학교에서는 한용운 님의 〈님의 침묵〉으로 시를 배웠다고 하더라도, 시험 문제에는 교과서에서는 찾아볼 수 없는 김용택 님의 〈섬진강〉이 지문으로 출제되는 식이다. 즉 특정 시를 선생님이 가르쳐주는 대로 주제 외우고 형식 외우는 식의 공부로는 수능 시험을 치를 수가 없다는 것이다. 대신 '시'의 원리를 알고, 직접 시를 지어 보고, 시를 많이 읽어본 학생들일수록 유리한 문제들이 출제된다.
특정 '시'를 외우면 풀 수 있는 문제는 한 시간만 공부하면 된다. 그러나 '시'의 기본 개념과 다량의 독서 및 창작을 해야만 정답률이 높아지는 문제라면, 되도록 오랜 시간 '가랑비에 옷 젖듯이', '묵은지'처럼 깊은

맛이 우러나오는, 오랜 시간 깊고 넓은 지식을 쌓아야 한다.

수학능력시험 고득점을 위해 초·중등 때 꼭 해야 할 것들

'범위도 교재도 없는 통합사고력 및 문제해결능력'을 필요로 하는 수학능력시험의 문제를 잘 풀려면 어떤 준비를 해야 할까?

● 독서와 답사 등 직간접 체험을 통한 지식 습득

'독서력'은 현재의 시험 유형에서 절대적이다. 독서력이 떨어지면 학교시험이나 입시에서 약자가 될 수밖에 없다. 다방면의 풍부한 독서를 통해 지식을 쌓고, 더불어 현장답사, 체험 등을 통해 직접 보고 느끼는 체득과정을 충분히 거칠수록 유리하다.

단, '편독'은 위험하다. 읽기에 부담이 없고 재미있는 '창작류'만 읽는 학생들이 많은데, 수학, 과학, 경제, 법률 등의 비문학류도 이른 시기부터 함께 읽어야 한다. 비문학류로의 손쉬운 접근 방법은 잡지 혹은 신문 등을 정기구독하고, '사설노트' 등을 정기적으로 작성하는 것이다. 수능의 언어영역에서는 까다로운 비문학 지문의 추론능력을 묻는 문제들이 가장 난이도가 높기 때문이다.

● '글'과 '말'로 표현하는 능력을 키워라!

'독서'만으로 끝내서는 미진하다. 책을 읽고, 그 책의 내용을 근거로 자신의 생각을 비판적, 혹은 창의적으로 정리한 '독서록'을 작성해야 비로소 한 권의 책을 다 읽었다고 할 수 있다. 더불어 기회가 닿는다면 친구들과 함께 그 책의 주제를 두고 '토론'의 기회를 삼는 것이 가장 좋다. '글쓰기'와 '말하기'의 능력은 중·고·대의 모든 입시에서 공통(자기소개서와 독서록, 면접)으로 떠오른 당락의 핵심으로 자리매김하고 있기 때문이다.

또한 학교 시험에서도 '서술형 평가'가 국어와 사회를 중심으로 50%까지 확대되고 있기 때문에, '글'로 자신의 생각을 표현하는 능력의 중요성이 코 앞에 다가왔다.

● 수학, 과학 분야의 독서와 글쓰기도 매우 중요하다!

최근 논술 비중이 높아지면서, 대입의 자연계열에서 수리논술 과학논술을 치르는 학교가 점차 많아지고 있다. 또한 과학고 및 영재학교의 입시에서도 수학·과학적 지식과 같은 비중으로 창의적인 사고력 및 토론 능력 등이 입시의 핵심포인트가 되었기 때문에, 자연계열을 목표로 한다면 과거와 달리 수학·과학 분야의 토론형 독서 및 글쓰기 등을 초등학교 때부터 꾸준히 해두는 것이 향후 대입시험에서도 유리하다.

● 과목별 개념노트를 작성하라!

수학능력시험에서는 '개념의 이해', '지문의 독해 능력' 등이 매우 중요하다. 수학도 공식만 외워서는 통합 사고력 유형의 문제를 풀기 힘들다. 공식의 원리 개념을 깊숙이 이해해야 한다. 또한 글이나 혹은 도표 등으로 제시되는 지문의 '독해력'이 매우 중요하다.

이러한 능력을 키우기 위해서 과목별 '개념노트'를 만드는 것이 유리하다. 생소한 한자 조합으로 대부분 구성된 특정 용어에 콱 막혀서 쉽게 달달 외워버리는 식으로 초등 중등 때 공부하면 수능시험에서는 낭패를 보기 쉽다. 따라서 수학, 과학, 사회 등의 주요 과목별로 단원마다 제목 및 본문 내의 특정 용어를 적고 그 풀이를 적는다. 수학 과학은 새로운 공식이 나오면 그 공식을 이해한 후 서술형으로 풀어서 적는다. 사전식으로 곧이곧대로 적기보다는 자기 나름대로 정확히 이해한 후 자기 식으로 풀어서 적는 것이 가장 좋다.

라이머영어

연 락 처	전화 02-569-0798~9
위　　치	서울시 강남구 대치동 은마상가 3층 B블럭
대　　상	중·고등부
과　　목	영어

📖 강좌소개

▶기초라이머 ▶통합어법 ▶통합청취 ▶고난도 분석독해 ▶수능어법특강 ▶수능실전 ▶RC문제 풀이 ▶루시암TEPS ▶단문응용 ▶청취 ▶영작

🏫 학원소개

'라이머'는 Writing through Grammar의 합성어로 영작을 통해 정확한 어법구사력을 익히게 하는 학원이다. 특징을 살펴보면 ❶선생님이 해석해 주는 독해를 넘어 모든 수업에서 '스스로 번역'하는 진짜 Reading 실력을 기르게 한다. ❷이를 통해 강도높은 어법, 표현력을 익히는 훈련이 된다. ❸수능과 연계된 TEPS, iBT 훈련을 진행, 막연한 점수올리기 기법이 아닌, 실력으로 승부할 수 있게 한다. ❹NEAT 시험에 대비 Writing, 고급독해, 청취, 말하기 훈련을 끊임없이 훈련하게 한다. 영어학원이지만 학교별 내신을 봐주는 데는 일정한 한계가 있다. 대치동은 물론 강남 인근 지역에서 오는 수강생들의 학교가 무려 20여 개를 넘어 일일이 맞춤 수업을 하기 어렵다. 내신으로부터 자유롭다면, 문장의 세세한 분석을 통해 얻게 되는 문법지식 및 통문장 외우기 등은 영어학습에 유익할 것이다.

류지혜국어논술

연 락 처	전화 02-566-0019
위　　치	서울시 강남구 대치동 한티역에서 은마사거리 방향 윤성빌딩 4층
대　　상	중·고등부
과　　목	언어

📖 강좌소개

▶정규반 : 중1·2(내신통합, 언어, 독서), 중3(내신, 언어, 독서), 고등언어(현대문학, 비문학, 고전산문) ▶중등상시 독서반 ▶방학특강 : 중1·2 쓰자특강, 읽자특강 중1·2, 중3 언어특강, 고등읽자특강

학원소개

단기간 일회적인 내신 대비로는 학생들의 언어능력을 알 수도 키울 수도 없다. 개정 교과서의 다양하고 풍부한 지문 섭렵을 통해 교과보다 넓은 언어와 사고의 세계를 열어가는 류지혜국어논술은 어느새 대치동에서 중·고등학생 국어의 미더운 기준이 되고 있다. 중1·2는 책임있는 준비와 신뢰할 만한 실력으로 키워주고, 중3은 고등부 국어·언어의 바탕을 놓는 시기이기 때문에 가장 정직한 준비가 될 수 있는 내신선행과 독해감각키우기를 목표로 한다. 또한 다양한 독서체험으로 단순한 내용이해를 넘어 사고력을 키우는 쟁점중심의 수업을 지향한다. 고등언어는 수능언어 정복과정으로 언어영역반이 있다. 독법중심의 강의로 현대문학의 낯선작품들에 접근해 문학독해의 자신감과 자기감각을 만들고 함께 읽기를 통해, 비문학 지문의 구조적 독해능력을 키울 수 있다. 오랜 경험과 성실한 연구로 아이들에게 필요한 학원으로 만들어가는 곳이기도 하다.

랭귀지윌

연락처	전화 02-538-5015, 02-562-8222
홈페이지	www.languagewill.co.kr
위치	서울시 강남구 대치동 949-8 세원빌딩 3~4층(삼성역 사거리 유턴후 세번째 골목에서 우회전)
대상	초·중·고등부
과목	영어

강좌소개

▶SAT ▶SSAT ▶SAT Ⅱ ▶TOEFL ▶BOOK CLUB ▶AP ▶미국교과서 ▶어원강의 ▶유학대비반

학원소개

한때 SAT 강의로 명성을 날렸던 이성영 선생이 운영하는 학원이다. Critical Reading, Writing Maltiple Choice, Essay Writing 등의 수업으로 구성되며, SAT 강의는 미국 보딩스쿨 출신 학생들과 특목고 학생들 사이에서 인기가 있다. 꼼꼼한 관리까지 기대하기는 무리. 스스로가 집착력을 가지고 공부한다면 어디서든 성과가 안날 수는 없을 것이다. 방대한 자료, 좋은 시스템은 자랑거리.

레카스 플러스 아카데미

연락처	전화 02-565-7711
홈페이지	www.recasplus.co.kr
위치	서울시 강남구 대치동 대치역사거리 하이마트 옆 현대증권 빌딩 5층
대상	초·중·고등부
과목	영어

강좌소개

▶SAT ▶AP ▶SSAT ▶SAT Ⅱ ▶Literature ▶Junior Program ▶TOEFL

학원소개

미국 유학의 모든 준비를 할 수 있는 곳이다.

압구정동의 호황에 힘입어 대치동에서 문을 연 지 몇 년째 된다. 단순한 시험대비 수업만 하는 것이 아니라 Application Essay 등 유학의 모든 준비를 함께 하며 성공적인 미국 학교생활을 할 수 있는 기반을 다진다. 외고, 민사고 학생을 위한 Subject 수업 등 다양한 수업이 준비되어 있고, Junior Program을 통하여 국내 초등학생들에게 미국 현지 수업내용을 그대로 전달하여 조기유학이 불가능한 국내 학부모님들의 수요를 충족시켜 준다.

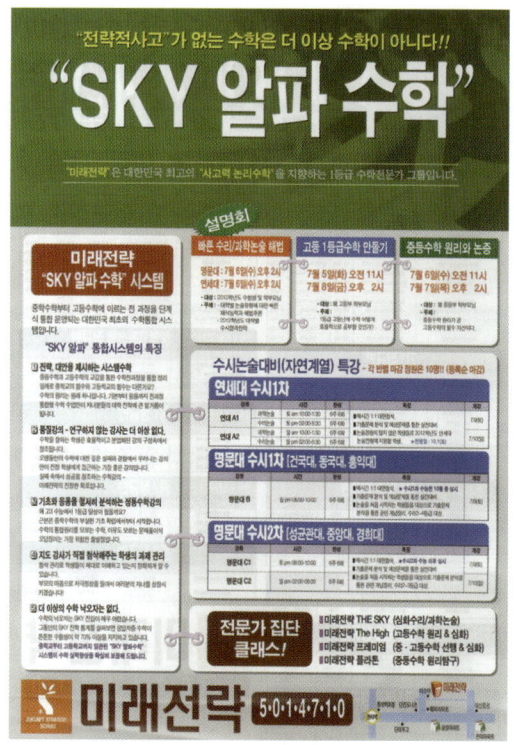

미래전략

연 락 처	전화 02-501-4710
위 치	서울시 강남구 대치동 은마사거리에서 롯데백화점방향 던킨도넛츠골목 미소야 옆건물
대 상	중·고등부
과 목	수학

강좌소개
▶중·고등부 전강좌

학원소개
새로운 이름으로 새롭게 출발하려는 미래전략 SKY 알파수학. 중학수학부터 고등수학에 이르는 전과정이 단계식으로 통합 운영되는 수학통합시스템을 구축하고 있다. 최근 이름을 바꾸었는데, 예전 이름은 '수오름'. 중·고등부에서 나름 이 학원 저 학원 다니다 보면 내리는 결론은 100% 정답은 아니나, 중뿔난데가 없다는 것. 그만큼 실력도 시스템도 짱짱한 데가 많다는 뜻. 선생님과 학생의 궁합만 맞으면 한곳에서 일정기간 이상 묶이는 것도 방법. 이럴 때 생각나는 학원이다. 평판이 좋았다. 왜 인지도 있던 학원이름을 바꾸었는지 모를 일. 수업의 특징을 보면 ❶중등수학과 고등수학의 교감을 통한 수학 전과정을 통합 정리한다. 수학의 원리는 하나이기 때문. 기본부터 응용까지 전과정 통합형 수학수업만이 진학에 밑거름이 된다고 믿는다. ❷품질강의-연구하지 않는 강사는 없다. 항상 공부하고 연구하는 강사들임을 자랑 ❸기초와 응용을 철저히 분석하는 정통 수학강의. 이유도 모르는 문제풀이식 오답정리는 가장 위험한 출발점이다. ❹직접 첨삭해 주는 선생님이 학생의 과제를 직접 관리. ❺기초탄탄을 통해 수학의 낙오자가 없도록 한다.

미래탐구 (고등입시관)

연락처	전화 (입시센터)02-538-3372 (올림피아드)02-538-6020
홈페이지	www.mirae-academy.co.kr
위 치	서울시 강남구 대치동 은마사거리 한티역방향 영양센터건물 2층
대 상	고등부
과 목	언어, 수학, 영어, 사탐, 과탐, 논술, 고등올림피아드

강좌소개

▶고1·2 수학정규강좌 ▶고1·2 언어정규강좌 ▶미탐영어 정규강좌 ▶고1·2 이과과학강좌 ▶고등올림피아드 전문강좌 ▶자연계 논·구술프로그램 ▶자연계 심층면접프로그램 ▶자연계 수능 파이널프로그램 ▶과탐영역 파이널반 ▶수시1차대비 파이널프로그램 ▶고1·2 사회 정규 강좌 ▶임형론 경제강좌 ▶대치동 One&元 team의 공인영어프로그램 ▶정선생 영어 프로그램 ▶조선근선생의 DELF/DALF 불어내신 프로그램 ▶김애림선생의 신 HSK ▶중국어 내신 프로그램 등

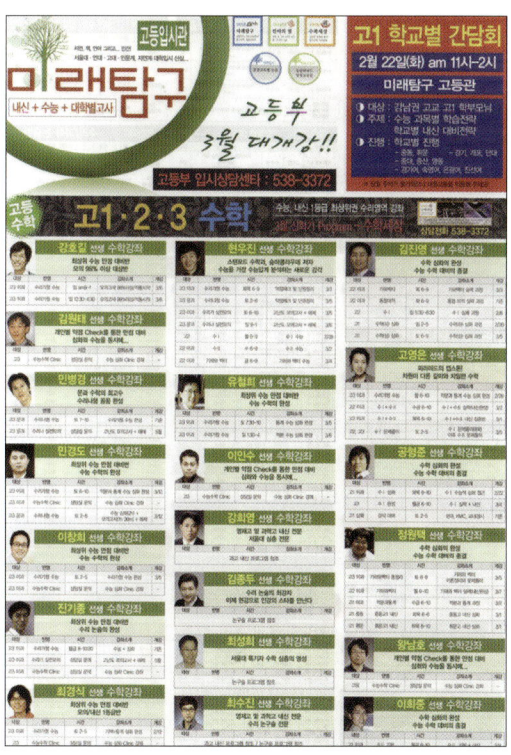

학원소개

명실공히 대치동의 대표적 단과 종합(연합)학원이다. 없는 게 없다. 과학이면 과학, 수학이면 수학, 언어면 언어, 심지어 사회, 국사까지 이름있는 선생들로 포진시켜 놨다. 특목 경시 학원인 것 같지만 반드시 그런 것도 아니다. 무수히 많은 수업들이 톱니바퀴처럼 움직인다. 주말과 방학이면 멀리 대전, 광주에서도 온다. 고등경시로도 유명하다. 강사진은 다음과 같다.

▶미래탐구 : 김영빈선생, 배기범선생, 김지혁선생, 김태영선생, 김정연선생, 윤선애선생, 박상록선생, 조성호선생, 이지현선생, 이창섭선생, 최수준선생, 오창률선생, 김영찬선생, 최성현선생, 조응수선생, 이용환선생, 변지선선생, 신지연선생, 장재필선생, 홍은영선생, 권정미선생, 유호진선생, 김성도선생, 안상현선생, 마진호선생, 이승혜선생, 김세진선생, 박용재선생, 이세경선생, 이동훈선생, 최정호선생, 신지현선생, 이윤희선생, 박선오선생, 장발보선생, 이명희선생, 임영대선생, 홍범화선생, 김성덕선생, 이남구선생, 정상진선생, 김성주선생, 김종두선생, 오찬익선생, 조현우선생, 박정환선생, 전용석선생 등

▶수학세상 : 김원태선생, 송기업선생, 강호길선생, 최성희선생, 유미아선생, 공형준선생, 이경희선생, 진기종선생, 홍성철선생, 김진영선생, 강희영선생, 고영은선생, 김덕환선생, 민경도선생, 이창희선생, 정원택선생, 최수진선생, 현우진선생, 임형론선생, 김지환선생, 이상일선생, 이영임선생, 홍영기선생

▶언어의 빛 : 김정남선생, 김동욱선생, 최미경선생, 엄혜진선생, 김우영선생, 김경은선생, 김상훈선생, 김진억선생, 백연희선생, 임형론선생, 임호일선생, 홍준석선생, 김기인선생, 김기현선생, 김기호선생, 박홍근선생, 이경준선생, 이민규선생, 이희완선생, 정시섭선생, 조은정선생 등

▶사고력수학 : 송기업선생, 이아란선생, 김영균선생 등

학원소개

초등 영재수학, 중등수학 개인 및 팀수업이 전문인 학원이다. 전 동아학원 강위정 선생의 강의로 진행된다. 특징은 ❶연립 방정식을 그림으로 풀어 설명, 초등학교 3학년도 연립방정식을 쉽게 풀 수 있다. ❷그림(선분과 넓이)을 통해서 사고함으로써 수학이 눈에 보이고 재미있게 해준다. ❸수학을 공식암기가 아닌 개념원리를 통해 깨우치게 하여 원리가 체득되도록 한다. ❹많은 문제를 기계적으로 풀기보다는 한 문제라도 정확히 서술하도록 지도한다. ❺매일 퀴즈실시로 학습내용 숙지상태 확인 및 서술형 답안작성요령을 지도한다. 이론 및 실전 내신대비(집중 모의고사)

KM영재수학

연락처	전화 02-558-3358
위 치	서울시 강남구 대치동 롯데백화점 옆 맥도날드건물 3층 메가플러스학원
대 상	초·중등부
과 목	수학

강좌소개

▶엄마와 함께하는 영재수학(초2~4) ▶영재수학 상·하(초3~5) ▶디딤돌3% 올림피아드(1~4단계) ▶중등수학(선행 및 심화, 내신대비) ▶중등도형특강(중1~3도형 서술형대비) ▶공통수학핵심특강(방학 6주완성)

STREETS TIPS | 일본 정통 스시 전문 '스시유' |

삼성역 3번 출구에서 휘문고 방향으로 100m 정도 올라가다 보면 오른쪽에 분위기 있어 보이는 스시 전문 일식집 '스시유'가 있다. '스시유'의 헤드쉐프인 마츠도씨는 일본에서도 손꼽히는 42년 경력의 스시장인. 일본 정통의 에도마에 스시를 맛보고 싶다면 꼭 가볼 만한 곳이다. 1층은 쉐프와 직접 마주보며 스시를 맛볼 수 있는 넓은 스시 카운터가 있어 지인과 함께 특별한 점심식사를 하기에 안성맞춤이고, 편안하고 안락한 일본 정원 분위기인 2층에는 가족모임을 위한 다양한 크기의 다다미방이 마련돼 있다. 점심과 주말특선메뉴를 이용하면 비교적 저렴한 가격에 일본 정통 스시를 맛볼 수 있다. 02-553-7870

| 이성곤 선생님 | '공부 잘하기'

대치동 리포트

머리는 좋은데 학교 성적이 좋지 않다?!

어머니는 의사, 아버지는 대학교수, 하지만 전교 거의 꼴등 학생을 면담한 적이 있다. 부모 입장에서는 기가 막힐 노릇이다. 하지만 내가 그 학생을 면담할 때 놀라운 사실을 발견했다. 그 학생은 확실히 '머리가 좋다'는 것이었다. 다름 아닌 뛰어난 청음(聽音) 소유자라는 것이다. 그 학생과의 상담 도중 울리는 나의 생소한 전화벨 소리의 계명을 무의식적으로 읊은 것이 아닌가. 나중에 안 사실이지만 어릴적에 피아노 몇 년을 배운 것이 전부인 데도 타고난 능력을 지닌 것이다.

그 학생의 장래희망은 작곡가. 하지만 부모들의 희망은 의사, 하지만 확실한 것은 그 아이는 머리가 좋다는 것이다.

'머리가 좋다'라는 기준은 저마다 다르다. 몇몇 학부모들은 자녀들이 어릴 때 다른 아이들에 비해 말이 빠르거나 자기표현에 적극적인 경우에 '머리가 좋다'라고 정의 내리기도 하나 또 어떤 부모들은 자녀들이 숫자나 소근육 발달(손가락을 움직이며 학습하는 놀이)에 재능이 있을 때 머리가 좋다라고도 한다. 나름 아이가 창의력이 뛰어날 때도 '머리가 좋다'라는 범주에 포함시키기도 한다. 물론 IQ 지수가 높은 아이일 때는 말할 것도 없다. 이렇듯 '머리가 좋다'라는 의미는 너무 광범위하다. 일선에서 자신의 아이가 머리가 좋은데 학교 성적이 왜 나쁜지에 대해 의아해 하시는 부모들을 볼 때 그 해답은 간단하다.

우리나라의 입시 교육하에서 학교 성적산출 기준은 역설적일 수 있으나 바로 '공정성'에 있다. 해외 토픽감은 주로 우리나라 입시에 따른 여러 현상들을 다룬 에피소드가 아니었던가?

일례로 미국의 유명한 프로였던 〈믿거나 말거나〉프로에 수년 전에 방영된 우리나라 고등학생들이 학교에서 10시까지 야간 자율학습을 하며 도시락을 3개씩 싸들고 등교하는 모습이나 야간 자율학습 후 학교담임 선생님께 인사말은 바로 "집에 다녀오겠습니다"라는 내용이라는 것이다. 사회자가 한 마디 합니다. "믿거나 말거나?" 이 프로그램 내용을 꺼내는 이유는 바로 이 '공정성' 또한 요즈음 믿거나 말거나 급의 아이러니라는 것이다. 평가기준이 공정성에만 초점이 맞춰져 있기 때문에 누구나가 객관적으로 동의하는 성적산출이 필요하다는 것이다.

이에 가장 좋은 것은 무조건 외워야 하는 것이다. 왜 그런지는 나중이고, 엉덩이에 의자 붙이고 인내력(?)있게 때론 뜻도 모르고 이해가 되지 않아도 외우는 것이다. 얼마나 잘 외웠는지를 객관식·주관식으로 점수로 평가한다면 누가 채점을 해도 바로 공정한 것이다. 이에 어느 누구도 억울해 하지 않으며 그 누구도 수긍하는 것이다.

문제는 바로 여기에 있다. 학교성적은 암기력이 좋은 학생들이 좋은 성적이 나올 수밖에 없는 것이다. 그래서 호기심이 많고, 창의력이 뛰어난 학생일수록 우리나라 입시에서는 실패를 맛볼 수밖에 없는 것이다. 물론 암기력이 좋은 학생도 머리가 좋은 것은 사실이다. 하지만 시험 문제에 "평화에 대한 생각을 쓰라"는 문제가 나온다면 암기력 가지고는 쓰지 못하며 채점을 누가 할 것이며 정답이 뭐냐에만 관심이 집중될 것이고 또는 눈에 보이는 답이 아니라는 명목으로 부적절한 문제로 취급당하는 것이 현실 아닌가?

지금도 늦지 않았다. 지금부터 모든 공부에 어휘를 중심으로 한 의미파악 및 배경공부에 중점을 둬야 할 것이다. 이는 모든 과목에 해당되는 것이다. 일선에서 볼 때 어휘력이 성적 향상에 큰몫을 차지하는 것을 지켜보고 있다.

무조건 암기해서는 많이도 못 외울 뿐 아니라, 시험 후 바로 잊게 될 수밖에 없다. 하지만 어휘 하나하나의 정의를 정확하게 알고 이해하며, 모든 현상의 인과관계식 공부라면 쉽게 외워지고 머릿속에 오래지속될 것이다. 이에 대한 기본으로 한자(漢字)공부를 꾸준히 시키는 것도 큰 도움이 될 것이며 학생의 일상생활 태도도 중요하다. 하루를 정리하며 일기쓰는 습관이며, 매 순간 메모하는 습관도 큰 도움이 될 것이다.

미래탐구(초·중등 특목관)

연 락 처	전화(초·중등특목관, 미탐 수학영재센터) 02-501-1599
홈페이지	www.미래탐구.com
위 치	서울시 강남구 대치동 묘동교회 옆건물
대 상	초·중등부
과 목	수학, 영어, 과학, 언어, 논술, 사회(한국사, 세계사), 특강

강좌소개

▶영재고·과고대비, 과학올림피아드, 영재학교캠프준비, 과학실험+영재성검사 대비+창의사고력→문제해결력을 향상시키는 초등 과학정규반 및 특강반, 언어·논술·사회 정규반 & 특강, 자기주도적 학습전형 기록물 관리. 통합 교과형 테마 선정도서의 차별화를 주는 초·중등 독서토론 정규반, 내신에 강한 미래탐구 중등사회, 한국사 능력 검정시험 대비반, 철저한 학습관리와 내신 선행학습을 중요시하는 중등과학 내신심화반, 수학·과학 5% 이내로 고등 이과 과학으로 연계되는 중등 High Class 과학 선행반, 중등과학 정규반 & 특강, 초등정규반 & 특강반, 미탐수학경시, 미탐 초·중등수학, 미탐 초·중등영어, 국제중팀 정규반 ▶송기업선생 : 과학영재센터, 특목고, 대학수리논술 대비 기초가 되는 초등사고력 수학 ESM 수업은 수학의 본질적 이해를 돕는다.

학원소개

미래탐구는 매래탐구→과학전문, 수학세상 →수학전문, 언어의빛→국어독서논술전문학

원으로 전문적 체계를 갖추고 있다. 먼저 특목고·과고·영재고·외고 입시의 핵심은 미래의 희망+현재의 흥미+재능으로 본다. 자연계는 과고와 영재고, 인문계는 외고로 요약되는 특목고 입시는 학생들의 분명한 지향점을 구체화시키는 진로의 첫 선택의 의미를 갖는다. 학생 본인의 장래희망과 현재 본인의 교과목의 흥미와 재능을 쌍방향으로 고민하면서 결정해야 할 사안이라 하겠다. 다음으로 올림피아드, 영재교육원 기타 각종 경시의 핵심은 전과목과 특정과목의 효율적인 선택과 실천이다. 초등 저학년의 영재교육원부터 중·고등 올림피아드 수상성적, 과고·영재고 합격의 영향에 이르기까지 저학년부터의 학습방향과 실천이 하나의 연속적인 흐름으

로 이어져 있다. 이 영역의 핵심은 학생의 흥미와 중등과정까지의 독서, 경험, 일상생활 등 스스로 무엇에 이끌리며 흥미로와 하는가가 중요하다. 어느 학습이든 힘든 만큼 전체적인 학습방향과 시기마다 적절한 전 과목의 학습 안배를 고려해야 할 것이다.

미토학원

연 락 처	전화 02-508-5093
위 치	서울시 강남구 대치동 990-2 삼형빌딩 5층
대 상	초등부
과 목	창의사고, 종합지능검사 K-ABC

강좌소개
▶창의사고반 ▶서술형 위주의 교과선행특강

학원소개
창의사고 미토학원은 객관적 분석을 통한 맞춤형 사고력 수업을 하는 곳이다. 객관적인 종합지능 검사 K-ABC를 통해 선행이 필요한 친구인지 과외를 해야 효과가 있는 친구인지를 파악하고 적합한 학습지도 방향을 제시해주며 총체적 학습능력 분석관리로 맞춤형 수업을 한다. 모든 수업은 두뇌개발프로그램이며 생각하는 힘을 기르는 데 무게를 둔다. 방학때는 초1~4학년을 대상으로 서술형 위주의 교과선행 특강을 실시한다.

민성원연구소

연 락 처	전화 1599-8884
홈페이지	www.minlab.net
위 치	서울시 강남구 청담동 46-11 스페이스투빌딩 4층
대 상	초·중·고등부

프로그램소개
▶진단컨설팅 : 아이의 인지적 능력, 집중력, 학습동기 및 기타 역량에 따른 학업 리포팅, 솔루션 제안 ▶1:1 로드맵 컨설팅 : 우리 아이 대학으로 가는 길을 보여준다 ▶수시·정시 컨설팅 : 변화하는 입시 실력만큼 전략이 중요하다 ▶민성원의 공부원리 집중코스 : 공부하는 이유와 방법을 배운다. 공부원리 2.0은 주말을 이용해, 공부원리 3.0은 방학기간 중 2박 3일동안 숙박하면서 아이 스스로 공부를 해야 하는 이유, 꿈과 목표 설정, 효율적인 학습방법, 시험 잘 보는 법 등을 터득할 수 있도록 도와주는 최고의 동기부여 캠프이다.

▶민성원 소장 직강 경제학 : 수능이론, 수능문제풀이, 경제이론, 경제논술, TESAT반, AP Master반 등으로 1~7단계를 통한 수준별 선택가능 ▶초등 G-Class : 주요교과학습 및 집중력과 지능 개발을 위한 다채로운 프로그램 ▶중·고등 True North : 대입을 위한 선행수업과 학교내신을 대비할 수 있는 심화수업 병행. 대상은 내신성적 상위 10% 이내의 중~고1 학생 ▶9 TO 9 INTENSIVE : 아침 9시부터 밤 9시까지 집중수업을 통하여 고등학교 내신 및 수능에서 가장 중요한 수학·영어 성적을

1일 12시간 학습을 통해 방학 기간 동안 1년치 과정을 선행하여 학생이 최대 학습 능력을 발휘할 수 있도록 하는 완벽학습시스템이다. 대상은 초등5학년~ 고등2학년.

학원소개

검사 프로그램으로 연령에 맞추어 다양한 분야의 검사로 학생을 분석한다. 교육의 다변화 및 교육정보의 홍수 속에서 아이의 적성과 타고난 능력을 과학적인 검사를 통해 정확히 분석하여 앞으로 나아갈 바를 제시해 준다. 입시는 전략이다. 점점 복잡해지는 대입전형 속에서 나만의 전략이 없다면 입시는 매우 힘든 싸움이 될 수밖에 없다. 타고난 능력을 알아내어 열매를 맺게 하는 일, 최적의 길을 안내하는 것이 컨설팅기관의 몫인 셈이다.

| 민성원 소장 |
수업 내용 오래 기억하는 2가지 비법

대치동 리포트

최근 본 영화, 어디까지 기억할까?
사람은 하루가 지나면 인지한 내용의 70%를 잊어버리게 됩니다.

가장 최근에 본 영화를 떠올려보시길 바랍니다. 그리고 다음의 질문에 대답해 보세요.

1. 영화에 출연한 남자 주인공의 실제 이름은?
2. 여자 주인공의 실제 이름은?
3. 극중 남자 주인공 이름은?
4. 극중 여자 주인공 이름은?
5. 가장 기억에 남는 대사 3개는?
6. 주제가 2곡은?
7. 영화감독의 이름은?

이 중에서 몇 개나 기억할 수 있을까요? 아마 10가지 항목에서 서너 가지 이상을 기억하기는 힘들 거라 생각됩니다.
사람의 기억은 1시간 이내에 50%를 망각합니다.
그러므로 단기기억을 장기기억으로 옮겨야 합니다.
요즘 아이들은 배운 것을 익힐 시간이 없습니다.
다음 몇가지만 실천해도 기억력은 훨씬 좋아집니다.
아이들에게 수업 중 강조 내용, 딱 10개만 외워보라고 해보세요.
수업 중 10개 암기와 수업 후 5분 학습, 성적 향상의 지름길입니다.
선생님이 중요하다고 말하는 것, 목소리가 커지는 부분, 시험에 나온다고 하는 부분 등에 별표를 하고 딱 10개만 외워보는 겁니다.
바로 이 5분 학습법으로 전교 등수 70등에서 10등으로 껑충 뛴 학생이 있습니다.
쉬는 시간에 배운 내용을 혼자서 혹은 친구와 함께 5분 동안만 정리를 하는 겁니다. 수업시간에 한 번 그리고 수업이 끝나고 한 번을 반복한 셈입니다. 다른 친구들이 수업의 내용을 이해만 하고 끝난 상황에서 두 번을 반복한 거죠. 중간고사 때 기억 양은 심하게는 다섯 배까지 증가합니다. 사람의 기억은 과학입니다. 올바른 학습법을 배운다는 건 효율적으로 공부한다는 의미입니다. 효율이라는 건 적은 시간을 투입해 많은 산출을 얻는다는 뜻이겠죠. 올바른 학습법을 익혀 성공적이고 즐거운 공부를 할 바랍니다.

세정학원

연락처	전화 02-567-0606
위 치	서울시 강남구 대치동 은마사거리 한티역방향 던킨도넛츠골목 금강빌딩 4층
대 상	고등부
과 목	언어, 수학, 외국어, 사탐, 과탐, 논술, 경제경시, 한국사인증

강좌소개

▶고1정규반(언어, 수리, 과학, 경제경시, 한국사인증) ▶고2정규반(언어, 외국어, 수리, 언어논술, 과학, 경제경시, 한국사인증) ▶고3정규반(언어, 외국어, 수리, 언어논술, 화학, 생물Ⅰ, 물리Ⅰ), 그 외 세정논술특강, 박정인TEPS, 김부곡수학, 손용문언어 등

학원소개

세정학원은 고등부 연합단과학원이다. 중3말에서 고1로 넘어가는 긴 겨울방학 세정학원의 특강 전임강사들의 설명회는 늘 만원이다. 대치동 맘들이 만든 대표적인 학원 가운데 하나. 원장을 비롯한 상담실장들의 고등학습플랜을 듣자면 초보일수록 정신이 아득하다. 부모들의 쏠림 현상이 가장 심하고 부화뇌동이 격렬한 시기가 아마 이 시기가 아닌가 싶다. 유명선생은 이 학원 저 학원에서 계속 만나게 된다. 강사진을 보면 ▶언어 : 이규환선생, 태준건선생, 김홍석선생, 김송환선생, 배찬옥선

생 ▶수학 : 윤인수선생, 박영철선생, 정상철선생, 박요한선생, 이동범선생, 이장원선생 ▶영어 : 이수영선생, 엄태열선생 ▶과학 : 이준환선생, 장현선생 ▶고3과탐특강 : 서태석선생(생물), 정훈구선생(화학), 김목연선생(물리), 최선묵선생(지학) ▶논술 : 양진엽선생(고3수리논술), 탁석훈선생(고3언어논술) ▶고2 특강 : 이민규선생(외국어), 이정근선생(수리) ▶고1 특강 : 박정인선생(TEPS), 손용문선생(언어), 김부곡선생(수학) 등.

정인학원

연 락 처	전화 02-501-5030
위 치	서울시 강남구 대치동 대치역에서 은마아파트 사거리방향 농협가기전 골목
대 상	고등부
과 목	수학, 언어, 논술, 영어, 과탐

 강좌소개

▶고등부수학 전강좌 ▶언어 ▶논술 ▶영어 ▶융합과학 ▶물리Ⅰ ▶화학Ⅰ·Ⅱ

학원소개

종로엘리트학원의 새이름 정인학원. 검증된 강사진과 함께 새롭게 시작한다. 모든 과목을 문제풀이 위주로 공부하고 있는 우리 아이들. 정확한 개념 설명과 확인학습이 필요하다. 공부하고자 하는 열정만 가지고 오라고 한다. 맞춤전략으로 승부할 수 있도록 도와준다고 한다.

| STREETS TIPS | 물범 중탕액 '힘스(HIMS) 클럽' |

아이는 공부하려 애쓰지만 체력저하로 졸음과 두통에 시달리고 소화불량에 신경쇠약까지 찾아오면 지켜보는 엄마의 마음은 아프다. 교육열에 걸맞게 체력관리에 열을 올리고 있는 대치동 부모들에겐 이미 입소문이 나 있는 곳. 지하철 3호선 대치역 1번 출구에서 20~30m쯤 가면 커다란 가마솥 10여개가 눈길을 끈다. 이곳이 뭐하는 집이냐고요? 체력관리 비장의 무기, 물범 중탕액을 파는 곳이다. 캐나다 청정지역의 물범을 사용한다는데, 물범에는 칼슘, 철분, 단백질, 불포화지방산, 오메가3 등이 풍부해서 특히 어린이나 청소년의 성장발육과 두뇌 활동에 효과적이라고 한다. 체력이 떨어졌을 때 먹으면 그 효능이 좋아 다시 찾게 된다고 하는데, 한 박스(한 달분)에 40~50만원이니 가격이 비싼 것이 좀 아쉽다. 02-501-0053

윤진성국어논술학원

연 락 처	전화 (대치초등관)02-569-2168 (대치중등관)02-569-2148 (대치고등관)02-569-2147
위 치	서울시 강남구 대치동 한티역에서 은마사거리 방향 현대자동차 옆 건물 3층, 6층
대 상	초·중·고등부
과 목	언어, 논술

강좌소개

▶중1·2 수업 : 논술+언어, 중등 최상위반,

국어능력인증시험 대비반, 예비고1 문학 특강 ▶고1수업 : 언어+논술

학원소개

최근 7.5차 교과서 개정으로 국어교과서가 무려 16종으로 늘어난 급변의 시기에도 탄탄한 자체 연구진이 있어 위기를 기회로 만들었다. 눈에 보이지 않는 1%의 차이가 결과의 차이로 나타난다. 논술의 핵심은 독해, 분석능력이다. 이것은 일순간에 해결되지 않는다. 꾸준한 노력을 통해 기본을 튼튼히 해야 시험유형이나 난이도변화에도 흔들리지 않는 안정적 실력을 갖출 수 있다. 그런 점에 입각, 윤진성논술학원은 기본에 충실하다. 독해와 분석훈련을 바탕으로 문제해결능력과 창의력을 배양하는 단계별 훈련을 한다. 강의보다는 '독해연습, 분석, 쓰기, 첨삭, 다시쓰기' 등의 자기훈련을 반복한다. 대치동의 성공을 기반으로 반포, 분당 등지에도 분원이 있다.

지식인수학학원

연 락 처	전화 02-539-7759, 02-539-7355
홈페이지	www.jisikinmath.com/
위　　치	서울시 강남구 대치동 988-18 5층 (은마사거리 아이플러스안경 5층)
대　　상	고등부
과　　목	수학

강좌소개

▶문과가 필요로 하는 고등부 수학 전강좌

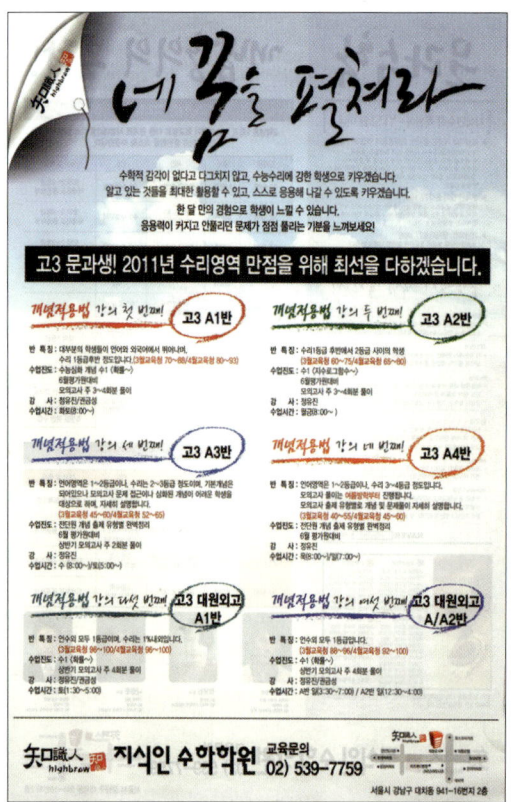

용법 및 응용하는 위주로 강의하여 스스로 풀어낼 수 있는 능력을 길러준다. 이것이 문과생을 사로잡는 이유이다. ❷개념 한번 정리하고 문제만 많이 푸는 방식이 아닌 개념과 여러 유형의 문제를 함께 경험하게 하고 확실히 이해시켜 문제푸는 방향이 보이게 한다. ❸개념을 설명하는 선생님이 문제풀이 적용 방법을 직접 보여주며 그에 따른 질문도 직접 해결해 준다.

이안어학원

연 락 처	전화 02-568-4517
홈페이지	www.ianenglish.com
위 치	서울시 강남구 대치동 931(은마사거리에서 대치사거리 방향 바지락 칼국수집 위쪽)
대 상	초·중·고등부
과 목	영어

학원소개

문과전문 지식인수학학원은 고1보다 고2가, 고2보다는 고3이 많다. 그것이 바로 지식인의 실력이고 자랑이다. 학년이 올라갈수록 만족도가 높아지고 반과 인원수가 많아진다. 더욱 다양해진 반 구성과 문과생에게 최적화된 수업을 제공하여 수학이 어려운 학생들의 버팀목이 된다. 수학적 감각이 없다고 다그치지 않고, 수능수리에 강한 학생으로 키우는 게 목표다. 알고 있는 것들을 최대한 활용하고 스스로 응용해 나갈 수 있도록 한다. 특징을 살펴보면, ❶개념정리만으로 응용이 어려운 문과학생들을 위하여 꼭 필요한 개념정리는 간단히! 문제 적

강좌소개

▶Gammma ▶Delta ▶ Epsilon

학원소개

본디 삼성점이 본원이다. Writing과 Reading이 유명하여 멀리 성북, 잠실에서도 아이를 실어나르는 부모도 많았다. 2008년 대치점이 문을 열었을 때는 반신반의했으나 지금은 본원을 능가하는 인기를 누린다. 시험도 까다로와, Level Test 후 반배정 때까지 가슴이 두근반세근반한다. Reading 강화를 원한다면 한번쯤 보내볼 만하다. 효과 봤다, Reading이 특히 좋았다는 맘들 얘기다.

해빛나인어학원

연 락 처	전화 02-3453-0579
홈페이지	www.habit9.com
위　　치	서울시 강남구 대치동 987-20 서진빌딩 3층(은마사거리에서 우성아파트사거리 방향 300m)
대　　상	초·중·고등부
과　　목	영어

강좌소개
▶Intensive Reading ▶Debate/Presentation
▶TEPS ▶TOFLE등

학원소개
이름에서 이미 짐작할 수 있듯 스티븐 코비 박사의 '성공하는 사람들의 7가지 습관'(7Habits of Highly Effective People)에서 학원이름을 따왔다. 실제 중3, 고1 수업에 이 원서를 독파한다. 코비의 성공하는 습관 7가지에 '영어하는 습관' '리더가 되는 습관' 2가지를 더 보태면 성공하는 글러벌리더로서의 자질이 딱 갖추어진 학원 이름이다. 커리큘럼도 약간 남다르다. 학생들이 자신들의 진로에 대해 고민하고, 개인적 성공을 넘어서서 사회에 기여하는 리더의 품성을 갖게 하는 각종 서적, 학습자료, 발표 및 토론, 세미나 활동 등이 포함되어 있다. 정상어학원 최고반을 지도했던 팀원들이 나와서 만들었다고 한다. 근래 떠오르는 어학원 가운데 한 곳. 초등부와 중등부에서는 미국식수업(토론/리서치/자기주도학습/세련된 Output강조)+한국식 학습법(어휘/문법/다독/정독, 강도높은 Input강조)을 병행하며, 고등부로 올라가면 텝스+수능+내신+문법+시사 및 진학지도도 한다.

PEAI어학원

연 락 처	전화 02-501-7550
홈페이지	www.peai.co.kr
위　　치	서울시 강남구 대치동 940-10 신화빌딩
대　　상	초·중·고등부
과　　목	영어

강좌소개
▶정규수업 ▶특강수업 등

학원소개
대치동에서 어학원 하면 떠올리는 대표적인 곳 가운데 하나다. 웬만한 사람은 아이들 입학시험 한 번 치르기도 힘들 만큼 뭔가가 복잡하고 정보가 폐쇄적이다. 즉, 홈페이지부터가 영어로 운영되고 있어 영어 짧은 부모는 상세한 학원검색 자체가 먼저 벽에 부딪친다. 리터니가 아니고서는 입학시험을 치를 엄두조차 내지 못한다. 굳이 홍보하지 않아도 영어토론에 자신있거나 그조차도 더 잘하고 싶어하는 이들이 온다. 디베이트로 유명하다느니 어학원 가운데 상당하다느니 하며 신비주의 전략으로 아성을 구축하는 듯도 싶다. 모르면 더 알고 싶은 게 사람심리니까. 아주 만족하는 학부모에서부터 기대에 못미친다는 평도 많다. 어쨌든 독보적인 부분은 있다.

| CMS 김수민 선생님 |
이공계 영재의 상위 1%가 되기 위한 가이드

> 7월 27일 서울시교육청에서 2012학년도 서울과학고 신입생 132명(일반전형 120명, 기회균등 12명)을 발표하였다. 일반전형 120명 중 65명을 합격시킨 CMS 대치영재관의 김수민 부원장이 얘기하는 한국최고의 이공계 영재가 되기 위한 가이드를 들어보도록 하자.
> 올해 한국최고의 수학과학 영재들을 배출하는 서울과학고의 입시에서 선택된 학생들의 공통점을 찾아본다면 다른 사람들이 생각하지 못하는 현재의 사고를 뛰어넘는 창조적인 사고를 즐기고, 이들 사고들을 연합시키고 추론해 내며 끊임없이 문제해결을 추구하는 근면성과 집중력을 가진 것으로 볼 수 있다. 과목별로 본다면 수학, 물리는 고난이도의 사고력을 요구하였으나 화학, 생물, 지구과학은 중등 심화과정 내에서 실생활과 관련된 탐구능력과 개념과 원리에 대해서 어떻게 접근하는지에 대한 학문적 열정도 함께 보았다.

❶ 머리의 체력을 길러주는 유아부터 초등 저학년이 향후 10년을 결정한다.

가지고 있는 학생이 아니라 가질 수 있는 학생이 영재가 될 수 있다. 배움에 있어 스펀지처럼 선생님의 지식을 흡수하는 학생에게 배우는 기간은 중요하지 않다. 인간의 무궁무진한 사고력과 창의력은 우주보다 넓고 창의력 이외에 기억력, 분석력, 종합적 사고력, 추론력, 표현력, 판단력, 계산력의 여러 가지 능력이 있다. 이러한 능력은 유전과 환경의 상호작용에 의해서 형성되고 변화될 수 있고, 그 절정기는 6~12세이다. 이 시기에 아이가 많은 발전을 이룬다면 다음에 제시할 2~5번은 쉽게 풀리게 된다. 유아기엔 오감을 자극하는 다양한 경험이 책읽기보다 더 좋다. 퍼즐게임, 도형맞추기, 관련 숫자 및 언어 맞추기와 같은 실험, 실습, 관찰 위주의 수학교육이 입체공간적 인식기능을 발달시킨다. 단순계산으로 즉각적인 답이 나오는 문제는 뇌의 일부만이 동원되어 간단하지만 여러 원리를 이용하는 문제를 경험하게 되면 연상과 추론을 적극적으로 하게 된다.

❷ 심도있는 수학, 과학의 바다로 아이를 풍덩 빠뜨려 주자!

대치동의 수학 선두주자들은 빠르면 초4, 늦으면 초5부터 중등과정, 고1과정까지 수학을 1~1년6개월 정도 개념을 정리하고 초6~중1때 KMO와 같은 대학과정까지 접근하게 되는 수학심화과정을 경험하며 심도있는 수학을 경험하게 된다. 중2~3때는 고등학생 형, 누나랑 함께 실력을 겨루어보기도 하고 IMO대표를 꿈꾸는 학생들도 있다. 과학도 역시 마찬가지로 수학보다 1~2년 정도 늦게 시작하여 고등과정까지의 개념을 경험하게 된다. 서울과학고로 진학하는 대부분의 학생들이 위의 스케줄을 쫓아서 지금도 학교수업을 마치자 마자 학원으로 가방을 들고 간다. 물론 조기선행을 한 친구들이 모두 우수하지는 않다. 그러나 "What? Why? How?"를 생각하며 본인이 즐거워서 선택한 친구들은 놀라우리만큼 빠르게 성장하는 모습을 보여준다. 그리고 아이들에게 신처럼 불린다. 아이에게 도전감을 불러일으킬 수 있는 조금 힘든 과제를 주는 것이 아이의 흥미를 높여주게 된다.

❸ 자기관리를 할 수 있는 주도면밀한 영재가 각광받는다.

사교육을 벗어나 자기주도학습을 진행하는 영재를 바라는 입학사정관들은 학교생활에서 인내심을 가지고 성실히 수행하는 학생들에게 후한 점수를 주었다. 전국단위의 수학과학경시대회 수상실적, 서울과학고 영재교육원 수료 경험 등 화려한 이력을 가진 친구들 중 서울영재고 1차에서 아쉽게 떨어진 친구들의 공통점은 호불호가 너무 강하다는 것이다. 수학·과학에 비해 재미없는 내신공부를 소홀히 하여 생활기록부 내용에서 성실성과 겸손함을 드러내지 못하였다. 중1, 고1부터 졸업하기까지 학생의 이미지는 선생님이 써주시는 추천서와 생활기록부로 표현된다. 현재 초등교과서부터 서서히 창의적 사고력을 요하는 방향으로 개편되고 있지만 아직까지는 학교내신에서 지식의 암기를 기반으로 하는 습득력을 많이 요구하고 있다. 선택과 집중을 효율적으로 진행하여 내신기간엔 확실히 공부해 전 과목에서 골고루 상위성적을 얻을 수 있어야 한다. 확실한 목표를 세우고 주별 학습계획에 맞추어 엄격한 자기관리를 통해서 집중하면 상위 3% 내의 내신성적을 얻을 수 있게 된다. 암기과목을 잘 하는 방법을 잠깐 소개하자면 다음과 같다.

> ❶ 내용을 이해하면서 책을 반복해서 읽기 ❷ 잊어버리기 전에 바로 복습하고 떠올려보기 ❸ 공부한 내용을 질문으로 바꾸어 답하기 ❹ 내용을 요약해 보기 ❺ 학습된 내용을 항상 비교해 보기 ❻ 운동이나 스트레칭, 적당한 수면으로 좋은 컨디션 유지하여 맑은 정신으로 공부하기, 내신부터 시작하여 수학·과학 심화공부, 독서, 영재교육원 등 바쁜 스케줄을 잘 관리하여 시간활용을 할 수 있는 주도면밀함이 이공계 리더에게 요구된다.

❹ 선의의 경쟁이 되는 좋은 친구들과 멘토가 될 수 있는 선배나 스승의 존재.

아이들은 책도 열심히 읽어야 하고, 학교공부도 해야 하고, 학원에서도 좋은 성적이 나와야 하며, 영재교육원 탐구활동도 해야 하는 등 너무나 바쁘다. 꿈과 목표가 설정되어 있지만 초등학교 6학년인 우리 아이가 가기엔 너무 먼 일이다. 그럴 때 부모보다 더 필요한 존재가 아이와 함께 학문적 토론을 할 수 있는 친구들이다. 리듬감이 흐트러져 조금 해이해질 때 열심히 하는 친구들이 자극제가 되고, 또 그 친구들보다 성과가 좋을 때 성취감을 느껴서 더 정진할 수 있게 된다. 대치동에서는 실적이 중요하지 않더라도 꼭 좋은 상을 받으려고 노력한다. 그래야 다시 그 상을 탄 친구들과 함께 공부할 수 있기 때문이다. 덧붙여 아이가 존경할 수 있는 선배나 선생님이 함께 한다면 아이에게 정신적으로 큰 힘이 되어 심리적 안정감을 줄 수 있을 것이다.

❺ 창의성은 신뢰감과 자신감에서 나온다.

'나는 네가 책임감 있게 모든 일을 잘해내리라 믿는다'는 부모의 마음을 아이가 알도록 하자. 창의성의 기본요소인 신뢰감은 실패의 위험을 무릅쓰고 새로운 것을 모험적으로 시도할 때도 자신감과 편안함을 유지시켜 준다. 걱정과 불안은 집중력의 적이 된다. 나폴레옹의 '내 사전에 불가능이란 단어는 없다'란 말처럼 자신감이 강하고 내적통제력이 높고 긍정적으로 사고하는 사람일수록 뇌에 신선한 활력을 주어 공부의 효율성을 높여준다. 성공했던 경험을 떠올려 자심감을 갖게 하는 것이 아이의 두뇌를 활발하게 하는 원동력이 되어 창의적인 생각이 샘솟게 된다.

> **사고력과 창의성을 길러주려면?**
> ▲ 주위를 어질러놓을 자유 주기, 엉뚱한 질문이나 유별난 생각을 존중해 주기
> ▲ 실수에 관대하기, 행동규칙을 통해 독립성과 자발성을 갖도록 하기
> ▲ 아이에게 신뢰감을 보여주기, '빨리빨리' 문화에서 탈피하기
> ▲ 정보를 선택, 수집, 평가하는 습관을 길러주기
> ▲ 역경을 만들어주고 역경을 이겨낼 인내심을 길러주기
> ▲ 스스로 고민해 문제를 해결하는 습관을 갖도록 하기
> ▲ 국제적 시야와 감각을 키워주기

배움과 관찰의 즐거움은 무턱대고 위에서 내려오는 강제적인 교육에서 생겨나는 것은 아니라고 생각한다. 건강한 맹수에게 배부를 때 먹이를 주면서 먹으라고 채찍질해 봐야 오히려 식욕을 떨어뜨릴 뿐이다. 본인은 수학선생이지만 수학보다는 공부를 대하는 자세와 자신감을 가지는 것을 가장 중요하게 생각하고 가르치고 있다. 당연한 것이 가장 힘들고, 오래 걸리는 것이 정답이라고 생각한다.

진명어학원

연 락 처	전화 02-561-9227, 02-564-6276
홈페이지	www.jmenglish.co.kr/
위　　치	서울시 강남구 대치동 981-18 하늘도시 7층
대　　상	중1~고3
과　　목	영어

강좌소개
▶기초, 기본, 종합영어의 문법반과 TEPS+수능 위주의 수업

학원소개
대치동의 대표적인 문법학원 가운데 하나다. 1985년 단대부고 영어교사로 시작하여 1989년에 청운에 꿈을 안고 미국으로 건너가 4년간 대학원(Temple Univ)공부와 교포학생들에게 토플과 SAT(JR Academy)를 가르쳤다. 1992년말 귀국한 후 그해말부터 청솔, 신성, 홍익학원 등에서 영어강사를 하다가, 1993년 9월 대치동에서 진명학원을 설립하여 오늘날까지 19년간 한 자리를 지키고 있는 대치동 영어의 산증인이자 주역이다. 19년간 학생들을 대상으로 전문 어학원을 운영해 보니 잘 가르치는 학원이라는 말보다 "학업에 도움이 많이 되었다"는 말을 들을 때 더 보람을 느낀다고 한다.

그동안 셀 수 없이 많은 제자들을 양성하고, 전교 1등에서 실력이 모자라는 학생까지 두루 가르쳐본 경험이 특별한 노하우라면 노하우다. 방학특강 때마다 조기마감으로 등록을 하지 못한 부모님이 있을 정도. 보다 높은 질의 강의와 효율적인 수업이 되고자 꾸준히 노력한다고.

주로 대치동 19년 전통의 문법수업과 수능, TEPS, 새로 도입된 NEAT 등을 전문으로 하는 어학원으로 육성하고 싶어한다.

큐브어학원

연 락 처	전화 02-558-5272
홈페이지	www.cubeacademy.co.kr
위　　치	서울시 강남구 대치동 913-11 3층(사까나야 3층)
대　　상	초·중·고등부
과　　목	영어

📖 강좌소개

▶초등프로그램 : 국제중 Essay, iBT · 영어인증, 정규과정, 경시 및 토론대회 ▶중등프로그램 : 토플iBT, 정규과정, 민사 · 특목 Eassay, 경시대회 및 토론대회 ▶고등프로그램 : 토플 iBT SW클리닉, SAT · AP, 국제학부 · 글로벌 리더 경시대회 등

📋 학원소개

캐치플레이즈가 'Speaking과 Writing이 강한 학원'이다. 토플 고득점을 위한 최적의 시스템을 갖고 있다고 하며, 최상위권 학생들을 위한 Global Core Curriculum을 제공한다.

파인만학원

연 락 처	전화(초 · 중등 특목 · 자사실전)02-567-0969 (고등부 · 논술연구소)02-548-9230
홈페이지	www.fineman.co.kr/
위 치	서울시 강남구 대치동 511 미도상가 3층
대 상	초 · 중 · 고등부
과 목	수학, 과학, 국어인증, 자연계논술

📖 강좌소개

▶대치파인만 특목고센터 : 예비중1, 중1 · 2 과영반, 과자반 및 자사반, 심화반 ▶예비중1, 중1 · 2 수학 · 과학 : 파인만과자반 수학 · 과학 ▶올림피아드, 과고, 영재고, 자사고 실전 Final반, 한성과고 · 세종과고 실전 Final반, 수학Ⅱ차, 물리, 화학, 올림피아드 실전 Final반, 서울, 경기 과학영재학교 과학

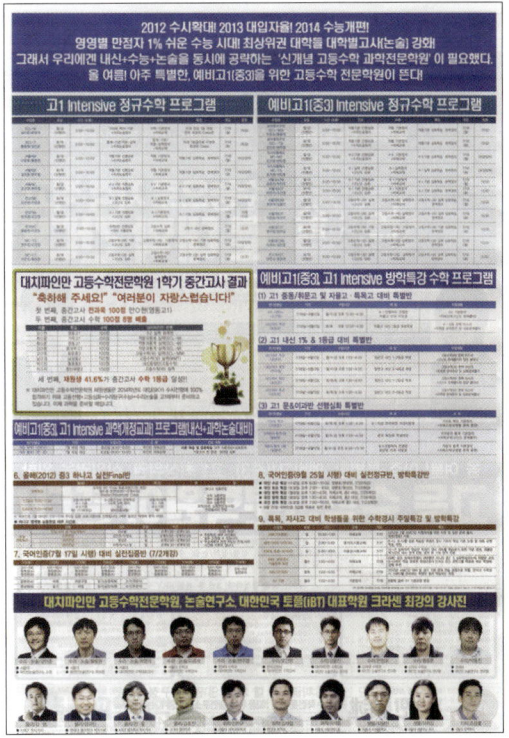

캠프 실전 Final반, 중3 용인외고 실전 Final반, 중3 민사고 실전Final반, 하나고 실전 Final반, 국어인증대비 실전 집중반, 국어인증대비 실전정규반, 특목·자사고 대비 학생들을 위한 수학경시 주말특강 및 방학특강
▶수학프로그램 : 고1 정규수학, 예비고1 정규수학

학원소개

수학·과학 심화학습으로 유명한 학원이다. 한때 압구정 파인만이 유명하였으나 어느때부터인가 대치동으로 넘어왔다. 민사고 입시에서 압도적인 성과를 내어 명성을 쌓기도 하였다. 그 외에도 과고·영재고, 경시 및 각종 이과 올림피아드 수업에서 이름을 날렸다. 민사 열풍도 살짝 가시고 경시의 인기도 다소 꺾인 요즘에는 고등부 수리논술, 고등부 이과 수업에서 탄탄한 커리큘럼을 선보이고 있다. 초등에서부터 고등까지 광범위한 학령대의 학생들을 커버하는 뛰어난(?) 관리능력은 자랑할 만하다.

❶심화학습은 지적호기심, 성취동기, 과제집착력이 어우러져야 가능하기에 중장기적 교육과정과 학습관리가 필요하다. ❷컨텐츠 구성 및 교육 컨설팅이 우수하여 8개 학년을 위한 컨텐츠를 구성하여 토털 상담을 진행하고 있다. 자사고(민사, 용인, 하나, 상산), 과학고(한성, 세종), 과학영재학교(입학사정관) 최종합격을 위해서는 ❶수학·과학에 대한 철저한 1등급(4% 이내) 내신관리와 완벽한 중등과정 심화학습이 필수적이다. ❷안정적인 고등과정 선행학습과 중등경시(KMO), 우수성 입증(수학, 과학, 영어, 국어) 자료가 필요하다. ❸자기주도학습(입학사정관) 전형에 맞춘 개인별 맞춤 학습전략에 대한 로드맵과 세부일정이 필요하다. 즉, '내신1등급+중등심화+고교선행+우수성입증자료+합격전략'의 조합으로 승부하라는 것. 열정적인 김민하 소장의 설명회는 맛깔스럽고 귀에 쏙쏙 들어온다.

렉스아카데미

연 락 처 전화 02-3444-3996
홈페이지 www.rexacademy.com
위   치 서울시 강남구 신사동 570-5 신사빌딩 5층
대   상 해외 미대 지망생

학원소개

미술유학을 도와주는 학원이다. Parsons, RISD, FIT 등을 꿈꾸는 해외 미술대학 지망생들이라면 문을 두드려볼 만하다. 미국 명문 미대를 졸업하고 10여년간의 디자인 디렉트 경력과 유명브랜드 수석 디자이너 경력이 있는 강사가 직접 강의한다. 파슨스 강사진과 비교해도 결코 뒤지지 않는 실력과 경력을 갖추고 있다고 자부한다. 매년 명문미대 입학관계자들을 초청해 설명회도 연다. 예술에 대한 재능이 있는 학생이라면 상담을 통해 한번쯤 진로를 다양하게 고민해 볼 수 있을 것 같다.

| 박주영 선생님 |
뻔한 이야기, 그러나 실천은 쉽지 않다

어떻게 공부해야 수학점수를 높일 수 있을까요?

많은 문제를 기계적으로 반복해서 풀어보면 해결될까? 천만의 말씀이다. 몇 년간 아무리 열심히 문제를 푼다고 해도 풀 수 있는 문제수는 극히 일부에 지나지 않을 뿐더러 끝없이 새로운 유형의 문제가 나오게 마련이다. 수능도 절대로 똑같은 문제가 나오지 않는다. 수학의 본질은 문제풀이가 아니고 개념을 익히고 내면화시키는 것이다. 문제란 개념을 좀더 확실히 알기 위한 수단이다. 하나의 개념에서 수없이 많은 문제가 만들어진다. 중요한 것은 개념을 정확하게 이해하고 그 개념을 이용해 새로운 문제를 풀 수 있는 능력을 길러나가는 것이다. 학습효과는 투자한 시간에 꼭 비례하지는 않는다. 무작정 문제를 수 천, 수 만개를 푼다고 해도 개념과 연결시키지 못하면 모든 문제가 산산이 흩어져 전혀 다른 문제처럼 보일 것이다. 다양한 학생들을 지도하며 깨달은 것은 누구에게나 수학은 어렵게 느껴진다(심지어 수석 학생까지도)는 점이다. 어려운 수학을 쉽게 할 수 있는 방법을 찾아보니 그럴듯한 편법들 즉, '족집게', '요점정리', '듣고 보기만 해도 풀 수 있다' 는 등등… 이런 달콤한 말에 귀가 더 솔깃해지게 마련이다. '학문에는 왕도가 없다' 라는 금언이 있지만 진정으로 이 말을 믿는 사람은 별로 없는 것 같다. 하지만 분명한 것은 앞에서 언급한 수학교육의 목표에 부합할 수 있는 즉, 개념을 잘 이해하고 이를 통해 문제를 푸는 학습이 현재의 수준에 관계없이 가장 쉽고 가장 빠르게 수학을 공부할 수 있는 방법이며 진정한 강자, 최후의 승자가 될 수 있는 지름길이다.

포기하지 마라, 요령과 방법을 찾아라!

수능시험은 천재들을 대상으로 하는 시험이 아니다. 60~70여만 명을 대상으로 하는 시험이기 때문에 아주 쉬운 문제부터 어려운 문제까지 골고루 출제된다. 대부분의 문제가 기본개념과 연결되어 있고 그 중 몇 문제는 여러가지 개념이 복합적으로 연결되거나 개념과 동떨어져 보이는(물론 겉으로 보기에) 문제도 있고, 아주 까다로운 문제도 몇 개가 있다. 평균적으로 1등급 점수는 80점대 후반인데 3~4점짜리 서너 개는 틀려도 1등급이 될 수 있고, 대여섯 개를 틀려도 2등급이 될 수 있다(물론 점수 변동이 너무 심해 혼란스럽기는 하지만). 하물며 3등급 정도는 수학을 포기하지만 않으면 그리 어려운 등급이 아니다. 다시 말해서 어려운 문제 몇 개는 틀려도 좋은 등급을 맞을 수 있다는 것이다. 문제는 제한시간 안에 자신이 풀 수 있는 문제와, 넘어가야 할 문제(시간이 될 때 다시 시도)를 제대로 구분할 수 있어야 하는 것이고, 이것은 수학을 제대로 공부하면 해결될 수 있는 문제다. 자신의 현 위치를 알고 개념을 차근차근 공부하여 자연스럽게 높은 수준의 문제로 접근하는 것이 시간을 절약할 수 있는 방법이고 노력 이상의 성과를 얻을 수 있는 방법이다.

원인학원

연락처	전화 02-538-1144, 02-538-5608 / 팩스 02-538-5571
홈페이지	www.wonin.kr
위치	서울시 강남구 대치동 936-31 3층(한티역 1번 출구 롯데백화점 뒤)

학원소개

대표적인 사탐학원 가운데 하나다. 교육 프로그램은 크게 경제, 역사, 고전읽기 분야로 나뉜다. 경제종합반에서는 경제원론 수준으로 경제 전반에 대한 바탕을 쌓은 후 경제한마당(KDI 주최), TESAT(한국경제신문 주최), TEST(매일경제신문 주최), 증권경시(한국증권협회 주최) 등 각종 경제 시험을 동시에 대비한다. 역사반에서는 한국사뿐만 아니라 동아시아사 및 세계사 관련 수업이 연계된다. 경제와 역사 외에 서울대 10%를 목표로 하는 고전읽기 프로그램도 마련돼 있다. 고전읽기반에서는 책의 내용을 정확히 이해한 후 토론과 글쓰기를 통해 생각을 정리하게 된다.

경제와 역사분야 각종 경시 입상 실적이 화려하다. 한국개발연구원(KDI) 주최 경제경시에서 지금까지 대상 4명, 금상 3명, 은상 5명 등 총 230명의 입상 실적을 올렸으며, 고교증권경시에서도 대상 2명, 협회장상, 우수상 등 많은 합격생을 배출했다. 또한 한국경제신문이 주최하는 TESAT에서도 대상 5명의 실적을 올렸으며, 10회 대회에서는 42명이 합격하기도 했다. 한국사 또한 3회 수강생 전원이 1급을 획득하는 등 현재까지 54명이 고급(1·2급)에 합격하는 성과를 거두었다. 수강생들은 이러한 시험 대비 과정을 거치면서 탄탄한 기초 학력을 쌓아 2009년부터 현재까지 서울대 특기자전형(우선선발 포함)에서도 성공을 거두고 있다.

한국사능력 검정시험 언제 준비하면 좋을까요?

문과 상위권 학생이라면 내신, 수능, 논술을 위해 역사는 미리 준비해야 할 과목입니다. 고등학교 3학년 때는 입시와 수험준비로 바빠 국사를 깊이 있게 공부하기 힘듭니다. 상대적으로 시간이 있는 중학교 3학년이나 고등학교 1학년 때 한국사를 깊이 있게 공부함으로써 내신, 수능, 논술도 대비하고 비교과 스펙도 확보할 수 있습니다.

— 원인학원 천지인 원장 인터뷰

두뇌활동을 도와주는 먹을거리 '브레인 푸드'

아이의 공부에 도움이 될 만한 먹을거리 '브레인 푸드'를 소개합니다.

대표적인 브레인 견과류 '호두' 식물성 필수 오메가3 성분은 두뇌에 영양분을 공급해 주는 원료로 사용되므로 기억력과 집중력 강화에 도움을 준다. 프라이팬에 기름을 두르고 살짝 볶아서 먹으면 영양분 섭취에 효과적이다. 멸치볶음이나 마른새우볶음에 넣으면 밑반찬으로도 그만이다. 호두파이나 호두쿠키 등도 브레인 간식이 될 수 있다.

브레인 베리 '블루베리' 미국 타임지에서 선정한 10대 슈퍼 푸드인 블루베리. 안토시아닌이 풍부하고 항산화력이 매우 우수해 공부 때문에 눈도 피로하고 머리도 무거운 아이들에게 블루베리는 대표적인 브레인 푸드라 할 수 있다. 최근에는 잼, 주스, 아이스크림, 케이크, 머핀, 베이글 등 블루베리를 이용한 다양한 먹을거리들이 판매되고 있어 선택의 폭이 넓어졌다.

레시틴·안토시아닌이 풍부한 블랙 푸드 '검은 곡식' 검은콩, 검은깨, 검은 쌀 등 검은 곡식류도 집중력 향상에 좋은 음식이다. 검은 곡식에 풍부한 레시틴은 뇌세포의 활동을 촉진해 기억력과 순발력을 높여준다. 일명 '블랙푸드'라고도 불리는 이 식품들에는 항산화와 항암 효과가 있다고 알려진 안토시아닌이라는 수용성 색소가 다량 함유되어 있다. 검은깨는 볶아서 빻은 후 우유나 두유, 선식 등에 타 먹으면 맛과 영양이 훨씬 좋아진다.

못생겨도 영양만점 '브로콜리' 양배추가 개량되어 현재의 모습이 된 브로콜리는 날것으로 먹거나 요리해서 먹으며 영양가가 높다. 브로콜리에는 철, 칼륨과 비타민C가 풍부하고 칼슘의 흡수를 촉진해 뼈의 건강을 돕는 역할을 한다. 또한 기억력과 집중력을 향상시키는 엽산이 많이 들어있어 브레인 푸드라 할 수 있다.

똑똑한 과일 '바나나' 최근 수험생들에게 선물하는 먹을거리에 엿, 찹쌀떡 등을 제치고 합격기원 메시지를 적은 바나나가 등장할 정도로 바나나는 브레인 과일로 알려져 있다. 바나나는 뇌 활동의 주요 에너지원인 포도당을 비롯해 탄수화물 성분까지 골고루 함유하고 있어 기억력 증진은 물론 집중력 향상에도 탁월한 역할을 한다.

오메가3와 DHA의 보고(寶庫) '연어' 연어는 뇌기능 활성에 필수적인 오메가3를 다량 함유하고 있어 학습능력을 향상시켜 준다. 또한 비타민 A가 풍부하게 들어있어 눈이 쉽게 피로해지기 쉬운 학생들의 시력을 보호해 준다. 연어 이외에도 고등어, 삼치와 같은 등 푸른 생선과 참치에는 뇌세포를 구성하는 지방질인 DHA가 다량 함유되어 있어 뇌에 필수불가결한 영양소를 공급한다.

조기유학, 신중하게 선택하세요

요즘 조기유학 붐의 진원지 역할을 했었던 강남에서조차 조기유학생 수가 감소하고 있다는 것을 쉽게 느낄 수 있습니다. 하지만 갈수록 글로벌 인재에 대한 관심이 높아지고 있는 추세이다 보니 어쨌든 보낼 사람은 다 보내는 것이 조기유학입니다. 미국이나 캐나다 등 기존의 유학국가를 넘어 아시아권까지 다양한 국가로 유학을 보내고 있기도 하지요. 조기유학은 기본적으로 부모 입장에서는 한창 보살핌이 필요한 아이를 멀리 보낸다는 것, 아이 입장에서는 어린 나이에 가족과 떨어져 낯선 환경에 적응해야 한다는 것을 의미합니다. 따라서 뚜렷한 목적의식이나 구체적인 전략에 따라 신중하게 선택해야 합니다.

부모의 의지가 아닌 아이의 의지에 의한 선택이 중요

국내 학교에서도 성적이 상위권인 아이가 스스로 원해서 유학을 떠날 경우 현지에서 겪게 되는 어려움을 극복하고 유학생활에 잘 적응할 확률이 높다. 하지만 그런 경우는 의외로 드물고 부모의 의지나 권유에 의해 유학길에 오르는 경우가 많다는 것이 문제다. 획일적이고 입시위주인 국내교육에서 자기주도적인 학습이 안돼서 유학을 보내는 경우가 있는데 자기주도적인 학습은 오히려 유학 시 더 필요한 부분이라는 것을 간과해서는 안 된다. 아이가 먼저 유학을 가고 싶다고 원할 경우에도 부모는 왜 유학을 가고 싶은지, 유학을 가서 무엇을 어떻게 공부하고 싶은지 충분한 대화를 통해서 알아볼 필요가 있다. 그런 다음에 아이의 의지가 확고하고 유학을 보내도 될 만큼 준비가 돼 있다는 확신이 들 때 결정하는 것이 좋다. 그렇지 않고 아무런 목적 없이 단순히 도피성 유학을 떠난다면 국내에서보다 상황이 더 악화될 우려가 크다.

부모 곁을 떠나 혼자 조기유학중인 아이들 대부분이 정서적인 어려움을 겪게 마련이다. 그런데 만약 뚜렷한 목표나 열정을 가지고 스스로 자기관리를 해나갈 수 있는 힘이 없다면 끝까지 견디기 어려울 수밖에 없다. 부모들이 '일단 유학을 보내면 달라질 수도 있겠지' 하는 막연한 기대감에 쉽게 결정하면 그만큼 실패할 확률이 높을 수밖에 없는 이유다.

장기적인 유학비용에 대한 부담 여부 고려해야

비교적 빠듯하게 유학을 보냈던 중산층 부모들이 비용적인 면에서 너무 힘들다는 것을 깨닫게 되면서, 더이상 섣불리 조기유학을 선택하지 못하게 된 것도 조기유학생 수 감소의 한 원인으로 분석된 바 있다. 처음 유학을 고려할 때에는 다소 무리를 하더라도 그 정도 비용까지는 뒷바라지를 할 수 있겠다 싶은 마음에 결정을 하지만 막상 보내고 나면 미처 예상하지 못했던 비용이 추가되게 마련이다. 일단 경제적인 부담을 감수하고 유학을 보낸 부모들은 "막대한 비용을 들여서 유학을 보냈으니 남들 보기에도 어느 정도는 돼 보이는 직업을 가져야 한다"는 생각에 취업을 해야 할 대학 졸업시점이 되면 객관성을 잃어버리는 경우가 많다. 그러다 보니 그동안 투자한 비용에 비해 만족스러울

만큼의 직업을 구하지 못하면 부모나 아이 모두 좌절하게 된다. 그 다음은 결국 다시 공부를 시작하는 식으로 유학기간만 점점 늘어나 부모는 또 다시 유학비용을 감당해야 한다.

부모가 조기유학부터 시작해 대학졸업 때까지의 기간 동안 매년 교육비를 지출할 수 있을 정도의 경제력이 될 경우에 유학을 결정하는 것이 바람직하다. 처음부터 비용에 대한 부담을 안고 유학생활을 시작해야 할 정도의 재정상태라면 위험할 수도 있다는 얘기다. 갈수록 처음 계획했던 것보다 유학비용이 점점 더 많이 들게 될 경우 경제적인 타격이 너무 커 문제가 될 수 있기 때문이다.

대학진학 및 진로에 맞는 유학 전략이 우선

자녀를 글로벌한 인재로 키우고 싶은 부모의 마음은 이해가 가지만 무조건 유학을 보내는 것만이 능사는 아니다. 유학이 과연 아이가 앞으로 하고자 하는 직업을 얻기 위해 필요한 것인지 아닌지부터 먼저 따져 보아야 한다.

단지 아이가 국내 교육에 제대로 적응하지 못해서, 또는 경제력이 되니까 남들이 하는 대로 한 번 보내고 싶어서 유학을 선택할 경우 유학이 오히려 아이에게 해가 될 수도 있기에 반드시 진로에 맞는 전략을 세우고 떠나야 한다. 그렇지 않을 경우 부모는 해외 명문대 진학까지 고려해서 장기적인 계획으로 유학을 보냈더라도 조기유학생들 중에는 현지 생활에 적응하지 못하고 국내학교로 다시 돌아오고 싶어하는 경우가 생기게 된다.

갈수록 해외명문대 진학 경쟁률이 높아지는 데다가 입학을 한다고 해도 졸업 후 현지 취업 여부가 불확실한 문제 등 여러가지 요인으로 인해 해외에서 고등학교를 졸업한 후 국내대학 진학을 희망하는 역유학생들의 수가 늘고 있다. 따라서 각 대학들도 귀국 유학생들이 지원할 수 있는 글로벌전형, 국제화전형, 재외국민전형 등의 모집정원을 계속 늘리고 있는 실정이다.

유학생들도 해외 명문대만을 목표로 준비하기보다 국내 및 홍콩이나 싱가포르 등 아시아권 명문대 지원을 위한 준비를 동시에 하는 것이 진학 기회를 넓히기 위한 전략이 될 수 있다. 이들 대학에 지원하기 위한 전형요소가 70~80% 정도는 비슷하기 때문에 보다 넓게 보면서 글로벌한 지원 전략을 세우는 것이 좋다.

조기유학은 아이의 인생을 좌우할 수 있는 중요한 결정인 만큼 보다 신중한 선택과 철저한 준비가 필요합니다. 2000년대에 들어서면서 조기유학 붐이 일었을 때 덩달아 유학길에 올랐다가 수많은 부작용을 경험해야 했지요. 아이가 현지 학교에 적응하지 못해 다시 귀국했다가 이번에는 국내 학교에 적응하지 못해 그야말로 이도저도 아닌 신세가 되고 엄마는 그런 상황을 받아들이지 못해 우울증을 겪는 경우도 있었습니다.

요즘도 공부 안하고 속만 썩이는 아이를 어디로든 유학 보내버리고 싶다는 부모들 상담을 할 때가 종종 있습니다. "부모가 옆에서 닦달을 하는데도 그 정도인 아이를 비싼 돈 들여서 완전히 망치고 싶으면 보내라"는 것이 저의 조언입니다.

아이가 조기유학으로 어떤 것을 얻을 수 있을지 세세하게 따져 본 후 선택하되 충분한 준비 기간을 거쳐서 보내야 합니다. 그래야 최대한 빠르게 적응해서 성공적인 유학이 될 수 있기 때문입니다.

부록

| 설문지 | 편집후기 | 본문 미수록 학원연락처 |

설문조사 ❶

대치동맘 50여분에게 물었습니다. 조사대상은 대체로 초등 5학년~고등학교 2학년 정도의 자녀를 둔 어머니들입니다. 누구나 공감하고 누구에게나 적용되는 정답은 아닐지라도 "~카더라 통신" 처럼 그저 즐감하듯 읽어보시기 바랍니다.

1 아이의 학원을 고를 때 선택의 기준은 무엇인가요?
- 선생님 명성(유명도)
- 애들친구 엄마들에게 물어본다.
- 아이의 수준에 맞춰서 고른다.
- 학생 관리가 철저해야 하며 선생님의 명성보다는 실력(전달력)이 중요하므로 사전에 많이 수소문해 물어보고 고른다.
- 학원의 규모(크기)

2 큰학원의 장·단점은 뭐라고 생각하세요?

①장점 :
- 다양한 정보와 자료를 가지고 있다.
- 실력있는 강사를 고를 수 있다.
- 실력에 적합한 반의 선택권이 있다.
- 커리큘럼이 다양하고 좋다.
- 체계적이고 관리가 잘 이루어진다.
- 잘 짜여진 시스템이 있기 때문에 선생님의 자질에 구애를 덜 받는다.
- 입시정보가 빠르고 체계적이다.
- 잔신경 쓰지 않고 학원일정에 아이를 맡길 수 있다.

②단점 :
- 학원이 상위그룹 수업에 포커스를 맞추고 있어, 하위권 학생들이 설 곳이 없다.
- 관리가 미흡하고, class의 학생 수가 많으므로 선생님들의 관리에 한계가 있다.
- 학생 개개인의 관리 부족
- 교사가 자주 바뀐다.
- 학생수가 너무 많고 학생 개개인의 상황파악이 어려울 수 있다.
- 너무 상업적인 면이 많다.
- 수업내용을 완전히 자기것으로 만들지 못한다.
- 학생들 개개인의 성향을 파악하는 데 한계가 있는 것 같다.
- 아이의 개별적인 꼼꼼한 지도가 어려워 만족스런 학습성과를 기대하기 어렵다.

3 작은학원의 장·단점은 뭐라고 생각하세요?

①장점 :
- 수준별 수업을 지도해준다.
- 관리가 어느 정도 되며 학부모와 강사간의 상담연계가 잘된다.
- 상담을 통하여 수업의 진도, 학생 성향에 맞는 수업을 요청할 수 있다.
- 소수그룹 지도라서 좀 더 꼼꼼한 수업을 받을 수 있다.
- 개인적(진도 보충) 사정이 잘 반영된다.

설문조사 ❶

- 관리가 잘되며, 아이의 이해도와 숙지도를 부모가 선생님을 통해 잘 인지할 수 있다.
- 선생님들이 학생 개인의 문제점을 잘 파악하고 개인적인 상담을 해준다.
- 아이의 개성, 능력에 따른 맞춤지도가 가능하다

②단점 :
- 진도가 늦고, 자료가 부족하다.
- 정보력이 부족하고, level class가 단계별로 부족하다.
- 보습학원식 사고방식을 갖고 있다.
- 선생님 사정에 따라 시간·진도가 변한다.
- 학원 그만둘 때 눈치가 보인다.
- 교재나 프로그램에 체계성이 떨어질 수 있다.
- 커리큘럼이 다양하지 못하며 문제풀이도 약하다.
- 선생님과의 친분으로 아이가 게을러지기 쉽다.

엄마가 생각하는 좋은 선생님은? ❶

- 아이의 잠재력을 발견해서 키워줄 수 있는 선생님
- 채찍과 사탕을 적절히 조합해서 잘 이끌어주실 수 있는 분
- 아이를 인격적으로 대해 주시는 분
- 학생에 맞는 수업할 수 있는 선생님
- 선생님의 실력도 실력이려니와, 학생에게 전달력이 뛰어난 선생님
- 오답의 문제점을 파악해서 학생에게 적합한 풀이방식을 알려주는 선생님
- 아이의 성격을 고려해 주는 선생님
- 아이의 진로상담을 같이 생각해 주시는 분
- 개인별 관리에 열의가 있는 분
- 실력있는 선생님
- 쉽게 잘 가르치는 선생님
- 사춘기 아이들 마음을 잘 보듬어 줄 수 있는 선생님
- 학생의 정신적인 멘토가 될 수 있는 분
- 정직한 선생님(아이의 상태에 관하여)
- 열정적인 선생님(내 아이처럼 끌어줄 수 있는 선생님)
- 일관성 있는 선생님
- 학습내용을 잘 전달하고 이해시키는 선생님
- 아이의 문제점을 잘 파악하여 부족한 부분 채워주는 선생님
- 많은 정보와 문제풀(pool)을 많이 가지고 있는 선생님
- 믿음이 가는 선생님
- 책임감 있게 지도하시는 선생님
- 진정 자기 분야에서 실력자이신 선생님

설문조사 ❷

이번에는 바깥지역에서 대치동으로 학원을 보내는 맘들 30여분을 대상(주로 돈암동, 성북동, 둔촌동, 압구정동, 서초동, 잠실, 상계, 영통, 수원 등)으로 설문조사를 하였습니다. 주종을 이루는 학년은 고등학생과 중학교 학생들이 대부분으로, 수강과목은 수학, 과학, 영어, 국어 순이었으며, 초등학생일 경우는 주요과목보다 특이한 커리큘럼의 논술이나 글쓰기 프로그램 등에 보내는 경우가 눈에 띄었답니다. 다음은 질문과 답입니다.

1 멀리서라도 대치동 학원을 보내는 이유는 무엇인가요?

대치동 학원(선생님)의 유명세, 또는 해당과목 심화과정 프로그램이 잘 되어 있고, 사는 동네에 그런 강좌가 없기 때문인 것으로 많은 분들이 답해주셨습니다. 이외에도 ①학습분위기 ②아이에 맞는 다양한 프로그램 ③선택의 폭이 넓다 ④(반복되기는 하나)좋은 선생님 많기 때문 ⑤지역 학원들보다 정보력에서 앞서있기 때문도 이유로 꼽혔답니다. 특히, 서초구나 광진구, 압구정 등에 살거나 가까이에서 학교를 다니는 경우는, 이동하기 쉽고, 좋은 학원, 실력있는 선생님들이 밀집되어 있어서, 동네 학원보다 선호한다고 했습니다.

2 주 몇회 정도 오나요?

- 5회, 4회, 3회, 1회, 2회 등 다양했으나, 회수가 적을수록 원거리, 횟수가 잦을수록 인접지역 학생들로 짐작되었습니다.

3 어느 요일에 주로 오나요?

- 토·일·수요일로 체크, 주중은 수요일이 압도적으로 많았고, 주말은 토·일 양일에 거의 집중돼 있었습니다.

4 그렇다면 대치동 학원은 누구소개(어떤 경로)로 선택하나요?

①'아는 엄마들 소개'가 가장 많았고, ②그 다음이 '선생님 명성', ③인터넷을 뒤져 이것저것을 찾아본 후 보낸다는 엄마들도 의외로 많았습니다. 인터넷의 리플 등을 훑어보는 것으로 보입니다. '학원의 규모(크기)'를 보고 보낸다는 맘들도 많았습니다. 규모를 따지는 이유를 물으니, 규모가 크면 좋은 선생님이 많을 것 같고, 책임감 등이 있어서 꼼꼼한 관리는 어려워도 실패할 확률이 적다고 답했습니다. 이는 대치동 내부 맘들이 별로 고려하지 않는 항목으로 리스크를 줄이려는 선택으로 파악됩니다. 소개를 받든, 인터넷을 뒤지건, 일단 알게 되면, 먼저 설명회를

설문조사 ❷

가거나 상담실을 거쳐 선생님을 선택한다고 하네요.

5 멀리서 보내보신 후 소감은?

'좋은 것 같다'는 대답이 가장 많았고, 대체로 만족하는 경우가 많았습니다. 이는 대치동 맘들의 학원에 대한 만족도를 훨씬 상회하는 수치였습니다. 하지만 학기 중에는 '거리가 멀어 그만뒀다'는 분도 많고, 많은 분들이 방학이 되면 다시 보내겠다고 답하셨습니다.

6 앞으로도 가끔씩 보내고 싶으신가요? 그 이유는?

- 할 수 있다면, 필요하다면 다시 가겠다.
- 주말심화반(유명강사의 강의, 심화된 수업)이 잘 되어 있다.
- 선택할 수 있는 학원이 많다.
- 좋은 선생님 때문이다.

엄마가 생각하는 좋은 선생님은? ❷

- 학생 파악 잘해서 잘 끌어주는 선생님
- 설명을 잘해 주는 선생님
- 아이가 좋아하는 선생님
- 부족한 부분을 잘 채워주는 선생님
- 멘토가 되어주는 선생님
- 학생에 대한 책임감이 있는 선생님
- 수업에 열정이 있는 선생님
- 강사의 실력과 카리스마가 있는 선생님
- 부모와의 공감이 잘되는 선생님
- 학생관리를 잘 해 주시는 선생님
- 실력있는 선생님
- 학생의 현재 심리, 성적, 미래에 대해 긍정적인 말을 해주는 선생님
- 미래지향적인 꿈을 꿀 수 있도록 진보적인 영향을 주는 선생님
- 경험이 많고, 열심히 하고, 아이들을 좋아하는 선생님

편집후기

● **약도**

대치동에 처음 온 분들은 몇 달간 거리가 헷갈립니다. 특히 대치사거리와 대치역사거리가 그렇습니다. 그 많은 학원들은 다 어디에 숨어 있는거지? 처음오면 간판도 눈에 잘 안들어옵니다. 그래서 약도를 만들어 보여드리기로 했습니다. 처음엔 ❷처럼 손으로 그리다가, 정확도가 떨어져 다시 ❶처럼 편집자가 인터넷에서 지도를 수십장 프린트하여 붙였습니다. 그 위에 몇 사람(혼자하기엔 놓치는 게 너무 많아요. 크로스체크!)이 ❸처럼 손으로 업데이트 또 업데이트~. 완성된 약도를 일러스트레이터 김민지씨가 예쁘게 그렸지요. ❹음식점, 안경원 등의 아이콘은 따로 그려서 붙이고, ❺디자이너가 편집하면서 헛헛한 곳엔 사진을 붙였습니다. 사진이 해당지역의 것은 맞으나, 바로 그 위치는 아니랍니다. 디자인상 흩어둔 것이오니, 부디 사진 위치를 보고 찾아가시는 일은 없으시길~. 수도 없이 교체되고 수정되는 과정을 묵묵히 견디며 예쁘게 본문 전체를 디자인해 주신 정현옥씨 감사합니다.

● **사진**

책속의 음식점 팁과 거리 사진 대부분은 중딩 고딩 아들 둘을 둔 대치동맘 도희전씨와 편집부 이은정씨가 직접 찍어주셨습니다. 멋지게 찰칵찰칵~ 비가 부슬부슬 오는 날이었음에도 카메라(니콘D90)도 좋고, 찍는 분도 거의 프로 수준이셔서 멋지게 나왔어요. ★★맘 정말 감사합니다.

● **본문**

학원 배열에 일정한 순서는 없답니다. ㄱ, ㄴ, ㄷ 배열도 아니고, 원고가 들어온 순서에 가깝습니다만, 편집에 따라 바뀌기도 했으니, 목차를 보고 필요한 학원을 찾아보거나 과목을 찾아 해당 페이지를 찾아가면 된답니다. 본문의 구성 역시 목차처럼 은마사거리, 대치사거리, 한티역사거리 등 주요 거점 중심으로 배치하려 했습니다만, 그렇게 해보니 특정 지역에 학원이 쏠려 기우뚱해지는 바람에 포기~. 아쉬운 대로 목차에서만이라도 지역 구분을 하였으니, 목차와 본문의 구성이 맞지 않다고 당황하지 마시기 바랍니다. 즉, 사전처럼 찾아 보는 책이지 흐름을 따라 읽는 책이 아닌 점 독자님들의 깊은 이해 바랍니다.

● 학원소개글

다음과 같이 학원에서 적어주실 사항을 지목, 학원측에 전달했답니다.

▶ 학원명(정확히)
▶ 연락처(전화, 팩스, 이메일, 홈페이지)
▶ 위치
▶ 대상
▶ 과목
▶ 강좌 소개 · 학원 소개 · 특징
▶ 전단지의 이미지 사용을 허락합니다.(O, X)
▶ 〈강좌+학원소개+특징〉총분량: 200자 원고지 기준 4~8매, 또는 A4 용지 기준 폰트10p, 행간60%, 1/3~2/3 정도
▶ 보내실 곳(세 가지 방법 중 반드시 ①을 포함한 두 가지로 보내주셔야 합니다!)
①이메일 goodinfobuk@empas.com ②팩스 02-929-8164 ③웹 하드 아이디 GOODINFOBOOK, 비밀번호 1234

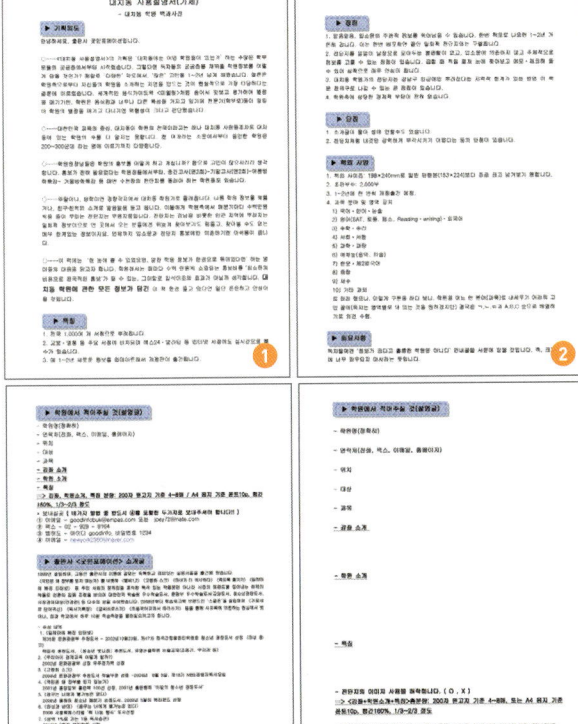

그러나, 막상 학원들로부터 설문지를 회수하고 보니 손이 오그라들 정도로 자화자찬으로 일관한 글들이 많아 그런 원고들을 수정·정리하는 데 적잖은 고충이 따랐습니다. 필진들은 세간의 평가와 비평(보내본 맘들의 평)은 뒤로 하고라도 오비되고 웃자란 글들을 과감하게 객관적으로 정리하였습니다. 가령 이런 글들이었습니다.

❶ ○○어학원 창단 멤버들로 '장안의 명강사'로 소개된 '달인' 들이 직접 수업을 진행하며 iBT TOEFL 고득점을 '자신하는' 학원이다.

❷ IQ70(?)인 '침팬지 같은 학생' 도 서울대를 보냈다? 믿으시나요? 그렇다. 고등부의 최적 학습환경을 위하여 2010년 교육1번지 대치동으로 이전, 수능만점자 배출 및 '놀라운 SKY 합격 신화'의 주인공은 바로 ○○○ 원장이다.

❸ 성공률 95% 이상의 놀라운 결과를 나타내는 교육원으로써 오늘도 내일도 계속 아이들의 행복한 성장에 초점을 맞추고 나아갈 것이다. 등등 (학원에서 보내온 원본)

❶의 경우는 '달인', '자신하는' 등의 단어들이 편집자 레이더에 걸렸습니다. 전단지 홍보문구로는 전혀 이상없는 강조된 수식들이나, 책에 소개하기엔 너무 튼 감이 있었지요. 잘하는 선생님이시긴 하나 과연 '달인의 경지' 일까? 이런 문구가 되려 독자들의 신뢰를 떨어뜨리지나 않을까 걱정되었습니다. 대치동엔 좋은 선생님들

이 많습니다. 한 학원만 이렇게 홍보했을 경우 진짜 달인으로 평가받을 만한 다른 선생님들은 상대적으로 피해를 볼 수밖에 없는거지요. 따라서 → "○○어학원 창단 멤버들이 나와서 만든 학원이다." 하고 심플하게 소개하고 말았습니다. '○○어학원 창단 멤버'라는 말만으로도 이미 실력을 인정받는 보증수표이기 때문에 이런 단순한 기술이 그 어떤 수식어보다 믿음직하다고 보았기 때문입니다.

❷의 경우도 전단지의 강렬한 헤드라인으로는 이보다 더 눈길을 끌 수는 없지요. IQ70(?)이 서울대라니? 진짜 갔다니? 내 아이는 IQ가 그 이상이니 서울대 이상도 가겠네? 할 수 있겠으나, 하지만 책에서는 이런 문구는 되려 역효과입니다. 왜냐면 전단지처럼 1회적이지 않고 책장에 꽂아두고 두고두고 타 학원과 비교되며 읽히기 때문입니다. 그 외에도 '놀라운 합격신화' 등의 모든 홍보성 문구는 삭제, 실적 중심으로 → "2010년 교육1번지 대치동으로 이전, 수능만점자 배출 및 많은 SKY 합격 신화를 만들었다"로 단순하게 적었습니다. 대치동에서 서울대를 보내는 학원들은 많습니다. '너도나도 보내는데 너만 보냈냐'는 야유를 듣기 십상이기 때문이지요. 어쨌든 각을 죽이고 내용 중심의 단순한 홍보가 더 신뢰를 준다는 원칙으로 사전조율없이 리라이팅한 점, 학원관계자님들께 이 자리를 빌어 양해를 구합니다.

❸도 '놀라운 결과' '오늘도 내일도' 등의 표현이 너무 감성적으로 보여 위의 ❶❷의 경우에 준하여 바꾸었습니다. 이상은 편집후기를 쓰는 현재의 시점에서 순간 눈에 띄는 몇 가지 사례일 뿐, 학원에서 보내주신 소개글은 예상외로 전단지성 홍보글이 많았습니다. 잠시 이 작업에 동참하였던 한 블로거는 학원에서 보내온 그대로 사용하기를 강조하였고, 출판사는 독자들이 알아듣기 좋게 적당하게 고쳐나가지고 했습니다. 학원의 전단지라면 괜찮을 수 있으나, 책에는 날것 그대로가 들어가기 어렵다는 것을 그분께 이해시키기가 어려웠지요. 학원 원고에 손을 댈 때마다 안절부절하시는 모습을 보이셨는데, 학원에서 몹시 싫어할 것이라는 것과, 이러면 앞으로 학원 원장들 얼굴을 못보게 된다고 하셔서 불가피하게 그분과 작업도중에 결별할 수밖에 없었습니다. 출판작업이 미래 블로그 활동에 영향을 주면 안되는 건 당연! 이를 후기에 공지하는 것은 이 블로거님을 통해 설문지를 전달받은 분들이 왜 필자 이름에 이 분이 없을까를 궁금해 하실 것 같기에 이유를 설명드리는 것이니, 혜량 바랍니다. 깊은 시각차로 마지막까지 함께 할 수 없었으나, 잠시 함께 수고하셨던 그분께도 이 자리를 빌어 감사드립니다.

● **전단지**

3년치 학원 전단지들을 다 모아보았습니다. 학원들마다 선호하는 전단지 방식은 다 달랐습니다. ①강좌명, 강사명, 시간을 상세하게 게재한 곳(실질적인 정보), ②학원의 성과와 교육이념을 내세운 곳(이미지 정보), ③학원장의 철학과 경험과 평가를 칼럼으로 담은 곳 등으로 크게 나누어볼 수 있었습니다. 디자인 특성은 잘 바뀌지 않았고, 이것은 학원마다의 아이덴티티를 드러내는 역할을 하였습니다. 강좌명이나 시간표, 강사명이 들어간 전단지는 그 자체로 상당한 정보가 됩니다. 이를 통해 유명 강사들이 어느 학원을 나가는지, 몇

학원을 뛰는지 등을 살펴보고(인기가 있다는 것이겠지요?), 과목별 학습순서 등을 비교해 보는 것도 나름 쏠쏠한 재미였습니다. 애초엔 학원마다 1~2종의 전단지를 실을 생각이었습니다. 그 자체로 충분한 정보가 되기 때문입니다. 그러나 막상 편집작업을 해놓고 보니, 크기가 작아 본디 의미가 사라져서 그 대신 소소한 팁과 정보를 더 넣는 방식을 택하게 되었답니다. 다음번엔 아예 전단지를 더 집중적으로 보여줄 편집방식도 고려중이랍니다. 독자 여러분의 많은 의견 기다리겠습니다.

   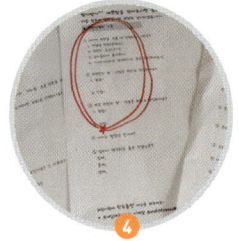

● **학원원고청탁서**

대치동에서 '왕성한 활동'을 하는 학원이 200~300군데 정도 된다고 들었으나, 막상 조사해 보니, 훨씬 상회하였답니다. 대략 3년여에 걸쳐 프리랜서 2명이 번갈아 가며 학원 홈페이지, 여러 인터넷사이트를 뒤지고 찾아 정리한 1차 자료(❶사진)는 460여군데 정도였고, 이를 바탕으로 출판사에서는 학원소개조사지(❷, ❸, ❹사진)를 준비하였습니다. 인사글, 기획의도, 출판사소개, 설문 등 총 6p에 걸친 학원설문조사지를 1,000여 세트 만드느라 편집부에서 엄청난 수고를 하셨습니다. 6월 첫주 1주일간 집중적으로 대치동 학원이 구석구석에 뿌려졌습니다. 1차적으로 소진된 수는 총 670여 세트, 추가적으로 중복분까지 합치면 800여 세트 정도가 소화되었습니다. 이메일, 혹은 전화, 혹은 대면으로 회수된 설문지수는 200여 곳이었습니다. 홈피 등에 자료가 충분하고 작업 여건이 허락하는 한 일부학원은 출판사 내부필진에 의해 작성되었습니다. "어머~ 이곳도 빠졌네~, 어머~ 저곳도 빠졌네~" 싶었으나, 시간상 미처 소개하지 못한 학원들도 많습니다. 바빠서 혹은 불가피하게 빠진 학원들은 다음 때를 놓치지 마시기 바랍니다. 언제든지 앞페이지에 제시된 양식으로 출판사로 보내주시면 됩니다. 사전양해 구하지 않고 취재하여 들어간 곳도 있는데, 게재를 원치 않으시면 꼭 연락 주시기 바랍니다. 또한 꼭 싣고 싶었으나 학원측에서 고사한 곳도 있었답니다. 내놓고 말하기 어려운 여러가지 이유가 있다고 하셨는데 나머지는 독자분들의 상상에 맡긴답니다. ㅎㅎ

● **설문지**

음식점 팁이나 쉴곳, 생활정보는 대치동 거주 3년 이상된 맘들에게 설문조사를 하였어요. 유명 밥집, 찻집, 쉴곳, 시간때울 곳~ 최소한 2표 이상 겹치는 곳들을 소개했답니다. 주로 ㄷ, ㅎ, ㅇ학교 맘들이라 타워팰리스 쪽이나 삼성역 방향이 별로 없는 것이 아쉽습니다만, 외지에서 오시는 분들을 위한 코너이기 때문에 학원이 밀집한 대치동을 크게 벗어나지 못했답니다. 다음에 더 다양한 곳을 소개해 드릴게요~. 앞서 대치동학원 이용 설문서에도 많은 맘들이 기꺼이 응해주셨습니다. 모든 분들께 감사드립니다.

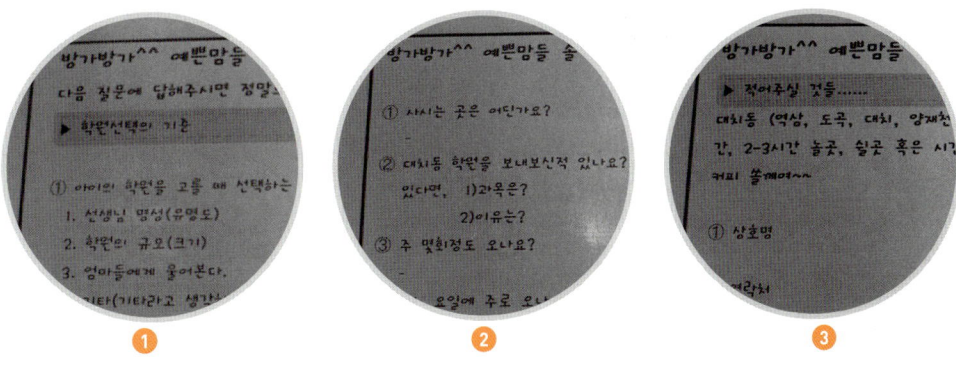

본문 미수록 학원연락처

학원명	전화번호	학원명	전화번호
가비타스 에듀케이션	02-2051-1519	깊은생각특목전문 Winning	02-539-7077
가온영재수학	02-568-4506	깊은생각 필연의 길	02-562-4070
감각수학학원	02-508-6534	나노미술교육원	02-501-4915
감성예찬미술	02-564-2575	나무는(전경훈언어논술)	02-555-9420
강남그린섬미술교육원	02-566-9923	남교수영어(혜성학원)	02-569-3845
강남삼성학원	02-3452-3450	남선생과학	02-565-1679
강남에스학원	02-558-8209	남재조학원	02-539-4555
강남프라임어학원	02-2052-1737	논술의정답	02-562-2211
강남SLP영어학당	02-445-4003	논술이데아	02-562-9543
강태우학원 대치캠퍼스	02-2052-6500	논술화랑	02-567-9964
강한들언어논술	02-538-8535	높이수학	02-565-9090
강한영어	02-6405-5193	뇌호흡교육	02-508-7208
개념원리 수학교실	02-552-3910	뉴러다임영어	02-566-7905
거인의 숲	02-566-5347	뉴로빅 영재교육센터	02-508-7236
경원학원	02-552-1120	뉴욕파이 어학원	02-6003-9000
경희 PPT체대입시	02-569-4677	뉴튼과학	02-556-1866
공부와감각	02-566-9889	늘다움언어교실	02-554-8561
국어샘학원	02-555-5486	다함영재원	02-563-4388
굿캠퍼스어학원	02-2653-1133	대명학원	02-552-3095
글누리	02-553-9070	대성초등제넥스학원	02-575-2040
글로벌 1st	02-569-6212	대수학원	02-5588-040
기한성국어논술	02-501-4624	대승학원	02-552-5618
길국어논술	02-501-0188	대청학원	02-558-1007
길수학	02-567-4390	대치검도관	02-568-6698
김경희(티)영어	02-567-3972	대치국어人	02-6326-5050
김기홍 Why English	02-538-0501	대치마스터과학전문	02-565-1151
김대균어학원	02-556-0582	대치비전21학원	02-556-2700
김동아국어논술 대치점	02-566-4700	대치사관학원(일대일수학)	02-569-1001
김동주영어	019-269-8779	대치서연학원	02-539-5552
김미성수학	02-501-8805	대치아카데미	02-555-9047
김선곤Vertex 수학	02-563-7108	대치음악원	02-556-3233
김성수수학교실	02-552-5470	대치人	02-555-4711
김안나과학교실	yoshilll@hanmail.net	대치정보학원	02-3453-1800
김정복국어논술	02-562-8388	대치페르마	02-555-8009
깊은생각 중등관	02-539-7772	대한국민학원	02-3453-3000

학원명	전화번호	학원명	전화번호
더 과학(The 과학)	02-555-5572	문중식성공학원	02-2051-7776
더 프라임	02-501-1711	미도영재학원	02-566-8118
더본수학학원	02-501-3730	미도플러스알파학원	02-575-0970
더블유스터디	02-543-6339	미술로생각하기	02-566-9924
두뇌계발이상교육	02-3452-6770	믿음수학	02-573-5322
두뇌로수학	080-250-9981	박동완영어교실	02-564-6661
듣기우선 영어잉글리쉬콜	02-545-0508	박통사탐학원	02-508-7720
디아이씨타임잉글리쉬	02-565-1104	박하철언어논술전문	02-572-5427
라임라이트어학원	02-556-4464	박현수학	02-563-3412
랑그프랑세즈어학원	02-556-8509	반석영어	02-575-0594
런앤리드영어	02-569-9822	백상학원	02-568-2135
레드매쓰	02-565-1365	버팀목수학학원	02-556-5859
레알학원	02-553-0051	베리타스수학학원	02-553-4637
류금화영어문법	02-501-2765	베스트과학학원	02-568-3838
리더스아카데미어학원	02-562-9799	본수학학원	02-558-3891
리더짐	02-501-3376	브레노스창의영재수학학원	02-553-1743
리틀팍스어학원	02-6933-0579	블랙박스학원	02-566-6817
마스터M학원	02-508-2845	사이언스에듀	02-501-6716
마음누리정찬호학습클리닉	02-556-6188	사이언스플러스	02-539-4182
마테마티카	02-501-0903	사탐내신전문,학습심리상담	02-566-2353
막강수학	02-2051-0389	산마루국어논술	02-3452-1732
맛있는 스피치	02-563-2666	살아있는역사재미있는논술	02-508-7550
매셀프(정상보습학원)	02-564-5600	삼보 APEX 어학원	02-562-0034
매스인 활동수학	02-508-5045	삼성수학	02-566-2468
매쓰메카	02-533-0153	상상력발전소	02-538-1122
매쓰앤넷 수학학원	02-3452-4736	상상학원	02-501-1738
매쓰유	02-565-1084	상위권수학학원	02-555-9363
매쓰토피아학원	02-558-2991	새서울학원	02-556-1973
맥수학	02-562-6769	생각비타민	02-568-6675
맵플러스	02-557-4919	샤논잉글리쉬	02-2057-6244
메가플러스	02-569-2224	서&고 영/수 이과수능	02-501-9029
메타퀘스트	02-561-3080	서연수학학원	02-555-7600
멘토르수학전문학원	02-564-5002	서울미술	02-557-7052
멘토솔루션	02-562-5676	서울어학원	02-3452-7654
멘토수학	02-554-7787	서울학원	02-557-6543
멘토스학원	02-557-0027	서초종로학원	02-532-1881
명문학원	02-508-6005	서현학원	02-563-6577
명보학원	02-562-0203	선플라워영어원	02-566-4120

학원명	전화번호	학원명	전화번호
세린학원	02-555-0360	싸이맥스학원	02-564-4203
세계를 바꾸는 힘	02-501-7033	쌤학원	02-501-5722
세용수학	02-567-4210	쏘익어학원	02-5588-044
세즈마수학	02-568-3339	쏨니움영어	02-508-3747
세진영어	02-555-0360	쑥쑥리더스 영어도서관	02-6402-1160
세현학원	02-555-0949	아드지스 어학원	02-569-0579
세화학원	02-3453-5551	아마데우스영어학원	02-501-0331
셈크루즈	02-558-7953	아발론교육	02-566-4005
소마에듀	02-555-1201	아이라이크수학	02-566-7131
속성한자	02-508-0031	아이매쓰	02-3412-5728
손선생수학교실	02-557-4915	아이비과학	02-563-7787
손정희수학	02-577-3231	아이비라인	02-556-2062
솔빛학원	02-538-5840	아이비리그	02-3452-0516
솔에듀	02-561-3912	아이앤피 어학원	02-557-5447
송림학원	02-3411-4747	아이엠미술학원	02-501-1718
쇼컷에듀어학원	02-557-8253	아이영어(le English)	02-564-1205
수국수학학원	02-579-6636	아이윌영어학원	02-508-0533
수리1타JMC	02-3453-7200	아이탑	02-566-2644
수업영유학원	02-508-8653	아인슈타인	02-557-2513
수와공간	02-3453-4578	아카로드학원	02-3453-5587
수이학원	02-562-8766	아크로프랩	02-557-5791
수학과창의력수학	02-579-6636	아트원미술	02-556-5543
수학명문제이에스747	02-5528-747	아트팩토리미술학원	02-566-3375
수학세상	02-538-3655	안기영화실	02-563-2562
수학원	02-538-8841	안병규어학원 주니어	02-566-0204
수학은우리가접수	02-552-7879	알레프학원	02-554-1595
수학학원	02-3453-1255	알바트로스	02-563-4996
수학story학원	02-529-5242	애드쿨	02-569-7771
쉐마학원	02-562-3684	앨리스영어	02-567-7877
스터디맵 씽크멘토	02-538-2994	야마하음악교실	02-564-8705
스티븐아카데미	02-538-6018	언어의 빛	02-501-1599
스파르타 수리탐구	02-563-9989	언어의 창	02-558-5222
시리우스	02-553-5202	에꼴레이드	02-553-5795
신왕교수학교실(맞춤수학)	02-552-0707	에듀타임학원	02-568-6060
신창학원	02-566-0533	에듀퍼스트	02-501-5825
실력수학학원	02-567-0002	에드업수학	02-558-0426
실력파학원	02-552-3839	에스엔티어학원	02-508-0582
심지학원	02-563-0544	에이급수학	02-501-3883

학원명	전화번호	학원명	전화번호
에이매쓰	02-562-0309	워릭영어학원 대치스쿨	02-539-5690
에이브라이트어학원	02-553-5164	원더랜드 대치점	02-561-0533
엑스퍼트프렙 유학컨설팅	02-554-9897	원앤원영어전문	02-3454-0911
엔비드학원	02-501-0830	원탑학원	02-539-3179
엘리트아카데미	02-554-7007	위드수학	02-541-9971
엠존학원(수학)	02-568-5253	위즈만 아카데미	02-552-3802
여상진논술학원	02-569-7134	위트니영어 대치캠퍼스	02-569-9822
歷(역)사랑	02-554-6440	유니브(체대입시전문)	02-501-5777
연세학원	02-561-0097	유레카	02-562-3676
열공학원	02-563-9005	유비쿼터스	02-568-4691
열림언어	02-567-9779	유일학원	02-566-3178
영독학원	02-576-6589	유철영영어학원	02-562-5010
영렘브란트 미술교육센터	02-538-4633	유프라임학원	02-552-2011
영어잘하는법	02-2051-2873	유피학원	02-566-5673
영어전문허진(RED English)	02-557-5663	유학미술교육 스팟칼라	02-544-7796
영재사관학원	02-569-3311	윤도영 통합과학시스템	02-567-4767
영재상위권학원	02-538-8830	으뜸국어	02-557-6212
예성학원	02-558-0437	은마태권도	02-555-8360
예와지 국어논술학원	02-556-3349	이강백뇌영상기억.속독학원	02-563-7351
예우미술	02-556-7194	이길동수학학원	02-508-0959
예인학원	02-508-7649	이동욱국어논술	02-525-0411
예일수학영어전문학원	02-555-6737	이레학원	02-557-7330
예지학원	02-563-2986	이룸수학전문학원	02-552-0653
예화피아노	02-552-6767	이미옥수학교실	02-569-2927
오르비특목센터	02-562-6534	이서희과학탐구	02-569-0551
오르비수학	02-565-8419	이선생수학	02-557-1691
오비탈스쿨	02-521-1096	이수정언어논술	070-4001-1471
오삼택수학전문	02-538-9507	이수진영어	02-3452-0995
오성입시학원	02-553-0100	이슈&학원/학습연구소	02-3454-1505
오응석국어	02-538-3977	이엠(EM)스터디	02-563-1456
올리브수학	02-569-0179	이와스	02-557-2277
올인논술연구소	02-565-9688	이장훈언어클리닉	02-553-4706
와이제이수학	02-558-1686	이정아수학전문학원	02-564-9820
와이즈만교육원 대치관	02-501-3455	이해와 응용수학	02-501-6557
왕수학	02-555-5457	이헌선생수학교실	02-557-0749
우리들판미술학원	02-567-9812	이호일수학학원	02-562-2511
우리사진학원	02-3443-5396	일등사탐	02-501-6025
우리서당	02-554-4234	일본어	02-538-5563

학원명	전화번호	학원명	전화번호
일프로아카데미	02-3453-1011	지혜의부엉이-언어논술의뿌리	02-508-1141
임부택국어논술전문학원	02-402-0071	지혜의샘 수학전문	02-558-2531
임장주수학전문학원	02-566-1239	지혜의숲	02-562-5808
잉카영어학원	02-539-7571	진단과 대책(유국환)	02-561-2743
장윤선수학학원	02-564-8942	진리탐구학원	02-565-7239
정보학원	02-517-8141	진학학원	02-557-4646
정상수학	02-508-0400	짐보리	02-564-6873
정상어학원	02-1644-0500	찬솔나라보습학원	02-564-9118
정석재어학원	02-538-5352	찰리과학교실	02-566-6788
정선수학전문학원	02-555-8379	참과학	02-557-4740
정수학원	02-562-5502	참수학	02-557-4807
정연학원	02-564-7078	창비학원	02-556-3955
정영어파워Plus영어	02-553-6910	창의독서	02-553-4596
정진수학학원	02-3453-6277	창조적소수학원	02-539-5616
제1장언어	02-501-6966	채명식국어	02-3462-0690
제니스영어	02-555-0590	천지인	02-3445-8998
제이에듀학원	02-552-0542	청담어학원	02-561-0270
제이에스747	02-5528-747	크레머수학	02-561-2368
제이클래스	02-571-4560	크레파스입학사정관제컨설팅	02-555-7907
제일대수학원	02-5588-010	크리스영어	02-539-3970
조무성과학전문	02-555-0614	클라디학원	02-537-3222
조앤박수학전문학원	02-567-2023	타임에듀(초등부)영재관센터	02-3453-5587
조이매쓰 수학전문학원	02-501-5888	탑매쓰학원	02-566-0111
종로엠스쿨	02-1599-5755	탑스터디학원	02-554-0003
종로학원	02-541-1881	탑아너스잉글리쉬	02-501-0571
좋은나무성품학교	02-1577-3828	탑앤탑 학원	02-501-1599
주니어 수	02-501-1605	태정한문	02-564-3044
주인공(공부습관트레이닝센터)	02-567-7109	테라에듀	02-562-4953
주진Q과학	02-555-6331	토스영어	02-3489-9999
준엘리트학원	02-561-3363	토피아어학원	02-1577-0535
중국어학원	02-555-2157	통수학/국어	02-557-8212
중앙일보 다빈치교육센터	02-3444-1230	투원학원	02-539-5115
지니시스	02-2051-9011	투인원아카데미	02-523-4974
지스터디	02-539-5552	티치미	02-569-4182
지식의샘	02-563-9005	파스칼학원	02-556-4023
지와사랑 초낙준논술	02-555-0703	패러곤(디베이트)	02-555-6278
지잉글리쉬	02-575-3005	퍼펙트학원	02-558-5361
지피지기수학학원	02-501-8245	폴라리스수학학원	02-563-2450

학원명	전화번호	학원명	전화번호
프라이드어학언	02-515-2684	CD특영학원	070-4115-9936
플래너스유학컨설팅	02-2051-6400	CH영어학원	02-508-6859
피그마리온수학학원	02-3452-0952	CLU수학학원	02-511-2782
피아노스타	02-1588-7535	CnS Academy	02-566-4646
필즈수리깨기	02-561-3312	CollegeBound	02-555-2602
하나어학원	02-501-4127	DMI실용음악학원	02-556-3998
하늘MEK학원	02-556-5180	DYB수학학원	02-563-1860
하이쎈수학	02-557-8333	DYB파르테논	02-557-9688
한결국어	02-562-0333	e(利)-math	02-574-1819
한결수학학원	02-552-5521	티센터	02-567-0268
한국스카이(SKY)ACADEMY	02-563-2518	Elite Private	02-562-6997
한국영재원연구소	02-578-1946	English 101(잉글리쉬원오원)	070-7779-7717
한뜻음악학원	02-562-3549	ENS학원	02-427-1220
한석원수리논술	02-558-8909	epi영어학원	02-2051-8677
한영수학	02-558-3891	EWAS(대치이와스)	02-557-2277
한탐학원	02-562-3315	G Sky Academy	02-508-3296
한화선수학	02-567-7877	G.O.M수학학원	02-305-4192
핫스쿨스학원	02-561-1112	GE어학원	02-555-9670
해광학원	02-556-5559	GEP교환학생	02-552-1041
해석수학전문학원	02-562-7749	GPS어학원	02-775-0509
해솔영어	02-3452-2210	HABIT9어학원	02-3453-0579
혁신영어	02-558-7281	HS영어	02-567-1288
현명(올림피아드)학원	02-567-0041	I'MATH	02-554-7118
현재어학원	02-3432-4177	IBS어학원(대치본원)	02-555-0666
홍문학원	02-567-2827	ip 영어전문학원	02-557-5513
화학전문	02-555-7107	IPI Academy(아이피아이 아카데미)	02-568-1919
황붕주영어	02-552-3780	ivydream어학원	02-572-5482
황선영국어언어학원	02-562-3233	JEN NA ENGLISH	02-2051-1005
황영어전문학원	02-508-3309	JKEN영어(제이켄영어학원)	070-4417-9070
훈민정음국어논술	02-562-3191	JSH 과학전문학원	02-555-6924
휘튼수학	02-561-0465	KAIST천지창조	02-573-3708
A+ 과학나라	02-567-4220	KCI중국어전문학원	02-555-2157
A1 Legacy	02-539-8005	KDF	02-511-2038
APBOS	02-2052-7676	KID'S COLLEGE 대치본원	02-562-0566
BIS	02-539-7041	KL영어학원	02-557-7562
BOS영재센터	02-2052-7979	KMO1수학학원	02-569-3679
BRS수학과학전문학원	02-539-9533	KS수학학원	02-567-6989
C&C 미술	02-554-2855	KU ACADEMY	02-566-0656

학원명	전화번호	학원명	전화번호
LC논술대치교육원(서초본원)	02-583-5272	PMS수학	02-565-6211
LCI키즈클럽	02-3453-2939	PRISM MATH	02-562-5197
LEAP어학원	02-563-5327	Read 101(리드101학원)	02-5677-101
LV 아카데미아(엘브이 아카데미아)	02-508-1217	Readholic	02-568-1919
MAX전성식수학	02-555-2595	Real MATH(리얼매쓰학원)	02-565-4555
M&J(국어) 함께하는 배움터	02-552-0885	S&G English	02-552-8071
M.K 핵심학원	02-538-0935	SELC리딩클럽	02-576-2665
MATH CAFE	02-566-1608	SKY TOP	02-2051-8780
mathpia	02-555-7607	SnK어학원	02-574-2665
MB캠퍼스	02-552-5737	SnL두뇌코칭센터	02-533-3328
ME1st학원(미퍼스트학원)	02-558-1088	SNT어학원	02-508-0582
Mega English(메가잉글리쉬)	02-1544-7055	summit영어전문학원	02-566-0433
MIT수학	02-555-7300	TC사이언스	02-567-4939
MNS 수/과 전문	02-564-1256	TLD Essay Debate	02-568-1221
MSC브레인컨설팅	02-557-2864	Top Reading	02-569-9572
NK엘리트학원	02-501-5030	Twinkle English	070-4247-8251
OCA발명창작 과학학원	02-566-4170	UP학습코칭	02-568-2017
olive 수학과학전문학원	02-569-0179	USC 영어전문학원	02-553-4344
PEC학원	02-445-4456	YBM리딩클럽	080-200-0509
PIS어학원	02-564-7979	YBM ECC	02-553-0509
PLASMA학원	02-557-5440	YCC아카데미	02-522-2130
PluStudy(플러스터디학원)	02-561-8678	YES 영도어학원	02-553-0066
PMI수학(피엠아이수학학원)	02-501-8754		

대치동학원 사용설명서

초판1쇄 펴낸날 2011년 11월 1일 ‖ 초판4쇄 펴낸날 2021년 12월 30일
지은이 정혜옥 외 ‖ 펴낸이 정혜옥
펴낸곳 굿인포메이션 ‖ 출판등록 1999년 9월 1일 제1-2411호
주소 04779 서울시 성동구 뚝섬로 1나길 5(헤이그라운드) 7층
전화 02-929-8153 ‖ 팩스 02-929-8164
E-Mail goodinfozuzu@hanmail.net

ISBN 978-89-88958-78-0 13300

■ 잘못된 책은 본사나 구입하신 서점에서 바꾸어 드립니다.

집과 학교에서 할 수 있는 "우등생 지름길"

하루 10분, 학기별 360개 교과서 어휘 완전정복~

▶ 1학년 1학기
▶ 1학년 2학기
▶ 2학년 1학기
▶ 2학년 2학기
▶ 3학년 1학기
▶ 3학년 2학기

(각권 136쪽, 10,000원)

초등학교 저학년 쓰기 분야 베스트셀러!

독서기록장

▶ 저학년용(128쪽, 9,800원)
▶ 고학년용(128쪽, 8,900원)
▶ 독서기록장 A형(220쪽, 8,400원)
▶ 독서기록장 B형(144쪽, 8400원)

국어교과서 따라쓰기

▶ 1학년 1학기   ▶ 1학년 2학기
▶ 2학년 1학기   ▶ 2학년 2학기

(각권 128쪽 8,900원)

글씨 바로쓰기 속담편

▶ 저학년용 1   ▶ 저학년용 2
▶ 고학년용 1   ▶ 고학년용 2

(각권 88쪽 8,600원)

놀이와 두뇌계발, 두 마리 토끼를 동시에~

뚝딱뚝딱 입체 종이접기
1·2·3권 / 각 32쪽 / 10,000원

동시를 읽으며 자유롭게 색칠놀이를 해봐요~

블링이의 이야기 색칠여행
1·2권 / 각 64쪽 / 12,800원